Stone Pagodas in Jeollanam-Do

전남의 석탑

이 책을 安堂 林永培교수님의 영전에 드립니다.

Stone Pagodas in Jeollanam-Do

전남의 석탑

천득염 · 김준오

전남대학교출판부

책을 펴내며

1970년대 말 대학원생이었던 시절, 은사이신 安堂 林永培교수님을 따라 불탑답사를 시작하면서 불탑 사랑의 여정이 시작되었다. 전생에 교수님과 불탑은 나에게 무슨 선업이었던지 나는 교수님과 불탑을 함께 내 생애에 있어서 가장 큰 의미로 얻게 되었다. 한 연구실에서 선생님의 인간적인 체취를 느끼면서 또한 답사지에서는 같은 방을 쓰면서 그를 따라 어떻게 공부할 것인가를 배웠다. 그런 결과 학문의 원리를 찾고 가치와 효용을 중시하셨던 선생님을 옆에서 모실 수 있었고 선생님과 불탑을 사랑하게 되었다. 선생님의 권유로 시작된 공부는 모교에서 봉직하게 된 천운을 얻게 되었다. 한 없이 따뜻하면서도 학문의 길을 묵묵히 보여주시던 선생님의 모습이 한없이 그립다.

그러나 불탑연구는 건축학이라는 명제에 어울리는 연구주제가 아니었다. 특히 전통건축연구에서 불탑이 자리하고 있는 공간이 너무 좁기 때문이다. 건축가를 양성하여야 하는 수련의 장에서 불탑연구라는 작은 주제를 강요할 수 없었다. 그러나 숙명적인 주제는 나의 업보인양 하버드대학과 교토대학에서 지낸 연구기간 동안 줄곧 나의 곁에 있곤 하였다. 건축의 한 장르로서 불탑건축, 인도에서 발생하여 한국까지 이어지는 과정을 규명하는 일은 나의 어깨를 짓누르는 과업이었다. 그런 과정에서 불탑의 전래과정과 양식을 탐구하는 미완의 연구는 지금도 이어지고 있다. 인도를 거쳐 네팔과 간다라, 중앙아시아를 지나 중국과 한국으로 이어지고 일본에 까지 전래되는 불교문화, 특히 불탑건축의 전이양상을 탐구하는 것이다. 지난 겨울에는 또 다른 남방지역으로 불탑의 전래양상을 조사하기 위해 스리랑카를 다녀왔다. 겨우 스쳐지나간 불탑전래의 여정이지만 이제 간다라지역이 또 남았다.

그러나 한편으로는 왜 그런 큰 주제에만 집착하느냐 하는 질문도 있었다. 누구나 자기가 살고 있는 지역의 문화적 속성에 관심이 있기 마련인데 '한국의 불탑'이나 '전남의 불탑'에 대한 고찰은 왜 하지 않느냐 하는 독백이다. 좁은 행정적 단위에서 타지역과 비교해서 큰 차이가 있을까 하는 의문과 그 주제는 다른 이들이 많이 하니까! 라고 말았으나 언제나 '전남의 불탑' 이라는 주제는 언젠가 내가 꼭 하여야 할 나의 소명이라는 생각도 들었다. '광주의 건축', '학동팔거리', '양림동의 건축', '소록도의 건축' 등은 내가 아니면 누가 할 것인가 하고 스스로에게 물었다. 그럼에도 이미 이들 중에 반은 내가 한 셈이니 앞으로 시간과 건강이 허락하면 이어가리라 다짐 한다. 이러한 과정에서 나에게 경제적으로 큰 도움을 준 청도건설 이승룡사장께 감사드린다. 10년간 거액의 연구비를 지원해주었고 그 결과로 이러한 연구가 수행될 수 있었다.

'전남의 석탑'은 임영배교수님과 성춘경선생님 이래 여러분이 각론적으로 다루었던 부분을 이번 기회에 묶어서 펴낸 것이다. 특히 전라남도 각 시군의 '문화유적지표조사'와 '문화재도록'을 중심으로 하였다. 우리 지역에서는 그간 타지역에 비하여 각 대학박물관에서 문화유적의 조사를 선도적으로 하였다. 또한 남도지역의 불교유산에 대하여 남다른 애정으로 20여년간 회원들이 함께 조사, 연구하고 있는 '남도불교문화연구회'의 업적도 큰 도움이 되었다. 특히 성춘경선생님의 글이 제일 많다. 또한 황호균, 정선종, 최인선, 김희태선생 등이 쓴 내용을 필자가 다시 읽고 일부 가감하여 정리하였다.

이 책은 새로운 관점으로 '전남의 석탑'을 연구, 고찰한 것이라기보다는 여러분들의 기존연구 결과를 인용하였고 필자의 총론적인 견해를 더하여 책으로 모은 것이다. 그간 흩어져 있는 내용을 단행본으로 모으는 일을 필자가 감히 용기를 낸 것이다. 언젠가 정리하리라 생각하였는데 이제야 부족한 모습으로 출간하게 되어 무거운 짐을 벗는 기분이다. 이 책의 출간에는 전남대학교출판부의 재정적인 도움이 컸다. 특히 김준오박사가 여기저기 자료를 모으고 보충하고 정리하였으며 부족한 사진도 많이 촬영해주었다. 또한 건축사 연구실의 염승훈군과 허지혜양이 원고정리와 편집을 도와 주었다. 이 모든 분들께 감사드린다.

이 책은 크게 2개의 장으로 나뉜다. 전남지역 석탑의 특성과 의미를 고찰하는 총론적인 글을 1장에서 다루었고 2장에서는 광주, 전남지역에 소재하여 현재 조사가능한 전체의 불탑을 소개하는 형식으로 하였다. 즉 2장은 기존의 보고서를 인용하여 그 내용을 필자가 가감하여 정리하였다. 그러니까 전남지역 석탑의 의미와 특성을 상대적 입장에서 우선 총론적으로 고찰하였고 이어서 각론적으로 소개한 셈이다. 본서는 거의 대부분이 석탑이고 쌍봉사 대웅전만은 불타 없어져 버린 것이지만 희귀한 목탑이라는 의미에서 다루었다.

수많은 탑을 정리하면서 각각을 설명하였기 때문에 한국석탑에서 그들 탑이 자리하는 비교론적이고 상대적인 의미를 명쾌하게 밝히지 못하였다. 그저 현상을 밝힌 것이라 생각한다. 따라서 부족한 부분이 많이 있을 것이라 느낀다. 부족한 부분에 대한 따끔한 질타를 기다린다.

2015년 2월

천 득 염

차례

책을 펴내며_ 천득염 • 4

제1장 ▪ 전남지역불탑의 특징

1. 전남지역 불교건축의 출발과 성격 • 10
2. 전남지역 석탑의 출현 • 13
3. 전남지역 석탑의 분포 상황 • 15
4. 전남지역 석탑의 조형특성 • 20
5. 전남지역석탑의 특징 • 34
6. 결어 • 38

제2장 ▪ 전남지역의 불탑

1. 광주 • 42
2. 목포 • 84
3. 순천 • 86
4. 여수 • 120
5. 나주 • 123
6. 광양 • 136
7. 담양 • 145
8. 곡성 • 162

9. 구례 • 175
10. 고흥 • 222
11. 보성 • 227
12. 화순 • 242
13. 장흥 • 319
14. 강진 • 332
15. 해남 • 348
16. 영암 • 367
17. 함평 • 385
18. 영광 • 388
19. 장성 • 400
20. 진도 • 408
21. 신안 • 418

참고문헌 • 425

제1장

전남지역불탑의 특징

제1장은 필자의 논문 「전남지역 석탑의 출현과 특성」(건축역사학회지, 2013)을 전제하여 일부를 가감하였음.

제1장

전남지역불탑의 특징

1. 전남지역 불교건축의 출발과 성격[1]

언제 전남지역에 불교가 도입되었을까? 백제에 불교가 도입된 침류왕 원년(384년) 이후 불교는 점차 남하하면서 영향력이 증대 되었고, 광주. 전남지역에까지 세력이 다다르게 되었을 것이다. 가설적으로 백제가 마한을 통합(근초고왕 24년, 369년)하고 나서 불교가 유입된 것은 분명하지만 구체적으로 언제인지 불명하다. 다만 불교도입 초기에 위례성이 수도였던 만큼 당시 상황으로 보아 한반도 아래쪽 까지 널리 포교된 것 같지는 않다. 그러나 수도가 웅진과 사비로 점차 이동하면서 성왕을 비롯한 제왕들의 불교장려책으로 사찰들이 전북지역에 까지 지어지게 되었다. 전북 익산의 미륵사를 비롯한 각종 석탑과 사지가 이를 대변하고 있으나 전남에서는 백제시대의 불교유물이 아직 학계에서 공인될 정도로 확실히 나타나지 않고 있고 통일신라시대의 것만 나타나고 있다. 특히 불교가 우리나라에 도입된 이래 약 400년 가까이 전남지방에는 백제불교미술의 뚜렷한 잔재가 거의 나타나지 않는다는 것은 특이한 사항이다.

이처럼 전남지역에는 고구려와 백제에 불교가 들어오고 난 후로 좀 늦게 도입된 것으로 이해된다. 이는 영산강유역에 마한이라는 강력하고 문화적으로 주체적인 세력이 자리하고 있었고 백제의 중심세력권으로부터 다소 떨어져 있어서 불교의 도입이 늦어진 것이라 생각된다. 전남지방의 현존사찰 중에서 영광 불갑사, 나주 불회사는 침류왕 원년 마라난타 창건이라 하나 근거가 희박하다. 이는 당시의 기록이 아닌 조선후기의 기록에 나타나기 때문이다. 선암사는 26대 성왕 7년(529) 아도화상 창건이라 하지만 아도

1 천득염, 전봉희, 한국의 건축문화재(광주 전남편), 기문당. 의 내용을 주로 참조함.

화상의 생존연대가 맞지 않아 문제가 있고 백양사는 30대 무왕 33년(633) 如幻大師가 창건하였다 하나 이 또한 분명한 근거가 없다. 이들 뿐만 아니라 무위사, 대흥사, 화엄사, 곡성 관음사, 개천사, 나주 죽림사 등이 백제시대에 창건된 사찰이라고 한다.[2] 그러나 근자에 월남사지 등 몇몇 사지가 발굴되었고 그곳에서 백제시대의 것으로 짐작되는 유물들이 발견되고 있어서 장차의 연구결과가 기대된다. 또한 전남지방에 백제시대의 불교가 전파되기는 하였으나 그것이 지역의 거점에만 전파되었기 때문에 많은 불교유물, 유적이 발견되지 않은 것으로 여겨진다[3]는 견해도 있다.

한편 통일신라시대에는 선종이 성행하여 5교 9산으로 대별되어 불교가 발전하였는데 9산중 가지산문의 보림사, 동리산문의 태안사 등이 전남지역에 자리하여 불교진흥에 일익을 담당하였고 전국적인 입장에서 보아도 가장 번성하였음을 짐작케 한다.

고려시대의 불교종파로는 화엄종을 비롯하여 자은(법상), 남산(계율), 조계(선종), 천태, 법성, 열반, 시흥 등 12종가가 있었다. 이 중에서 활약상이 큰 것은 조계종, 화엄종, 자은종, 천태종이었는데 특히 전남에서는 조계종이 현 송광사를 근본도장으로 펼친 선불교 중흥을 위한 定慧結社를 일으켰고, 화엄사상을 펼치기 위하여 천태종이 강진 만덕사(현 白蓮寺)를 중심으로 한 백련결사를 일으켜 불교중흥을 꿰했다. 이 운동은 고려시대 불교중흥의 대표적 양 주류로서 전남이 중심이었음을 의미하기도 한다.

조선시대에는 숭유억불정책으로 인한 불교의 탄압으로 불교세력은 위축될 수밖에 없어 산지불찰로 그 명맥을 유지할 수밖에 없었다. 태조나 세조의 개인적인 好佛에도 불구하고 전국의 사찰은 축소 통폐합을 거듭하였으며 임진왜란 직후에는 이전의 법통을 유지한 사찰이 거의 없을 정도였다.

이 시대의 전남지역 사찰도 예외는 아니어서 사찰은 깊은 산에서만 볼 수 있었다. 악조건 속에서도 전남지역에는 고승 및 고찰들이 많이 있어 그나마 불교의 줄기를 이어 갈 수 있었다. 임란 의병장으로 활약한 서산대사가 대흥사에 가사와 바리때를 전하여 보관하게 하였거니와 나중에는 이 절에 초의선사가 자리 잡음으로써 불도의 맥을 잇게 하여 선풍이 면면히 이어져 왔다. 특히 승려들의 왕성 출입을 금지하고 전국에 선종과 교종의 사찰 18개씩만을 남기는 정책으로 불교를 억압하여 승려들이 왕성에서 멀리

2 성춘경, 『전남의 불상』, 학연문화사, 2006, p.15

3 전라남도지 편찬위원회, 『전라남도지(백제문화와 전남, 불교)』 제3권, 1993, p.50

떨어진 외진 곳을 찾아 뿔뿔이 흩어지던 조선시대에도 그들은 풍토적으로 신앙심이 두터운 전라남도로 많이 찾아들었다.

전남에는 이른바 사찰 21본산 가운데 5대 본산이 있으며 특히 禪門이 많다. 선문이라면 흔히 九山을 들지만 그 가운데 三山이 이 고장에 있으니 가히 선종의 태자리라 할 만하다. 선문은 장흥의 보림사, 지리산의 실상사, 곡성의 태안사 등이다. 뿐만 아니라 16국사를 낸 승보사찰 송광사를 비롯하여 유서 깊고 뼈대 있는 큰절이 많고 비록 작고 쇄락하였으나 반듯한 법통을 지닌 절들이 골골에 자리 잡고 있다.

전남지역의 사찰건축은 삼국시대 초기 사찰과 같은 정형적인 형태는 찾을 수 없다. 즉 8각의 목탑을 중심으로 3금당이 주위에 배치된 고구려식 가람배치나 중문, 탑, 금당, 강당, 회랑이 중심축 상에 배치된 백제와 신라식 가람배치형식은 전무하다. 또한 백제식과 신라식 가람배치에 1탑이 2탑으로 변한 형식인 통일신라식 가람배치 형식이 이 지역에서는 많이 나타나지 않고 있다.[4] 그 이유는 전남지역이 왕도에서 많이 떨어진 곳이라는 점과 사찰의 창건이 다소 후대에 이루어진 것이기 때문에 가람의 형식이 변모되었고 지역적 환경에 적응한 것이라 짐작된다. 아니면 전남지역 특유의 토착문화가 있어 불교문화가 도입되는데 다소 거부감을 느꼈을 수도 있겠다. 삼국시대 초기사찰이 왕도를 중심으로 가까운 곳에 건립되고 평지에 교종의 교리에 따라 세워졌으나 통일신라시대 이후에 창건된 전남지역의 사찰들은 왕도에서 멀리 떨어진 지역에서 선종의 교리에 따라 산속 깊숙이 산지에 세워진 경우가 많았기 때문이다. 특히 고려시대 이후의 사찰들은 도선국사의 영향을 대부분 받아 풍수사상의 원리에 입각하여 입지하였기 때문에 산중의 요처가 될 수밖에 없었다.

산중의 계곡에 사찰이 입지하면 자연히 대지의 조건이 협소하고 불리한 곳이 된다. 따라서 대지의 형상이 방형이 아닌 불규칙한 형태가 되고 경사가 급한 계곡에 위치하기 때문에 여러 단의 축대를 쌓고 점점 상승하면서 각종 전각이 배치된다. 또한 중심축의 개념이나 중정의 성격이 약화되어 대지의 형상에 따라 유리한 곳에 편리하게 위치하였다. 더욱이 창건당시의 모습은 그대로 유지되지 않고 중창할 때마다 새로운 전각들이 부가되어 복합적이고 불규칙한 형식을 지니게 되었다. 특히 임진왜란이나 한국전쟁 등

4 보림사, 선암사, 화엄사, 실상사 등의 사찰은 2탑식가람형식이다.

으로 유명한 전각들이 불에 타 최근에 복원하였으니 원래의 모습을 더욱 잃고 있는 것이다. 따라서 사찰의 본래의 기능을 갖는 전각들 이외에 전쟁과 관련된 건물들도 사찰의 경내에 건립되어 있다. 또한 기복신앙과 무속신앙에 따라 전각들도 부가되어 경내에는 수십 개의 전각과 요사채, 승방, 선방, 칠성각, 산신각 등의 건물들이 들어서 있다.

2. 전남지역 석탑의 출현

현존하는 한국의 석탑은 7세기 초의 미륵사지석탑을 효시로 하고 있음은 주지하는 바와 같다. 우리나라에 불교가 수입된 것은 4세기 후반부터이지만 적어도 현존하는 유물에 관하는 한 전남지방에서 확인되는 불교미술품은 8세기 중엽의 화엄사 사사자삼층석탑으로 부터 출발되고 있다. 물론 전라남도 내에 몇 사찰이 문헌상으로는 백제시대에 창건되었다는 기록이 보이고 있으나 조선시대의 기록에 의존하고 있어 신뢰성이 부족하다.

또한 전남지방은 백제 근초고왕(369) 대까지 마한에 속하였으나 그 후 백제가 망할 때까지 약 300년간은 백제의 문화권에 있으면서 이때의 불교유물은 물론 고려조에 접어들어서도 백제계양식의 문화적 재현이 이루어지지 않고 있음은 흥미로운 현상이다. 다만 통일신라시대에는 신라양식의 불교미술이 전라도 지역에 널리 나타나고 있음은 명백한 사실이다.

그림 1. 전남지역 최초의 석탑인 화엄사 四獅子 三層石塔

그렇다면 왜 전남지역에서는 삼국시대의 석조 불교문화유적이 나타나지 않는가? 이러한 현상은 석탑에서도 마찬가지이다. 그러한 이유가 어디에 있는가에 대해서는 별도의 연구가 이루어져야 하겠지만 우선 이 지방 전통문화 자체에 불교를 수용할 수 없는 어떤 요인이 있었지 않았나 하는 견해도 나오고 있다.[5] 무언가 불교수용을 지체시키는 요인이 있었을 것인데 이는 전남의 지리적인 위치와 토착성이 강한 문화적 특성에서 찾아야 할 것이다. 즉 이 지역의 토착세력이 기존문화에 대한 애착이 강하여 지배세력의 문화에 대하여 거부감을 갖지 않았나 하고 추정 되는 것이다.

또 왜 통일신라시대에는 백제의 고토에 백제적인 문화현상이 나타나지 않은가? 이는 고려시대에는 백제의 문화를 재현하려는 움직임과 함께 여러 가지 유구에서 백제적인 양상들이 보이고 있음과는 비교가 된다할 것이다.

5 강인구, 『백제문화와 호남』, 광주박물관대학, 1982, p.61; 전라남도지편찬위원회, 『전라남도지』 제3집, p.706의 성춘경 글 참조.

아마 신라에 의한 통일은 백제의 옛 영토에서 백제의 정치, 문화적인 잔재가 남아 있기를 허락하지 않았기 때문이 아닌가 한다.

위와 같은 논의를 좀 더 구체적으로 살펴보면 다음과 같은 의견이 가능하다.

– 전남은 당시의 국도에서 멀리 떨어진 지역이어서 아무래도 불교문물의 도입이 늦어졌을 것이다. 또한 백제가 익산의 도읍경영을 끝으로 대규모 가람을 조성하지 못하였기 때문에 공주와 부여지역, 그리고 전북 익산까지는 그 영향력을 미치나 전남지방까지는 내려 올 여유가 없었던 것이라 추정할 수 있다. 그러나 근자에 백제의 것으로 추정되는 유물들이 발굴되고 있음은 주목할 대상이다.

– 다른 논거로는 정치적으로나 문화적으로 백제의 영향력이 전남지방에 까지는 미치지 못하였을 것이라는 추정이다. 즉 근초고왕 24년(369)에 마한의 잔재세력이 백제에 소속되었다고 기록되어 있으나 실제적인 부분에 있어서는 전남지역에서는 그 나름대로의 독자적인 집단을 유지하고 있었을 것이라는 추정이다.

– 과거 전남지방의 제반 문화양상이 한강유역이나 금강유역에서 발달한 백제문화와는 크게 다른 모습을 보여주고 있다는 것이다. 대표적인 예로 묘제의 독자성을 들 수 있는데 백제의 묘제로서 대표적인 석실분과 전남지방의 대표적인 묘제인 옹관묘와의 강한 대비성을 지닌다. 즉 이 지역의 전통묘제인 옹관묘 문화를 이루고 있던 집단이 백제의 정치적 영향권 내에 있으면서도 자신들의 문화형태를 고집하여 불교문화를 수용함에 있어 폐쇄적이며 배타적인 경향을 보인 것이 아닌가 하고 추정할 수 있겠다.

– 이러한 강한 전통에의 집착은 오히려 이 지방의 문화적 기반이 백제보다는 마한문화에 바탕을 두고 있으며 이들 문화의 기반은 백제의 중심문화와 대립할 만큼 강하고 토착적이라는 것이다. 결국 이 같은 문화적 기반이 불교의 수용을 쉽게 용인하지 않았을 것이며, 마침내는 이들 옹관묘 사회가 붕괴되기 시작한 6~7세기가 지나고 나서 7~8세기에 이르러서야 서서히 느린 속도로 불교문화의 전파가 가능했을 것으로 풀이된다.[6] 결국 신라의 새로운 영토가 되고 나서 신라 왕경의 불교문화가 전남지역으로 서서

6 성춘경, 『전남에는 왜 백제의 불교문화가 없는가, 백제의 신비를 푼다 7』, 금호문화, 1992.

히 파급되었을 것으로 짐작되나, 이 때 백제의 문화적 잔재를 용인하지 않았을 것이라는 것이다.

- 결국, 9세기에 접어들면서 선종의 유행을 따라 당 유학에서 돌아온 고승들이 중앙왕권 또는 신라귀족인 지방영주의 비호를 얻어서 주로 지리산 주변에다 화엄사, 실상사, 태안사 등의 가람을 일으킴으로써 소위 구산선문을 형성하게 되고 이에 따라 전남지역에 탑의 건립이 시작된 것이다. 결국 사찰의 건립이 선종의 유행이후 당 유학파들에 의해 이루어졌기 때문에 당연히 늦어졌을 것이라는 것이다.

3. 전남지역 석탑의 분포 상황

전남지역 석탑의 분포는 크게 몇 가지 흐름으로 파악할 수 있다. 먼저 8세기 중반이후 나타나는 신라전형양식석탑을 비롯하여 통일신라 말기의 약화된 양식으로 변화하는 과정 중에서 보여지는 신라양식의 흐름이 몇 가지 유형으로 나타나고 있다. 지역적으로는 영산강 주변지역을 제외한 지역, 즉 전남지역의 동부와 남부의 일부 지역(순천, 광양, 보성, 장흥 등)에서만 석탑이 나타나는 분포적 특성을 보이고 있는데 이는 영산강 지역의 토착문화라 여겨지는 옹관묘 분포지역과 관련이 있을 것으로 추정되고 있다. 아마 백제의 옛 영토라기보다는 백제의 불교를 받아들이기엔 껄끄러운 마한의 문화적 상이성과 배타성에 기인한 것이 아닌가 여겨진다.

고려시대의 특징은 우선 석탑건립이 前代에 비해 전국적으로 확산 분포된 점으로 신라의 석탑이 경주지역의 부근에 밀집되어 나타나는데 반해 고려의 경우 왕도인 개경부근이 우세하긴 하지만 전국으로 확산되어 나타나는 특성을 보인다. 이러한 분포상의 변화는 시대상의 변화에 따른 것으로 호국적인 왕실불교에서 세월이 지남에 따라 대중화된 경향을 보이는 점이다. 따라서 호국불교적인 성격을 띠는 국가종교로서 전국적인 형태의 사찰조영이 이루어지게 되는데 고구려, 신라, 백제의 舊都邑 지역에 새로운 탑파를 다수 건립한 것 등이 그러한 점이라 하겠다.[7]

또 다른 논거로서 고려시대의 조탑 활동에 순수한 지방세력 내지는 민중이 대거 참여했다는 사실이다. 경북 예천의 개심사지 오층석탑의 명문,

7 고유섭, 『조선건축미술사 초고』 고려의 건축-불사건축, 1964. 정영호, 『한국의 미, 석탑』, 중앙일보사, 1989, p.175~176.

경복궁에서 대구박물관 앞뜰로 옮겨진 淨兜寺址五層石塔 내에서 발견된 造成形止記 등에서 알 수 있듯이 고려는 많은 경우 그 지역민의 발원에 의해 석탑이 건립되었던 것으로 보여진다. 이러한 사실들은 고려 석탑의 양식상의 변화를 초래하는 계기가 되었는데 前代의 왕도 중심의 일률적인 건탑양식에서 벗어나 각 지방의 토착세력이 건탑에 관여했을 때 일률적인 규범보다는 각기 나름대로의 지역적 특징이 반영되어 다양한 형태의 건탑이 이루어졌을 것으로 추측된다.[8]

그림 2. 대구박물관에 이전된 정도사지 오층석탑

그림 3. 대형석괴 기단을 이룬 경주 남산리 석탑

전남지역에서 나타나는 또 하나의 흐름은 고려시대 석탑에서 나타나는 백제적인 요소의 출현이다. 따라서 백제의 고토였던 충청지역과 전북지역에서는 고려시대에 들어와 정림사지 석탑을 모방한 백제전형양식의 석탑들이 나타나고 있는데 전남지역에도 이의 한 흐름이 되고 있는 백제양식계 석탑들이 나타나고 있다.[9] 이들 중 전남지역에서 나타나는 백제양식계 석탑들은 주로 전남지방의 북부와 서부지역을 중심으로 분포되어 전개되고 있는데 백제양식계 석탑들 중 비교적 신라양식 탑의 형식을 상당부분 절충하는 의장적 특징이 나타나고 있다. 이들은 담양, 곡성, 남원 등 전남의 북부지역과 그 인근지역에 집중적으로 분포되어 나타나는 탑신을 받고 있는 받침대가 유난히 강조된 모습이 특징적인 하나의 부류와 나주, 화순, 보성, 진도 등 전남의 서부와 남부지역에 분포되어 나타나는 탑의 높이에 비해 초층 탑신이 지나치게 높고 전반적으로 좁은 폭을 갖는 또 하나의 부류를 들 수 있다.

그렇다면 전남, 광주지방에 산재해 있는 탑들은 어떤 것들이 있고 그 양식상의 특징은 어떠한가? 현재 문화재로 지정되어 있는 석탑들은 국보가 3기, 보물이 29기, 지방유형문화재가 19기, 문화재자료가 14기로 총 65기이다. 시기적으로는 통일신라 탑이 15기이고 나머지는 모두 고려시대 탑이라고 추정되고 있다. 통일신라시기의 석탑들은 여느 신라양식 탑과 같은 전국적 양상을 지닌 전형적인 모습을 보여주고 있지만 고려시대의 석탑들은 전남지방의 지역적 특성이 뚜렷이 나타난다.

8 정영호, 앞 글, p.176.
9 천득염, 『백제계석탑연구』, 전남대학교출판부, 2000.

〈표 1〉 **광주, 전남지역의 석탑 현황**(2015년 현재)

지정별	문화재명	소재지
광주광역시의 석탑(14기)		
보물 제110호	광주 지산동 오층석탑	동구 지산동 448-4
보물 제109호	(전)광주 성거사지 오층석탑	남구 천변좌로 338번길 7(구동)
광주 유형문화재 제12호	신룡동 오층석탑	광산구 신룡동 57-1
광주 유형문화재 제1호	증심사 삼층석탑	동구 운림동 56
비지정	증심사 오층석탑	동구 증심사길 177
비지정	증심사 범자칠층석탑	동구 증심사길 177
비지정	약사사 삼층석탑	
비지정	원효사 석탑재	동구 증심사길 160번길 89
비지정	광주 장운동 오층석탑	북구 매곡동 산 83-3 국립광주박물관
비지정	(전)장성 흥법사지 석탑	북구 매곡동 산 83-3 국립광주박물관
비지정	담양 서봉사지 석탑	북구 용봉동 용봉로 77 전남대학교
비지정	영암 청풍사지 석탑	북구 용봉동 용봉로 77 전남대학교
비지정	선암사지 석탑	
비지정	옥동사지 석탑	광산구 옥동 483
목포시의 석탑(1기)		
비지정	목포 이훈동 정원 내 석탑	
순천시의 석탑(5기)		
보물 제395호	순천 선암사 동 · 서 삼층석탑	순천시 승주읍 선암사길 450
보물 제831호	순천 동화사 삼층석탑	순천시 별량면 동화사길 208
보물 제945호	순천 금둔사지 삼층석탑	순천시 낙안면 상송리 산 2-1
전남 유형문화재 제116호	순천 향림사 삼층석탑	순천시 석현동 230
비지정	순천 순천고 석탑	
여수시의 석탑(1기)		
비지정	여수 돌산 금백암지 석탑	여수시 돌산읍 죽포리 1623
나주시의 석탑(5기)		
보물 제50호	나주 북망문 밖 삼층석탑	나주시 건재로 41-1
비지정	나주 심향사 삼층석탑 및 석탑재	
전남 유형문화재 제78호	나주 송제리 오층석탑	나주시 세지면 송제리 706-1
비지정	나주 복암사 이층석탑	
비지정	나주 다보사석탑	나주시 경현동 629번지
광양시의 석탑(2기)		
보물 제112호	광양 중흥산성 삼층석탑	광양시 옥룡면 운평리 90-1
전남 유형문화재 제5호	광양 성황리 삼층석탑	광양시 성황동 746
담양군의 석탑(4기)		
보물 제506호	담양 남산리 오층석탑	담양군 담양읍 남산리 342
전남 문화재자료 제20호	담양 언곡사지 삼층석탑	담양군 무정면 봉안리 68
전남 문화재자료 제200호	담양 연동사지 삼층석탑	담양군 금성면 금성리 산 91-3
비지정	담양 창평초교 석탑재	

지정별	문화재명	소재지
곡성군의 석탑(2기)		
보물 제1322호	곡성 가곡리 오층석탑	곡성군 오산면 가곡리 2
전남 문화재자료 제170호	곡성 태안사 삼층석탑	곡성군 죽곡면 태안로 622-215
구례군의 석탑(8기)		
국보 제35호	구례 화엄사 사사자 삼층석탑	구례군 마산면 황전리 12
보물 제132호	구례 화엄사 동 오층석탑	구례군 마산면 황전리 12
보물 제133호	구례 화엄사 서 오층석탑	보성군 노동면 옥마리 348
보물 제300호	구례 화엄사 원통전 앞 사자탑	구례군 마산면 황전리 12
비지정	구례 화엄사 구층암 삼층석탑	구례군 마산면 황전리 12
보물 제151호	구례 연곡사 삼층석탑	구례군 토지면 내동리 1354
보물 제509호	구례 논곡리 삼층석탑	구례군 구례읍 논곡리 산 51
전남 유형문화재 제12호	구례 사도리 삼층석탑	구례군 마산면 사도리 산33-1
고흥군의 석탑(2기)		
전남 문화재자료 제184호	고흥 상림리 삼층석탑	고흥군 풍양면 야막리 515-4
비지정	고흥 관리 오층석탑	
화순군의 석탑(21기)		
보물 제796호	화순 운주사 구층석탑	화순군 도암면 천태로 91-44
보물 제798호	화순 운주사 원형 다층석탑	화순군 도암면 천태로 91-44
전남 유형문화재 제276호	화순 운주사 칠층석탑	화순군 도암면 용강리 및 대초리
전남 유형문화재 제277호	화순 운주사 쌍교차문 칠층석탑	화순군 도암면 용강리 70-1
전남 유형문화재 제278호	화순 운주사 석조불감 앞 칠층석탑	화순군 도암면 용강리 941
전남 유형문화재 제279호	화순 운주사 거북바위 교차문 칠층석탑	화순군 도암면 용강리 산8
전남 유형문화재 제280호	화순 운주사 대웅전 앞 다층석탑	화순군 도암면 용강리 201-1
전남 유형문화재 제281호	화순 운주사 칠성바위 앞 칠층석탑	화순군 도암면 용강리 산8
전남 유형문화재 제282호	화순 운주사 발형 다층석탑	화순군 도암면 대초리 18
전남 문화재자료 제256호	화순 운주사 거북바위 오층석탑	화순군 도암면 용강리 산8
전남 문화재자료 제257호	화순 운주사 수직문 칠층석탑	화순군 도암면 용강리 산36
비지정	화순 운주사 거지석탑	
비지정	화순 운주사 명당탑	
비지정	화순 운주사 원형다층석탑 앞 삼층석탑	
비지정	운주사 법성료 앞 원형 삼층석탑	
비지정	운주사 법성료 앞 원형 이층석탑	
비지정	운주사 산신각 앞 석탑재	
비지정	운주사 행해당 뒤 언덕 일층석탑	
전남 문화재자료 제63호	화순 한산사지 삼층석탑	화순군 동복면 신율리 949
*비지정(지정해지)	화순 쌍봉사 대웅전(삼층 목탑)	화순군 이양면 쌍산의로 459
비지정	화순 보안사지 석탑	
장흥군의 석탑(3기)		
국보 제44호	장흥 보림사 남 · 북 삼층석탑 및 석등	장흥군 유치면 봉덕리 45
보물 제795호	장흥 천관사 삼층석탑	장흥군 관산읍 농안리 739
전남 유형문화재 제135호	장흥 천관사 오층석탑	장흥군 관산읍 농안리 739

지정별	문화재명	소재지
강진군의 석탑(3기)		
보물 제298호	강진 월남사지 삼층석탑	강진군 성전면 월남리 854
보물 제829호	강진 금곡사 삼층석탑	강진군 군동면 파산리 1012-2
전남 문화재자료 제76호	강진 무위사 삼층석탑	강진군 성전면 월하리 1174
해남군의 석탑(7기)		
보물 제320호	해남 대흥사 삼층석탑	해남군 삼산면 구림리 799 대흥사
보물 제301호	해남 대흥사 북미륵암 삼층석탑	해남군 삼산면 구림리 산 9 대흥사
전남 문화재자료 제245호	해남 대흥사 북미륵암 동 삼층석탑	해남군 삼산면 구림리 산 9
전남 문화재자료 제246호	해남 대흥사 만일암지 오층석탑	해남군 삼산면 구림리 산 9
비지정	해남 탑동 오층석탑(청신리석탑)	해남군 옥천면 청신리
비지정	해남 은적사 삼층석탑	
비지정	해남 신안리 미륵사 폐석탑	
영암군의 석탑(5기)		
보물 제1118호	영암 성풍사지 오층석탑	영암군 영암읍 용흥리 533-1
보물 제1283호	영암 월출산 용암사지 삼층석탑	영암군 영암읍 회문리 산 26-8
비지정	영암 월출산 삼층석탑	영암군 영암읍 회문리
보물 제1433호	영암 도갑사 오층석탑	영암군 군서면 도갑사로 306
비지정	영암 도갑사 삼층석탑	영암군 군서면 도갑사로 306
함평군의 석탑(1기)		
비지정	함평 용천사 삼층석탑	함평군 해보면 광암리 415
영광군의 석탑(3기)		
보물 제504호	영광 신천리 삼층석탑	영광군 묘량면 묘량로2길 40-89
비지정	영광 연흥사 석탑	영광군 군남면 용암리 890
비지정	영광 월평사지 석탑	영광군 영광읍 월평리 310
장성군의 석탑(4기)		
전남 유형문화재 제131호	장성 내계리 오층석탑	장성군 삼계면 내계리 51
전남 문화재자료 제101호	장성 진원리 오층석탑	장성군 진원면 진원리 121-4
전남 문화재자료 제103호	장성 수산리 오층석탑	장성군 장성읍 수산리 1427
비지정	장성 백양사 팔층석탑	장성군 북하면 약수리 26
진도군의 석탑(2기)		
보물 제529호	진도 금골산 오층석탑	진도군 군내면 금골길 58
전남 유형문화재 제10호	진도 상만리 오층석탑	진도군 임회면 상만리 675
신안군의 석탑(2기)		
전남 유형문화재 제71호	신안 읍리 삼층석탑	신안군 팔금면 읍리 350-1
전남 문화재자료 제193호	신안 흑산 진리 무심사지 삼층석탑과 석등	신안군 흑산면 진리 721-1 외

4. 전남지역 석탑의 조형특성

전남지역 석탑의 조형특성을 여실히 보여주는 예는 신라시대 석탑으로 한정하여 보아야 할 것이다. 왜냐하면 고려시대 석탑은 지방화·토속화가 이루어져 전형양식에서 이탈되었고 전형적인 조형 특성을 요구할 수 없기 때문이다. 따라서 본서에서는 통일신라시대 석탑을 전남지역이라는 지역에 한정하여 고찰해 보고자 한다.

4.1 전남지역의 통일신라시대 석탑

7세기 초에 출발한 한국의 석탑은 후대로 내려 갈수록 변화 양상이 뚜렷하다. 삼국에 있어서도 각기 나름대로 독특한 모습을 보인다. 즉 고구려는 1탑3금당형식에서 비롯한 8각형석탑이라 짐작되며 백제는 목조건축을 번안하면서 남조적인 여성적인 모습의 우아한 방형다층석탑으로, 신라는 백제와 비슷한 형식이나 전탑이 지니는 강건하며 남성적인 모습으로 각각의 지역적 특징을 지닌다.

특히 통일신라석탑은 8세기 후반부터 변화하기 시작하여 9세기에 들어서면서 후기 석탑양식을 나타내게 된다. 전대의 탑에 비해 규모가 더 작아지고 외관이 섬세해지며, 탑신석이나 기단의 면석 등에 불상, 사천왕상, 천인상, 십이지상 등을 조각하여 장식적으로 된 것들이 많다. 또한 옥개석의 끝이 보다 얇아지며, 추녀의 끝 면이 날카롭게 경사진 각을 이루게 되고, 옥개받침부분이 얇아지며, 종래의 5단이 4단, 혹은 3단으로 줄어든 것이 많다. 또한 옥개석 위의 탑신받침도 2단에서 1단으로 작아지고 각형에서 호형으로 변하였으며, 층수도 삼층탑에서 오층탑으로 되는 경우가 많고, 전체적인 규모 역시 중형, 소형탑으로 바뀌는 변형을 보이고 있다. 이러한 현상은 9세기에 들면서 일부 변형이 나타나고 9세기 후반에는 현저한 변화를 보이게 된다.[10] 특히 기단의 저석과 중석이 하나의 돌로 되었고, 상층 기단의 탱주가 2개에서 1개로 줄어든 것이 많다. 또한 기단을 돌덩어리 모습의 大形石으로 쌓아서 건축물의 기단과 같이 만들기도 하였다.

통일신라시대는 전남지방 불교미술의 여명기라 할 수 있다. 전남지방은 신라에 병합되고 나서 많은 사찰들이 건립되었다. 9산선문의 본거지인 보림사와 태안사, 화엄사, 쌍봉사, 연곡사 등에서 국보급 불교조형물들이 조

10 임영배, 「한국탑파건축의 조형특성에 관한 연구」, 홍익대학교대학원 박사학위논문, 1981, p.51.

그림 4. 보림사삼층석탑

영되었다. 특히 8세기 중반 이전의 불교적 조형물은 찾을 수 없고 8세기 중반부터 나타나기 시작한다. 그 분포지역을 보면 전남의 동북부지역인 화엄사 사사자삼층석탑을 비롯하여 각황전 앞 석등, 동서 오층석탑, 곡성 태안사의 적인선사 승탑, 화순 쌍봉사의 철감선사 승탑 및 탑비, 광주의 동오층석탑과 약사암의 석조여래좌상 등이다. 또한 전남의 남해안을 잇는 광양 중흥사삼층석탑, 보성의 유신리 마애불 및 우천리 삼층석탑, 순천 선암사의 동서삼층석탑, 장흥 보림사의 철조비로자나불좌상과 동서삼층석탑, 보조선사창성탑 및 탑비, 해남 대흥사의 삼층석탑 및 북미륵암 마애여래좌상, 은적사 철조비로사나불좌상 등이라 하겠다.[11]

전남지역에 석탑이 나타나게 되는 것은 통일신라시대부터이다. 전남지역은 삼국시대에 백제에 속했던 곳이나 백제시대의 불탑이 아직까지 1기도 보이지 않는다. 그러나 경주를 중심으로 한 신라의 중심 세력들에 의해 섬진강을 건너 전남의 동부지역에서 사찰건립이 시작되었고 이에 동반하여 신라석탑도 자연스럽게 건립되었을 것이다. 즉 전남지역에서의 불교미술의 발흥은 경주중심의 불교전개가 화엄종과 선종 위주로 이루러지면서 전국적으로 확산되는 경로선상에서 이해할 수 있을 것이다.[12] 더욱이 이는 전남의 서부지역에서 통일신라시대 사찰이나 건탑의 흔적을 발견하기 어려운 점을 보면 이를 짐작하게 한다.

현존하는 전남지방의 석탑은 화엄사 사사자삼층석탑이 그 효시가 된다. 이는 비단 석탑에서뿐만 아니라 전남의 불교미술품으로서도 가장 우수한 작품이라 평가되고 있다. 화엄사에 건립된 사사자 삼층석탑은 전남지역에서는 유일하게 볼 수 있는 8세기석조물인 점에서 가야산이나 가지산보다 먼저 불사가 이루러져 전남지역 불교미술의 발달에 촉진제 역할을 한 것으로 보인다.[13] 특히 근년에 발견된 국보 「白紙墨書 華嚴經券」의 발문[14]에 따르면 경주 황룡사의 승려인 緣起가 호남을 중심으로 사경활동을 전개한 사실을 확인 할 수 있는 바, 이 연기가 바로 화엄사를 창건하였다고 기록된 煙氣와 동일인으로 추정되고 있다. 그러나 신라사경의 조성연대가 天寶年間, 754-755이어서 신라 경덕왕대에 해당되는바 이것은 화엄사의 창건연대라 알려진 6세기경(진흥왕 5년, 544년)과 관련시켜 볼 때 2백년의 차이가 있을 수 있기 때문에 신중히 고찰되어야 할 것이다.

11 성춘경, 『전남의 불상』, 학연문화사, 2006, p.14.
12 조은경 외, 「전라도 석탑의 세부기법고찰-옥개석 물끊기홈과 풍탁공을 중심으로-」, 문화재 제40호, 2007, p.276.
13 박경식, 『통일신라 석조미술 연구』, 예경출판사, 2002, p.47.
14 황수영, 『신라백지묵서 화엄경』, 미술자료 24호, 1979, p.1~9.

또한 주목되는 점은 이 묵서 화엄경이 화엄사의 사사자 삼층석탑에서 발견되었다는 설이 있으며, 만일 이 내용이 사실이라면 이 묵서 화엄경의 제작연대가 경덕왕 13년부터 14년, 즉 754부터 755년 사이의 일이므로 탑의 조성도 이때를 전후해서 화엄경불사와 함께 이루어졌을 것으로 보아야 할 것이다.[15]

그렇다면 통일신라시기인 천보년간에 황룡사의 승려인 연기가 화엄사를 창건하고 그의 공적에 의하여 전남지방의 최고석탑인 화엄사사사자석탑이 건립되었을 것으로 추정된다. 아무튼 신라석탑은 경주를 중심으로 7세기 초기에 발생하여 발전하였고, 신라의 삼국통일로 전남, 광주지방인 백제의 영토에 신라석탑이 나타나게 된다. 8세기 중엽에 이루어진 신라식 석탑의 전형은 이후 오랫동안 지켜진 형식으로[16] 방형평면의 기본양식과 중층형식은 한국석탑의 주류를 이루게 된다.[17]

통일신라시기인 9세기전반으로 보이는 광주 지산동오층석탑(광주 동오층석탑)은 이중기단을 갖춘 전형적인 신라하대형식의 탑이다. 탑의 받침대 역할을 하는 기단부는 여러 개의 돌을 짜 맞춰 구성하였으나, 탑신부의 몸돌과 지붕돌은 각각 하나의 돌로 이루어졌다. 하층기단의 면석에는 귀기둥인 우주와 버팀기둥인 탱주가 2주 있고 몇 개의 판석으로 짜여 있으며, 상층기단의 중석도 역시 몇 개의 판석으로 되었다.

탑신부에 있어서 탑신과 옥개석은 각각 1석인데 각층의 탑신면에는 우주가 모각되어 있다. 옥개석은 추녀 사이가 좁아져 두꺼우며, 轉角에 이르도록 직선이고 상면에서 반전되고 있다. 상륜부에는 노반과 복발이 남아 있으나 파손이 심하다. 1955년 해체 수리시 4층 옥개석 윗면에서 사리장치가 발견되었다. 그 후 1961년 다시 수리를 하여 일부 석재를 보완하였다.

탑신을 비롯해 각부가 고준하게 보이는 탑으로 신라석탑의 기본형을 잃지 않은 신라 하대의 대표적인 석탑이다. 특히 지붕돌 밑면의 옥개받침이 1층은 5단인데 비해 2층부터는 4단으로 줄어들어, 제작연대가 통일신라 후기로 내려옴을 알 수 있다.

9세기 전반의 작인 대흥사 응진전 앞 삼층석탑에서도 변화가 생기고 점차 작아지는 경향을 나타내는데 옥개 받침이 5단이었던 것이 4단으로 줄고

15 전라남도지편찬위원회, 『전라남도지』 제3집, p.722.
16 정영호, 앞의 글, p.173.
17 임영배, 「한국탑파건축의 조형특성에 관한 연구」, 홍익대학교대학원 박사학위논문, 1981, p.49.

그림 5. 광주 동오층석탑

그림 6. 대흥사 응진전 앞 삼층석탑

그림 7. 실상사 동서삼층석탑

탱주의 수는 하층기단은 2주, 상층기단은 1주로 줄어들었다. 옥개석 위의 탑신받침은 각형 2단을 유지하고 있다. 또한 이 지역과 가까운 남원 실상사 동·서 삼층석탑(실상사 창건 826)은 상하기단의 탱주가 각각 1주이고, 옥개받침의 수도 4단으로 줄어드는 보다 약화된 형식이 나타난다.

통일신라 말기로 내려오는 9세기 후반에는 석탑의 규모가 작아지고 구성요소들이 보다 약화된 현상이 나타나며 현저한 변화를 보인다. 특히 전남지역에서 나타나는 통일신라시대의 석탑들 중 상당부분이 9세기 후반에 해당되는데 화엄사 동서 오층석탑을 제외하고는 모두 다 삼층석탑으로 규모가 작아지고 약화된 구성요소들의 특징을 보인다. 대표적인 석탑은 장흥 보림사삼층석탑, 중흥산성삼층석탑, 선암사삼층석탑, 금둔사지삼층석탑, 증심사삼층석탑 등을 들 수 있다. 이들 석탑에 나타나는 특징으로 하층기단의 탱주 수는 주로 1주인데 예외적으로 3주, 2주 또는 아예 없는 경우 등으로 다양하게 나타나는 경우도 있다. 반면 상층기단의 탱주 수는 1주로 고정되었다. 옥개받침은 주로 4단인데 예외적으로 5단과 3단도 나타난다. 또한 탑신받침은 1층이 호형, 2층이 각형 2단으로[18] 나타나고 주로 각형 1단으로 고정되었다.

이외에도 8세기 중반이후 나타나기 시작한 異形석탑들이 전남지역에서도 일부 출현하고 있다. 8세기 중엽 이후 전반적으로 건축적 결구의 표현이 단일화된 부재에 조각적 표현으로 나타나는 동시에 석탑 자체에 장식적인 모습이 강하게 나타남으로써 이전에 볼 수 없었던 이형식 석탑이 출현하게 된다. 이 시기에 건조된 석탑의 장식적 경향은 비단 석탑뿐만 아니고 신라 중대 후기의 문화적 경향으로 경덕왕대(742-764)를 중심으로 하는 여러 유구의 장식적 표현에 그 논거를 두고 있다.[19]

이 지역에서 나타나는 이형석탑으로서는 부재의 결구방식이 전형양식에서 완전히 벗어나 특이한 형태를 보이는 화엄사 사사자 삼층석탑 외 화엄사 원통전 앞 사자석탑이 대표적인 예이다. 외형은 신라 전형양식인 방형, 중층의 기본 틀을 갖추고 있으나 기단 및 탑신부의 각 면에 천인상, 안상, 팔부중상, 십이지신상, 사방불, 불보살, 인왕상 등 여러 상을 조각하여 표면장식이 화려한 장식적인 석탑으로 변모하였다. 이러한 예는 구례 화엄

18 2단의 각형 탑신받침을 갖는 탑은 화엄사 사사자 삼층석탑, 광주 동 오층석탑, 대흥사 삼층석탑, 화엄사 동 오층석탑이다. 반면 옥개석 상면의 탑신받침이 2단으로 아랫단은 弧形이고 윗단은 각형인 경우는 보림사 삼층석탑과 선암사 서 삼층석탑이다. 또 1단의 각형 받침만 있는 경우는 중흥산성 삼층석탑과 화엄사 서 오층석탑이다.

19 장충식, 『신라석탑연구』, 일지사, 1987, p.145.
정영호, 『석탑』, 대원사, 1989, p.90.

사 서 오층석탑, 인근지역인 남원 실상사 백장암 삼층석탑, 광양 중흥산성 삼층석탑, 순천 금둔사 삼층석탑 등에서 특징적으로 나타나고 있다. 이들의 출현은 특이하게도 지리산을 중심으로 하는 전남의 동부지역에 집중되고 있음을 알 수 있다.

그림 8. 이형석탑인 실상사 백장암 삼층석탑

이상에서 나타나는 통일신라시대의 전남지역의 석탑은 신라전형양식 뿐만 아니라 이의 변화과정 중 나타나는 약화된 형식들이 지리산을 중심으로 하는 전남의 동부, 그리고 남부의 일부지역에서 보여 지고 있다.

한편 상기한 바와 같이 영산강을 중심으로 하는 전남의 서남부 지역에는 사찰의 건립이 드물게 나타났기 때문에 석탑 역시 조영되지 않았으며, 이는 영산강 수계권역에 있는 마한이나 옹관묘 집단이라는 기존의 토착문화와의 배타적인 입장에서 관련성이 있는 것으로 보인다. 즉 경주를 중심으로 한 신라불교문화의 영향력은 영산강을 중심으로 한 수계권역, 그러니까 전남의 서부지역을 제외한 전 지역에 전파되어 8세기중반 이후부터 신라석탑의 활발한 전개를 이루게 되었다고 보여 진다.

4.2 전남지역 통일신라석탑의 세부양식[20]

전남지역에 산재한 통일신라시대석탑을 보다 구체적으로 이해하기 위한 방법으로 우선 부재상호간의 높이 체감비, 옥개와 기단부를 중심으로 형태나 세부적인 사항, 가공과 조립방법 등에 대하여 고찰해 보기로 한다.

가. 체감비

전남의 대표적인 통일신라시대석탑 10기를 실측조사한 결과 절대 높이는 낮아졌으나 체감비는 불국사 3층석탑보다 0.12 커서 오히려 높아져 보인다. 하층기단은 대체적으로 높아지고 상층기단은 다 높아졌다. 1층 옥개석은 낮아지고 2층 탑신은 대체적으로 높아졌으며 2층 옥개석은 모두 다 낮아졌다. 3층 탑신은 9기가 낮아지고 1기만 높아졌다. 3층 옥개석은 10기 다 낮아졌다. 이상으로 보아 전체적으로 높이의 체감이 경주를 중심으로 한 전형적인 통일신라시대 석탑에 비하여 더 커서 細長한 느낌을 주고 옥개석은 얇아져 안정감을 찾고 있다.

20 천득염, 문화재연구소, 『전라남도의 석탑 1,2,3』
송영아, 「통일신라후기석탑의 양식특성 및 비례체계에 관한 연구-전라도 통일신라후기석탑을 중심으로-」, 전남대학교 석사학위논문, 2006.
조은경 외, 「전라도 석탑의 세부기법 고찰-옥개석 물끊기홈과 풍탁공을 중심으로-」, 문화재 제40호, 2007
양승문, 「전남지역 통일신라시대 석탑의 세부양식 분석-옥개부를 중심으로」(2013, 6)의 내용을 참조함.

그림 9. 단층기단인 보성 우천리 삼층석탑

나. 기단부

통일신라 말기에 나타나는 하나의 변화는 일반형 석탑에서 보이는 이중 기단이 단층기단 또는 삼층기단(삼단형)으로 변화되는데 단층기단은 보성 우천리삼층석탑이고 구례 연곡사삼층석탑은 삼층기단에 속한다. 단층기단은 낮은 하층기단이 생략되어 지대석 위에 바로 상층기단이 놓이게 된 형식으로 목조건축의 기단이 단층이고 목조건축을 번안한 백제계석탑들이 단층기단인 점과 아울러 서로 관련이 있는지 고려해야 할 것으로 보인다.[21] 특히 구례 화엄사 동오층석탑에서 단층기단의 약화된 모습이 나타나고 있는데 이러한 양식들은 이후 고려시대 석탑건조 양식에 크게 영향을 주었을 것으로 생각된다.

일반적으로 지대석, 저석, 중석, 갑석으로 이어지는 형식이 일부는 생략되고 일부는 서로 합해져 다양한 구법을 보인다. 즉 광양 성황리3층석탑처럼 저석과 중석, 갑석이 하나의 석재로 조각되는 경우가 있는가 하면 저석과 중석, 혹은 중석과 갑석이 단일석으로 되는 경우도 있다.

우주와 탱주를 각기 별도로 만들어 짜맞추는 목조건축적 특성을 보이는가 하면 하나의 석재에 모각하는 경우가 흔히 볼 수 있는 예이다. 대흥사 북미륵암 동탑처럼 탱주가 八字形으로 되어 있는 경우도 있다. 아무튼 기단은 다른 어느 부재보다도 아주 다양한 구성형식을 보인다 할 것이다.

다. 옥개석 낙수면

흔히 석탑에 있어서 옥개석의 상부 지붕면에 해당하는 부분을 낙수면이라고 한다. 건립시기에 따라 낙수면의 경사도와 길이가 조금씩 다르다. 일반적으로 시대가 앞설수록 길이가 길고 경사가 완만하다. 목조건축에 있어 지붕선이 처마 끝에 이어서 솟아오르는 형상과 유사하다. 통일신라시대의 석탑에서는 전각의 반전이 날렵하고 경쾌하나, 고려시대 이후의 석탑에서는 완만하여 둔중한 감을 주고 있다.

옥개석의 경우는 낙수면과 전각의 반전에서 시간이 흐를수록 더욱 자연스럽고 부드러운 곡선미를 보이고 있어, 석재를 다루는 기술력이 향상되고 있음을 알 수 있다. 이 같은 변화는 석탑을 건립함에 있어 목조건축의 지붕을 재현하고자 했던 의지의 소산이라 생각된다. 9세기에 이르러 건립되는

21 정영호, 앞의 글, p.174.

부도에서는 낙수면의 기왓골과 더불어 암 · 수막새기와는 물론 처마와 전각의 반전, 추녀에 이르기 까지 완벽하게 표현되고 있다. 따라서 석조건축에서 지붕의 표현은 석탑에서 처음 시도되어 부도에서 완성을 이룬 것으로 볼 때 석탑의 옥개석은 목조건축을 충실히 재현하고자 노력했던 결과로 보여 진다.

〈표 2〉 낙수면과 전각 반전 형식

명칭	낙수면	전각반전
화엄사 사사자 삼층석탑(8C중반)	완만	완만
광주 동 오층석탑(9C전반)	완만	뚜렷
대흥사 삼층석탑(9C전반)	급경사	뚜렷
보림사 삼층석탑(870년)	급경사	심함
중흥산성 삼층석탑(9C후반)	완만	뚜렷
화엄사 서 오층석탑(9C후반)	평박	심함
화염사 동 오층석탑(9C후~10C전반)	평박	완만
선암사 동서 삼층석탑(9C후반)	평박	뚜렷
보성 우천리 삼층석탑(9C후반)	완만	완만
영광 신천리 삼층석탑(9C후반)	급하고 좁음	심함
연곡사 삼층석탑(9C후반~10C전반)	완만	뚜렷
금둔사지 삼층석탑(9C후반~10C전반)	평박	뚜렷

전남의 통일신라시대 석탑의 낙수면은 〈표 2〉에서 보는 것과 같이 대체적으로 평박하거나 완만하다. 그에 반해 전각의 반전은 완만하기 보다는 뚜렷하여 경쾌한 것이 대부분인데 다소 심한 반전의 형태를 보이고 있는 것도 있다.

라. 옥개석 물끊기 홈

물끊기 홈은 옥개석 밑면에 옥개석에서 흘러내리는 빗물 처리를 위하여 가공된 것으로 목조건축에서는 찾아볼 수 없는 석탑만이 갖고 있는 세부가공 기법이라 할 수 있다. 물끊기 홈은 석탑 조영 초기에는 별도로 고려되지 않았으나 통일신라 이후 석탑에 있어 정형화가 진행되면서 발전된 가공기법으로 그 형태에 따라 어느 정도 유형을 분류 할 수 있는 것으로 파악된다. 물끊기홈의 위치나 폭 등은 다양한데 옥개석 밑면에 별도로 가공하는 기법에서 점차 옥개받침석과 연결되는 의장적 표현으로 변하였을 가능성이 있다.

특히 별도로 가공되는 경우는 물끊기홈의 단면 형태가 원형인 것과 각형인 것으로 구분되는데 이러한 단면형태는 실상사 동서삼층석탑에서 볼 수 있듯이 동일한 사찰내에 조성되는 석탑에서 동시에 나타나는 것으로 보아 장인이 보유하고 있는 기법의 차이가 아닌가 생각된다.[22]

〈표 3〉 물끊기홈 형식

명칭	시대	물끊기홈
화엄사 사사자 삼층석탑	8C중	×
광주 동 오층석탑	9C전	×
대흥사 삼층석탑	9C전	○
보림사 삼층석탑	870년	○
중흥산성 삼층석탑	9C후	×
화엄사 서 오층석탑	9C후	×
화엄사 동 오층석탑	9C후~10C전	×
선암사 삼층석탑	9C후	×
보성 우천리 삼층석탑	9C후	×
영광 신천리 삼층석탑	9C후	○
연곡사 삼층석탑	9C후~10C전	×
금둔사지 삼층석탑	9C후~10C전	×

전남지역의 통일신라시대 석탑에서 물끊기 홈은 〈표 3〉에서 보는 바와 같이 총 11기의 석탑에서 보이는데 대표적인 석탑은 대흥사 응진전 앞 삼층석탑(9세기전반), 보림사 삼층석탑(870년), 영광 신천리 삼층석탑(9세기후반)에서 나타나고 있다. 이는 전남지역에서 해남, 장흥, 영암으로 전남서부에 해당하고, 시기적으로 9세기 전후반에 나타났음을 알 수 있다.

마. 풍탁공(風鐸孔)

풍탁공은 석탑의 주요 장엄을 위하여 옥개석의 모서리부분에 풍탁을 달아매기 위해 판 조그마한 구멍이다. 전남의 석탑중에서 18기정도에서 나타

22 조은경 외, 위의 논문, p.272.

나는데 통일신라시대 석탑에는 7기 정도 보인다. 풍탁공의 유형은 천공형과 삽입형으로 구분할 수 있으며 삽입형의 경우 정혈의 위치와 개수에 따라 다양한 형식으로 세분된다. 전라도 지역석탑에서 많이 나타나는 삽입형 풍탁공은 유형은 옥개석 전각면 양측 모서리에 1개씩으로 1면에 2개의 정혈이 가공되는 형식이다.[23] 통일신라시대 석탑에서 풍탁공이 나타나 있는 석탑으로는 광주 동 오층석탑, 중흥산성 삼층석탑, 선암사 삼층석탑, 보성 우천리 삼층석탑, 연곡사 삼층석탑, 금둔사지 삼층석탑이다. 이를 지역적으로 구분해 보면 광주, 광양, 순천, 보성, 구례로 대체적으로 전남동부지역에 나타나고 있다. 시기적으로는 대체로 9세기 후반이다. 특히 정형에서 많이 이탈한 운주사석탑에서도 풍탁공이 나타나고 있다.

〈표 4〉 풍탁공 유무

명칭	시대	풍탁공
화엄사 사사자 삼층석탑	8C중	×
광주 동 오층석탑	9C전	○
대흥사 삼층석탑	9C전	×
보림사 삼층석탑	870년	×
중흥산성 삼층석탑	9C후	○
화엄사 서 오층석탑	9C후	×
화엄사 동 오층석탑	9C후~10C전	×
선안사 삼층석탑	9C후	○
보성 우천리 삼층석탑	9C후	○
영광 신천리 삼층석탑	9C후	×
연곡사 삼층석탑	9C후~10C전	○
금둔사지 삼층석탑	9C후~10C전	○

바. 탑신받침과 노반받침

통일신라시대의 석탑은 8세기 이후 시대가 내려가면서 부분적인 변화가 생기며 점차 작아지는 경향을 나타내는데 옥개석 위의 탑신받침(혹은 탑신괴임)도 2단에서 1단으로 작아지고 각형에서 호형으로 변한다.

23 조은경 외, 위의 논문, p.272.

〈표 5〉 탑신받침과 노반받침양식

명칭	탑신받침	노반받침
화엄사 동 오층석탑	2단 각형	1단 각형
선암사 삼층석탑	2단 호·각형	2단 호·각형
보성 우천리 삼층석탑	2단 각형	2단 각형
영광 신천리 삼층석탑	2단 각형	2단 각형
연곡사 삼층석탑	1단 각형	1단 각형
금둔사지 삼층석탑	1단 각형	1단 각형
화엄사 사사자 삼층석탑	2단 각형	2단 각형
광주 동 오층석탑	2단 각형	1단 각형
대흥사 삼층석탑	2단 각형	2단 각형
보림사 삼층석탑	3단 각·호·각형	3단 각·호·각형
중흥산성 삼층석탑	1단 각형	1단 각형

전남의 통일신라기 석탑의 탑신받침은 2단 각형이 6기, 1단 각형이 4기로 대체적으로 2단 각형을 보이고 있다. 그런데 특이하게 혼합형을 보이는 것도 있다. 보림사 삼층석탑은 3단으로 角形·弧形·角形으로 되어있으며 선암사 삼층석탑은 기단의 갑석 위의 받침은 3단으로 각·호·각으로 되어 있는 반면 옥개석 위의 받침은 2단의 호형·각형을 보인다. 특히 보림사 삼층석탑에 있어 3단의 경우는 맨 아랫단이 아주 낮아 잘 구분이 안될 정도이지만 선암사 삼층석탑의 기단갑석은 뚜렷하다.

노반받침의 경우는 1단 각형이 6기, 2단 각형이 4기로 대체적으로 1단 각형임을 알 수 있다. 그리고 탑신받침에서혼합형으로 나타나는 것은 노반받침에서 역시 혼합형을 그대로 보인다.

4.3 전남지역의 고려시대 석탑

신라에서와 같이 고려시대에 이르러서도 석탑은 불교의 가장 중심적인 예배 대상이었다. 따라서 석탑은 그 수에 있어서나 조형미에 있어서 당시 불교적인 조형미술의 중심을 이루었다. 특히 오늘날에도 많은 고려석탑의 유례를 볼 수 있다. 이는 수적으로는 개경 부근이 보다 많이 분포한 면이 없지 않지만 그 유례는 전국적으로 나타나고 있는 것이다. 물론 이러한 분포 변화는 시대상의 변화에 따르는 것으로 일반적인 추세는 왕실 불교적 입장에서 출발한 한국의 불교가 수 백 년을 지나면서 보다 보편화된 결과라 할 수 있다.

그림 10. 묘향산 보현사 팔각십삼층 석탑(양승문 사진)

고려의 석탑 건립에 있어서 먼저 주목되는 것은 국가적인 조영이라 하겠다. 고려시대 역시 불교가 국가적 종교, 왕실불교로서 번영하였음은 물론, 전대로부터 이어지는 호국 불교적 성격은 국가 생성초기부터 많은 국가적 사원의 창건을 이루게 되었다. 국가적 조영의 경우 역시 수도인 개경이 우세한데 개경의 법왕사와 왕륜사 등 10사찰의 건립과 수많은 불사가 있었다는 기록 등은 불교국가로서 변모를 보인다. 태조 왕건의 훈요10조에도 반영되고 있듯이 국가적인 조영이 전국적인 모습으로 행해졌음을 나타내게 하여준다. 대체로 개경의 칠층석탑의 건립과 연관되는 것으로 믿어지는 고구려의 옛 서울인 서경의 구층탑 건립, 신라의 옛 서울인 경주의 황룡사 구층목탑의 중수, 백제 구도 부근의 거대한 익산 왕궁리 오층석탑, 그리고 후백제군을 격파한 곳에 천호산 개태사를 건립한 것 등은 모두 그러한 면을 전해주는 것이라고 하겠다.

그림 11. 부여 무량사 오층석탑

그림 12. 서천 성북리 오층석탑

그림 13. 부여 장하리 삼층석탑

그림 14. 왕궁리 오층석탑

고려시대 석탑의 특징 중의 하나는 우선 석탑 건립이 왕도를 중심으로 국한된 것이 아니라 전대에 비하여 전국적으로 확산 분포되고 있다는 점이다. 또한 고려시대에는 지역민의 발원에 의하여 여러 석탑이 건립되었으며 이 때문에 오히려 석탑이 전국적으로 분포되었을 것으로 생각된다. 이처럼 고려시대 석탑의 전국적인 분포나 그 建塔에 있어서 토착세력의 참여의 가능성은 바로 고려 석탑의 양식상에 다양한 변화를 초래케 할 수 있는 가능성이 다분함을 짐작케 한다. 즉 前代의 王都 중심의 일률적인 건탑양식에서 벗어나 고려시대에 들어와서는 각 지방의 토착세력인 지역주민이 건탑에 관여했을 때, 과거 왕경중심의 일률적인 규범보다는 각기 제 나름대로의 지역적인 특징이 반영되어 곧 다양성 있는 석탑양상을 보일 것이다.

고려가 후삼국을 통일하자 고려는 정치적인 관용을 베풀어 널리 인재를 등용하여 새 왕조를 세웠을 뿐만 아니라 문화면에 있어서도 신라문화양식을 계승하면서 고구려와 백제의 문화양식도 수용하여 재구상 했다.[24] 즉 고대국가의 모순을 정리하여 새로운 국가로 질서체계를 정립하는 과정에서 태조 왕건은 지방호족들을 중앙에 포섭하는 동시에 이들의 자치적 기반인 경제력과 정치적 권한을 인정했다. 이는 모든 지방호족을 중앙에서 다스릴 만한 국가권력이 미흡했던데 기인하며 이러한 현상은 고려의 지방제도 정비과정에서도 나타나고 있다.[25]

이러한 과정에서 고려의 조형미술은 지방색을 띄게 되었고, 탑파건축에 있어서도 고구려의 옛 영토에 영명사 팔각오층석탑을 비롯하여 율리사지 팔각오층석탑, 광법사 팔각석탑, 평양 간사정 팔각칠층석탑, 보현사 팔각십삼층석탑 등을 건립하였고[26] 백제의 고토에도 왕궁리 오층석탑, 비인 오층석탑, 장하리 삼층석탑, 계룡산 남매탑 등을 비롯한 다수의 석탑이 건립되었다. 전남지역에는 담양 남산리오층석탑과 곡성 가곡리오층석탑, 강진 월남사지삼층석탑, 일부 운주사석탑 등에서 이러한 경향이 나타나고 있다.

결국 이러한 고려사회의 정치, 종교적인 경향에 대한 영향으로 전남지방의 석탑조영에 있어서도 다양한 형식을 보인다. 전남, 광주지역의 고려시대석탑 중 현재 문화재로 지정되어 파악된 것은 54기이다. 이들을 양식적으로 구분하면 순수 신라양식계승형식의 석탑과 백제양식을 계승하는 형식, 그리고 백제적요소와 신라적 요소가 혼합, 절충된 절충형식 석탑으로 구분 할 수 있다. 따라서 이 지역에서 나타나고 있는 신라양식계 석탑들은 신라석탑에서 약간 변모된 모습을 보이는데 삼층에서 오층으로 높아지고 고준해지며, 장식화 되고 세부수법이 간략화 되는 양식상의 변화를 보인다. 신라양식계의 대표적인 석탑으로서는 (전)광주 성거사지오층석탑을 비롯하여 나주 북망문 밖 삼층석탑, 해남 대흥사 북미륵암 삼층석탑, 구례 논곡

24 이은창, 「백제양식계 석탑에 대하여」, 불교학보 제3, 4합집, 1966, p.291.

25 정선종, 「백제계석탑에 관한 일고찰」, 단국대학교사학회, 1986.

26 고유섭, 『朝鮮建築美術史 草稿』 열화당, 2006.

리 삼층석탑 등을 들 수 있다.

또한 백제의 구영토인 충청남도와 전라북도지방에서 고려시대에 이르러 백제계 석탑양식이 등장하게 된다. 이러한 석탑양식의 형성은 고려의 불교가 신라시대에 비해 보다 대중화되고 불사건축과 미술작품이 아울러 전대인 신라의 중앙집권적인 경향에서 벗어나 지방에까지 파급되고 순수한 지방세력 내지는 민중이 참여하는 과정에서 나타나는 토착적인 특색이 두드러진 것이라고 보아야 할 것이다. 즉 백제의 옛 영토에 대한 고려 중앙정부의 정치적 관용과 문화적 수용에 의하여 백제시대의 향수를 느끼게 하는 석탑들이 재현되어 다시 나타나게 된 것이다.

고려시대 건립된 석탑 중에서 백제석탑의 요소를 계승한 탑들은 이들이 갖는 조형적, 구조적 특성에 따라 계승한 순수백제계승양식과 백제와 신라탑의 요소를 부분적으로 절충한 백제신라절충양식의 흐름으로 파악할 수 있다.[27] 백제양식석탑은 먼저 지역적으로 백제의 중심무대였던 부여지역을 중심으로 인근지역에서 나타나는 탑들이다. 이들은 부여지역과 전라북도 북부지역에 분포된 탑들로서 서천 비인오층석탑, 부여 장하리삼층석탑, 계룡산 오층석탑, 정읍 은선리 삼층석탑, 김제 귀신사지삼층석탑, 옥구 죽산리삼층석탑 등을 들 수 있다. 이들은 정림사지 오층석탑을 충실히 모방한 것이거나 신라적인 요소와 함께 조영되었으나 백제적인 의장요소가 더욱 강하게 나타나는 것으로 고려시대에 건립된 백제계승 양식 중 연대가 가장 앞선 것으로 추측된다.

이들 석탑의 조형적 특징은 모두가 단층기단으로 평평하고 얇으며 넓은 즉 平博廣大한 옥개석이 囲字形 8개석으로 조립되거나, 田字形 4개석으로 구성되었다. 옥개석의 밑에는 계단모양으로 각진 형식과 경사진 斜菱形 옥개받침이 각각 별석재로 조립되어 있으며 지붕돌인 옥개석의 단부에서 경쾌한 들림이 이루어진 反曲이나 옥개석 상부의 내림마루의 두툼한 隅棟 형태, 탑신의 급격한 체감으로 인한 고준한 모습, 다수의 별석재를 조립 구성한 목조가구의 수법 등에서 목조건축적인 수법을 지닌 백제석탑의 전형적인 특징이 나타나고 있다. 그러나 전남에서는 월남사지삼층석탑이 외형적인 모습에서 차이는 나지만 가장 근사한 형태를 지닌 탑이며, 담양 남산리 오층석탑과 곡성 가곡리오층석탑, 담양 연동사지삼층석탑, 일부 운주사석

그림 15. 곡성 가곡리오층석탑

27 천득염, 「백제계석탑의 조형특성과 변천에 관한 연구」, 고려대학교 대학원 박사학위논문, 1990, p.177~187.

탑 등에서 백제미술적인 석탑조형양식의 잔재가 나타나고 있다.

한편 전남지역에 있는 고려시대석탑은 부분적으로 신라석탑의 특징을 절충한 것들이 대부분을 차지하고 있는데 이를 그들이 갖는 외형적인 특성에 따라 탑신받침대형과 細長·高峻形으로 나누어[28] 살펴볼 수 있겠다.

이들 중에서 하나는 탑신을 받고 있는 받침대가 유난히 강조된 모습으로 나타나는 탑신받침대형[29]이라고 할 수 있다. 담양 남산리오층석탑, 곡성 가곡리오층석탑, 담양 연동사지폐탑, 남원 만복사지오층석탑 등으로 전남의 북부지역과 그 인근에 집중적으로 나타나고 있다. 이들은 각층 탑신하부에 탑신보다 넓고 두터운 탑신받침대가 별석으로 놓여있는 점이 가장 특징적으로 나타나고 있는데 전반적으로 정림사지석탑의 약화된 모습을 나타내며, 신라 전형탑의 이중기단과는 다른, 즉 우주와 탱주가 생략된 모습의 약화된 기단이나 2단 내지 3단의 뚜렷한 각형 옥개받침, 얇고 넓은 단일석에 모서리부분의 반곡이 뚜렷한 옥개석, 내림마루인 우동의 호형단면 등에서 전반적인 백제양식의 영향을 엿볼 수 있는 유형이라 할 수 있다.

또 하나는 석탑이 갖는 외형적인 모습이 가늘고 높은 형태로 나타나는 세장·고준형[30]이다. 나주 송제리 오층석탑, 화순 운주사칠층석탑, 보성 옥마리오층석탑, 진도 금골산오층석탑 등 백제양식을 부분적으로 모방한 석탑들로 지역적으로는 백제의 중심에서 멀리 떨어져 있으면서 정치적으로도 신라말기 고려의 중심세력과 교류가 빈번했던 지역에 분포한다. 이들 석탑은 이중기단이나 백제식 단층기단을 겹쳐놓은 듯하며, 초층 탑신이 매우 높고 2층 이상의 탑신은 초층에 비해 급격한 체감비율을 보여 가늘고 높은 형태를 띠고 있으며, 옥개석은 단일석으로 좁고 두툼하며 여러 개의 각형 옥개받침과 경사가 급한 낙수면을 이루고 모서리에서 가벼운 반곡이 나타나고 있다. 따라서 탑신을 비롯한 전반적인 모습에서는 백제양식의 영향을 느낄 수 있으나 옥개석에서는 신라적 특징이 나타나고 있어 전형적인 백제양식에서는 다소 벗어난 형태라 생각된다.

한편 하나의 장소에 다양한 형태의 석탑들이 무리를 이루고 있는 화순의 운주사는 고려시대 이형석탑의 보고라 할 수 있다. 3기의 폐탑을 포함 21기의 석탑이 방형, 원형, 원구형, 모전계열, 석주형 폐탑 등의 형식으로 나타나고[31] 있으나 전형적인 석탑의 규범에서 벗어나 이들 양식에 많은 의

28 천득염, 위의 논문, p.179.

29 이 명칭은 필자가 자의적으로 칭한 것으로 아직 공론화 또는 공식화된 상태는 아님.

30 이 명칭은 역시 필자가 자의적으로 칭한 것으로 아직 공론화 또는 공식화된 상태는 아님.

31 천득염 외, 「운주사 다탑봉 석탑의 조형특성에 관한 연구 Ⅱ」, 대한건축학회논문집 8권 1호, 1992, p.70~71.

견이 있다. 이들 석탑들은 짧은 시기에 집중적으로 건립된 것이 아니라 12세기부터 15세기까지 3~4차례에 걸쳐 석탑의 건립이 이루어진 것으로 보고 있는데[32] 이 석탑들의 조형특성을 통해서 몇 가지 실마리를 찾아낼 수 있다.

하나는 방형석탑에서 보이는 백제계석탑의 양식적인 수법이 나타나고 있다는 점이다. 즉 백제신라절충양식 중 세장·고준형에 해당하는 석탑들이 다수 나타나고 있어서 이 지역 역시 인근의 나주, 보성지역에서 출현된 석탑들과의 관련성을 추측해 볼 수 있겠다.

또 하나는 신라 경주지역을 중심으로 다수 건립되었던 모전석탑의 형식이 운주사에서도 2기나 나타난다는 점이다. 이 형식은 벽돌로 내쌓기와 들여쌓기를 하면서 옥개석을 형성한 분황사 모전석탑을 시원으로 하는 전탑형식을 모방하고 있으나 실제의 모습은 의성 탑리오층석탑과 유사한 조형적 특성을 보이며 단일석재를 전탑과 같이 모각하는 기법이 사용되었다. 백제의 고토인 충청·전라지역에서는 강진 월남사지와 이곳 운주사에서만 그 예가 나타나고 있어서 이 또한 보다 신중한 검토와 고찰이 필요하다고 생각된다.

마지막으로 운주사에서 다수의 이형석탑의 출현을 들 수 있는데 특히 우리나라에서는 보기 드문 원형석탑의 모습이 나타나고 있다는 것이다. 이 형식의 탑신은 十角形이나 옥개석이 원형으로 이들 석탑들은 옥개석이 원구와 비슷한 주판알 혹은 떡시루 형태를 한 원구형과 옥개석이 얇고 넓은 원판형태를 한 원판형으로 구분할 수 있다. 이러한 원형석탑형식은 한국석탑에서는 흔치 않으나 중국에서는 당나라 때부터 원형의 불탑이 나타나고 있어 중국의 영향이라고 여겨진다. 그러나 박경식은 석굴암 삼층석탑에서 원형석탑의 뿌리를 찾을 수 있다고 하였다.[33]

그림 16. 운주사의 球形 석탑

그림 17 운주사 원반형 석탑

5. 전남지역석탑의 특징

"전남지역의 석탑"이라는 용어가 썩 어울리는 것은 아니다. 우리나라는 우선 면적이 좁아 지역적 특성이 뚜렷한 전통유구가 많지 않을 것이고 지역적 특성을 찾고자 하는 노력이 그다지 의미가 있는 일이 아니라고 생각

32 천득염 외, 위의 논문, p.150~155.
33 박경식, 운주사석탑의 보편성과 특수성, 운주사 천불천탑의 불가사의와 세계유산으로서 탐색, p.230

되기 때문이다. 전남이란 자연조건으로는 노령산맥에 의하여 전북지방과 경계를 이루고, 동쪽은 소백산맥이 남북으로 달리면서 경남지방과 경계를 짓고 있어 개념적으로는 막연한 지역의 의미를 가질지 모르나 결국 하나의 행정상의 규약일 뿐이다. 그러나 불탑의 지역적 특성을 찾고자 한다면 다음과 같은 내용으로 정리할 수 있겠다.

- 현재까지 알려진 바에 의하면 전남지방 석탑의 효시는 750년경에 건립된 화엄사 4사자삼층석탑이다. 이 탑의 건립은 불교가 도입된 후 약350년가량이 지난 일이다. 즉 전남지방에는 삼국시대의 석탑은 없고 통일신라시대의 것이 그 祖形이라 하겠다. 그 다음은 여러 가지 양식으로 보아 광주 동5층석탑이 아닌가 생각된다.

- 통일신라시대 전남지방 석탑의 분포는 영산강의 주변을 제외한 지역에만 나타나고 있다. 이는 강한 토착성을 지닌 옹관묘 분포지역에서 백제와 불교문화가 쉽게 도입되기가 그다지 용이하지는 않았을 것이라는 추정과 관련이 있을 것이다. 즉 정치적이며 문화적인 배타성이라 할 수 있겠다. 한편 섬진강 주변에는 영산강에 비하여 오히려 많은 佛寺와 석탑조영이 이루어졌다.

- 전남지방에서 나타나는 통일신라시대 석탑양식은 뚜렷한 지역적 특성을 찾기가 어렵다. 즉 통일신라시대 일반적인 석탑의 모습으로 나타나고 있다. 이는 경주를 중심으로 한 강한 중앙집권적 통치로 문화현상에서 지역성이 도출될 여유가 없었던 것으로 보인다. 오히려 전형적인 신라석탑양식이 이 지방에 널리 출현한다.

- 전남지역의 통일신라시대 석탑은 9세기 전반의 작품이라고 생각되는 대흥사 응진전 앞 삼층석탑에서 나타난 바와 같이 세부적인 부분에서 전형적인 신라석탑에 비하여 변화가 생겼다. 즉 전체적인 규모가 점차 작아지는 경향을 나타내고 옥개석의 받침이 5단이었던 것이 4단으로 줄어들었으며 기단에 있어 탱주의 수가 하층기단은 2주, 상층기단은 1주로 줄어들었다. 또한 옥개석 위의 탑신받침은 각형 2단을 유지하고 있다. 또한 남원 실상사 동·서 삼층석탑(826년 실상사 창건)은 상하기단의 탱주가 각각 1주이고, 옥개받침의 수도 4단으로 줄어드는 보다 약화된 형식이 나타난다.

- 통일신라 말기로 내려오는 9세기 후반에는 석탑의 규모가 작아지고

구성요소들이 보다 약화된 현상이 나타나며 기단부가 변화하였고 이형석탑이 건립되는 등 현저한 변화를 보인다. 이 지역에서 나타나는 통일신라시대의 석탑들 중 상당부분이 9세기 후반에 해당되는데 화엄사 東西오층석탑을 제외하고는 모두 삼층석탑으로 규모가 작아지고 약화된 구성요소들의 특징을 볼 수 있다. 이들 석탑에 나타나는 특징으로 하층기단의 탱주 수는 주로 1주인데 예외적으로 3주, 2주 또는 아예 없는 경우 등으로 다양하게 나타난다. 반면 상층기단의 탱주 수는 1주로 고정되었다.

통일신라 말기에 보이는 또 하나의 변화는 일반형 석탑에서 보여지는 이중기단이 단층기단 또는 삼층기단으로 변화된 모습을 나타내는데 보성 우천리삼층석탑과 구례 연곡사삼층석탑이 이에 속한다. 단층기단은 낮은 하층기단이 생략되어 지대석 위에 바로 상층기단이 놓이게 된 형식으로 목조건축의 기단이 단층이고 목조건축을 번안한 백제계석탑들이 단층기단인 점과 아울러 서로 관련이 있지 않나 생각된다.

- 전남지역 통일신라기 석탑 옥개부의 양식적 특징은 먼저 옥개석의 낙수면은 대체적으로 평박하거나 완만한 반면 전각의 반전은 경쾌하고 심한 반전의 형태를 보이고 있다. 물끊기홈은 대흥사 삼층석탑(9세기전반), 보림사 삼층석탑(870년), 신천리 삼층석탑(9세기후반) 등 3기에서 나타나고 있다. 물끊기홈이 나타나고 있는 것이 몇 기 안되지만 지역적으로 구분해 보면 해남, 장흥, 영암으로 전남서부에 해당하며, 시기적으로는 9세기 전 · 후반에 나타남을 알 수 있다.[34]

풍탁공이 나타나 있는 통일신라시대 석탑은 총7기로 광주 동 오층석탑, 중흥산성 삼층석탑, 선암사 삼층석탑, 보성 우천리 삼층석탑, 연곡사 삼층석탑, 금둔사지 삼층석탑이다. 이를 지역적으로 구분해 보면 광주, 광양, 순천, 보성, 구례로 대체적으로 전남 동부지역에 나타나고 있다. 시기적 보면 대체로 9세기 후반이다.[35]

탑신받침(혹은 탑신괴임)은 2단 각형이 6기, 1단 각형이 4기로 대체적으로 2단 각형을 보이고 있다. 노반받침의 경우는 1단 각형이 6기, 2단 각형이 4기로 대체적으로 1단 각형임을 알 수 있다. 그런데 특이하게 보림사 삼층석탑 탑신받침과 노반받침에서 각각 3단 의 호 · 각 · 호형, 2단의 호 · 각형의 혼합형이 나타나 있다. 한편 선암사 삼층석탑은 기단부는 뚜렷

34 조은경 외, 위의 논문, p.272.
35 조은경 외, 위의 논문, p.272.

한 3단으로 호·각·호형으로 되어 있으나 옥개는 호·각의 2단으로 되어 있다.[36]

옥개받침은 초기에는 받침의 수가 5개였다가 후기로 오면서 줄어드는 경향이 나타난다. 이와 같은 경향이 전남지역 통일신라기 석탑에서 그대로 반영되어 있어 대체적으로 옥개받침의 수가 5단에서 4단으로 줄어들고 있다. 3단인 경우는 중흥산성 3층석탑이다.

이와 같이 옥개부의 형식은 대체적으로 통일신라기 석탑의 변화 경향이 그대로 반영되고 있음을 알 수 있다. 그렇지만 간혹 특이한 양식을 보이는 것도 있어 이에 대해서는 보다 깊은 고찰이 이루어져야 이 지역 석탑의 특성을 추출할 수 있으리라 기대된다.

- 그러나 고려시대에는 고려시대 미술품의 전반적인 경향처럼 전형적인 규범에서 벗어나 석탑조형의 다양성을 보인다. 운주사석탑의 파격적인 다양성이나 해남 북미륵암석탑 기단부, 보성 봉천리오층석탑의 탑신에 나타난 것처럼 즉 지역인들의 참여에 의한 풍토적이며 토착적인 다양한 형태의 탑이 지방의 오지에까지 나타나고 있는데 이는 고려시대석탑의 일반적인 모습이다.

그림 18. 석탑조형의 다양성을 보인 보성 봉천리 오층석탑

- 고려시대 전남지방의 석탑에서는 백제적인 요소가 나타나고 있음은 주목되는 현상이다. 백제의 고토에는 고려시대에 들어와 정림사지 오층석탑을 모방한 백제전형양식의 석탑들이 충청도와 전북지방에서 나타나고 있는데 전남지방에도 약간 변모된 모습으로 나타난다. 탑신에 비하여 옥개석이 유난히 넓고 얇으며 네 귀의 반전으로 인한 경쾌함이나 곡선적인 면모, 목조건축에서 나타나는 가구적인 구성수법 등에서 백제적인 요소가 나타나고 있다.

- 고려시대 전남지방에서는 월남사지 삼층석탑과 운주사모전석탑 등처럼 모전석탑이 출현하고 있다. 전탑은 안동지방을 중심으로 통일신라시대에 출현한 것으로 여기고 있는데 이 지방에서 모전석탑이 나타나는 것은 경상도지방과의 관련을 의미한다고 볼 수 있다.

- 운주사의 석탑은 한 장소에 다양한 모습의 석탑, 특히 원형석탑과 모전석탑이 나타나고 있어 특이한 현상이다. 종래 우리가 갖고 있는 석탑의 일반적인 개념에서 완전히 벗어나고 있다.

36 양승문, 「전남지역 통일신라시대 석탑의 세부양식 분석-옥개부를 중심으로」, 2013. 6.

- 김정기교수는 이 지방석탑의 특징을 타 지역에 비하여 오층탑이 많다는 점과 상륜부가 크다고 하였는데 주목해 볼 만 하다.[37] 다만 통일신라시대의 오층석탑이라야 광주 지산동 오층석탑과 화엄사 동·서 오층석탑의 3기에 불과하여 일반적인 사항으로 보기에는 다소 미흡하다.

6. 결어

이상에서 전남지역을 중심으로 석탑의 분포현황 그리고 조형적, 구조적 특성에 대해서 알아보았다. 전남지역의 석탑은 화엄사 사사자 삼층석탑을 시원으로 크게 두 가지 흐름으로 파악된다. 하나는 통일신라시대 전남지역의 석탑의 분포로서 신라전형석탑의 변화과정 중 나타나는 몇 가지 약화된 유형들이 전남의 동부 그리고 남부의 일부지역에 나타나고 있는 것으로 전남의 서부지역 즉, 영산강의 주변지역에서는 대체적으로 나타나지 않는 현상이다. 이 과정 중 나타나는 석탑의 특징은 옥개석의 받침이 5단에서 3~4단으로 약화되거나 상층기단의 탱주가 2주에서 1주로 줄어드는 약화된 모습을 들 수 있고, 부재의 결구방식이 전형양식에서 완전히 벗어나거나 기단 및 탑신부의 각 면에 여러 상을 조각하여 표면장식이 화려해진 이형석탑의 출현을 그 특징이라 할 수 있겠다.

또 하나의 흐름은 고려시대 사회상이 반영된 신라양식석탑 이외에 백제양식계 석탑들의 출현이다. 주로 전남의 북부와 서부지역을 중심으로 전개된 이 석탑들은 탑이 갖는 조형적, 구조적 특성에 따라 순수백제계승양식, 백제신라절충양식으로 구분할 수 있고, 이중 특히 이 지역에서 많은 수를 차지하는 백제신라절충양식을 탑신받침대형, 세장·고준형으로 세분하여 살펴볼 수 있겠다.

먼저 전남의 북부지역과 그 인근에 집중적으로 나타나고 있는 탑신받침대형은 각층 탑신하부에 탑신보다 넓고 두터운 탑신받침대가 별석으로 놓여있는 점이 가장 특징적으로 나타나고 있는데 전반적으로 정림사지 탑의 약화된 모습을 나타내며, 우주와 탱주가 생략된 모습의 약화된 기단이나 2단 내지 3단의 뚜렷한 각형 옥개받침, 얇고 넓은 단일석에 모서리부분의 반곡이 뚜렷한 옥개석, 내림마루의 호형단면 등에서 전반적인 백제양식의

37 김정기, 『나주의 고건축, 나주목의 재조명』, 목포대학박물관, 1990, p.194.

영향을 엿볼 수 있는 유형이라 할 수 있다.

또 하나는 전남의 서부와 남부의 일부지역에서 나타나는 세장·고준형이다. 이들 석탑은 이중기단이나 백제식 단층기단을 겹쳐놓은 듯하며, 초층탑신이 매우 높고 2층 이상의 탑신은 초층에 비해 급격한 체감비율을 보여 가늘고 높은 형태를 띠고 있으며, 옥개석은 단일석으로 좁고 두툼하며 여러 개의 각형 옥개받침과 경사가 급한 낙수면을 이루고 모서리에서 가벼운 반전이 나타나고 있다. 따라서 탑신을 비롯한 전반적인 모습에서는 백제양식의 영향을 느낄 수 있으나 옥개석에서는 신라적 특징이 나타나고 있어 전형적인 백제양식에서는 다소 벗어난 형태라 생각된다.

또 한편으로는 모전석탑과 이형석탑의 출현을 들 수 있다. 모전석탑은 백제의 고토였던 충청·전라지역 중 강진 월남사지와 화순 운주사에서만 그 예가 나타나고 있어서 이 양식이 집중적으로 이루어졌던 지역과의 관련성을 검토해야 할 것으로 생각된다. 이형석탑은 화순 운주사에서 집중적으로 나타나고 있는데 한 장소에서 다양한 무리의 석탑들이 나타나는 점이나 우리나라 석탑에서는 보기 드문 원형석탑의 출현, 기존의 일반적인 개념의 석탑의 형태에서 벗어난 조형적 특성 등 보다 면밀한 분석이 이루어져야 할 것으로 보인다.

제2장

전남지역의 불탑

광주 목포 순천 여수 나주 광양 담양
곡성 구례 고흥 보성 화순 장흥 강진
해남 영암 함평 영광 장성 진도 신안

광주

광주 지산동 오층석탑

(전)광주 성거사지 오층석탑

신룡동 오층석탑

증심사 삼층석탑
증심사 오층석탑
증심사 범자칠층석탑

약사사 삼층석탑
원효사 석탑재

광주 장운동 오층석탑

(전)장성 흥법사지 석탑

담양 서봉사지 석탑

영암 청풍사지 오층석탑

선암사지 석탑

옥동사지 석탑

광주 지산동 오층석탑(光州 芝山洞 五層石塔)

문화재 지정: 보물 제110호

석탑의 연혁

광주 지산동 오층석탑(과거 명칭은 광주 동오층석탑)은 행정구역상 광주광역시 동구 지산동 448-4번지에 위치한다. 지산동 광주법원 앞에서 조선대학교 쪽으로 150m정도 떨어진 좌측 도로변에 자리하고 있다. 오래전부터 이 탑을 백천사지석탑이라고도 부르는데, 그 이유는 조선시대 지도에 광주읍성의 동쪽에 오층석탑을 그려넣고 옆에 백천사(柏川寺)라고 써 놓아 이곳이 백천사지(또는 장원암지)가 아닌가라고 추정되어 전하고 있기 때문이다. 또한 그간 광주의 동쪽에 있다하여 광주 동오층석탑이라고도 하였다.

광주 지산동 오층석탑[38]은 광주시의 대표적인 탑으로 광주의 동쪽에 위치하고 있다. 석탑은 광주 서쪽의 (傳)성거사지 오층석탑과 유사한 형식을 보이나 시대적으로 앞선 통일신라 후기에 건립된 것이다. 전라남도의 석탑 중에서 가장 오래된 것이라 생각되는 8세기 중반의 구례 화엄사 사사자삼층석탑이 세워진 이후에 건립된 것으로 광주, 전남에서 비교적 이른 시기에 조영된 탑 중 하나이다. 이 탑이 있는 곳은 백천사라 칭하기도 하나 명확한 자료가 발견되지 않고 있다.[39] 탑은 이중기단과 5층의 탑신으로 구성되어 있어 전형적인 신라 석탑의 기본형을 따르고 있다. 특히 광주, 전남지방에 남아 있는 몇 안 되는 통일신라 후기의 오층석탑 가운데 우수한 형식을 보이고 있다. 1955년 해체, 수리 시 4층 옥개석 윗면에서 사리장치가 발견되었다. 이 탑은 9세기 전반에 조성된 광주 약사사의 석조여래좌상과 동시대에 조성되었을 것으로 추정하고 있다는 점에서 중요한 위치를 가진다. 약사사의 석불양식은 경주 석굴암의 본존과 흡사하다는 점에서 그 맥락을 같이 한다.[40]

석탑 뒤편에는 1980년 초반기에 건립된 연화사가, 좌측으로는 지산동 천주교 건물이 자리 잡고 있다. 석탑은 현재 연화사 앞쪽으로 작은 보호구역이 설정되어 있으며, 석탑과 관련된 사찰 유구를 찾아보기 힘들다. 특히 이 지역은 근대기부터 민가가 지속적으로 조성되어 유물 등이 남아 있지

38 광주광역시, 『무등산 주상절리대 일대 학술조사 및 세계유산 등재 추진방안』 연구보고서, 2013, p.173~174.

39 『광주읍지』에 '장원암은 주의 동쪽 10리 무등산 북쪽 장원봉 아래에 있다. 일명 백천사이다.'라는 기록이 있어 백천사와 장원암을 동일시하는 견해도 있다. 또는 본사로서 백천사가 있고, 부속암자 가운데 유일하게 장원암이 대한제국 때까지 남아 있어 읍지에 기록한 것으로 보는 이도 있다.

40 박선홍, 『무등산』, 2008, p.406~407.

않으며, 발굴 또한 어려움이 있다. 다만 사찰터에 남아있는 이 석탑 1기를 통해 고색창연했던 옛 정취와 위용을 추억할 수 있다.

사리장치와 같이 귀중한 유물이 현존함에도 불구하고 백천사지에 관한 기록은 많지 않다. 다만 1879년에 발간된 『광주읍지』 사찰편이나 『호남읍지』(1899) 및 『광주읍지』(1925) 사찰조의 장원암에 관한 기록 중에 "장원암은 주동쪽 10리 무등산 북쪽 장원봉 아래에 있는데 일명 백천사라고도 한다. (壯元庵在州東十里無等山北壯元峰下一名栢川寺)"라는 단편적인 내용이 보일 뿐이다. 그런데 장원암에 관한 기록 중 『여지도서』(1759) 광주목 사찰조에는 "在州東五里"라 하였는데, 『광주목지』 사찰조에는 "在州東十里無等山北壯元峯下"라 하여 보다 구체적인 위치를 밝히고 있으나, 두 기록 사이에 거리표시가 각각 다르게 나타나 있다. 또한 『호남읍지』와 『광주읍지』의 기록에서는 "在州東十里無等山北壯元峯下一名栢川寺"라 하여 『광주목지』와 동일한 기록을 보이면서 백천사와 장원암을 동일시하고 있다.[41]

1. 현재의 지산동 오층석탑
2. 1940년대의 지산동 오층석탑 (광주의 어제와 오늘, p.264)

위 글에 의하면 백천사는 장원암의 별칭으로 불리어지고 있지만 거리가 맞지 않다. 그러나 자세히 보면 이 내용은 암자형태로 축소된 장원암에 대한 당시의 상태를 가리킨 것이라 생각되며, 원래는 이 오층석탑의 건립 당시의 백천사를 지칭한 것이 아닌가 한다. 그러나 1987년 실시된 무등산 문화유적 지표조사를 통해 장원봉 하에서 장원암지로 추정되는 폐사지가 새

41 박춘규, 천득염, 광주광역시, 『광주의 불적』, p.168. 1990.

로 발견됨으로서 이 동오층석탑이 있는 폐사지는 장원암과는 별개의 유적이라 생각된다. 그렇지만 별개의 유적으로 보여지는 이 폐사지의 확실한 명칭을 밝힐만한 자료 또한 미흡한 실정이므로 편의상 이 유적을 장원암지와 구분하여 백천사지라 하였다. 따라서 위에서 본 기록을 보았을 때 주민들의 구전대로 석탑이 위치한 곳에 19세기 후반까지 백천사, 즉 장원암이란 사찰이 조영되고 있었음을 알 수 있다.

유적의 현재 상황은 현존하는 석탑 이외에는 탑 주변에까지 건물들이 들어서 있어 사지의 규모나 성격 파악을 위한 유물수습 등은 거의 불가능한 형편이다. 이곳에서 1960년 9월 금동종 소품 1점이 출토되어[42] 전남대학교 박물관에 보관되어 있었으나 1973년 3월 14일 도난당하여 현재는 그 유물을 볼 수 없음이 애석한 일이다.

이 석탑은 (전)광주 성거사지 오층석탑과 함께 명칭에 있어서 일반적으로 광주 동·서 탑이라 했다. 이는 사찰 내의 쌍탑으로 오해할 소지가 있다. 광주의 동·서 오층석탑이란 명칭은 광주시내 동쪽과 서쪽에 각기 위치하고 있어 붙여진 지역별 이름일 뿐이지, 실질적으로 두 탑은 양식별, 시기별로 차이가 있고 아무런 연관성이 없다.[43]

석탑의 양식

탑의 양식은 전형적인 이중기단을 갖춘 오층석탑으로, 기단부와 탑신부는 완전한 반면 상륜부는 노반과 복발을 제외한 석재가 결실되어 철제의 찰주가 노출되어 있다.

하층기단은 지대석과 하층기단 면석을 한 돌로 다듬어 수 매의 석재로 조립하였다. 하층기단과 상층기단의 면석에는 각 면에 우주와 탱주가 각각 둘씩 만들어져 있다. 갑석은 8매의 판석을 짜 맞추어 결구했고, 윗면에는 미세한 경사를 두었다. 중앙에는 호·각(弧,角)형 2단의 받침을 조출(彫出)하여 상층기단을 받치고 있다. 상층기단 면석 역시 수 매의 판석으로 조립하고, 각 면 양쪽에 우주와 가운데 탱주 2주씩을 모각하였다. 상층기단 갑석은 4매로 결구하였는데 얇은 편이며 상층기단 갑석에는 하면에 부연이 있고, 상면에는 2단의 각형 탑신받침을 마련하여 탑신부를 받치고 있다.

42 광주직할시사편찬위원회, 『광주시사』, 전일실업출판국, 1996, p.334.
43 국립문화재연구소, 『전라남도의 석탑』, 2005, p.242~243.

탑신부는 탑신과 옥개석이 각각 1매의 석재로 이루어져 있으며, 각층의 체감비율은 비교적 고른 편이나 옥개석의 폭이 다소 좁아져 고준한 느낌을 준다. 1층 탑신은 높이가 1,080㎜ 내외로 높은 편이며, 각 면에 우주가 모각(模刻)되었다. 2층부터는 체감되긴 하지만 대체로 넓이에 비해 높은 편이다. 옥개석은 추녀의 폭이 좁아져서 두껍게 보이면서도 추녀 밑은 수평이고 전각에 이르면서 미세한 반전을 나타낸다. 옥개석 아래 층급받침의 수는 초층이 다섯 단이고, 2층 이상은 네 단이다. 옥개석은 낙수면이 짧고 추녀 끝이 얇으며 수평을 이루었는데 전각(轉角)의 반전 각은 매우 예리하다. 각층 옥개석 상면에는 2단 각형 탑신받침이 각출되었다. 상륜부는 낮은 부연이 있는 노반과 파손된 복발이 남아 있다. 복발 중심에는 찰주가 하부의 오층 옥개석에까지 꽂혀 있다.

이 석탑은 1955년에 해체 수리되었는데, 당시 4층 옥개석 상면에서 이중 동합(銅盒) 사리장치가 발견되었다. 이 사리기는 국립중앙박물관에 이관·보존되어 있으며, 그 외 사리장엄구는 전하지 않고 있다. 이후 1961년에 재차 보수가 이루어져 탑재의 일부를 보완하여 현재에 이르고 있다.[44] 화강암제의 석탑인 이 탑의 높이는 현재 7.25m이다.

광주 동오층석탑 사리장엄구(국립중앙박물관, 광주 유구한 문화의 도시, p.186.)

이 석탑은 전체적으로 볼 때 초층 탑신이 높고 너비(1,050㎜ 내외)가 좁아서 고준한 느낌을 준다. 또한 옥개석의 층급받침이 초층은 5단이나 그 위층부터는 4단으로 축소되는 등 통일신라 후기 석탑의 특징이 나타나기도 한다. 그렇지만 아직도 하층기단의 탱주 2주와 상층기단에서도 탱주 2주가 있어 고식(古式)을 고수하고 있어 9세기 중에서도 전기에 건립된 것으로 추정된다. 따라서 신라 고토를 떠나 호남지방으로 확산된 9세기의 일반형 석탑으로서는 이른 시기의 예가 아닌가 한다.[45]

44 최몽룡, 『전남의 고적 5』, 「광주경제」, 1974, p.25.

45 국립문화재연구소, 『전라남도의 석탑』, 2005, p.243~244.

(전)광주 성거사지 오층석탑((傳)光州 聖居寺址 五層石塔)

문화재 지정: 보물 제109호

얼마 전까지도 광주 서 오층석탑으로 불리는 이 석탑은 현재 광주공원 내의 실내체육관 위쪽 언덕에 위치하고 있다. 높이 약 8.5m의 화강암제 석탑으로 보물 제109호로 지정되어 있는데, 성거산 성거사지에 남아 있는 유일한 유물이다.[46] (전)광주 성거사지 오층석탑은 광주광역시 남구 천변좌로 338번길 7번지인 광주공원의 북서쪽에 있다. 성거사지 오층석탑이 위치하는 곳은 공원 광장에서 시민회관과 구동실내체육관 고갯길을 따라 약 150m쯤 올라가면 우측의 평지 위에 있다.

예로부터 성거사지 오층석탑이 위치하는 광주공원 일대는 성구강(聖龜崗) 또는 성거산(聖居山)이라 하였는데, 이러한 명칭에서부터 거북 '구(龜)' 자를 쓰게 된 것이다. 이러한 명칭에 의해 동명이 구동(龜洞) 또는 구강동(龜崗洞)이라 불리기도 했다. 명칭에서 보이는 거북이 형상은 이 일대 지형에서 잘 나타나는데, 현재 빛고을 문화센터(구 실내체육관)과 광주천을 향하는 암산이 거북의 머리에 해당하고, 오층석탑이 위치하는 곳이 거북이 목에 해당하는 지점이 된다. 탑의 뒤쪽으로는 현충탑이 있는데, 이곳이 거북의 등인 귀갑에 해당된다. 이 지역의 주변 남쪽에 광주향교가 있고 서쪽에 옛 국궁터가 있으며 북쪽에 실내체육관이, 동쪽으로는 어린이 놀이터가 있는데 이 지점들은 각각 거북이 사지에 해당된다고 할 수 있다. 이 지형은 1940년대 일제강점기에 일본인들이 새로이 신사를 짓고 현대로 오면서 다수의 건물이 건축되고 지형이 사라져 옛 거북이 형상을 보기 어렵게 되었다.[47]

석탑의 연혁

광주공원 일대에 조성된 것으로 추정되는 성거사지에는 (전)광주 성거사지 오층석탑으로 불리는 큰 석탑 1기가 남아 있다. 이곳 성거사지에 관한 기록으로는 『신증동국여지승람』(1530년) 광산현 불우조에 "聖居寺在聖居山"이란 매우 단편적인 기록만이 보일 뿐이며, 『범우고(梵宇攷)』(1799),[48]

46 진홍섭, 「광주서오층탑의 사리장치」, 미술자료 5집, 1962, p.50~54.
47 국립문화재연구소, 『전라남도의 석탑』, 2005, p.290.
48 1799년(정조 23) 왕명(王命)에 의해 편찬된 사찰지(寺刹誌).

『호남읍지』(1899년), 『광주읍지』(1925년) 등에도 역시 "聖居寺在聖居山今廢"란 지극히 간략한 기사만이 보일 뿐, 성거사의 창건과 폐사에 관한 내력을 살필 수 있는 자료가 되지 못한다.

다만 구강(龜岡)의 전설에 의하면, 광주공원을 구동공원이라고도 하는데 이 공원을 옛날에는 성구강 또는 성거사라 하였다. 이곳과 관련된 전설에서 거북은 상서로운 동물인데, 만일 성거사에 있는 거북이 멀리 떠나버리면 광주의 지운(地運)이 다하기 때문에 이 거북을 붙잡아 매어놓기 위해 거북의 목덜미에 성거사를 비롯한 무거운 오층석탑을 세웠다는 것이다. 그 뒤 이 거북은 광주를 잘 지켜 오늘에 이르기까지 번영을 가져온 것이라 한다.[49] 여기에 거북 "구"자를 쓰게 된 것은 그 모습이 마치 거북과 같다는 데에서 연유하여 이곳의 洞名도 구동 또는 구강동이라 하였다. 그 형국을 보면 현재 '안중근의사비'가 서 있는 암산이 거북의 머리이고, 오층석탑이 서 있는 곳이 거북의 목이며, 현충감이 있는 곳이 거북의 등(귀갑)에 해당되고, 동쪽으로는 어린이 놀이터, 남쪽으로는 광주향교, 서쪽으로는 구 사장터, 북쪽은 실내체육관 쪽으로 각각 사지가 분명하게 뻗어있다. 더욱이 이 거북은 머리를 광주시가 쪽으로 향하고 앉아 있는 모습인 것이다. 원래 거북은 상서로운 동물의 상징이기 때문에 만약 이 거북이 광주에서 멀리 떠나버린다면 광주는 발전이 없을 것이라고 하여, 이 거북이 광주에서 못 떠나게 하기 위해 목덜미에 성거사를 세우고 무거운 오층석탑을 세웠다는 것이다. 그러나 이 구동공원은 1940년 일제가 그들의 신사를 개수하면서 원형을 파괴해버려 거북의 옛 모습을 찾기 힘들게 되었다.[50]

서오층석탑, 1900년대(광주의 어제와 오늘, p.259.)

이 구강의 전설은 그 내력을 살필만한 자료가 부족한 성거사에 대해 많은 점을 시사해 준다. 첫째, 이 성거사는 창건 동기에 있어서 풍수지리설과 밀착된 비보사찰의 성격을 지녔음을 암시해 주고 있으며, 둘째는 성거사의 창건시기 또한 성거사의 유물로서 현존하는 오층석탑이 고려초기인 10세기경으로 추정되고 있어, 사찰의 창건 역시 풍수지리설이 크게 유행하던 고려시기가 아니었나 추측케 해준다.

그러므로 성거사는 고려시기에 창건되어 『신증동국여지승람』이 쓰여진 16세기 초반까지는 계속 그 명맥이 이어왔던 것으로 짐작된다. 그러나 이 성거사의 폐사에 관해서는 광주의 대표적 불교도장인 증심사나 원효사

49 국립문화재연구소, 『전라남도의 석탑』, 2005, p.291.
50 박선홍, 『무등산』, 1976, p.104~105, 구강의 전설편 참조.

가 정유재란으로 소실되었던 점으로 미루어 보아 성거사 역시 정유년에 전화를 입었거나, 또는 조선왕조의 숭유억불정책 아래에서 배척당하던 불교세력이 같은 성거산내에 근접한 광주향교와의 알력 속에서 사원의 명맥을 유지할 수 있었을지는 매우 의심스러우나 확실한 폐사 시기는 알 수 없다.[51]

이 탑은 신라석탑의 전형이 유지되던 고려시대 초기에 건립된 것으로 추정되며 1961년에 완전 해체수리 되었다. 해체수리 당시 2층 탑신상면에서 사리장치가 발견되었다. 1층 탑신 받침과 3층 옥개석 일부는 1961년 수리 당시에 새로 만들어 끼운 것이라고 한다.

석탑의 양식

이 석탑은 현재 기단부와 탑신부는 제대로 남아 있으나, 상륜부는 대부분 결실되었다. 세부양식을 살펴보면, 기단부가 광주 지산동 오층석탑과 달리 전형적인 이중기단이 아닌 높은 단층의 기단을 보여준다. 넓게 구획된 지대석 위에는 큼직한 이중의 받침이 있어 기단을 받게 하였다. 기단면석의 탱주는 하나씩이며, 기단갑석 하면에 부연이 있고, 상면 중앙에서 탑신을 받치기 위해 2단의 각형 탑신받침을 마련했다.

탑신부를 보았을 때 초층 탑신은 4매의 석재를 상·하 2단으로 결구한 특이한 모습이며, 상층의 탑신에 비해 월등히 높은 편이다. 옥개석은 비교적 두텁고, 처마는 넓은 편이다. 층급받침의 수는 각층 모두 4개씩이며, 낙수면의 전각은 직각에 가깝다. 상륜부는 노반만이 남아 있을 뿐, 나머지 부재들이 모두 결실되어 남아 있지 않다.

전체적으로 기단의 형식은 전형적인 이중기단의 양식에서 벗어나 있고, 탑신부가 2층 이상에서 체감율이 적어 세장·고준화 된 작풍을 보여주는 점 등을 보았을 때, 이 탑의 조성은 고려 초기에 이루어진 것으로 추정된다.[52]

성거사지 석탑은 단층기단 위에 오층의 탑신을 올려놓은 일반적인 신라양식을 따른 고려시대 석탑이다. 지대석은 여러 장의 판석으로 조성됐고, 그 위에 높직한 각형의 이단받침을 조각하였다. 기단 면석은 지대석과 마찬가지로 다수의 판석으로 조립했다. 면석의 각 면과 모서리에는 양 우주와

51 박춘규, 천득염, 광주직할시, 『광주의 불적』, p.237. 1990.

52 진홍섭, 「광주서오층탑의 사리장치」, 미술자료 5집, 1962, p.50~54.

성거사지 오층석탑과 충혼비(1920년대)와 기울어진 서오층석탑, 1940년대
(사진으로 만나는 도시 광주의 어제와 오늘, p.263.)

중앙에 탱주 1주를 모각했다. 갑석은 4매의 판석을 결구하였는데, 유사한 크기의 석재로 전(田)자형을 보인다. 갑석의 하부에는 부연을 조출하였다. 기단 갑석의 상면에는 경사가 없고 우동 등이 모각되지 않은 평평한 면을 하고 있다. 그 위로 탑신을 받치는 탑신받침이 각형 2단의 별석으로 올려져 있다.

탑신부는 탑신과 옥개석이 각 1매석으로 되어 있으나, 초층 탑신석만 상·하로 석재를 중첩되게 하였다. 초층 탑신의 하단은 4개의 석재를 전자형으로 결구하였고, 상단은 1개의 석재를 올려 1층 탑신으로 삼았다. 1층에서 5층까지 탑신의 각 면에는 우주가 두텁게 모각됐고, 옥개석과 함께 점차 체감됨을 볼 수 있다. 옥개석은 초기의 전형적인 신라계 석탑에 비해 두꺼우나, 처마선과 전체적인 체감이 날렵하여 둔중한 느낌을 주지 않는다. 옥개석의 층급받침은 각 층이 모두 4단을 보이고 있는데, 상부로 가면서 크기와 높이에서 점차 체감하고 있음을 볼 수 있다. 옥개석 상면의 낙수면은 급경사를 이루고 있다. 옥개석 추녀의 합각에는 우동이 뚜렷하게 묘사되어 있으며, 처마선은 평평하게 표현했으나 끝부분에서 미세한 전각의 반전을 보인다. 옥개석 상면 중앙, 즉 탑신을 받치는 부위에서는 각 층마다 호·각형 2단 받침을 각출했다. 이 받침에서 아랫부분의 호형은 낮은 반면, 윗부분의 각형은 높게 표현된 것이 이례적이다. 상륜부는 모두 결실되었다.[53]

53 국립문화재연구소, 『전라남도의 석탑』, 2005, p.291.

성거사지 오층석탑 사리장엄구

(전) 성거사지 사리장엄구
(국립광주박물관)

한편 1961년 7월 이 탑을 해체·보수할 때 2층 탑신 상면에서 사리공이 발견되고, 그 안에서 동제탑형 사리장치와 사경, 동경, 옥류 등이 수습되었는데, 이 사리장치의 양식연대를 통해서도 이 석탑의 연대가 고려 초에 해당함을 알 수 있다. 사리장치는 방형기단을 갖춘 금동탑형의 사리기로서 높이가 15cm이다. 하부에는 2단의 각형받침이 있어 간대를 받쳤고, 상대와 하대와 같은 형식이다. 수미단형의 기단 4면의 각 면에는 큼직한 고식의 안상이 투각되었는데, 그 안에는 각 면에 2구씩 여의주문을 조각한 난간을 돌리고, 그 안에 2중의 연화를 마련하여 사리기를 받치고 있다. 위에는 난간 위에 들어가도록 외함을 덮었는데, 각 면에는 우주가 있고 보살상을 따로 만들어 붙여 놓았다. 지붕은 사모형으로 4함의 굵은 줄이 있고, 끝의 지붕에 연화장식이, 밑으로 풍탁이 각각 달렸다. 꼭대기에는 복련 위에 간주가 서고, 그 위에 앙련형의 보주가 있다. 기단 네모서리에는 사천왕을 입상케 하여 사방을 호위하고 있다. 탑신의 각 면에는 보살입상이 조각된 동판이 부착되었으며 그 안에는 은제사리호를 안치하였다. 사천왕상은 갑옷을 입고 장검을 들었으며, 보살상은 녹광을 갖추었고 목걸이를 걸쳤다. 사리기의 옥개의 추녀에는 풍경과 심엽형영락(心葉形瓔珞)이 달려 있고, 그 위에는 연꽃 모양의 보주가 솟아 있다. 이를 보았을 때 고려시대의 특징을 잘 나타내고 있는 사리기이며, 기단의 고식 안상은 이례적인 것이다.

사리갖춤의 전체적인 형태는 화려한 금동 전각모양으로, 각 모서리에 사천왕상을 세우고 가운데 연화대좌 위에 은제사리그릇을 올려놓고, 지붕에는 화려한 꽃과 풍탁을 걸어 놓았다. 이를 보았을 때 그 의장의 화려함과 세련됨이 조화된 우리 고장의 대표적인 유물이자, 고려시대 공예의 또 다른 정화이다.

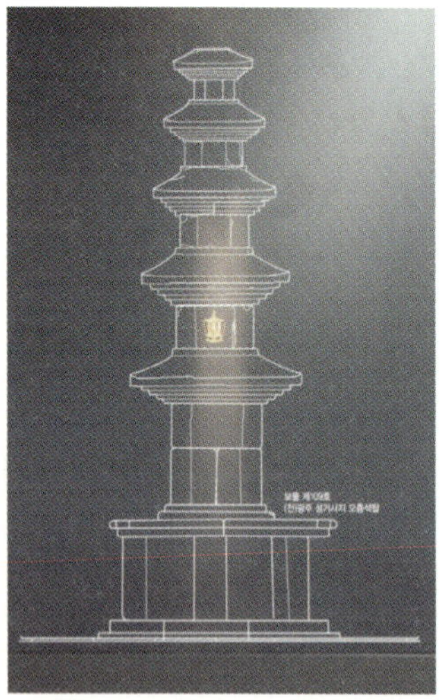

성거사지 오층석탑의 사리장엄구
위치도

이처럼 성거사지 오층석탑에서 발견된 사리는 원형이 유지되어 있어 매우 귀중한 사례가 되며, 사리장치가 보여주는 특징 또한 양식적, 시대적, 미술사적으로 중요한 의미가 된다. 또한 석탑의 건립연대를 추정하는데 있어 중요한 근거가 되기도 한다.

현재의 석탑은 원형에서 원부재가 소실되면서 갑석상면의 탑신받침을 포함하여 삼층의 옥개석 하면 일부가 교체되었다. 그러나 석탑은 사리장치와 함께 석탑이 지닌 양식적 의미와 4단의 옥개받침, 호각형 2단의 탑신받침, 옥개석 추녀의 반전 등의 조각 기법을 보았을 때, 신라양식의 고려석탑으로 그 의미를 가진다. 즉 성거사지 석탑은 단층을 보이긴 하나 신라의 전형양식을 계승하고 있는 예로서 중요한 대상이 된다.

광주 신룡동 오층석탑(光州 新龍洞 五層石塔)

문화재 지정 : 광주광역시 유형문화재 제12호

신룡동 오층석탑이 소재하는 폐사지의 위치는 광주의 외곽으로 과거에는 광산군에 해당하며, 장성군과 가까운 곳에 자리하고 있다. 광주시 광산구 신룡동의 오층석탑을 중심으로 반경 20km에 해당하는 지역의 석탑을 보면 멀리 광주시 지산동 오층석탑에서부터 가장 가까운 곳인 광산구 선암사지 삼층석탑까지 약 10개가 위치하고 있다. 주 대상지는 광주광역시에 소재한 탑이 6여소, 장성군이 4개소가 된다. 대상으로는 이들과 함께 광주에는 광산구 옥동사지 석탑, (전)광주 성거사지 오층석탑, 광주 장운동 오층석탑이 있고, 장성에는 내계리 오층석탑, 흥법사지 석탑, 진원리 오층석탑, 수산리 오층석탑이 있다. 이 폐사지의 크기와 위상을 가늠할 수 있게 하는 이 석탑은 1982년 지방 유형문화재 제98호로 지정되었다가 현재는 광주광역시 유형문화재 제12호로 지정되어 있다.

신룡동 오층석탑[54]이 위치하는 이 폐사지는 신룡동 신촌부락에서 완만한 언덕길을 따라 북쪽으로 500여m 올라가면 낙암산(해발 260m)의 동남향한 기슭 해발 약 80~90m 지점에 위치하고 있다. 오층석탑과 사지를 위요하고 있는 낙암산은 양림산(해발 342m) 줄기의 동남단에 해당하며, 이 폐사지는 또 백룡사에서 동쪽으로 직선거리 1.4km 지점에 해당한다.

현재 이 폐사지에는 목축업을 하는 독립가옥 1채가 들어서 있으며, 민

54 박춘규, 천득염, 광주직할시, 『광주의 불적』, p.342. 1990.

가보다 1단 높은 대지 위에 울창한 대나무 숲을 배경으로 하여 1기의 오층석탑과 함께 석불입상 1구가 남아 있다. 이 폐사지는 탑을 중심으로 한 대나무 숲과 경작지 및 민가의 주변에 이르기까지 넓은 지역에 걸쳐 와편이 산재되어 있다. 또한 사지에는 뛰어난 작품의 석탑과 불상 등이 조성된 점으로 보아 상당한 규모와 격식을 갖춘 사찰이 자리하고 있었을 것으로 생각되지만, 그 내력을 밝힐 만한 기록을 찾지 못한 점이 아쉽다. 단 근자에 조사된 『문화유적총람』에서 신룡동 사지에 대한 간략한 현황만을 기록하고 있을 뿐이다.

이 석탑은 원래 하층기단의 여러 부재와 상층부재의 면석 2매가 없어진 상태로 붕괴의 우려가 있었는데, 1981년 9월 결실된 석재를 보충하여 해체 복원 하였다. 복원 당시 1층 탑신 상면의 사리공에서는 사리구가 발견되었다. 발견된 유물은 방형의 금동사리함과 사리병을 비롯하여 금동연화 편(2점), 소형목탑(7점), 죽편 등이 있는데, 현재 국립광주박물관에 소장되어 있다. 그리고 1993년에는 기울어진 석탑을 바로잡기 위해 재차 해체 보수하였다.

신룡동 오층석탑 사리장엄구
(국립광주박물관)

2011년에는 기존의 석탑을 수리 보수하였는데 당시 잘못된 점이 발견되어 새로이 해체 복원하였다. 2011년 당시 공사에서는 석탑 주변에 포장된 콘크리트 부분을 철거하고 쇄석을 깔아 전반적으로 잡초의 자생을 막고 기단 저석이 노출될 수 있도록 했다. 또한 기단의 균열부분은 수지로 충진하여 강화 처리하였으며, 기단 갑석과 옥개석의 탈락부분도 성형 처리하였다. 이때 기초는 잡석강회다짐과 하층기단부 보강, 상층면석 2개 교체, 상층 옥개석 3개소 보존처리 했고, 입석불은 좌대를 신설하였다. 이와 함께 이 석탑은 1981년 수리과정에서 석탑부재의 일부가 원래 모습과 적합하지 않게 조립되었음을 발견하였다. 이에 상층기단의 일부 면석과 기존의 구부재의 원래 위치를 추정하여 바로잡고 새로운 부재로 나머지 부분을 보강하였다. 석불은 좌대를 설치하여 그 위에 세웠으며, 그간 분리되어 있었던 불신 위에 불두를 고정시켰다.

신룡동 오층석탑은 다른 여타 오층석탑에 비해 큰 차이를 보이지 않으나 일부 다른 점이 보이기도 한다. 첫째 탑의 위치가 산자락이 이어진 평지임이 두드러진다. 탑이 서 있는 곳은 공사와 발굴을 통해 원 위치에 놓여있음을 알 수 있다. 기초는 사방 3.5m, 깊이 1.1m 정도로 자연석 호박돌이 4개의 층을 이루어 설치되었다. 둘째는 하대의 기단부에서 지대석이 없고, 기단 하대저석이 지대석+면석(혹은 중석)의 역할을 하고 있다. 셋째는 기단 상층부 면석 짜임이 '네모형으로 한 변이 짧은 구조'인데, 이는 석탑에서 많이 쓰이는 구조가 아니며, 뒷 뿌리가 얇게 되었다는 문제가 있다. 넷째는 상륜부의 노반이 다른 탑과 유사하나 구멍에 꽂인 석물은 다른 형식을 보이고 있다.

신룡동 오층석탑 측면

이 석탑은 기단부는 높은 2중기단을 갖추었고 탑신부는 각층의 체감비율이 매우 단정하여 전체적으로 안정감을 주는 석탑으로서 신라석탑의 전형을 충실히 따르고 있음을 볼 수 있다.

세부양식을 보며, 하층기단의 중석은 4매석으로 결구하였고 하대중석의 4면에는 양 우주와 평주를 조출하였다. 그 위의 하대갑석은 2매의 판석으로 결구하였는데, 갑석 상면에는 1단의 각형 받침을 마련하여 상층기단을 받게 하였다. 상층기단의 면석(상대중석)은 4매석으로 결구되었는데, 각면에는 양 우주와 탱주가 조출되었다. 상대갑석은 1매의 석재인데 하면에는 갑석부연이 확실하게 나타나고 상면에는 1매의 각형 탑신받침을 마련하여 1층 탑신을 받고 있다.

탑신부를 보면 각층의 옥개석과 탑신은 각기 1매석인데 각층의 탑신에는 양 우주만 조출되어 있다. 옥개석의 층급받침은 1층에서 3층까지는 4단인데 4, 5층은 3단으로 되어 있다. 각층 옥개석 상면은 우동이 뚜렷하고 낙수면의 경사는 비교적 완만한 편인데 추녀 끝의 전각은 예리한 편이다. 상륜부는 현재 노반과 편구형 보주를 갖추었으나 원래의 부재가 아닌 후보된 것으로 보여진다. 즉 일부만 남아 있는 상륜부는 오층 옥개석 위에 가로, 세로 410mm 정도 부정형의 사각형 노반이 얹혀 있다. 노반은 중앙에 약 150mm의 원형구멍이 있는데, 하부까지 경사지게 뚫려 있다. 이 탑의 상륜부를 마감하는 보주, 즉 꽂이촉의 형식은 원뿔형으로 머리와 몸체로 구분되어 조각되었다. 즉 머리는 굵고 아래쪽이 점차 가늘어지는 원형이다. 이 꽂

새로 교체된 기단 면석과 보수된 갑석(좌)
노반과 오층 옥개석 사리공과 꽂이촉(우)

이촉은 원래의 석탑 부재와 다른 색상을 보인다. 또한 이 부재는 노반의 구멍과 잘 맞지 않고 변형되어 있어 나중에 끼워진 것으로 추측된다. 일반적인 탑은 오층 옥개석과 노반을 연결해주는 구멍이 길게 나 있게 되는데 이 꽂이촉은 노반의 2/3 지점에서 끝나 옥개석과 연결되지 않고 석질도 다르다.[55]

이 탑의 조성 시기는 세부양식이나 사리구 등을 통해 살펴볼 때 고려시대 전기로 추정된다. 석재는 화강암이며 규모는 층고 5.3m이다.

광주 증심사의 석탑

증심사의 연혁

증심사(證心寺)[56]는 광주시 동구 운림동의 등산로 어귀에 자리하고 있으며, 광주 인근에서 가장 큰 사찰이다.[57] 증심사는 광주의 진산인 무등산(1187m)의 서쪽 기슭에 위치한 광주의 대표적 불교도량으로서, 1984년 광주시 문화재자료 1호로 지정되었다.

증심사는 『신증동국여지승람』(1530)과 『유서석록』(1574) 등의 기록에서 '증심사'라 하였으며, 『중수약사전기』(1856),[58] 『광주읍지』 사찰조에는 징심사(澄心寺)라 하였다. 이를 보았을 때 본래의 사명은 증심사인 것으로 이해되나, 징심사로 불린 연유가 확실하지 않다.[59]

증심사의 창건에 관한 기록을 살펴보면, 『광주읍지』(1925)에 "……新羅法興王四年戊戌 梁高僧哲鑑國師初創", 『광주군사』(1934)에는 "新羅法興王五年". 『광주시사』(1966)에는 "百濟武寧王十八年 撤鑑國師創建"이라 하여, 중국 양나라의 고승 철감선사(澈鑒禪師)가 신라 법흥왕대인 서기 517년 또

55 광산구, 용성종합건설, 『광주 신룡동 5층석탑 보수공사』, 2011, p.47~52.

56 광주광역시, 『무등산 주상절리대 일대 학술조사 및 세계유산 등재 추진방안』 연구보고서, 2013, p.172~173.

57 증심사 일원은 1984년 2월 17일 문화재자료 1호로 지정되었다.

58 1987년의 무등산 문화유적조사를 통해 약사사에서 새로 발견된 자료로서 약사사 약사전의 중수 사실을 기록하면서 증심사의 사명을 "징심사"로 표기하고 있다.(『무등산 문화유적조사』, 광주직할시, 1988, p.242)

59 박춘규, 천득염, 광주직할시, 『光州의 佛蹟』, 삼화문화사, 1990, p.142.

1. 새인봉에서 바라본 증심사와 삼애다원
2. 증심사 철조비로자나불 좌상
3. (전)서봉사지 석조보살입상
4. 증심사 부도군

는 518년에 창건한 것으로 기록하고 있다. 그러나 철감선사는 법흥왕대의 인물도 아니며 더욱이나 양의 고승도 아니다. 철감은 이름이 도윤, 속성이 박씨로서 신라 원성왕 14년(798)에 출생하여 경문왕 8년(868)에 입적한 신라하대의 승려이다. 그는 헌덕왕 17년(825) 당에 유학하여 남천보원으로부터 선법을 얻어 문성왕 8년(847)에 귀국하였다. 화순에 쌍봉사를 창건하여 선풍을 떨치다 입적하여 시호를 철감, 탑호를 증소라 하는데, 현재 쌍봉사에는 그의 부도와 탑비가 남아 있다.

즉 기록에서 증심사는 철감선사가 초창한 고찰이며, 고려 선종 11년(1094)에 혜조국사가 중창하였다. 조선 세종 25년(1443)에 김방(金倣)이 삼창하였는데 이때 오백나한의 불사가 이루어졌다. 이후 정유재란(1597)의 병화로 불타버린 뒤 광해군 원년(1609)에 석경(釋經), 수장(修裝), 도광(道光) 세 선사가 사창하였다. 그러나 이 또한 6.25 전화로 인해 오백전과 노전을 제외하고 조선중기의 모든 건축물이 소실되었다. 현존 건물들은 대부분 1970년대 이후에 복원된 것들이다.[60]

현재 증심사에는 통일신라 9세기의 것으로 추정되는 오백전앞 삼층석탑이 남아 있어 철감선사와 관계를 추정할 수도 있겠다. 또한 증심사를 중창한 혜조국사가 쌍봉사도 중창하였는데 이 또한 오층석탑과 관련이 있을

60 박선홍, 앞의 책, p.331
박춘규 · 천득염, 광주직할시, 『광주의 불적』, p.142~143.

수도 있겠다. 그리고 증심사를 삼창하고 오백나한을 조성했다고 전하는 김방이 쌍봉사 역시 삼창했다는 점으로 보아 증심사와 쌍봉사는 깊은 인연이 있음을 알 수 있다. 특히 광주지역 일대의 창사활동이 신라하대 선종의 유행에 따른 불교의 지방화현상과 깊은 관련이 있는 점 등으로 미루어보아 증심사의 철감선사 초창설은 상당히 신빙성이 있는 것으로 보아야 하겠으며, 그 연대는 선사가 당에서 귀국한 뒤부터 입적하기 전까지의 9세기 중엽(847~868년)으로 추정된다.

증심사 삼층석탑과 오백전 및 비로전

증심사의 중요문화재로는 증심사 철조비로자나불좌상, (전)서봉사 석조보살입상, 오백전, 삼층석탑, 오층석탑, 범자칠층석탑, 그리고 월암당 대사민성탑을 비롯한 부도를 들 수 있다. 증심사 철조비로자나불좌상(보물 제131호)은 신라말에 제작된 철불로서 장흥 보림사 철조비로자나불좌상과 유사하며 매우 희귀한 작품이다. (전)서봉사 석조보살입상은 원형의 연화대좌를 갖춘 보살상이다. 조성연대는 머리의 높은 원통형 보관을 근거로 약 10세기의 고려 불상으로 추정된다.

1930년대의 증심사와 1934년 광주공립여자고등학교 증심사 소풍(광주의 어제와 오늘, p.188, 261.)

광주 증심사 삼층석탑(光州 證心寺 三層石塔)

문화재 지정 : 광주광역시 유형문화재 1호

현재 증심사 오백전 앞 축대 아래에 세워져 있는 증심사 삼층석탑(광주시 유형문화재 제1호)은 규모는 작지만 한국석탑의 전형적인 모습을 보여주는 신라석탑 양식이다. 기단의 상·하대 갑석 상당부와 초층 옥개석과

증심사 삼층석탑과 오백전

상륜부 등에서 다수 파손된 것을 제외하고 전체적인 형태를 유지하고 있다. 즉 상당부분 파손이 있으나 각 부재가 유존하여 거의 완전한 형태를 보이는 삼층석탑이다. 또한 이 석탑은 이중기단으로 탑신의 체감비율이 뚜렷하여 안정감을 보이는 신라석탑의 전형적인 양식을 보여준다.

탑의 세부양식을 보면, 먼저 하층기단의 면석에는 각 면에 3주씩의 안상을 조각하였고, 우주와 탱주가 각 2주씩 모각되었다. 상층기단 면석에는 양쪽에 우주, 중앙에는 탱주가 모각되었다. 옥개석은 비교적 두터운 편이나 전각의 반전은 다소 심한 편이다. 옥개석 층급받침은 각 층에서 모두 네 단으로 조각되었다. 상륜부는 노반 위에 복발 대산 옥개석을 얹었으며, 그 위에 방형의 앙화를 올려놓았다.

전체적으로 이 석탑은 9세기의 작품인 순천 선암사 동서삼층석탑(보물 제395호)과 양식이 흡사하다. 그러므로 이 석탑 역시 거의 유사한 시기인 신라말에 조성된 작품으로 추정된다. 현재 석탑은 전체높이가 약 3.4m이며, 재료는 화강암이다. 삼층석탑은 1971년 12월에 해체 복원을 하였다. 이와 함께 오백전 우측으로 오층석탑과 범자칠층석탑이 있는데, 삼층석탑에 비해 조형미가 떨어지고 조성연대도 보다 뒤떨어진 것으로 추정된다.[61]

61 광주직할시, 『광주시사』 제1권, 전일실업출판국, 1992, p.389~390.

증심사 삼층석탑

광주 증심사 오층석탑(光州 證心寺 五層石塔)

오백전 우측에 세워진
범자칠층석탑과 오층석탑

증심사에는 문화재로 지정된 삼층석탑과 함께 오백전 우측 공터에 아직 문화재로 지정되지 않은 오층석탑과 범자칠층석탑이 나란히 위치하고 있다.

오층석탑은 원래 대웅전 뒤편의 사상전 옆에 있던 것이었으나, 대웅전 왼쪽의 지장전 앞뜰로 옮겨졌다가 다시 오백전 우측으로 옮겨졌다. 이 석탑은 각 층의 옥개석 일부와 상륜부를 제외하고 기단, 탑신의 각 부재가 구존되어 있으나, 기단부의 갑석을 비롯해 전반적으로 파손이 심한 편이다. 이 탑은 단층기단에 오층의 탑신과 옥개로 구성되어 있다.

증심사오층석탑의 세부 양식을 보면 기단부에서 중석이 높다란 4매의 판석으로 이뤄져 하층기단의 역할까지 하고 있으나, 현재는 기단의 저석과 갑석이 대부분 파손되어 낮아졌다. 하대 저석 위에 올려진 기단의 중석에는 2주의 우주와 1주의 탱주가 조출되었으며, 옥개석의 층급받침도 각기 모두 세 단이다. 후대의 석탑답게 옥개석은 다소 얇아졌으며 전각의 반전도 매우 심한 편이다. 특이한 것은 초층 탑신의 4면 중앙에 14.5cm 크기의 돌출된 방형 구획을 만들고, 그 안에 8엽의 퇴화된 연화문을 새긴 점이다. 이렇듯 탑신의 각 면에 변형된 연화문을 장식한 예로는 고려시대의 작품인 화순 운주사 구층석탑(보물 제796호)를 들 수 있다. 운주사 구층석탑에서는 각 층의 탑신 4면에 2중의 마름모꼴 구획을 만들고, 그 안에 4엽의 화문을 조각하였으며, 옥개석 하면에도 층급받침 대신 선문(線紋)을 조각하여 증심사 오층석탑보다 퇴화된 모습을 보인다.

이러한 점들을 보았을 때 증심사 오층석탑은 2중기단의 전형적인 양식에서 벗어났을 뿐 아니라 탑신 면석에 퇴화된 연화문을 장식하고 있는 점 등을 보아, 증심사 삼층석탑보다 시기가 떨어지는 고려시대에 조성된 작품으로 추정된다.

이 석탑은 1990년에 집필된 『광주의 불적』에서 기술한 내용과 약간 차이를 보인다. 즉 당시의 내용으로는 각각의 옥개석이 비교적 파손 없이 잘 남아 있었으며, 상륜부와 기단의 갑석과 면석이 파손이 심했으나 비교적

증심사 오층석탑 탑신석의 방형 연화문(좌) 사라진 오층석탑 출토 불상(우)

그 형태를 유지했던 것으로 보인다. 그러나 현재의 석탑은 기단부가 대부분 파손되어 갑석 일부와 면석으로 겨우 유지될 뿐이고, 상륜부는 사라졌다. 또한 옥개석은 배면 귀퉁이가 대부분 파손되어 어느 시기에 전체적으로 손괴되었거나, 석질이 좋지 않아 지속적인 탈락이 진행된 것으로 보인다.

10여 년 전의 사진에서는 기단부의 중석(면석)이 제법 원상태로 남아 있었으나, 현재는 기단의 면석이 많이 파손되어 대체로 낮아진 체감을 보이고 있다. 주목되는 점으로는 오층의 탑신석과 옥개석이 하층 부재와는 조금 다른 양상을 보이고 있다는 것이다. 즉 오층의 부재는 1~4층의 부재와 달리 작고 모양이 다르다. 또한 탑신에서는 하층의 탑신에 비해 높고 좁은 방형이고 하부에 두터운 탑신받침이 돌출되어 있다. 그리고 1~4층의 탑신에서는 각 면의 모서리에 각각 우주가 모각되고 중앙에 독특한 화문을 조각하고 있어 특징적인데 반해, 오층 탑신 부재는 단순한 면처리를 하고 있다. 옥개석을 보면 1~4층의 완만하게 체감되는 비율에 비해 급격이 부재가 작아지고 있어 오층 부재는 다른 석탑재를 가져다 조립한 것으로 생각된다.

한편 이 석탑은 1933년 해체 복원할 때 탑 내부에서 많은 보물들이 나왔는데, 금동불 2구와 함께 오층철탑(높이 19cm), 소형철불 2구, 수정 1점, 청옥세주 23주 등이 발견되었다. 이 때 발견된 유물들은 칠상자 안에 담겨 있었다. 이 가운데 금동불 2구는 금동석가여래입상(15.9cm)과 금동보살입상(18.2cm)으로,[62] 각각 구 국보 제211호와 제212호로 지정[63]되어 증심사에 보관되어 왔었으나 6·25 전란 와중에서 그 행방을 알 수 없게 되어 문

62 광주시립민속박물관, 『사진으로 만나는 도시 광주의 어제와 오늘』, 삼성문화인쇄, 2007, p.261.

63 1962년 문화재보호법 공포 이전까지는 국보, 보물을 구분하지 않았다.

화재 지정목록에서 해제되고 말았다.[64] 이 금동불은 일부 자료에서 증심사 삼층석탑에서 출토된 것으로 언급되기도 한다. 즉 박선홍은 『무등산, 무등산의 유래 · 전설과 경관』(2008)에서 금동불은 삼층석탑에서 출토된 것으로 보고 있으나, 반면 박춘규와 필자는 『광주의 불적』(1990)에서 오층석탑에서 출토된 것으로 보았다. 또한 이에 대해 광주시립민속박물관에서 출간한 『사진으로 만나는 도시 광주의 어제와 오늘』(2007)에서는 오층석탑으로 기재하고 있다. 이를 보았을 때 이 금동불은 현재 오백전 우측에 서 있는 오층석탑에서 출토된 것으로 생각된다.

광주 증심사 범자칠층석탑(光州 證心寺 梵字七層石塔)

범자칠층석탑(梵字七層石塔)은 원래 서향한 오백전의 남쪽 공터에 석조보살입상과 나란히 세워졌으나, 현재는 오백전 우측으로 옮겨 오층석탑과 나란히 있다.

1. 증심사 오층석탑
2. 증심사 범자칠층석탑
3. 범자칠층석탑 탑신 면석의 범자문

세부양식으로는 일매의 석재로 된 방형의 지대석 겸 기단 위에 칠층의 탑신을 올렸다. 칠층 옥개석과 일체화된 상륜은 연봉(蓮峰)형의 석재를 얹고 있어 기단부와 상륜부가 거의 생략되어 매우 퇴화된 모습을 보여주고 있다. 또한 탑신부 각 층의 옥개석 층급받침이 생략되었는데, 전각의 반전

64 박선홍, 『무등산』, 2008, p.339.

은 매우 심한 편이다. 각 층의 탑신 체감비율이 작아 전체적으로 매우 세장한 느낌과 함께 안정감을 잃고 있다.

이러나 이 탑에 있어 가장 특징적인 요소는 탑신 각 면에 돋을새김 된 화문과 범자문이라 할 수 있다. 초층 탑신 4면에는 퇴화된 화문을 조각하였고, 2층부터 7층까지는 층마다 각기 다른 범자를 새겼는데, 각 층 4면에 새겨진 범자는 동일 문자이다. 이러한 진언문(眞言文)의 범자가 문양으로 조식(彫飾)된 것은 범종에서 보는 바와 같이 조선시대의 시대적 특징 중의 하나이다. 또한 석탑의 양식에 있어서는 공주 마곡사 오층석탑과 같은 라마탑 계통의 양식을 보이고 있으나, 그 말기적 요소를 보여주는 작품이다. 따라서 이 탑의 조성시기는 조선중기 이후라고 추정되며, 증심사에 현존하는 석탑 중 가장 시대가 떨어지는 작품이다.

이 범자칠층석탑은 세부가 많이 생략되고 퇴화된 양식으로 석탑의 전형양식에서 상당히 벗어나 있고, 조각기법이 다소 떨어지는 작품이다. 그러나 이 석탑은 라마탑 계통의 말기적 요소를 보여주고 있으며, 탑신의 각 면에 범자문을 조각하고 있는 점에서 매우 희귀한 예이고, 불교미술사적으로 귀중한 자료로 평가된다.

사라진 증심사 오층석탑과 칠층석탑

증심사는 지금까지 살펴 본 3기의 석탑 이외에도 6·25 이전의 사진과 자료에 의하면 대웅전 앞에 오층석탑과 칠층석탑이 있었음을 알 수 있다. 그러나 현재 이 석탑들은 전하지 않고 있어 애석한 일이다. 증심사는 6·25 이후 대부분의 전각이 불타 여러 차례에 걸쳐 중수하였고 현재에 이르고 있다. 지금의 대웅전은 옛 대웅전의 사진을 보았을 때 현판의 글씨체가 옛 모습과 다르며, 한국전쟁 전까지 대웅전 옆에 좌우로 서있던 칠층과 오층석탑의 모습도 사라진 상태이다. 사진에서 보이는 오층과 칠층석탑은 사진이 흐려 명확한 모습은 알 수 없지만 낮은 저층기단에 날렵한 탑신, 짧고 뭉툭한 옥개 등을 보았을 때 고려 이후나 조선시대의 작품이라 생각된다.

광주 약사사 삼층석탑(光州 藥師寺 三層石塔)

약사사의 연혁

약사사[65]는 증심사로 가는 길에서, 증심사 일주문 전방 50m지점으로부터 오른쪽 계곡의 물줄기를 따라 약 600m쯤 오르면 약사계곡 위쪽의 분지에 사인봉(새인봉)을 바라보며 자리하고 있다. 무등산에서는 유일하게 6·25의 전화를 입지 않은 사찰이기도 하다.

약사사 석조여래좌상

계곡에 따라 무등산 중봉으로 올라가는 도중의 분지에 자리 잡은 약사사(약사암)는 증심사와 마찬가지로 약간 틀어진 동·서의 축을 기준으로 배치하였다. 계곡의 일주문을 지나 50여 미터 정도 가다 왼쪽으로 돌아 들어가면 대웅전 앞 중정에 이르는 20여단의 계단이 있고 탑을 중심으로 맞은편에 정면 삼 칸, 측면 두 칸의 대웅전이 있으며 탑 좌우엔 요사채가 있다. 좌측의 요사채는 80년대에 건립된 건물이고 우측의 요사채는 운림서원이라 명명된 'ㄷ'자형 건물로 고졸한 느낌을 준 건물이나 정확한 건립연대는 알 수 없다.[66]

현재 약사사에 보존된 중요유물로는 석조여래좌상(보물 제600호)과 삼층석탑 등이 남아 있다. 이 유물들은 약사사의 창건연대를 추정할 수 있는 근거가 되는데, 모두 9세기 전반기의 작품으로 추정된다. 석조여래좌상은 원래 지방유형문화재 제16호로 지정되었으나, 1973년 조사를 통해 통일신

65 박춘규·천득염, 광주직할시, 『광주의 불적』, 삼화출판사, p.162. 1990.

66 광주광역시, 『무등산 주상절리대 일대 학술조사 및 세계유산 등재 추진방안』 연구보고서, 2013, p.173~174.

약사사 대웅전과 삼층석탑

라(9세기 초) 때 조성된 것으로 주목받게 되어, 1976년 8월에 보물 제600호로 지정되었다.

약사사는 원래 '인왕사(人王寺)'라 하였고, 철감선사가 증심사 창건을 위해 세웠다고 전해진다.[67] 이후 고려 예종(1105~1122년) 때 혜조(慧照)국사가 중창하면서 이름을 약사암으로 변경했다. 조선 철종 7년(1856) 3월에는 성암(星巖)스님이 약사전을 중수하였고, 1905년 9월 선주(善周)스님이 관찰사 주석면의 도움과 시주로 중건하였다.[68] 약사사는 1970년대 초까지 법당과 요사채가 서로 연결된 'ㄱ'자형 절집이었으나, 1979년에 대웅전과 요사채인 운림선원 및 운림당을 새로 지었다.

약사사 삼층석탑

현재 약사사 대웅전 앞에 세워진 약사사 삼층석탑은 기단 갑석과 1층 탑신, 1,2,3층의 옥개석, 상륜부의 노반만 남아 있던 것을 1985년에 부족한 부재를 보충하여 복원하였다. 탑은 전체적으로 통일신라 말의 전형양식 석탑을 따르고 있어 조성연대를 9~10세기경으로 추정되고 있다.[69] 복원 전에 남아 있었던 탑재들을 보면 기단부에서는 상층기단의 갑석, 탑신부에서는 1·2·3층의 옥개석과 1층의 탑신, 상륜부에서는 노반과 앙화만이 남아 있었다. 이들 탑재들을 통해 살펴보면, 1층탑신의 우주, 상층기단 갑석에 마련된 옥신받침의 형태나 각층 옥개석에 보이는 4단의 층급받침, 그리고 낙수면의 완만한 처리 및 전각의 반전 각도 등이 대구 동화사 비로암삼층석탑(보물 247호)과 거의 흡사한 양식을 보여주고 있다. 그런데 동화사 비로암삼층석탑은 탑 안에서 발견된 사리석호의 명문에 의해 신라 경문왕 4년(864) 민애왕의 기복을 위해 건립된 사실이 밝혀져 건립연대가 확실한 신라의 석탑이다.

이러한 양식적인 비교를 통해 보았을 때 이 약사사 삼층석탑의 조성시기도 9세기 중엽을 크게 벗어나지 않을 것으로 추정된다. 그런데 현재 복원된 이 석탑의 모습을 보면 단층의 기단만을 마련하여 탑신부를 받쳐줌으로써, 2층 기단을 갖는 신라석탑의 전형양식에서 벗어났으며, 전체적인 균형을 잃고 있다. 다만 옥개석에서 나타난 조형감각은 무등산에 있는 여느 석탑에 비하여 수작이라고 할 만하다.

67 박춘규, 천득염, 광주직할시, 『光州의 佛蹟』, 삼화출판사, p.162. 1990.
68 박선홍, 무등산, p.361.
69 박선홍, 앞의 책, p.363~366.

광주 원효사 석탑재(光州 元曉寺 石塔材)

원효사[70]는 무등산 북쪽 의상봉과 마주하는 원효계곡에 위치하고 있다. 원효사의 창건은 『조선사찰사료(朝鮮寺刹史料)』 〈원효암중건기〉에 기록이 남아 있다. 다양한 창건설로는 신라 법흥왕(500~539), 원효국사(617~686), 그리고 고려 충숙왕대(1314~1339)의 창건과 중건설 등이 있다. 그러나 1980년 실시된 발굴조사의 수집된 출토유물을 보았을 때 창건시기를 신라말기로 보고 있다.[71] 원효사의 창건 내력을 적은 기록으로는 1637년(인조 15)의 『불상기(佛像記)』, 1641년(인조 19)의 「법당중창기」, 1847년(헌종 13)에 기록된 「원효암중건기」, 1894년(고종 31)의 「원효암중수상량문」 등에 자세히 언급하고 있다.[72]

이를 보았을 때 원효사는 통일신라 말기에 소규모 암자로 이뤄졌다가 고려 충숙왕 때 대규모의 사찰로 중건된 것으로 보인다. 조선조의 정유재란 때에는 절이 모두 전소되었는데, 광해군 1년(1609)에 석경스님이 중창 복원하였고 이후 여러 번 중수되었다. 원효사 건물은 조선말기와 일제강점기에도 지속되었으나,[73] 한국전쟁 때 대부분 전소되었다. 현재의 사찰은 1977년에 신법타(申法陀)스님이 부임한 이후 1980년부터 1984년까지 중창 복원

70 광주광역시, 『무등산 주상절리대 일대 학술조사 및 세계유산 등재 추진방안』 연구보고서, 2013, p.174.

71 광주직할시, 향토문화개발협의회, 『無等山, 문화유적조사』, 삼화문화사, 1988, p.244.

72 박선홍, 앞의 책, p.369.

73 육당 최남선의 『심춘순례』에서는 한국전쟁의 전화를 입기 이전 원효사의 모습을 적고 있다.

원효사 대웅전과 새롭게 조성된 석탑(좌)
원효사의 석탑과 석등 편(우)

하였다. 즉 현재의 원효사 가람은 모두 근래에 새로 만들어진 것들이다.

원효사의 주요 유물로는 발굴조사 때 출토되어 현재 국립광주박물관에 보관된 각종 소조 불두와 동경, 금동소불이 있고, 경내에는 강희년명(康熙年銘) 범종, 부도, 오지호(吳之湖) 탱화, 석탑과 석등 파편 등이 남아 있다. 이 유물들은 통일신라의 금동불과 기와조각, 그리고 고려말기나 조선초기의 것으로 추정된다. 그러나 유물에서는 원효대사에 의한 창건과 연대를 뒷받침할만한 고증자료는 볼 수 없다.

원효사 출토유물(문화재청)

원효사 출토유물(광주광역시 유형문화재 제8호)인 소조불두와 소조불 등은 1980년 5월 대웅전 해체복원을 위해 국립광주박물관 조사단이 조사하던 중 발견한 것이다. 또한 당시 도자 조각이나 기와조각 등이 다수 출토되었는데, 이는 원효사의 역사와 불교미술을 연구하는데 있어 중요한 역할을 한다.

원효사 부도는 경내에 모두 5기의 부도가 있는데, 동부도(광주광역시 유형문화재 제7호)와 원효국사탑, 회운당 부도, 원담화상탑이 고려말에서 조선조에 걸쳐 조성되었으며, 1960년에는 춘곡거사 송화식(宋和植)의 부도가 추가되었다.[74] 원효사 범종은 대웅전에 보관되어오다 요사채인 무등선원에 옮겨졌다. 범종은 조선후기에 만들어진 것으로, 종의 몸통에 주조 연대와 소속 사찰을 기록하였다. 그리고 개산조당에는 원효사 소장 만수사종이 남아 있다. 기록에 따르면 이 종은 1720년(숙종 36) 추월산 만수사(萬壽寺)에서 성종(性宗) 비구들이 주성하였다고 한다. 근래에 그려진 오지호 탱화는 한국전쟁 때 불타버린 원효사 복원불사가 진행된 1954년에 독실한 신자였던 오지호 장모의 간청에 의해 불화를 그렸다고 한다. 이 유물들과 함께 원효사에는 1954년 대웅전 중수 때 주춧돌 밑에서 발견된 금동비로자나불이 있었으나, 1974년에 도난당했다.

74 광주직할시, 『無等山』, p.245~246.

원효사 우측 담장에 남아 있는 석탑재

원효사 우측 담장에 남아 있는 석등 복련대

현재 원효사에는 오랜 사찰의 역사에 비해 사찰의 크기와 위상을 입증할만한 완전한 형태의 석탑이나 석등과 같은 특별한 석조 유물이 남아 있지 않다. 단지 경내의 여기저기 흩어져 있던 석탑과 석등의 부재들이 있을 뿐이다. 원효사 경내의 우측 담장 주변에는 파손된 석탑과 석등 편들이 다수 남아 있다. 이 파편들은 통일신라 말이나 고려초기의 것으로 보고 있어 원효사 연구에 있어 중요한 유물이라 할 수 있다.

현재 이 석조물의 부재와 파편, 탑재들은 대웅전과 우측에 위치한 승방 바깥의 담에 상당수가 수습되어 있다. 이들 중에는 석등의 복련대를 비롯해 석탑의 옥개석편 등이 보이고 있다. 지장전 뒤편의 빈터에도 석조 지장보살입상 곁에 석탑의 옥개석이 1매 놓여있다. 이 옥개석은 곁에 세워진 보살상이 도로변에 놓여 있을 때 대좌 구실을 했던 것으로 4단의 층급받침을 갖췄다.

이러한 석탑 파편과 함께 근래에도 새로운 3층석탑을 조성하였다. 현재 경내에 남아 있는 비문 등의 자료에 의하면 1944년 주지인 김동성(金東成)과 지응현(池應鉉)이 석가탑과 관음탑을 조성한 사실이 보여지나, 이러한 석조물들도 6·25의 전화로 모두 파괴되어 그 모습을 볼 수 없다. 현재 승방의 앞뜰에 수습되어 있는 파편의 석탑부재 중 일부가 석가탑과 관음탑의 부재가 아닌가 생각된다.

국립광주박물관에 옮겨진 석탑

광주 장운동 오층석탑(光州 長雲洞 五層石塔)

장운동 폐사지[75]는 광주광역시 장운동 장등마을에서 남서쪽으로 600여m 떨어져 있는 자남골 해발 130m의 야산 동남쪽 기슭에 위치하고 있다. 폐사지는 서쪽을 둘러싸고 있는 구릉을 배경으로 접하고 있으며, 동향은 계단식으로 된 논에 면해 있다. 이곳은 그간 경작지로 이용되어 왔기 때문에 현재 많은 지형의 변화가 이루어졌다. 밭 언덕 아래에 위치한 우물가에서는 초석으로 보이는 석재가 수 점 남아 있었으나, 건물지로 추정되는 곳에서는 석재를 전혀 찾을 수 없었다.

이 폐사지에 관한 기록은 전혀 남아 있지 않아 사찰의 명칭이나 연혁이 밝혀지지 않은 채 '장운동 폐사지'로만 불리고 있다. 현재 사지에는 고려 초기의 작품으로 추정되는 석조여래좌상 1구가 파손된 채 보존되어 있다. 그리고 동시대의 작품으로 보이는 오층석탑 1기는 이곳 폐사지에서 옮겨져 현재 국립광주박물관으로 이전·복원되었다. 오층석탑을 광주박물관으로 이전할 당시 실시된 지표조사에서는 와편 등이 수습되었는데, 이를 보았을 때 이 사지가 조선중기 이전까지도 계속되었던 것으로 추정된다.[76]

75 박춘규·천득염, 광주직할시, 『광주의 불적』, 삼화문화사, 1990, p.281.

76 국립광주박물관, 광주박물관회, 『장운동 오층석탑 복원보고서』, 광주박물관 미술총서 제8집, 1984, p.7.

장운동 오층석탑은 장운동 장등마을 폐사지에 무너져 있던 것을 1982년에 현재의 국립광주박물관 정원으로 이전하였다. 당시 수습된 탑재는 기단면석과 옥개석 등 일부만 남아 있었으나 부족한 나머지 부분을 새로이 복원한 것이다. 이 석탑은 광주 지산동 오층석탑, (전)성거사지 오층석탑, 신룡동 오층석탑과 층수나 양식적 경향에서 유사함을 보이고 있다. 이와 함께 담양군과 장성군에 분포하는 오층석탑과의 양식적 관계를 보았을 때, 유사한 형태와 수법을 보인다. 즉 이 석탑들은 신라양식과 고려 양식이 일부 가미된 광주, 전남의 지역적 특징으로 발전한 석탑으로 이해된다.

이 석탑은 1982년 5월 폐사지의 토지 소유자인 이득재씨가 밭을 논으로 만들기 위하여 삭토작업을 하던 중, 매설되어 있던 탑재들을 발견하여 신고함으로써 탑재의 일부를 수습할 수 있었다. 수습된 탑재들은 1982년 12월 광주박물관으로 이전하였으며, 이후 1984년 8월에 결실된 탑재들을 보완하여 현재의 위치에 복원한 것이다. 이 석탑은 수습할 당시 기단면석 1매와 1층 옥개석, 2·3·4·5층의 탑신, 그리고 노반과 함께 상륜부재 전체가 결실된 상태였다.

석탑의 세부 양식은 길이 193cm의 장대석 4매로 결구한 지대석은 한 돌로 조각된 몰딩이 있고, 그 위로 기단 면석을 올렸다. 면석은 각 1매의 판석으로 세워져 갑석을 받고 있다. 면석은 길이 172cm, 높이 82cm인데, 중앙으로 폭 20cm의 탱주를 조각하였다. 면석의 좌우에는 폭이 같은 양우주가 새겨져 있다. 기단의 갑석은 하면에 부연이 있고, 평평한 갑석 상면은 2단의 탑신받침을 마련하였다. 이 기단갑석은 4매의 판석으로 결구되었는데 규모는 길이 188cm, 두께 22cm이다. 단층기단인 기단부 전체의 높이는 133cm에 달한다.[77]

탑신부에서 초층의 탑신은 비교적 높은 편에 속하며 2층부터는 점차 체감하고 있다. 옥개석은 낙수면이 좁아 비교적 두터워 보이고 전각이 급경사를 이룬다. 추녀는 직선을 이루다가 위로 완만하게 반전되어 전체적으로 옥개석이 둔중해 보인다.

옥개석의 층급받침 수는 1, 2층이 5단이고, 삼층 이상은 4단으로 줄어든다. 이렇듯 옥개석의 조각과 옥개받침의 표현 수법은 단층인 기단시설과 함께 신라석탑의 전형양식에서 변화된 통일신라 후기의 요소로 이해할 수

77 국립광주박물관, 광주박물관회, 『장운동 오층석탑 복원보고서』, p.13~19.

있다. 이와 같은 양식상의 여러가지 요소를 종합해 보았을 때, 이 석탑의 조성 시기는 유사한 양식과 형태를 보이는 (전)광주 성거사지 오층석탑과 거의 동시대인 고려초기로 추정할 수 있겠다.

(전)장성 흥법사지 석탑((傳)長城 興法寺址 石塔)

흥법사지 석탑[78]은 원래 장성군 사창리 금성마을의 흥법사지에 있던 오층석탑으로 추정한다. 이 사지에서는 현재의 석탑과 함께 바로 옆에서 옥개석을 발견하였다고 한다. 그러나 이 옥개석은 현존하는 석탑과 부재의 양식이 다르다. 그러므로 장성 흥법사지에는 최초 2기 이상의 석탑이 존재하였음을 알 수 있다. 이 옥개석은 옥개 상면에 구멍이 2개 뚫려 있고, 층급받침이 3단이다.

흥법사지에 흩어져 있던 이 탑재들은 1981년 국립광주박물관으로 옮겨 복원을 시도하였으나, 원 부재 중 유실된 것들이 너무 많고 2기 이상의 탑재가 섞여 있어 어려움을 겪었다. 그러나 1985년에 본래의 것으로 추정되는 부재를 골라 현재의 모습인 3.5m의 삼층석탑으로 복원하였다. 즉 현재의 석탑은 각각 3개의 탑신과 옥개석으로 구성되어 3층을 보인다. 그러나 석탑은 1, 2층 옥개석의 크기가 비교적 크고 둔중한데 반해, 3층에 올려진

78 장성군, 조선대학교박물관, 『장성군의 문화유적』, 현대옵셋인쇄사, 1999, p.244.

옥개석이 상대적으로 작아 중간에 있던 손실된 부재를 제외하고 복원한 것으로 보인다. 당시의 복원에서는 기존에 유실된 적심석과 지대석 1매, 기단 면석 1매, 갑석 4매, 1층 탑신석 등을 보충하였다. 현재 석탑이 위치하는 곳은 국립광주박물관 정문에서 들어오면 좌측의 야외전시장에 여타 탑재와 석등, 불상 등과 함께 세워져 있다.

흥법사지 석탑에 대한 기록은 전하지 않는다. 단 『문화유적총람』의 기록에서는 고려 중기 신억마을에 관음사라는 절이 있었고, 또한 이곳에 흥법사라는 절이 있어 불법이 흥할 것이라 하여 마을이름을 흥법이라 했다는 유래가 전한다. 동명은 『호구총수』(1789)에서 흥법리(興法里)로 나오며, 1912년 '행정구역명칭'이 변경되면서 금성리(今城里)로 되었다. 즉 마을이 흥법리라 불리다가 주변 야산이 비단성 같이 둘러있어 근래 들어 고쳤는데, 정씨의 동족마을이라 정촌으로 불리기도 했다. 금성마을의 유물과 유적으로는 이전에 마을 여기저기서 석탑재를 비롯하여 사천왕상과 불상 등이 남아 있었다고 한다. 그러나 일제강점기 때 이 유물들은 어디론가 옮겨져 그 행방을 알 수 없다고 한다. 현재 금성마을 가옥 주변에서는 건물의 초석이나 석축으로 추정되는 석재나 사지와 관련된 유구들이 확인된다. 또한 사지 일대에서는 기와편이 다수 확인되는데, 문양이 주로 어골문과 격자문이다.[79] 흥법사지 석탑은 기단부와 옥개석의 양식 등을 통해 보았을 때 고려

79 광산구, 용성종합건설, 『광주 신룡동 5층석탑 보수공사』, p.56~57.

시대에 조성되었을 것으로 보인다. 즉 석탑은 단층기단에 날렵해진 탑신을 가지는 오층석탑이었을 것으로 추정된다.

이 석탑의 구성을 보면, 먼저 지대석이 4매로 구성되며, 상부에 각형 받침 몰딩이 조각돼 있다. 기단의 면석은 4매로, 각 면이 1매씩으로 되어 있다. 면석은 각 모서리에 우주를 모각했으며, 중앙에 탱주 1주씩을 돋을새김 했다. 탑신을 받치는 기단 갑석은 모두 손실되어 복원하면서 새 부재로 부가된 것들이다. 새로 부가된 갑석은 총 4매이며, 하부에 각형 부연과 상부에 각형 탑신받침을 새겼다. 1층 탑신석은 갑석과 함께 원래의 부재가 아닌 새로 보충된 것이다. 그리고 1층 옥개석은 지표조사를 통해 금성마을에서 발견되었으나, 마을주민들이 연자방아로 사용했다고 한다. 이 옥개석은 오랫동안 실생활에 이용되어 상면의 파손이 심해 보존처리를 통해 원형에 가깝게 복원한 것이다. 층급받침은 5단이나 심하게 마모되어 둥글게 보이며, 옥개석이 대체로 두꺼워 둔중한 느낌을 준다. 이에 반해 2층 탑신과 옥개석은 본래의 부재가 그대로 이용되었다. 탑신은 작고 상당부분 파손됐으며, 옥개석은 1층과 유사하게 5단의 층급받침과 둔중한 형태를 보이고 있다. 옥개는 낙수면이 완만하다. 3층의 탑신과 옥개석은 1, 2층의 석탑 부재와 그 크기와 비례가 맞지 않다. 또한 3층의 부재는 하부에 이용된 석질과도 달라 다른 탑에 이용된 부재가 사용됐음을 알 수 있다.

이를 보았을 때 흥법사지 석탑은 현재의 삼층석탑의 모습으로 복원하였으나, 원 부재를 대부분 소실하여 원형을 가늠하기 어려운 상태이다. 특히 원 부재는 지대석과 기단 면석, 1, 2층 옥개와 2층 탑신뿐이다. 이러한 이유

때문에 현재의 석탑은 문화재 지정이 되지 않았으며, 부족한 부분과 여러 석탑재가 더해진 복원을 통해 당시 석탑의 현황을 가늠할 수 있을 뿐이다.

흥법사지 석탑은 장성에 있는 석탑이나 주변의 광주와 담양에 있는 오층석탑과 유사함을 보인다. 즉 흥법사지 석탑은 원 부재가 상당 부분 손실되었으나, 원래의 형태를 추정해 보았을 때 현존하고 있는 장성군의 내계리 오층석탑, 진원리 오층석탑, 수산리 오층석탑과 매우 유사했을 것으로 추정된다. 이는 광주 지산동오층석탑에서 시작된 이 지역 인근의 석탑 조영 경향이 주변의 담양과 장성에까지 영향을 미친 것이라 할 수 있다.

1. (전)광주 천황사지 석탑재
2. 야외전시장의 석탑재와 불상
3. 소재지 불명의 석탑재
4. (전)광주 천황사지의 재명석등

현재 국립광주박물관에는 불교 관련 유물들을 다수 보유하고 있다. 이 중 대표적인 것으로는 광양 중흥산성 쌍사자 석등(국보 제103호)을 들 수 있다. 이와 함께 광주박물관에는 광주를 비롯하여 전남지역 각지에서 가져온 석탑부재와 석불, 석등 등이 야외 전시장에 상시 전시되고 있다. 즉, 소재지 불명의 석탑재와 함께 광주 천황사지 탑재, 재명석등, 화순의 (전)보안사지 부도, 불상 등이 있다.

전남대학교에 옮겨진 석탑

담양 서봉사지 석탑(潭陽 瑞峯寺址 石塔)

서봉사지 석탑[80]은 현재 광주광역시 전남대학교 대강당 앞 공터에 자리하고 있다. 서봉사지 석탑의 원래 위치는 전남 담양군 남면 정곡리 절곡 성봉산 아래의 사지이다. 석탑과 함께 전남대학교로 옮겨진 부도는 도굴꾼들에 의해 해체되어 반출되려던 것을 1969년 전남대학교 호남문화연구소를 주축으로 하여 박물관으로 이전했다. 석탑은 이전 이후 최근까지 부도와 함께 박물관 앞에 세워져 있었는데, 제2도서관 건립으로 인해 또 다시 옮겨졌고, 현재는 대강당 앞 잔디밭에 청풍사지 석탑과 나란히 세워져 있다. 이 탑은 상륜부재가 완전히 결실되었고, 기단부재 역시 일부를 제외하고 대부분 결실되어 복원되지 못한 채 오직 탑신부만 올려 탑의 면모를 갖추었다.

서봉사에 관한 기록으로는 『신증동국여지승람』 창평현조에서 "瑞峯寺在無等山"이란 매우 단편적인 언급만 보이며, 조선총독부 발행의 『조선호남지』 현1 창평군에 "瑞鳳寺在無等山北東庚戌火燒重建別構躡淸閣于洞口架裁溪壑 有霽峯高敬命時廢久"란 기록만이 보일 뿐이다. 이 기록에 의하면 경술년에 사찰 전각들의 중건 사실을 알 수 있다. 이것은 정유재란으로 소실된 증심사나 원효사가 석경 등의 사료를 통해 광해군 원년에 중창된 사실로 미루어 보아, 서봉사의 중창 역시 같은 시기인 광해군 2년(경술, 1610)에 이루어졌음을 알려주는 것이다. 그러나 "서봉사(瑞鳳寺)란 기록에서 원래의 명칭은 서봉사(瑞峯寺)였다. 이는 후대에 서봉사(瑞鳳寺)로 불리게 된 것이거나, 아니면 서봉사(瑞峯寺)의 오기일 수도 있다.

서봉사지는 정곡리 절골에 위치하는데 북동의 거대한 암봉(서봉산)을 배경으로 하여 형성되었다. 지금도 사지의 곳곳에는 건물의 초석뿐만이 아니라 석재의 옥개석, 석등의 복련대와 팔각간주, 연화대화 및 당간지주 편 등이 유존되어 있다. 그리고 이곳 서봉사지에서 반출된 것으로 확인된 유물로는 조선 영조 50년(1774)에 원효사로 옮겨져 영자전에 보관하였으나, 6.25의 전화로 손실된 원효화탱[81]을 비롯하여 현재 전남대학교 박물관으로 이전된 석종형 부도와 석탑이 있다. 이밖에도 증심사 석조보살입상 역시

80 박춘규, 천득염, 광주직할시, 『광주의 불적』, p.286.
81 최남선, 『심춘순례』 육당최남선전집(6), 현암사, 1973, p.320.

서봉사터 나한상(국립광주박물관)

이곳 서봉사지에서 반출된 유물로 추정된다. 그리고 폐사지에서는 1964년 6월에 금동불입상 2구와 니불(泥佛) 등이 발견되었다고 하나, 이 유물들은 현재 그 행방을 알 수 없다. 서봉사지 출토 나한상은 국립부여박물관에서 보관하였는데, 근래에 국립광주박물관으로 옮겨와 전시되고 있다.

세부적으로 석탑 양식을 살펴보면, 기단부는 남아 있는 석재로 보면 아마 2중기단이 아닌가 생각된다. 상층기단의 면석에는 양 우주와 중앙의 탱주가 하나씩 모각되어 있었다. 그러나 현재의 석탑에서는 하층기단이 가설되지 않았다. 탑신부를 보면 각층의 옥개석이 비교적 두터운 편이며, 우동의 전각은 약간 반전되어 있다. 옥개석의 층급받침 수는 초층과 2층이 4단이고, 삼층에서 3단을 보인다. 지금까지 이 석탑은 삼층탑으로 불려 왔다. 그러나 현존하는 탑신부의 석재 중 2층 옥개석은 하면의 폭이 70cm인데 비해 2층 탑신의 폭은 76cm로 규격이 일치하지 않는다. 또한 2층 옥개석 상면의 탑신받침은 폭이 57cm인데 비해 삼층 탑신의 폭은 52cm로 이 또한 서로 일치하지 않는다. 특히 탑신의 높이는 초층이 80cm이고 이층이 29cm, 삼층은 25cm를 보인다. 이처럼 현존하는 탑신부의 규격이 서로 일치하지 않는 점으로 보아 이 탑은 삼층이 아닌 오층 이상의 탑이었을 것으로 추정된다. 이 탑의 조성 시기는 전반적인 석탑 양식으로 보아 고려 전기로 생각되며 현존 규모는 2.5m이다.

서봉사지 부도는 석탑과 함께 전남대학교로 이전된 유물이다.

석종형 부도는 신라하대의 작품인 울산 대화사지 12지신중부도(보물 제441호)가 현재 최고의 예이다. 이러한 석종형 부도는 고려시대의 대표적인 작품인 김제 금산사석종(보물 제26호)이나 여주 신륵사 보제존자 석종

(보물 제228호)을 거쳐 고려 말 이래 조선시대 전반에 걸쳐 많은 유행을 보인 부도 양식이다.

이 서봉사지 부도의 조성 시기는 석종형 부도와 팔각원당형 부도가 양식상 서로 혼합돼 있는 점이나 상·중·하대석에서 보이는 장식적이면서도 회화된 조각기법이 나타나는 점 등으로 보아 조선전기의 작품으로 추정된다. 규모는 총고 2m이다.

영암 청풍사지 오층석탑(靈巖 淸風寺址 五層石塔)

청풍사지 오층석탑[82]은 원래 영암군 영암읍 학송리에 있던 석탑이었다. 영암에서 강진을 향해 약 4km 쯤 가다 장흥으로 들어가는 삼거리에 위치하였는데, 도로가 확정되면서 이전이 불가피하게 되었다.[83] 이에 1970년 현 위치인 전남대학교 교정으로 옮겨진 것이다.

석탑에 대한 연혁을 알 수 있는 기록은 거의 찾을 수 없다. 다만 주변에 위치하는 유사한 양식의 석탑과 마을주민의 구술을 통해 대략적으로 파악할 수 있을 뿐이다. 그나마 청풍사지오층석탑에 대한 기록으로는 일제강점기인 1943년에 편찬된 『조선보물고적조사자료(朝鮮寶物古蹟調査資料)』에

82 본 내용은 전라남도, 『월출산』, 삼화문화사, 1988, p.165.와 국립목포대학박물관, 영암군, 『영암군의 문화유적』, 1986, p.201~202.의 내용을 참조.

83 최몽룡, 「영암 청풍사지석탑내 발견유물」, 미술사학연구, 1972, p.16~17.

간략하게 언급하고 있을 뿐이다. 이 책에서는 "淸風寺址라 칭하며 瓦片과 石築이 남아 있다. 路上에 一基가 있으며, 花崗岩四角五層塔으로 高十三尺 完全함. 淸風寺 入口에 세워진 것이라 칭한다."[84]라고 간략하게 언급되었다. 이를 보면 일제강점기인 1940년대까지 청풍사지 석탑은 오층의 모습을 유지하고 있었음을 알 수 있으나, 한 층이 언제 사라졌는지는 알 수 없다. 1964년 정영호의 조사에 의하면 학송리는 본래 청풍원(淸風院)이라 불리는 마을의 우측연도에 약 4m 높이의 석탑 1기가 유존했다고 한다. 이곳은 월출산 동쪽기슭으로, 석탑의 위치에서 약 100m 되는 산중턱에 2단의 석축이 있고 와편이 산재하여 사지로 추정됐다. 그러나 탑 부근에는 아무런 유지가 발견되지 않아 이 석탑이 원래의 위치인지는 알 수 없다고 하였다. 당시에도 이 석탑은 4층이었으나 기록에 의하면 본래 오층이었다고 한다. 그리고 이곳은 '淸風寺'가 있었음을 마을이름이 일명 청풍원이라 불리는 유래를 가늠할 수 있다. 당시 동민의 말에 의하면 이곳 일대가 대부분 사지로서 한때 암자가 있었다고 한다. 이를 통해 보았을 때 청풍사는 비록 구체적인 연대를 추정할 수 없으나, 적어도 일제강점기까지도 사역을 유지하고 있었음을 추측할 수 있다.[85]

석탑은 당시 전남대학교로 옮기기 위해 전면적인 해체가 이뤄졌고, 이때 상층기단에서 사리공을 확인하였다. 그 규격은 13cm×13cm의 방형이고 깊이가 10cm였다. 이 사리공에서는 백자계통의 청자사리호가 발견되었다. 이 사리호는 뚜껑과 호가 별개로 되었는데, 뚜껑이 원래 접시로 쓰였던 것을 대용한 것으로 판명되었다. 그리고 이 사리호 속에는 다비한 승려의 뼛가루가 약 20g 정도 들어있었다고 한다.

석탑은 이중기단에 오층석탑으로 추정되나, 현재는 탑신부가 4층까지만 남아 있다. 석탑의 구조를 보면 지대석이 수매로 결구되었고, 하층기단을 방형의 1석으로 구성하였다. 하층기단의 각 면에서는 우주와 탱주가 매우 얕게 모각되었고, 상면에서 갑석모양의 횡대의 띠를 둘렀다. 즉 하층기단은 면석과 갑석이 하나의 부재로 조각하여 구분하였는데, 이는 일반적인 기단 조영에서 퇴화된 형식이라 할 수 있다. 갑석의 상면은 수평이고 그 위에 다시 상층기단이 올려졌다. 상층기단은 면석을 받치는 저석 없이 4매의 면석으로 기단을 구성하였으며, 각 면에서 양 우주와 중앙의 탱주 1주가

84 『朝鮮寶物古蹟調査資料』 二一一頁參照.

85 정영호, 「영암의 석탑 2기」, 고고미술 제5권 제11호, 1964, p.14.

모각되었다. 이중 면석 1매는 영암에서 전남대학교로 옮기면서 전남대학교 측에서 나중에 보충한 것이다. 갑석 하면에는 1단의 가벼운 부연을 각출하였고, 상면이 약한 경사를 이루면서 각형 3단의 탑신받침을 두었다.

탑신과 옥개석은 각각 1매로 조각되었다. 옥개석의 층급받침은 1~2층까지는 5단이며, 삼층은 4단, 4층은 3단으로 점차 줄어든다. 탑신은 1층에서 4층까지 양 우주가 모각되었다. 그러나 3~4층의 우주에서는 그 표현이 거의 나타나지 않을 정도로 희미하게 처리되었다. 옥개석 상면의 탑신 받침은 1층에서만 1단의 각형받침이 보일뿐, 상층부터는 평평한 채 생략하였다. 옥개석의 낙수면은 평박하고 4면의 합각이 예리한 편이며, 전각의 반전도 경쾌하지만 단조로운 편이다. 이 석탑은 탑신과 옥개석의 전체적인 체감율이 적어 안정감을 잃고 있다. 총고 3.86m이며 조성연대는 고려 하대로 추정된다.

이 석탑은 비교적 원 부재가 많이 남아 있는 상태로, 전체적인 규모와 형식을 이해할 수 있다. 이는 이 지역에서 조성된 고려시대 석탑의 경향을 이해할 수 있는 귀한 석탑이다. 특히 석탑이 조성된 영암에는 현재 영암읍에 위치하는 성풍사지오층석탑(보물 제1118호)나 도갑사오층석탑(보물 제1433호)와 비교하면 하나의 계통성을 가질 것으로 판단된다. 즉 위의 두 석탑은 청풍사지오층석탑과 거의 유사함을 보인다. 특히 조성연대를 비롯해 기단의 짜임새와 구조나 얇고 작아진 탑신과 옥개, 전체적으로 날렵해지고 세장해지는 규모 등을 보았을 때, 이들 세 탑은 서로 영향을 미쳤을 것으로 보인다.

선암사지 석탑(仙巖寺址 石塔)

폐 석탑이 위치하는 선암동은 선암사라는 사찰에서 유래되었으며, 일명 탑골이라 부른다. 이곳은 광산구 송정에서 영광 방향으로 가는 호남대학교 근처 마을의 폐가 앞에 있다. 이곳에는 예전에 선암역이 있던 곳으로 장성과 광주, 나주, 영광을 잇는 교통의 요충지였다. 선암이란 지명은 『해동지도』(1750), 『여지도서』(1757), 『대동여지도』(1861), 『광주읍지』(1879) 등에 기록되고 있어 오래 전부터 불려진 지명으로 보인다. 그러나 선암사와 석탑에 대한 기록은 보기 힘들다. 단지 『문화유적총람』에서 '선암사지(仙巖寺址)'라 기록하고 있을 뿐이다.[86]

선암사지 석탑은 현재 사람이 살지 않는 민가 앞마당에 자리하고 있다. 마을의 구전에 의하면 이곳에 원래 선암사가 있었으나, 조선시대 연산군 즉위 초에 사찰에 빈대가 극성을 부리면서 절을 버리고 순천으로 옮겨갔다 한다. 현재 남아 있는 노거수는 당시 주지가 심은 것이라 한다. 이 사지는 석탑 주변으로 사역이 형성되었을 것으로 생각되나, 현재는 마을이 들어서 있어 어떠한 사찰유적도 남아 있지 않다.

선암사지 석탑은 마을에 계속해서 거주하고 있는 박금철(선암동 420번지)씨에 의하면 원래 5층이었으며, 고려시대에 조영된 것이라 한다. 또한 선암사라는 명칭은 원래 이곳에 선암사가 있었고, 이후 순천 선암사로 이전되었다고 한다. 그러나 이는 잘못된 사실이다. 시기적으로 순천의 선암사의 연혁이 앞서고 있으며, 순천의 석탑과 이곳의 석탑에서도 양식적인 차이를 보인다. 즉 이곳에 남아 있는 석탑의 양식적 계통을 보았을 때 시기적으로 한참 이후에 조성된 것으로 볼 수 있다. 순천 선암사 삼층석탑은 전형적인 신라양식 석탑을 그대로 따르고 있으므로 선후에 대한 문제는 전혀 설득력이 없다. 단 이곳에 조성된 선암사가 순천 선암사의 말사였거나, 이름만 같은 사찰이었을 가능성이 크다. 즉 단지 같은 이름의 사찰이라는 이유로 순천 선암사에 연계시키고 있는 것이 아닌가 생각된다.

박금철씨의 말에 의하면 이 석탑은 대부분의 부재가 남아 있었고, 마을의 상징이었다고 한다. 그러나 이 석탑은 조영 이래 지속적으로 현재의 선암동에 남아 있었으나, 일제강점기를 거쳐 해방되면서 초대국회의원인 박

86 광산구, 용성종합건설, 『광주 신룡동 5층석탑 보수공사』, p.54.

종남의원에 의해 송정공원으로 이전되었다고 한다. 석탑이 이전되면서 마을에서 9명의 아이들이 사망하는 화를 입었고, 마을주민들은 다시 원래의 자리로 석탑을 옮길 것을 요청하게 되었다. 이때 송정공원으로 옮겨진 석탑은 무너지고, 탑신과 옥개석 등이 많이 파손되고 분실되었다고 한다. 이런 이유로 남아 있던 탑재를 수습하여 현재의 원래 위치로 다시 옮겨지게 되었으며, 현재의 모습으로 복원된 것이다. 1950년대 당시에는 암자나 사찰은 남아 있지 않았으며, 주변으로 몇백 년 된 배롱나무와 다른 나무들이 우거져 있었다고 한다.

현재 남아 있는 석탑 부재로 보면 삼층석탑 형식으로 1층 탑신과 3개 층의 옥개석, 그리고 상륜부의 보륜과 보주, 기단의 석재 등이 남아 있는 상태이다. 현재 2층 탑신으로 쓰이는 방형 석재는 기단의 한 부재가 아닌가 한다. 이 석재는 탑신의 형식과 달리 납작하고 넓은 면을 하고 있으며, 크기도 전혀 다른 양상을 보이고 있다.

탑신은 현재 1층만 남아 있는데, 방형이고 어떠한 조각장식도 보이지 않는다. 옥개석은 3개 층이 남아 있다. 이 석탑은 원래 5층이었으므로 현재의 상태와는 달랐을 것이다. 즉 옥개석은 체감이나 크기 등을 보면 비례와 체감이 전혀 맞지 않아 탑재 중간에 끼워졌던 몇몇의 옥개석을 상실한 것으로 보인다. 특히 3층 옥개석은 크기가 매우 작아 아래에 하나의 층이 더 있었을 것이며, 1층과 2층 사이에도 하나의 층이 더 있었을 것으로 보인다. 1층 옥개석에는 구멍이 있어 풍탁이 달았을 것으로 보인다. 상륜에서는 보륜과 보주로 보이는 부재가 남아 있다. 보륜은 비교적 화려한 연화를 표현한 것으로 보이나, 보주는 탈락과 파손이 심하다. 이 석탑은 연대를 추정하기 어려우나, 남아 있는 부재나 구전을 통해 보았을 때 대략 고려말이나 조선초에 조영된 것으로 생각된다. 사지의 주변에서는 기와편과 자기편 등이 발견되고 있다.

壬申生 조준형
소원 성취 발원

옥동사지 석탑

옥동사지 석탑의 현 소재지는 광산구 옥동 483번지로 옥동경로당 건물 앞 공터에 자리하고 있다. 이 석탑은 근래 어느 시기에 현재의 위치로 옮겨진 것으로 추정되며, 원래의 위치는 알 수 없다. 단지 옥동에 자리했을 것으로 추정될 뿐이다. 이 석탑이 조성되었던 사찰이나 명칭, 연혁에 대해서는 기록이 보이지 않아 알 수 없다. 이 마을은 탑거리나 탑동이라 불렸던 것으로 보아 사찰이 있었음을 알 수 있다.

옥동에 남아 있는 석탑은 현재 3개 층의 옥개석만 중첩되고 그 위에 새로운 상륜을 올려놓고 있을 뿐 여타 부재는 보이지 않는다. 옥개는 둔중한 형태를 보이는데, 비교적 높은 편이다. 옥개 하부에는 2단의 옥개받침을 두었으며, 전각이 단순하고 처마에서 약간의 반전이 있을 뿐이다. 탑신받침이 있었을 것으로 보이나 이 또한 마멸이 심한 편이다.

최상부의 상륜은 옥개와 보륜, 보주로 보이는 부재를 하나의 석재로 만들었는데, 근래에 화강암으로 새로 얹은 것이다. 석탑 주변에는 예전에 기와편 등이 수습되었다고 하나, 현재는 콘크리트로 포장되어 구체적인 예전의 모습을 알 수 없다. 인근에서는 조선시대의 와편이나 자기편 등이 조사되기도 했다. 이 석탑은 오층석탑이 아니었나 한다. 즉 1층 옥개석과 2층 옥개석이 만나는 지점의 면이 달라 이는 어느 정도 설득력을 가진다. 1, 2층 사이에 하나의 부재가 추가되고, 1층 하부에 하나의 부재가 더해질 가능성이 있다. 석질은 현무암과 같이 구멍이 있는 화강석으로 무른 편이다.

이 석탑의 조성 시기는 명확하지 않으며, 단지 고려말이나 조선시대로 추측될 뿐이다. 현재 옥동에서는 매년 정월 보름에 탑제를 지낸다고 한다.

목포

목포 이훈동 정원 내 석탑

목포 이훈동 정원 내 석탑

이훈동정원은 전라남도 지방문화재자료 제165호로 지정되어 있는 정원이다. 일제강점기에 조성된 일본식 민간정원이 문화재로 지정(1988년)되어 있는 것은 그만치 문화적 가치가 있기 때문일 것이다.

이 이훈동정원에는 시대와 크기를 달리하여 조성된 여러 석탑이 있다. 물론 석등과 다른 석물들도 많다. 이들 중에서 몇 기는 지방문화재 이상의 문화재적 가치가 있는 탑들이 있다. 따라서 이들에 대한 가치규명을 위한 조사가 이루어지고 이에 적합한 문화재 지정이 뒤 따라야 할 것으로 생각된다.

호남지방에서 가장 넓은 이 민간 정원(1,365평)은 목포 유달산 남동쪽 기슭에 위치한다. 멀리서 보아도 가대가 커 부호의 집임을 알게 한다. 1930년대 일본인 內谷萬平에 의해 만들어진 일본식 정원이다.

순천

순천 선암사 동·서 삼층석탑

순천 동화사 삼층석탑

순천 금둔사지 삼층석탑

순천 향림사 삼층석탑

순천 순천고 석탑

순천 선암사 동·서 삼층석탑(順天 仙巖寺 東·西 三層石塔)

문화재 지정 : 보물 제395호

선암사의 대웅전 앞뜰에는 동·서 양측에 보물 395호로 지정된 삼층석탑이 있다. 두 개의 석탑은 외관상으로 크기와 양식이 비슷하여 두 탑이 동시에 건립된 쌍탑가람이었다고 지금까지 알려져 왔다. 물론 두 탑이 동시에 세워진 것은 부인할 수 없으나 세부적인 실측치나 모양새가 달라 두 탑 중 하나, 또는 모두가 후대에 중건되면서 탑재가 새로운 것으로 바뀐 듯하다.

선암사의 위치와 연혁[87]

선암사는 전라남도 순천시 조계산(해발 884m)에 위치한 태고종 총림으로 해발 200m 정도에 위치해 있다.

동·서 삼층석탑은 선암사 대웅전 앞에 위치해 있으며 2기 모두 형태와 크기가 거의 비슷하지만 똑 같지는 않다. 선암사의 경내에는 철불1기, 보탑 2기, 부도3기 있다고 알려지고 있는데 현재 선암사에 있는 석조문화재는 석탑 2기 외에도 사찰 입구에 있는 선암사 승선교(보물 제400호), 그리고

87 이계표,『선암사』, 승주군·남도불교문화연구회, 미주출판사, 1992, p.23~36;
이계표, 천득염, 최인선,『선암사』, 대원사, 2000, p.11~21.

경내를 약간 벗어나 대각암 승탑(보물 제1117호), 북 승탑(보물 제1184호), 동 승탑(보물 제1185호)가 있다.

승선교

선암사의 창건에 관한 정확한 기록은 없으나 신라시대 진흥왕 3년(542년)에 아도화상이 창건하여 청량산 해천사(海川寺)라고 했다는 설[88]과 헌강왕 1년(875년) 도선국사가 창건하여 선암사라고 했다는 설[89]이 있으나 아도화상이 백제지역까지 가서 선암사를 창건했다는 것은 무리한 해석으로 보이고 오히려 도선국사가 창건했다는 설은 설득력이 있어 보인다. 물론 창건 후 여러 번에 걸쳐 중창이 이루어졌다.

후자에 다르면 도선국사는 사찰을 창건할 때 산천배역(山川背逆)을 진압하기 위해 모두 사탑을 건립하고 승탑을 세웠다고 한다. 「조계산선암사사적(曹溪山仙巖寺事蹟)」에도 철불 1구, 보탑 2기, 승탑 3기가 전해진다는 기록이 있다. 이러한 요소들을 고려할 때 석탑의 건립 시기는 기단의 탱주가 상·하 각각 1주인 점, 상층기단 면석받침이나 초층 탑신받침이 각·호·각형 3단인 점, 옥개받침이 4단으로 통일된 점, 옥개선 상면의 탑신받침이 호·각형인 점 등으로 보아 9세기 후반 사찰 창건 당시 건립된 것으로 추정된다.

그러나 1986년 동탑의 해체·보수 시 발견된 사리장치와 함께 11세기의 청자와 16세기의 분청사기, 금동사리함 등이 출토되어 최소한 두 번에 걸쳐 중수된 것으로 추정된다.[90] 동·서 두 탑은 1986년 6월 2일 부터 10월 27일 까지 해체 보수되었다.

석탑의 양식[91]

선암사의 대웅전 앞뜰에는 동·서 양쪽에 보물 제395호로 지정된 높이 4.3m인 삼층석탑 2기가 자리하고 있다. 두 석탑은 외관상으로 크기와 양식이 비슷하여, 두 탑이 동시에 걸립된 것으로 알려져 왔었다. 그러나 세부적인 실측 치수나 모양새가 달라서 하나 또는 두 탑 모두가 후대에 중수되면서 탑 부재 일부가 교체된 듯하다. 이는 우리나라 가람에서 쌍탑이 조성되는 경우에 대부분 서로 완전히 똑 같은 모습의 경우는 거의 없다는 것을 의미한다.

88 新羅法興王時沙門阿度自一善來禮觀金相欽慕聖蹟焚修處祈夢受記始創伽藍以清凉名山海川稱寺皆 依教焉景德王時道詵國師按東方裨補重創之易寺名 以僊其訣日湖南之三爲統合三韓之北云 -용암혜언, 「순천부 조계산선 사제륙창건기」, 대웅전내현판, 1828.

89 詵還本{國一如教此仙巖寺之爲一大裨補所也吾國 南有三巖靈巖郡月出山之龍巖光陽縣白 山之雲巖 昇平府{曹溪山之仙巖岩皆建塔立浮屠故此仙巖局內 有一鐵佛二 塔三浮屠至于今存焉者也此煎 道詵國師始 此寺 -계음호연, 「조계산선암사사적」, 『조선사찰사료』 상, 1704, p.282~283.

90 승주군, 남도불교문화연구회, 『선암사』, 미주, 1992, p.131.

91 정선종, 『선암사』, 남도불교문화연구회, 1992, p.125~131.
이계표, 천득염, 최인선, 『선암사』, 대원사, 2000, p.11~21. 위의 두 글을 주로 참고하여 작성하였음.

선암사 서 삼층석탑

선암사의 두 석탑은 전체적으로 규모가 적고, 기단의 탱주가 상·하 각각 1개로 줄어든 점, 상층기단 중석받침이나 초층 탑신받침이 각형 2단에서 각·호·각형 3단으로 변모된 점, 옥개받침이 4단으로 줄어들어 통일된 점, 옥개석상면의 탑신받침이 호·각형 2단인 점 등으로 보아 사찰의 도선국사 창건설에 합당한 9세기 후반에 세워진 것으로 추정된다.

가. 선암사 서 삼층석탑

이 탑의 지대석 아래 저석은 거의 정방형으로 6매의 판형 석재로 구성되었으며, 석재의 크기는 각각 다르다. 하층기단은 지대석과 중석이 같은 돌로 만들었는데 총 5매로 구성되어있다.

석재의 조립은 전면과 배면에 큰 석재를 두고 양측에 작은 부재를 끼워 넣은 형식으로 하였다. 하층기단의 중석에는 양쪽에 우주와 가운데 탱주가 모각되어 있다. 이 기둥들은 독립된 석재로 만들어진 것이 아니라 면석과 동일한 석재에 기둥을 조각하였다. 이 기둥에는 민흘림 수법이 보이지 않는다. 하층기단갑석은 2매의 판석을 동·서로 조립하였다. 그 상면을 경사지게 하여 네모서리에 합각선이 뚜렷하다. 상층기단받침은 각·호·각형으로 조각되었다. 상층기단의 면석에도 양 우주와 하나의 탱주가 조각되어 있는데, 4매의 석재로 구성되었다. 상층기단갑석의 하면에는 부연이 있고 상면에는 각·호·각형 3단의 초층 탑신받침이 있고 하층기단에서와 같이 경사진 합각선이 모서리로 이어져 내려왔다.

기단부에서 특기할 만한 것은 상·하기단의 갑석 상면 모서리에 가벼운 반전이 있다는 것이다. 이러한 것은 경상남도 합천군의 청양사 삼층석탑과 승주 금둔사 삼층석탑에서 뚜렷이 나타나기도 하지만 보통의 석탑 기단부에서는 보기 어려운 형식이다.[92]

탑신부는 탑신과 옥개석의 3개 층이 모두 각각 1매석인데, 탑신에는 양쪽에 우주가 모각되어 있다. 탑신의 체감이 심하여 전체적으로 안정된 느낌을 주고 있으며, 여느 신라석탑에 비해 옥개석이 다소 평평해 보인다. 특히 1층 탑신은 상부 너비(755㎜)가 하부 너비(745㎜)보다 약간 좁아 탑신의 민흘림(혹은 우주의 안쏠림)수법이 나타나고 있다.

92 진홍섭편, 『국보, 탑파』, 예경산업사, 1986, p.45.

즉 1층탑신 우주에 민흘림 양식이 나타나지 않으면서 전체적으로 탑신 윗면이 아랫면보다 2㎝가 좁아 육안으로도 식별할 수 있는 점이다. 탑신의 기둥 아래의 폭을 기둥에서 줄이지 않고 면석에서 줄이는 수법이 이 탑에서 보기 드물게 나타난 것이다. 백제계석탑에서는 탑신전체가 윗면이 좁은 경우가 대부분이나[93] 전형적인 신라석탑에서는 보지 못한 것이다. 삼층 탑신 역시 윗면이 0.5㎝좁아 일층과 같이 의도적인 것인지 아니면 제작자의 오차인지 알 수 없다. 이는 동탑의 이층탑신에서도 같은 현상이 나타나고 있다.

옥개석에는 옥개석 받침이 3개층 모두 4단으로 되어 있으며, 옥개석 상면에 호·각형 2단의 탑신받침이 있다.[94] 또한 옥개석 전각부분의 반전이 심하여 날카로우며 모서리에는 풍경을 달았던 듯 구멍이 한모서리에 8개씩 뚫려 있는데 지금도 구멍 속에 금속이 남아 있다.

상륜부는 우주와 부연이 표시된 잘 만들어진 노반이 놓여 있고, 복발은 없다. 그 위에 보륜은 약화되었고 죽절형 위에 앙련으로 둘러 쌓인 보주가 올려 있다.

선암사 서 삼층석탑

93 정선종, 「백제계석탑에 관한 일고찰」, 『사학지』 20, 단국대학교 사학회, 1986, p.225;
천득염, 「백제계석탑의 조형특성과 변천에 관한 연구」, 고려대학교 대학원, 1990, p.125~128.

94 대부분의 신라석탑에서는 이 부분이 각형1~2단인데 선암사탑의 경우처럼 호·각형 2단인 탑은 문경 내화리 삼층석탑이 있다. -박경식, 「신라하대의 석탑에 관한 연구」, 단국대학교 대학원, 1985, p.11~32.

나. 선암사 동 삼층석탑

동 삼층석탑의 외관상 양식은 서탑과 거의 동일하다. 그러나 서탑과 비교하여 서로 다른 석재가 섞여 있기도 하고 동탑 자체의 석재도 서로 다른 것이 있는데, 수리를 하는 과정에서 교체되었던 같다. 동·서 양 탑은 전체적으로 서로 비슷하기 때문에 차이점을 중심으로 고찰하기로 한다.

지대석 아래 저석은 6매의 넓은 판석으로 구성되었다. 하층기단도 실측치가 양탑이 서로 약간씩 다르지만 서탑과 같은 형식이다. 그러나 하층기단의 중석에서 우주·탱주의 너비가 서탑의 우주·탱주의 너비보다 40㎜정도 좁다. 동탑 자체에서도 우주의 너비가 150~210㎜, 탱주의 너비 170~200㎜ 등으로 서로 다르다. 뿐만 아니라 구성석재가 6개인 것은 서탑과 같지만 아주 작은 석재가 들어있어 최소한 150㎜ 너비의 우주가 조각된 석재(남동쪽 모서리 석재)는 후대에 바뀐 것이라 생각된다. 하층기단갑석의 모습은 서탑과 동일하다. 상층기단중석의 결구수법과 양쪽에 우주와 가운데 탱주 1주는 서탑과 같다. 하지만 그 폭이 우주는 170㎜, 탱주는 190㎜로 자체 내에서도 불규칙하여 면석 전체의 석재가 바뀌었다고 생각된다. 상대기단 갑석의 부연은 서탑의 부연 각이 직각에 가까운데 반하여 동탑은 보다 더 완만하고 두께가 얇다. 상층기단갑석 윗면의 경사도 서탑보다 훨씬 완만하여 거의 평면에 가깝고 초층 탑신받침은 각·호·각형 뿐만 아니라 맨 아래쪽 받침이 너무 넓고 긴장감이 없어 서탑과는 전혀 다른 느낌을 주고 있어 세부적인 양식 면에서 상이함을 보인다 할 수 있다.

선암사 동 삼층석탑

탑신부는 탑신과 옥개석의 3개 층이 모두 각각 1매석인데, 탑신에는 양쪽에 우주가 모각되어 있을 뿐 다른 장엄조식은 없다. 탑신의 체감이 심하여 전체적으로 안정된 느낌을 주고 있으며, 여느 신라석탑에 비해 옥개석이 다소 평평해 보인다. 특히 1층 탑신은 서탑보다 약간 높지만 윗부분이 좁은 점은 서로 같아 서탑과 같은 시대의 재료로 생각된다. 1986년 8월 해체 복원할 때 상층기단갑석 상면에서 사리장엄구가 발견되었다. 일반적인 사리장치는 탑신상면에 사리공을 파고 봉안한 것이 상례이나 동탑에서는 사리공을 1층 탑신 하면에 장방형(가로 210㎜, 세로 350㎜, 깊이 95㎜)으로 파고 위에서 덮어씌운 방법을 택하였다. 사리장엄물은 청자항아리(높이 65㎜, 입지름 41㎜)와 분청사기항아리(높이 120㎜, 입지름 96㎜), 금동사리탑(높이 62㎜, 너비 19㎜), 수정사리용기(높이 36㎜, 너비 19㎜) 외 사리 1과 등이다. 이들 사리장엄물은 통일신라에서 고려, 조선시대까지 걸쳐 있는데, 특히 분청사기는 제작시기가 16세기로 추측되고 있어, 이 탑은 청자가 성행한 고려시대와 분청사기를 제작한 16세기경까지 최소한 두 번에 걸쳐 중건이 있었던 것으로 보인다. 특히 동탑의 여러 부재들이 서탑과 규격이 맞지 않은 것도 이때 수리과정에서 빚어진 것이 아닌가 추정한다.

선암사 삼층석탑 내 발견 유물 일괄(문화재청)

각층의 옥개석은 1매석으로 만들어졌는데 매층마다 옥개받침이 4단씩 얇게 조출되었다. 정교하게 잘 만들어졌으나 다소 둔중하며 층급받침의 수가 4단으로 되었고 전각부의 반전이 완만하다. 1층과 2층의 옥개석은 서탑과 비슷하다. 삼층 탑신은 서탑보다 2㎝ 높고 우주의 폭이 1.5㎝ 넓어 전체적인 느낌이 서탑과 다른데 탑신의 감축비율로는 서탑이 원재인 듯 하지만 서탑의 경우 섬약한 느낌을 주어 어느 것이 원재인지 확인하기 어렵다. 삼층 옥개석은 옥개받침 길이의 증가 비율이 서탑과는 전혀 다르고 높이도 다를 뿐만 아니라 옥개 상면의 호·각형받침이 너무 뚜렷하고 커서 이것 역시 후대의 석재인 듯하다. 1986년 해체 시에 삼층 옥개석 상면에서 찰주공이 확인되었다. 전체적인 모습은 통일신라시대 후기석탑의 모습이 잘 나타나고 있다.

상륜부는 노반과 통형석재가 남아 있으나 노반에 우주가 없으며, 삼층 옥개석 상면과 비교해 작은 편이다. 통형석재(筒形石材)의 죽절형도 이 탑에서는 보륜과 같이 뚜렷이 표현하였으며, 연꽃잎도 2중이 아니고 한 겹이다. 또한 통형석재의 구멍 직경도 서탑은 70㎜이고, 동탑은 56㎜로 많은 차이가 있다. 동탑에도 원래는 구형의 석재가 있었으나 1986년 해체·보수 시 찰주를 끼웠다. 노반은 서탑의 것이 원래 것인 듯하며 통형석재는 둘 다 통일신라석탑의 상륜부 형식이 아니다.

이상에서 두 탑을 서로 비교하면서 살펴보았는데 동탑의 바뀐 석재는 기단부에서 하층기단 중석의 일부, 상층기단 전체, 삼층탑신과 옥개석 및 상륜부 전체라고 추정된다.

다. 두 탑의 건립시기 및 중건시기

주지하는 바와 같이 우리나라 석탑은 미륵사지 석탑을 그 시원으로 하고 이를 바탕으로 세워진 정림사지 오층석탑으로 대표되는 백제탑과 분황사석탑으로 출발하여 감은사지 동·서 삼층석탑에서 정립된 신라석탑이 후대에까지 주류를 이루며 발전한다.

이 중 신라석탑은 고려·조선시대까지 이어지며 한국석탑 양식의 근간을 이루고, 백제석탑은 옛 백제영역에서 백제탑 양식을 모방한 석탑이 고려시대에 수십 기가 제작되어 백제계 석탑이라 불리어 오고 있다.

신라석탑의 발생은 7세기에 감은사지석탑에서 전형(典型)을 이루고 8세기에 불국사삼층석탑을 거쳐 9세기에는 경주를 중심한 영남지역에서 벗어나 전국적인 분포를 보일 뿐만 아니라 그 수량이 갑자기 증가하고 있다. 이들은 세부적인 양식이 조금씩 변하면서 발전하는데 9세기에 들어 복잡하게 변화하는 양상을 띠고 있다.

기단부의 변화로는 첫째, 상·하층기단의 탱주가 각각 1개로 줄고 둘째, 상층기단 중석받침이 호·각형 2단에서 9세기 후기부터는 각·호·각형 3단이 등장하고 셋째, 초층 탑신받침이 각형 2단에서 각·호·각형 3단으로 새롭게 나타난다. 넷째, 기단면석에 장엄을 위한 조각 장식이 현저하게 많이 나타난다.

탑신부의 변화로는 옥개석에서 탑신받침이 각형 2단에서 각형 1단, 호·각형 2단으로 변화하는 것과 옥개받침 수가 5단에서 4단으로 줄어든 것이 새롭게 나타난다. 또한 옥개석은 반전이 심하여 날카로운 느낌을 주는 것도 9세기 석탑에서 볼 수 있는 특징이다.

선암사의 두 탑은 기단의 탱주가 상·하 각각 1개인 점, 상층기단 중석받침이나 초층 탑신받침이 각·호·각형 3단인 점, 옥개받침이 4단으로 통일된 점, 옥개석상면의 탑신받침이 호·각형 2단인 점 등으로 보아 9세기 후반에 세워진 것으로 추정된다. 이는 이탑의 각 부재에서 나타난 안정된 비율과 균제된 기법 등은 아직까지 전대의 전형적인 기법을 충실히 따르고 있으나 부분적인 변모의 양상이 나타난다고 여겨진 점으로 보아 더욱 그러하다. 그러나 앞서 서술한 바와 같이 두 탑의 상륜 및 동탑에 다수의 석재가 후대에 교체된 듯 하고 사리장치도 11세기의 청자와 16세기의 분청사기, 금동사리탑 등이 있어 최소한 두 번에 걸친 중수가 있었다고 생각된다.

순천 동화사 삼층석탑(順天 桐華寺 三層石塔)

문화재 지정 : 보물 제831호

위치와 연혁

동화사 삼층석탑은 전라남도 순천시 별량면 대룡리 282 동화사에 있다. 동화사는 순천에서 벌교로 가는 2번 국도를 따라 가는 도중 약 15㎞ 지점인 별량면 구룡리에서 오른쪽으로 산길을 따라 약 6.3㎞ 올라가면 개운산이 보이고 그 아래 기슭에 자리 잡고 있다.

삼층석탑은 대웅전과 천왕문 사이 마당 중앙에 위치하고 있으며, 탑을 중심으로 양 옆에는 선원과 요사채가 나란히 자리하고 있다. 한편 남서쪽 산기슭에 부도 3기가 있다.

동화사는 『조선사찰사료(朝鮮寺刹史料)』에 나온 「개운산동화사중창기(開雲山桐華寺重創記)」를 보면 고려시대 대각국사 의천(義天, 1055~1101)이 창건했다고 한다.

사찰유래에 의하면 '대각국사가 보살로 있으면서 두타행(頭陀行)을 닦을 때 석장을 짚고 이 지방을 남유하다가 낙주(樂州)현에 이르렀다. 동쪽으로 상서로운 구름이 개존함을 보고 이 산이름을 개운(開雲)이라 짓고 여기에 대가람을 세웠다'고 전해지고 있다. 지형이 오동 봉서형(梧桐 鳳棲形)으로 봉은 오동나무에 깃든다고 하여 오동'桐', 빛날'華'를 넣어 동화사라 이름하였고 그 후 오동나무를 많이 심었다고 한다.[95]

조선시대에 이르러서는 임진왜란의 병화를 입은 지 60여년이 지난 1661년(현종2) 영암출신 법홍대사(法弘大師)가 향로전을 중창했으며, 다시 1696년(숙종22) 계환(戒環)스님이 법당과 선승당, 요사 및 정문루 등을 중건하였다고 전해진다.

동화사 삼층석탑은 원래 기단부 상대갑석 바로 밑에까지 매몰된 상태에 있었던 것을 1988년 완전 해체하여 원형대로 보수되었다. 당시 이 탑의 상대갑석 이상은 지상에 노출되어 원형이 잘 보존되어 있었으나 중대석 이하의 부재는 지하에 매몰되어 있어 원래의 탑이 침하된 것인지 아니면 매몰된 것인지 의문이다. 전하는 말에 의하면 '탑 주위가 원래 연못으로 조성되었다.'는 사찰 측의 말이 있으나 확실한 근거는 없다. 단지 1989년 수리·실측조사 결과로 탑 주위가 뻘층으로 조성된 것을 볼 때 어느 정도 신빙성은 있겠으나 탑 건립 시기에 연못이 조성되었다고 보기는 어렵다. 또한 현재의 위치가 원래 위치인지 분명치 않다.

해체·보수 당시 1층 탑신 상면의 사리공에서 사리 4과와 청자사리함(뚜껑포함, 총 높이 11.3㎝), 청동보탑 1기(높이 4.5㎝), 녹색사리병 2개(파손), 각종 보석류 등이 발견되었다. 사리 4과는 원래의 사리공에 새로 제작한 사리함에 넣어 봉안하였으며, 그 외 유물은 동화사에서 보관하고 있다.

불탑의 양식

이 석탑은 동화사의 입구인 봉황루와 대웅전 사이에 있는데 통일신라 전형양식을 계승하여 건립된 2층 기단의 삼층석탑이다. 즉 고려시대 초기에 건립된 전형적인 삼층석탑으로 전체적으로 옥개석과 상대갑석의 폭이 탑신이나 상대중석의 폭에 비하여 좁아서 둔중하지 않고 세장한 느낌이 든다.

탑 전체와 부재간의 비례치를 보면 지대석 위에서 옥개석과는 80° 각도의 체감을 유지하고 있다.

95 순천시, 『동화사 삼층석탑 정밀실측 및 안전진단』, 2005, p.19~20.

1) 기단부

맨 밑에 지대석은 4매의 장대석을 ㅁ자형으로 짜고 그 위에 하대중석을 올렸다. 하대중석 역시 4매의 석재로 지대석과 같이 ㅁ자형으로 짜고 각 면에는 양 우주와 탱주 1주를 각출하였고 아랫부분에는 저석이 단일석으로 표출되어 있다. 하대갑석은 2매 판석으로 결구하였는데 매우 두꺼운 편이다. 하면은 수평이고 상면은 경사를 이루었으며 측면 단부는 직각으로 처리하였다. 갑석상부에는 상하로 각, 호형의 몰딩형 2단받침을 조출하여 상층기단의 중석을 받게 하였다.

상대중석은 4매 판석을 ㅁ자형으로 조립하고 각 면의 모서리에는 우주와 중앙에 탱주 1주씩을 모각하였다. 상대갑석(폭 139㎝)은 규모가 나름대로 큰 1매의 판석이다. 하면은 수평의 부연이 조성되어 있고 상면은 완만한 경사를 주었는데, 우동이라 할 수 있는 합각선이 뚜렷하며 더구나 전각에서는 완만한 경사를 이루며 미세한 반전을 보인다. 1층 탑신받침은 각·호·각형의 3단을 표출하였는데, 맨 하단은 얕고 중간은 두꺼우며 상단은 다시 얕게 마무리하였다. 상하기단의 갑석상부가 옥개석의 지붕곡과 흡사하게 경사처리된 것은 다른 탑에서는 보기 드문 독특한 특징이다.

2) 탑신부

탑신부는 각층의 탑신석과 옥개석이 각 1매석이다. 초층 탑신은 각 면에 양 우주를 모각했으며, 2~3층에서도 동일한 기법을 취했다. 면석 표면에는 문비나 인왕상 등의 표면장식이 없다. 옥개석은 두꺼운 편으로 하면의 층급받침은 4단이고 상면은 1단의 각형받침을 조출하여 위의 탑신을 받고 있다. 낙수면은 급경사를 이루었으며 우동마루가 뚜렷하지 않은 것이 특이하다. 처마는 하면이 직선이며 하단에 물끊기 홈이 표현되었고, 상면은 중앙에서 짧게 수평을 이루다가 전각에서 경쾌한 반전을 나타냈다. 2~3층으로 올라가면서 옥개석은 급격하게 체감되었으며, 하면의 층급받침도 2~3층 모두 3단으로 줄어들었다. 상륜부는 다행스럽게도 거의 완벽하게 남아있다. 노반, 복발, 앙화, 보륜, 보개가 정연하게 올려져 있는데, 다만 보주가 유실된 것이 아쉽다.

이 석탑은 통일신라 일반형의 양식을 따르면서도 기단부 각 부재에서 보여준 세부 기법 즉, 상·하층의 우주와 탱주, 그리고 갑석상면에 표출된 탑신받침, 또 옥개석이 두꺼우면서도 급경사를 이룬 낙수면, 일률적이지 않은 옥개석 하면의 층급받침 등으로 볼 때, 조성 시기는 고려초반기로 추정된다. 다만 사리공에서 발견된 청자사리함이 고려시대에 제작된 것이 아니고 조선초기로 추정되고 있어, 이 무렵을 전후하여 한 차례 탑을 수리했던 것이 아닌가 한다.

3) 동화사 삼층석탑의 특징[96]

동화사 삼층석탑

기단부에서 상륜부까지 거의 완형으로 보존된 탑으로서 보기 드문 예이다. 현재의 높이는 5.14m이다. 통일신라 양식 계통을 이어 받아 고려시대 초기에 건립된 전형적인 삼층석탑으로 전체적으로 옥개석과 상대갑석의 폭이 탑신이나 상대중석의 폭에 비하여 좁으므로 세장한 느낌이 드는 형태를 취하고 있다.

지대석은 4매의 장대석으로 구성되어 있고 각 부재는 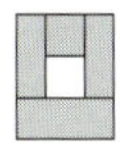 형태로 자리 잡고 있다.

하대중석은 면석과 모각된 우주와 탱주가 있고 하부에 저석이 각출되어 있으며 지대석 위에 놓여 있다. 부재는 4매로 구성되어 있고 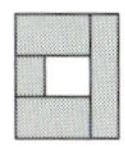 형태로 조립되었다. 하대갑석은 2매의 부재로 구성되어 있는데 상부에 상·하로 각·호형의 몰딩처리 된 2단의 상대중석받침이 있고 하대갑석의 상면은 경사를 이루며 측면은 직각 면으로 처리하였다. 상대중석은 4매로 구성되어 있고 하대중석과 같은 형태로 조립하였다. 면석과 양 측면에 우주와 탱주가 조출되어 있고 면석은 표면장엄을 하지 않고 단순한 면으로 처리되어 있다.

상대갑석은 1매로 구성되어 있다. 상부에 각·호·각형의 몰딩처리 된 3단의 1층 탑신받침이 있으며 상면은 경사를 두고 있으며 각 모서리 전각부는 중앙의 처마선보다 약간 높아 완만한 곡선을 이루고 있다. 또한 하면에는 1단의 부연을 조성하였다.

이처럼 기단의 상하갑석 상부가 지붕곡과 흡사하게, 한국석탑의 갑석에서는 심하게 경사면으로 처리된 것은 다른 탑에서는 보기 드문 특징이다.

탑신은 1매로 구성되어 있고 면석과 양 측면에 우주가 조출되어 있다.

96 순천시, 『동화사 삼층석탑 정밀실측 및 안전진단』, 2005.

1층의 탑신에서는 상부 중앙에 사리공이 위치하고 사리 4과(四顆)와 금동보탑(金銅寶塔) 등 사리장엄구가 발견되었다. 탑신의 면석 표면에는 문비, 인왕상 등의 표면장엄장식이 없다.

옥개석은 상부에 1단의 탑신받침이 각형으로 조출되어 있고 낙수면은 상부가 둥근 곡으로 처리되어 있으며 약간 급경사를 이루고 있다. 또한 네 귀퉁이 전각의 반전이 심하다. 처마하단에는 물끊기 홈이 있다.

상륜부는 노반위에 복발과 앙화, 보륜, 보개를 갖추었으나 보주가 유실된 듯하다.

4) 동화사 삼층석탑의 사리장치(舍利裝置)[97]

1989년 탑 해체 과정 중 1층 탑신석 상부 중앙에서 원형의 사리공 속에 사리 4과와 함께 사리 장엄구가 발견되었다. 사리공의 상부는 원형으로 직경이 12.5~13㎝이고, 깊이는 12.5㎝이며, 하부는 호형(弧形)으로 만들어져 내부에 안치된 사리함의 규격모양에 맞게 만들어졌다.

발견된 사리함은 청자로 굽받침이 있는 회청색 계통이다. 뚜껑을 제외한 함의 높이는 8㎝, 뚜껑의 높이는 3.3㎝로 총 높이는 11.3㎝이다. 외부에는 11엽 양련 연판(仰蓮 蓮瓣)이 입사(入絲)되었다.

금동제 삼층보탑은 사리함 속에 있었던 장엄구 중의 하나로, 일반적인 다라니 보탑의 형식으로 높직한 기대 위에 기단부가 없이 삼층의 탑신부를 구성하고 그 상부에 상륜부를 장식하였다. 기대 위에는 1단의 널찍한 단을 각출하고 그 위에 탑신부를 받고 있는데, 각 탑신에는 우주 등의 표현이 없으며 탑신은 하부에서 상부로 체감을 유지하고 있다. 옥개부는 직선으로 표현되고 하면에 받침 등의 조출이 없고 상면에는 1단의 받침을 각출하고 그 위의 탑신을 받고 있다. 상륜부는 앙화와 수연의 표현은 없으나 노반, 복발 그 위에 체감이 없는 3륜의 보륜을 장식하고 그 위에는 보개가 덮여 있고 용차, 보주까지 완전하다. 보탑 외부에는 일체의 장식은 표현되지 않고 있다. 이렇듯 탑 내 사리 장엄물로 보탑이 금동인 경우 또한 상륜부가 완전한 경우는 초유의 일로 주목된다. 불탑의 각 부분은 따로 제작하지 않고 하나의 틀에 넣고 주조하였던 것으로 판단되었다.

97 순천시, 『동화사 삼층석탑 정밀실측 및 안전진단』, 2005.

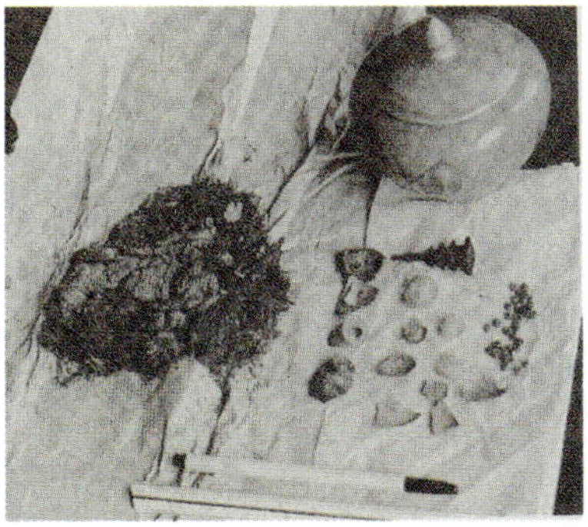

1

2

3

4

1. 사리공에서 수습된 유물
2. 금동제 삼층보탑
3. 사리병
4. 1989년 보수당시 구입된 사리병

녹색 사리병은 50여편의 조각으로 분리된 파편상태로 형태를 알 수 없었고 접합과정을 통하여 크기와 모양이 다른 2점으로 복원되었다. 2점 중 큰 사리병은 저부(底部)에서 구연부(口緣部)까지의 길이가 동체부(胴體部) 최대 직경에 비해 약간 짧은 형태이며 두께도 구연부에서는 약 3㎜정도이나 밑으로 갈수록 얇아져 저부는 약 0.5㎜정도이다. 사리병의 색상도 두꺼운 구연부는 짙은 청색이나, 저부 쪽으로 내려갈수록(두께가 얇아질수록) 밝은 녹색으로 다르게 나타난다. 저부는 약간 볼록한 원저(圓底)이며 큰 사리병의 규격은 높이 약 3.6㎝이다. 규격이 적은 다른 하나의 사리병은 동체부 최대 직경보다 저부에서 구연부까지의 길이가 약간 긴 형태이다. 색상은 구연부와 저부가 거의 같다. 저부의 모양은 사리병 안쪽으로 약간 오목하게 들어간 모양이다. 적은 사리병의 규격은 높이는 약 2.7㎝, 동체부 최대 폭은 약 2.6㎝이다.

사리는 4과가 수습되었는데 크기는 약 1~2㎜로 육색계통이다. 탑 복원 후 원위치에 다시 봉안하였다. 33알의 소·중·대형의 옥색 내지 자색 등 염주도 나왔다. 중대형 염주는 약간 타원형으로 중앙으로 관통된 구멍이 있었다. 소형 염주는 31알인데, 녹색계통의 원형이었다.

1989년 수리하면서 사리는 새로 구입한 청자병에 넣어 원래 위치에 봉안하고, 청자 사리함과 다른 장엄구 등은 통도사 박물관에서 보관하고 있다.

순천 금둔사지 삼층석탑(順天 金芚寺址 三層石塔)

문화재 지정 : 보물 제945호

금둔사의 연혁[99]

금둔사는 전라남도 순천시 낙안면 금둔산에 있다. 금둔사는 벌교에서 낙안면 소재지를 지나 북쪽으로 2㎞쯤 가면 금전산(金錢山, 해발 668m)이 있는데, 이 서쪽 산기슭에 자리한다. 금둔사지 삼층석탑은 금둔사 내의 기슭에 조성한 평지에 석불비상(碑像)과 함께 있다.

석불비상은 동쪽 기암 아래에 서향으로 서 있고 그 앞에 좁은 대지에 석탑이 세워져 있다. 석불비상은 원래의 위치와 형태를 지키고 있다고 생각되지만 석탑은 무너졌던 것을 1979년에 복원하였고 2004년에 결실부를 보충하여 현재의 모습이 되었다. 그러나 몇차례에 걸친 수리공사로 인하여 각부재의 위치의 변화가 있었을 가능성도 있으나 탑과 불상이 있는 대지의 넓이로 보아 큰 변화는 아니라고 짐작된다.[100] 이처럼 이곳 금둔사는 삼층석탑과 석불비상이 있던 폐사지를 지허(指墟)선사가 재건하여 한국불교태고종 소속의 사찰로 변화하였다.[101]

금둔사의 역사에 대한 문헌은 아직 찾아지지 않고 있으나 삼층석탑의 조성에 대하여 징효대사 보인탑비(澄曉大師 寶印塔碑)에 약간 언급되어 있고,[102] 조선 중・후기의 지리지에 금둔사의 존폐를 알려주는 단순한 사실만 기록되어 있다. 또한 일제강점기에 간행된 『조선보물고적조사자료』에는 이곳을 송림사(松林寺)라 기록하고 있으며, 1980년대까지지도 사람들에게 송림사로 구전된 폐사지였다.

이와 같이 금둔사는 문헌기록의 측면에서는 별로 중요하게 다루어지지 않았으나, 신라하대에 조성된 것으로 추정되는 삼층석탑과 거의 같은 시기에 만들어진 것으로 보여지는 석불비상이 있어 그 중요성이 주목되는 고찰이다.

1988년 보물 제945호로 지정된 금둔사지 삼층석탑은 통일신라의 석탑 양식을 계승한 것으로 9세기 후반에 조성된 전체 높이 3.92m의 화강암 석탑이다. 이 석탑이 조성되는 9세기 후반은 대체로 중앙의 정치권력이 무너

99 순천시, 문화재청, 『금둔사지 삼층석탑 실측조사 및 수리보고서』, 2004.

100 순천시, 문화재청, 『금둔사지 삼층석탑 실측조사 및 수리보고서』, 2004, p.35

101 남도불교문화연구회, 「불교문화연구」 제3집, 1993, p.9~11.

102 순천대학교박물관, 순천시, 『낙안과 낙안읍성』, 2001, p.290~293.

금둔사지 삼층석탑 부분 배치도

져 사회적 혼란이 가중되고 지방에서는 새로운 사회세력으로 호족이 세력을 형성해가는 시기였다. 이러한 시기에 사찰의 불사를 후원한 집단인 단월(檀越)에는 국왕, 왕족, 지방호족, 평민에 이르기까지 다양한 계층이 참여하였다고 한다. 징효대사 절중(折中)의 비문에 나타난 동림사가 금둔사라면 이 석탑은 9세기 종반기에 활동하였던 징효대사의 사리탑이라고 보여진다.

강원도 영월 흥녕사지에 있는 징효대사 보인탑비의 내용 중에 현재의 금둔사로 추정되는 동림사(桐林寺)와 서기 891년 이후에 이곳에서 징효대사 절중이 잠시 머물고 있는 장면이 나온다. 절중은 826년(신라 흥덕왕 원년)에 태어났으며, 철감선사 도윤의 법을 이어받고 있는 선승으로 유명하고, 900년에 입적하였다.

그는 여러 사찰에서 주석하다가 891년(67세 되던 해) 이후 화순 쌍봉사에 가서 철감선사의 탑에 참배하러 가던 중 적도들을 만나 어려움을 겪었다. 이때 당주(當州, 武州로 지금의 광주를 말함)의 군이 김사윤(郡吏 金思尹) 등이 찾아와서 선지(禪旨)를 듣고 깊이 법문에 감명을 받아 분령에 계시도록 청하고 군의 동림을 선거(禪居)에 길이 예속시켜 열반할 종신처로 삼게 하였다. 대사가 이곳에 머무르다가 "이곳은 반드시 재해가 일어나 구융(寇戎)들이 서로 죽이는 일이 있을 터이니, 미리 대처하여 재난이 다가와도 아무런 상관이 없는 곳으로 가야겠다."하고 홀연히 북산을 향해 떠났다는 기록이 있다. 또한 비문의 후반부에 '사리를 모시고 동림으로 돌아가서 천우(天祐) 3년(효공왕11, 907년)에 높은 석탑(고기석분 高起石墳)을 세우고 그 금골(金骨, 사리)을 안치하였다'라고 하였다. 이 기록들대로 징효대사는 분령군 즉 지금의 낙안에 있는 동림사에 와서 머무르다가 어떤 사정으로 인하여 다시 영월로 가서 입적하였다. 그러자 그의 제자들은 그가 잠시 머무르면서 열반할 종신처로 삼았던 동림사로 그의 유골인 사리를 모시고 와서 907년 석탑을 완성하고 그곳에 안치하였던 것이다. 그리고 사리탑 앞에 서방극락정토에 왕생하고자 하는 이들을 인도하는 아미타여래좌상을 조성하여 자신들의 은사였던 징효대사가 구천에서 떠돌지 않고 극락세계에 머무를 수 있도록 배려하였다. 나말여초기에 선승들이 입적하면 법당에서 300보 이상 떨어진 곳에 장지(葬地)를 선택하는 경향이 있었는데 금둔사의 경우도 여기에 해당된다.[103]

103 순천대학교박물관, 순천시, 앞의 책, p.303~304.에서 내용을 전재함.

이런 내용으로 보아 삼층석탑이 조성되는 10세기 초나 혹은 9세기 후반 이전에 금둔사는 창건되었을 것으로 보인다. 아마도 금둔사는 이보다 1세기 정도 앞서는 8세기 초에 초창되었고 그 후 중창불사가 이루어지면서 삼층석탑도 만들어 사찰을 장엄하게 꾸몄을 것으로 생각된다.

결실부 보충

금둔사지 삼층석탑의 양식[104]

금둔사지 삼층석탑은 방형의 이층기단 위에 삼층을 올린 통일신라석탑의 기본형이다. 전체의 높이는 약 4.8m이다. 지대석은 8매의 잘 다듬은 돌로 하층기단 주위를 둘러싸고 있는데 상부에 있는 탑의 무게를 직접 받지 않게 계획되어 있다. 이는 다른 석조물의 지대석이 자체의 하중을 받쳐줌으로써 그 조형물을 지탱하고 보호하는 역할을 하는 것과는 다른 형식이다. 지대석의 조립상태를 자세히 보면 남측면 지대석의 폭이 다른 측면의 지대석 폭 보다 더 넓어서 전체적인 모습이 정확히 방형이 되지 않은 것으로 보아 1979년 수리할 때에 부재 일부가 잘못 설치된 것이 아닌가 생각된다. 지대석의 크기를 보면 길이는 일정하지 않으나 폭은 약335㎝정도이고 높이는 약 450㎝정도로 대부분 비슷하다.

하층기단은 저석과 중석, 갑석으로 구성되었는데, 저석과 중석은 단일석으로 처리하였고 단을 두어 형태를 구분하였다. 중석은 모서리에 우주를 모각하였고, 각 면마다 중앙부에 탱주를 1개씩 돋을새김 하여 나타내었다. 하대갑석의 윗면은 경사가 없이 평평하며, 호·각형 2단으로 된 상층기단 중석받침이 있다. 상층기단 중석받침은 상층기단에 비하여 넓고, 각형 받침의 높이가 호형 받침의 절반정도 밖에 되지 않는다.

상층기단은 중석과 갑석으로 구성되어 있다. 중석은 정면을 향하여 4매의 판석을 세워 H자형으로 조립하였다. 좌우 측면의 부재는 우주와 탱주를 조각하였고, 전후의 부재는 중앙에 탱주만을 조각하였으며 우주는 측면 부재를 다듬어 대신하였다. 각 면마다 각 기둥 사이에는 2기씩 팔부신중을 조각하였다. 팔부신중은 얼굴 표정과 바라보는 방향, 손모양이 각각 다르지만, 각 상의 명칭은 정확히 알 수 없다. 들고 있는 무기는 칼과 창으로 보이며 모두 광배가 조각되었고 갑옷과 투구를 갖추었다.

상대갑석은 각형 2단의 탑신받침이 있다. 갑석의 윗면은 경사가 없이

104 『불교문화연구』 제3집, 남도불교문화연구회, 1993,
순천시, 문화재청, 『금둔사지 삼층석탑 실측조사 및 수리보고서』, 2004.

평평하며 네모서리에서 위로 치켜 올린 반전을 보이고 있다. 이렇게 갑석의 모서리에 반전을 보이고 있는 신라시대의 석탑은 합천군의 청량사 삼층석탑과 순천시 선암사 서 삼층석탑이 있다. 특히 이 탑에서 주의할 것은 서북쪽 모서리의 반전은 갑석의 아랫부분도 위로 치켜 올라갔다는 점이다. 이러한 현상은 고려시대 석탑의 옥개석 모서리에서 나타나는 반전의 모양과 비슷하다. 이 점은 통일신라 후기 가운데서도 더욱 시기의 하강을 말해준다.

1층 탑신은 모서리에 우주가 조각되어 있다. 우주를 상·중·하로 구분하였을 때 그 폭이 균일하지 않고 점점 넓어지거나 좁아지거나 배흘림이 있는 경우처럼 다양하다. 1층 4면의 우주들이 전체적으로 갖는 규칙성은 없다. 탑신의 동쪽과 서쪽에는 문비형이 남쪽과 북쪽에는 공양상이 조각되었다. 문비형은 두분의 형태와 크기가 동일하다. 탑신의 중앙부분에서 약간 위로 치우쳐 두툼한 양각의 선으로 사각형을 만들고 그 안에 가는 선을 한 줄 더 그어 구획하였다. 사각형 안에 무엇인지 알 수 없는 짐승이 자물쇠를 물고 있는 형상이 있고 그 아래에 동그란 문고리가 두 개 달려 있다. 공양상은 동쪽에 있는 석불비상을 향하고 있다. 남쪽의 공양상은 연화대좌 위에 왼쪽 무릎을 꿇고 오른쪽 무릎을 세운 자세로 앉아 두손으로 연화 장식이 있는 큰 발우를 받들어 공양하는 형태이다. 북쪽의 공양상도 자세는 동일하다. 단지 왼손은 엄지와 검지를 잡은 상태로 가슴에 대고 있고 오른손으로 둥그런 것을 받쳐 들고 있는 것이 다르다. 양쪽 상이 모두 머리에는 보관을 쓰고 천의 자락을 날리고 있으며 두광이 뚜렷하다.

신라시대의 석탑중 이 탑과 같이 불·보살을 조각한 탑은 많이 있다. 그러나 이들의 대부분은 경상도와 강원도에 밀집 분포하고 있는데 전라도에서는 화엄사 서오층탑과 광양 중흥산성 삼층 석탑만이 섬진강 유역에 있어 불·보살을 조각한 신라 석탑 가운데 이 탑이 가장 서쪽에 위치하고 있다. 또한 상층기단에 팔부신중을 배치하고 1층 탑신에 문비형과 공양보살상을 배치한 예는 우리나라에서 이 탑이 유일한 것이다. 이렇게 탑에 조각된 불·보살은 탑 내부에 봉안된 사리를 외호하기 위한 기능과 신앙적 기능을 가지고 있다고 한다.

2층과 삼층의 탑신에는 모서리에 우주만 조각하였다. 우주를 상·중·하로 구분하였을 때 그 폭이 균일하지 않고 점점 넓어지거나 좁아지거나 중앙이 넓거나 한다. 이처럼 4면의 우주들이 전체적으로 갖는 규칙성은 없다.

각층의 옥개석은 아랫면에 직각보다 둔한 각으로 5단의 각형 옥개받침을 두었다. 낙수면의 윗면에는 각형 1단의 탑신받침을 조각하였다. 낙수면은 전체적으로 완만한 곡을 갖고 있으며 선으로 표현된 내림마루선, 혹은 우동은 전각과 만나면서 반전을 이룬다. 전각 면은 낙수면과 만나 약간의 안허리곡을 갖는다. 4면 전각부분의 반전은 날카로우며 모서리마다 5개씩의 작은 구멍이 뚫려 있어 풍경을 달았던 것으로 짐작된다. 특히 삼층 옥개석 윗면에는 직경 9㎝ · 깊이 8㎝의 찰주공이 원형으로 뚫려 있다.

삼층석탑의 경우 기단부에서 상 · 하층기단의 탱주가 각각1개인 점, 상층기단 중석받침이 호 · 각형의 2단인 점, 초층 탑신받침이 각형 2단인 점, 탑신부에서 양 우주만 표현된 점, 탑신받침이 각형 1단인 점으로 보아 통일신라 말기인 9세기 후반에 세워진 것으로 추정된다.

기단부와 탑신부가 위에서 열거한 부분과 일치되는 탑은 광양의 중흥산성 삼층석탑과 합천 영암사지 삼층석탑이 있다. 그러나 중흥산성 삼층석탑은 옥개받침이 3단이고 옥개하면에 낙수홈이 있어 옥개석이 이 탑과 다르다. 영암사지 삼층석탑도 옥개받침이 4단으로 변화하였다.

이와 같이 부분적으로 다른 면도 있으나 세 탑이 모두 9세기 후반에 세운 것이며, 지리산의 주변에 위치하고 있다는 점과 중흥산성 삼층석탑 · 영암사지 삼층석탑은 쌍사자석등을 동반하고 있다는 점은 흥미 있는 사실로 보여 더 많은 연구가 요구된다.

상륜부는 모두 결실되었으나 이 탑의 상륜부재라 짐작되는 복발이 탑 근처에서 출토되었다고 전하며 사찰에 보관되어 있다. 평면이 원형인 이 복발의 크기는 높이가 15.5㎝이고 복원직경이 36㎝이며 찰주공 직경이 8㎝이다. 중앙에 두 줄의 돌림띠를 두어 상하를 구분하고 그 돌림띠를 중심으로 하여 동일 간격으로 네 곳에 직경 7㎝의 연화문을 배치하였다. 돌림띠와 연화문의 배치는 가까운 승주군 별량면 대룡리에 있는 동화사 삼층석탑의 복발과 비슷하다. 석질이 탑과 다르지만 전하는 말과 크기로 보아 금둔사지 삼층석탑의 복발로 여겨진다.

상륜부는 이를 근거로 2004년 보수공사 시에 노반을 새로 만들었으며 그 위에 기존의 복발을 두고 찰주를 세워 새롭게 복원하였다.

금둔사 삼층석탑의 팔부신중

우리나라 석탑 기단부에 조각된 팔부신중은 통일신라 9세기경부터 나타나고 있다. 팔부신중의 배치는 『관불삼매경(觀佛三昧經)』과 『법화경(法華經)』 등에 그 순서가 기록되고 있으나 석탑에 조각된 팔부신중이 꼭 경전의 순서대로 배치된 것은 아니다. 또 석탑마다 그 도상이 각양각색이기 때문에 그 명칭이 구분하기가 매우 어렵다. 특히 금둔사지 삼층석탑의 경우 그 지물이나 도상이 지극히 간략화되고 형식화되어 더욱 그 명칭을 규명하기가 난해하다.[105]

먼저 동쪽 좌측상(향우)을 보면 머리에는 뿔이 3개 달린 투구를 쓰고 있다. 왼쪽 손은 허리에 대고 있으며 오른손은 마모상태가 심하여 그 모습이 잘 드러나지 않는다. 왼쪽 어깨 위로는 긴 장대가 솟아있고 양손의 팔꿈치 밑으로는 노끈이 길게 내려와 양편 다리 위에 연결되고 있다. 우측상(향좌) 역시 좌측상과 거의 비슷한 도상이다. 다만 팔 모습이 다를 뿐인데, 오른팔을 구부려 가슴에 대고 있고 왼팔은 구부려 그 밑에 대고 있다.

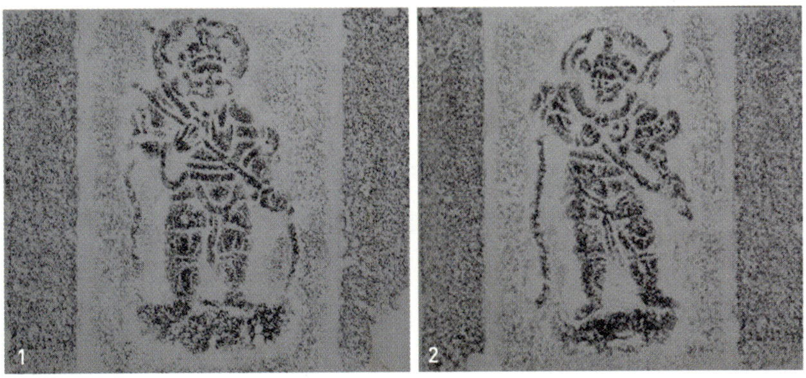

1. 금둔사지 삼층석탑 팔부신중 남측면(향우)
2. 금둔사지 삼층석탑 팔부신중 남측면(향좌)

남쪽상의 좌측상(향우)은 머리에 화관을 쓰고 있으며 주위에는 원형의 두광을 나타냈다. 복장은 역시 갑옷을 입고 있으며 우측 어깨 쪽으로 긴 장대를 걸치고 있다. 우측상(향좌)은 뿔이 3개 달린 투구를 썼으며 그 뒤로 희미한 두관이 나타난다. 이 상 역시 우측 어깨를 향하고 있는 긴 장대를 쥐고 있으며 우측 팔꿈치 밑으로 긴 노끈이 수직으로 내려오고 있다.

다음 서쪽의 좌측상(향우)은 정상이 뾰족하게 솟아난 투구를 쓰고 있으

105 전라남도 문화재위원이었던 성춘경선생은 이렇게 주장하였다.

며 그 위로 희미한 두광이 보인다. 오른손을 다리 아래까지 뻗은 창을 잡고 있으며 왼쪽 손은 팔을 구부려 허리춤에 대고 있는데 앞에서와 같이 왼팔 밑에서 긴 노끈이 발목까지 내려오고 있다. 우측상(향좌)은 큰 뿔이 3개 달린 투구를 쓰고 있으며 희미한 두광이 나타난다. 우마상으로 긴나라상으로 추정된다.[106] 이상은 오른손에 창을 잡고 있는 좌측상과는 반대로 왼손으로 길게 뻗은 창을 들고 있다.

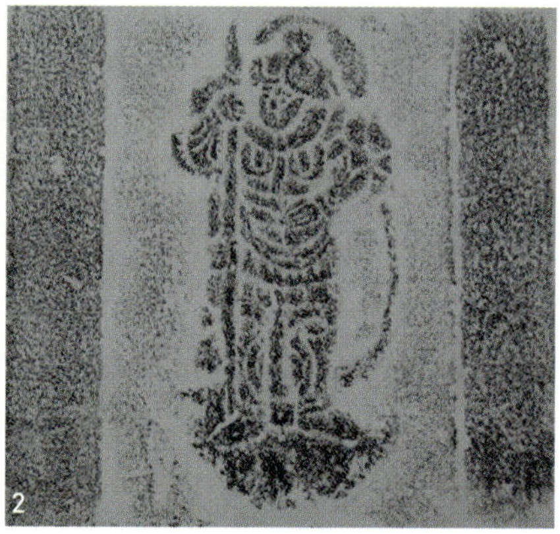

1. 금둔사지 삼층석탑 팔부신중 서측면(향좌)
2. 금둔사지 삼층석탑 팔부신중 서측면(향우)

끝으로 북쪽 면의 좌측상(향우)도 뿔이 3개 달린 투구를 쓰고 있으며 두광은 보이지 않는다. 투구 우측편에 뱀모양의 머리 부분이 보이는데 이 상의 명칭은 용이 아닌가 한다. 오른쪽 어깨 너머로 긴 장대가 넘어가고 있으며 팔꿈치 밑으로 긴 노끈이 흐트러져 발목까지 내려오고 있다. 우측상(향좌) 역시 뿔이 3개 달린 투구를 썼으며 투구 주위에 두광이 나타난다. 이 상은 팔과 손모양이 명확하게 표현되지는 않았으나 긴 장대를 두 손으로 움켜잡고 있는 것으로 보인다. 양팔 밑으로는 길게 노끈이 늘어져 있다.

이상으로 팔부중상의 외모에 나타난 형태를 모두 살펴보았다. 이들 상들에서 한 가지 공통점이 있다면 모두 갑옷을 입고 있으며 입상이고 또 대부분 뿔이 3개 달린 투구를 쓰고 있다는 점이다. 또 한 가지는 발밑으로 모두 구름모양의 대좌를 나타내고 있는 것이 특징이라 하겠다.

가. 화엄사 서 오층석탑의 팔부신중과의 비교

전라도에는 팔부신중을 가진 탑이 많지 않은데 화엄사 서 오층석탑과

106 전정중, 「신라석탑 팔부중상의 양식과 변천」, 한국문화사학회, 문화사학 제16호, 2001, p.113~148.

금둔사지 삼층석탑만이 팔부신중이 탑에 양각되어져 있다. 전라도 지역에서 두 예 밖에 찾아볼 수 없어 이 탑들을 비교 분석해 보고자 한다.[107]

화엄사 서 오층석탑은 756년 이전에 창건된 것으로 보이는 탑이다. 조각과 장식이 가득 차 있고 이중의 기단 위에 세운 오층의 방형 탑이다. 하단에는 안상석에 12지상이 조각되어 있고 상단에 팔부신중상이 새겨져 있다.

기단부에 면석은 각 면에 2매씩 8매의 판석으로 구성되어 그 곳에 신상이 조상되어 있다. 이 석탑에서는 진전사지와 선림원지의 석탑과는 다른 팔부신중상이 표현되어 있는데 입상의 형태를 띠고 있다.

남면의 왼쪽의 경우 입상은 상층기단 면석에 설치된 면석 정면에 조상된 조각으로 면석의 크기는 높이가 96㎝, 넓이가 53㎝로 구성되어 있다. 얼굴부분은 파손이 심하여 일부분만 파악이 된다. 오른손은 머리 뒤로 굽혔으며, 왼손은 허리부분에 위치하고 있으며 막대기 같은 지물을 들고 있다. 왼쪽 발이 앞으로 나와 있으며, 오른쪽 발은 왼쪽 발뒤꿈치 뒤로 숨겨져 있다. 허리는 왼쪽으로 기울어 있으며, 갑옷의 표현이 섬세하게 잘 나타나 있다. 진전사지 석탑에서 표현되는 발밑은 구름 모양의 문양이 이곳에서는 많이 파손되어 그 문양의 파악이 힘들다. 이 조상의 정확한 형태가 파악되지 않아서 그 명칭을 알 수 없다.

남면의 오른쪽에 있는 입상도 얼굴의 오른쪽 부분이 심하게 파손되어 있다. 오른손은 지물을 들고 턱을 고이고 있는 형태로 보이며, 왼손은 자연스럽게 앞을 향하고 있다. 갑옷은 가슴부분과 발목부분이 잘 나타나 있고, 다리는 어깨 넓이만큼 벌려 안정적인 자세를 취하고 있으나 이상의 명칭도 잘 알 수 없다.

동면의 왼쪽에 자리한 입상은 발목이 어깨넓이 만큼 벌려 서 있고, 두상과 몸 전체의 비례는 전형적인 한국의 5등신으로 표현되어 있다. 오른손은 칼로 보이는 지물을 들고 있고 왼손은 오른손 바로 밑에 위치하고 있다. 머리 부분의 화관은 다른 신상들과 달리 뭉쳐져 있지 않고, 다시 흩어져 있는 것이 특징적이다. 이 신상은 천상이다.

이 천의 오른쪽에서 전체적으로 정면성이 강조되어 있는 듯한 조상은 양손이 허리중앙 부분에서 칼로 보이는 지물을 땅에 딛고 그 지물 위에 모여져 있는 모습으로 보인다. 머리 부분에는 화관이 귀 뒤쪽으로 봉긋이

107 문화공보부 문화재관리국, 『구례 화엄사 실측조사 보고서』, 1986, p.166~173.

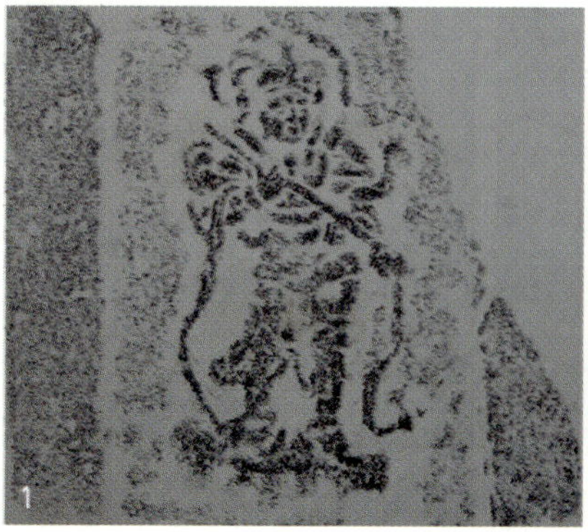

1. 금둔사지 삼층석탑 팔부신중 북측면(향우)
2. 금둔사지 삼층석탑 팔부신중 북측면(향좌)

나타나 있고, 왼쪽 팔의 상단부에 갑옷의 주름이 잘 나타나 있다. 특징적인 형태가 없어서 명칭을 알 수가 없으나 신상의 도상적 특징과 연관성에 의하면 야차상으로 추정된다.

북면의 왼쪽에 위치한 입상은 머리에 뱀으로 보이는 형상이 나타나며, 오른쪽 팔은 삼지창으로 보이는 지물을 들고 있으며, 왼쪽 팔은 아래로 향하고 있다. 양다리는 어깨 넓이만큼 벌려 서 있고 얼굴 방향은 왼쪽으로 약간 틀어져 있으며 의상은 갑옷의 형상이 다른 상보다는 잘 나타나지 않지만 가루라상이다.

이 가루라상의 오른쪽에 위치해 있는 입상은 오른쪽 손이 허리부분에 왼쪽 손은 어깨위로 올려져 전형적인 수비자세로 지물을 들고 있다. 다리는 어깨보다 조금 넓게 벌려 서 있으며, 무릎 윗부분의 옷이 다른 신상과 달리 어깨넓이 이상으로 퍼져 있다. 얼굴부위는 턱이 왼쪽으로 약간 처져 있으며 가슴과 허리부분에 연결되는 끈이 표현되어 있다. 가루라상의 짝을 이루는 긴나라상이라 추정된다.

서면의 왼쪽에 있는 입상은 지물을 목 뒤로 들고 있으며, 양팔은 전체적으로 목 뒤쪽의 지물을 잡기 위해 올라가 있다. 화관은 흐트러져 있는 모양이며, 허리를 살짝 비틀어 있는 모습에서 지물을 잡고 있는 자세와 허리를 비틀어 있는 모습이 자연스럽게 표현되어 있다. 다리는 오른쪽 다리를 옆으로 향하게 되어 있고, 왼쪽다리도 왼쪽으로 향하고 있다. 천의 모양이 무릎부분에서 양쪽으로 퍼져 있는 모습이 보이며, 특징적인 형태를 파악하지 못하나 아수라상의 짝인 건달바상으로 추정된다.

서면의 오른쪽에 위치한 입상은 일면유비이며, 첫 번째 두 손은 해를 들고 위를 향하고 두 번째 두 손은 허리부분에서 양쪽으로 펴져있고, 마지막 두 손은 밑을 향하고 있다. 진전사지에서 나타나는 아수라상과는 달리 무장을 한 모습이며, 갑옷을 입고 있다. 또한 합장을 하지 않는 모습이 특이하게 보인 이 상은 아수라상이다.

금둔사지 삼층석탑에서 나타난 팔부중상의 양쪽 팔꿈치에서 무릎까지 한 가닥씩 내려간 천의 자락의 유연함에서 신라 하대의 수작임을 알 수 있다.[108]

금둔사 팔부신중의 공통점은 뿔이 3개 달린 투구를 쓰고 원형의 두광을 가지고 있으며 복장은 무복이다. 운문대좌를 구비한 입상으로 부조되어 있으며 지물은 검 혹은 창을 들고 있다. 그리고 팔부신중 각 상들은 전체적으로 마모가 심하여 정확하게 판별하기는 어려우나 서쪽의 좌측상(향우)은 긴나라, 북쪽 면의 좌측상(향우)은 용으로 추정된다.

두 탑에서 팔부신중의 방향에 따른 위치와 순서를 조사해본 결과 일정한 법칙을 찾을 수 없었다. 또한 각 상들의 양식적 특징을 자세히 알기에는 마모가 심한 편이었기 때문에 화엄사 서 오층석탑은 5개, 금둔사 삼층석탑은 2개 정도 밖에 알 수 없었다.

전라도의 탑에서 나타나는 팔부신중은 위의 두 탑 밖에 없으므로 일반적인 이 지역의 팔부신중의 특징을 거론하기는 곤란하지만 그래도 준거로 삼을 수 있을 것이다.

금둔사지 삼층석탑의 문비

가. 문비의 형태와 변천

석탑에 나타난 문비門扉를 분류해 보면 3가지로 분류가 가능하다.[109]

첫째, 초기 석탑들이 목탑의 문형식을 추종하여 만들었던 문비로서 목탑과 마찬가지로 문을 달아 개폐 형태의 문비를 만들었다. 한국의 최고 석탑인 미륵사탑을 비롯하여 전탑이나 모전석탑에서 이 같은 형식이 주종을 이루고 있다. 삼국시대에 제작된 석탑인 미륵사탑과 분황사탑은 목탑에서와 마찬가지로 사방에 문비를 설치하였으나 통일신라 이후의 석탑들은 석

108 전정중, 『문화사학』 제16호, 한국문화사학회, 2001, p.128.

109 신용철, 「경주 남산 창림사지 삼층석탑의 연구」, 동국대학교대학원, 석사학위논문, 2000.

탑 자체의 축소와 그에 따른 석탑의 구조적 문제 때문에 남면에만 감실형의 공간을 마련하고 문비를 설치하게 되었다. 실제로 조그마한 공간이 마련된 감실형의 양식은 미륵사탑과 의성탑리 석탑을 제외하면 모전석탑이나 전탑에 한하여 제작된다.

둘째, 부착형은 석탑에 문비의 외면을 조각한 후 문비 세부는 금속제로 제작하여 탑신 외면에 부착한 형태이다. 금속제 문비형을 제작 부착하였던 것은 문비조각에 있어서 상당히 중요한 의미를 지닌다. 금속제 문비가 제작되었던 것은 목탑을 추종한 삼국기의 석탑이 통일신라시대의 일반형 석탑에 문비가 제작되면서 처음 시도된 것으로 석탑 장엄이라는 직접적인 의미를 지닌다. 그리고 탑신에 문비가 조각되는 후대의 석탑에 선행하는 것으로 개폐형 문비와 조각형 문비의 과도 형식으로 파악할 수 있다. 전술한 바와 같이 이는 모전석탑이나 전탑이 남면에만 문비를 조각하는 구조적 한계에서 벗어나 목탑의 구조를 충실히 반영하려는 의도로 파악해야 한다. 현재 부착형 문비를 지닌 석탑으로 알려진 것은 고선사지석탑과 인왕사지석탑 2기에 불과하다. 그러나 수법 상 더 많은 석탑에서도 이와 같은 형태의 문비가 제작되지 않았나 생각된다.

셋째는 일반형 석탑에서 주종을 이루게 되는 탑신 자체에 조각을 시도하는 것으로 통일신라이후 고려 조선시대까지의 문비 형식의 주종을 이룬다. 통일을 전후한 신라에서 제작되는 초기의 석탑에서 8세기 초엽으로 넘어오면서 부착형 문비에서 탑신 자체에 문비와 문고리가 동시에 조각된다. 이들 조각형의 형식은 통일신라시대를 거쳐 고려, 조선까지 이어지는 문비 제작의 주류를 이룬다. 그러나 통일신라시대의 석탑 문비조각이 처음 시도되었을 경주지역에서는 문비가 사면에 조각되고 있음을 주목하지 않을 수 없는데 이는 기단이 높아지는 석탑의 장식적 요소에도 불구하고 목탑의 구조에 충실하려는 의도였음을 간과해서는 안된다.

조각형 문비는 고리형태에 따라 4가지로 분류가 가능하다. 첫째는 귀면의 모습을 조각하고 입에 고리를 물고 있는 형태이며, 둘째 귀면대신 돌출된 원형의 고리를 조각하는 형태이다. 셋째 고리와 자물쇠를 함께 조각하는 형태이며, 마지막으로 자물쇠만을 조각하는 형태이다.

위에서 열거된 문비조각은 시대 순으로 형식적 변천을 보이고 있다.

7세기 중엽 이전의 석탑은 목탑에서의 초층 탑신의 모습을 옮겨 놓은 것이라면 7세기 중엽 이후의 탑들은 그 탑재에 의하여 문비의 형태가 변하게 된다. 즉, 모전석탑과 전탑, 일반형 석탑의 두 가지 형태로 변화 발전하는 것이다. 전술한 바와 같이 분황사탑 이후의 모전석탑이나 전탑은 1층 탑신부의 너비가 축소되면서 재료의 한계로 인하여 초층 탑신 남면에만 문비를 조각하는데 그 형태는 감실형으로 정착된다.

고선사지석탑의 문비는 금속제 문비를 별도로 제작하여 부착시켰던 것으로 당시 이러한 금속제를 문비에 부착한 목조탑에서 그 모습을 답습했을 것으로 보아도 무방하다.[110] 결국 일반형 석탑 문비의 시원형식은 고선사지석탑에서 찾아야 할 것이다. 8세기를 넘어서면서 제작되는 석탑에는 인왕사지석탑처럼 고선사지석탑의 형식을 답습한 석탑도 있지만 장항리 오층석탑은 이러한 장식을 석탑 외면 자체에 조각하는 최초의 예로 주목되며 이후의 일반형 탑들이 대부분 조각으로 문비를 설치하는 선례가 되었다고 생각된다. 귀면형 문고리와 함께 원형의 문고리로 비슷한 시기에 나타나게 되는데 경주 남산 창림사지 석탑에서 처음 나타나는 형식으로 경주에서 이 탑을 모방한 숭복사지 쌍탑에 나타나며 더 이상 이러한 형식은 볼 수 없다.

금둔사지 삼층석탑 문비(서측면)

9세기가 되면 이때까지는 볼 수 없었던 특수한 형태가 발생되는데 이는 원형문고리 위에 자물쇠의 등장이다. 자물쇠가 등장하는 탑은 주로 경주를 벗어난 지방에서 제작되고 있으며 경주와 제일 가까운 영천 신월동석탑에서도 이와 같은 형식이 제작되었다. 9세기 이후의 대부분의 석탑이 이러한 자물쇠를 조각한 문비가 생겨나 이 형식이 주류를 이루게 된다.

본 금둔사지 삼층석탑은 10세기 초나 혹은 9세기 후반에 조성된 것으로 추정되는데 문비의 모습은 두툼한 자물쇠를 조각한 형태로 깔끔하게 다듬지 않은 후기적 특성을 잘 나타내 주고 있다. 이 탑에는 1층 탑신의 서측면과 동측면에 문비가 조각되어져 있는데 서측면의 문비는 손상이 심하나 동측면의 문비는 상태가 양호하다. 각 문비의 문틀을 의미하는 가장자리는 두개의 선으로 양각되어 있다.

110 고유섭, 『한국탑파의 연구』, 고유섭전집 1권, 통문관, 1993, p.271; 문화재관리국, 『고선사지발굴조사보고서』, 경주사적관리사무소, 1977, p.35. 등에서 고선사탑의 1층 탑신에 금동장식을 이용한 문비의 가능성을 시사했다.

순천 향림사 삼층석탑(順天 香林寺 三層石塔)

문화재 지정 : 전라남도유형문화재 제116호

현재 순천시내에 자리한 향림사는 주변에 작설차 등 향기로운 숲이 있어 그 안에 있는 절집을 향림사라 하였다고 한다.

향림사에 있는 2기의 삼층석탑은 1985년 전라남도 유형문화재 제116호로 지정되었다. 이 2기의 탑은 단층기단 위에 삼층의 탑신부를 이루었고 정상에 상륜부를 장식한 일반형의 석탑으로 향림사 대웅전 앞에 중심축을 동서로 마주보고 서 있다.

향림사는 '향림사 대웅전중수기'에 의하면 경문왕 5년(865) 도선국사〈道詵國師〉에 의해 창건되었고 현종 10년(1669)에 중건하여 오늘에 이른 것으로 기록되고 있으나 도선국사의 내용은 확인할 수 없다.

한편 광해군 10년(1618) 지봉 이수광이 편찬한 '승평지' 사찰조를 보면 "향림사는 순천 북5리에 있으며 겨울이면 동백이 무성하였다. 갑신년에 순천 사람들이 공동으로 재력을 모아 중창하였는데 산세의 맥을 진압하기 위함"이라는 내용이 기록되어 있다.

이를 보면 '승평지'를 편찬한 연대가 광해군 10년(1618)이므로 이때를 기점으로 하면 위 '갑신년'은 선조 37년(1604)이 합당할 것 같다. 아마 임진왜란과 정유재란이 끝나고 사찰이 폐허화 되었다가 전란 뒤의 상처를 씻은 뒤 복원을 서둘렀던 것으로 보인다.

또 향림사가 위치해 있는 곳이 풍수지리설에 날아가는 새가 알을 품고 있다는 '비봉포란형〈飛鳳抱卵形〉'으로 용의 정기가 한꺼번에 모인 곳으로 지세가 강하다는 것이다. 따라서 그 지세를 누르기 위해 이곳에 사찰을 짓고 불상과 탑을 세우게 되었다고 한다.

그래서인지 현재 향림사 경내에는 3층석탑 2기가 전해지고 있다. 이 석탑은 2기 모두 단층기단으로 옥개석의 층급받침의 수가 줄어들었고 낙수면의 평박한 수법, 상륜부의 노반 등으로 보아 고려 후기에 만든 것으로 보인다. 현재는 근년에 해체 보수하여 깔끔한 모습이다. 기록상으로 보면 통일 신라말 9세기경 도선국사에 의해 창건되었다 하나 이때로 올려볼만한 유적과 유물이 없는 점을 고려한다면 향림사에서 가장 연대가 올라가는 유물은 이 석탑이라 하겠으며 또한 향림사의 실질적인 창건연대를 규명하는데 좋은 자료가 될 것 같다.

기단 각 면에는 양 우주와 하나의 탱주가 모각(模刻)되고 갑석에는 부연이 마련되어 있다. 갑석 윗면에는 3단의 괴임으로 탑신부를 받치고 있는데 각 층 탑신에는 양우주가 정연하고 옥개석 받침은 4단이 각출되었으며 윗면은 1단의 괴임으로 그 위층의 탑신석을 받고 있다. 상륜부는 모두 없어지고 현재는 뒤에 보충한 것뿐이다.

현재 사찰에는 정면 3칸, 측면 2칸, 팔작지붕인 대웅전과 요사채 등 건물이 있고, 유형문화재 287호 향림사동종과 삼층석탑 2기가 있다.

순천고 석탑(順天高 石塔)

소재지 : 순천시 인제동 80 순천고등학교 교정

순천고 석탑의 기단부

순천고 석탑의 옥개석

안내판에 의하면 이 탑은 통일신라시대에 축조된 것으로 추정되는데 우석 김종익선생 고택에 있던 것을 순천고 4회 졸업생 김창은선생의 의지로 1979년 옮긴 것이라 한다. 현재는 단층기단 위에 2개 층만 남아있다. 당연히 원래는 3층이었을 것으로 한 개층이 망실되었다.

중앙에 낮은 몰딩이 있는 저석을 놓고 다소 높고 건실한 중석을 세웠다. 중석은 4매석으로 구성되었고 그 위에 평평한 갑석을 올려놓았다. 기단 갑석의 중앙에는 1층 탑신을 받치기 위한 낮은 괴임을 조출하였다. 물론 갑석의 하부에는 부연이 보이지 않는다.

1층탑신은 2매석으로 조립하였고 그 위의 옥개석과 탑신 부재들은 모두 단일석이다. 옥개석은 상부가 완만한 곡선을 이루었고 전각부의 반전도 적은 편이다. 옥개받침은 3단이고 옥개석 정상의 탑신받침은 1단으로 약하게 표현되었다. 맨 정상에 있는 상륜부는 3단의 석재를 올려놓았다.

여수

여수 돌산 금백암지 석탑

여수 돌산 금백암지 석탑(麗水 突山 金白庵址 石塔)

소재지 : 여수시 돌산읍 죽포리 1623 봉덕초교 뒤뜰

석탑 전경

금백암은 돌산읍 죽포리 뒷산에 있던 절이다. 금백암은 언제 없어졌는지 알 수 없으나 절터에 남아있던 삼층석탑을 이곳 봉덕초등학교로 옮겨 놓았다. 마을의 맨 위 다소 높은 곳에 학교가 있는데 탑은 교정의 앞이 아닌 뒷마당의 네모난 연못 옆에 자리하고 있다.

탑의 모양은 규모가 높이 165센티미터, 폭 57센티미터로 작을 뿐만 아니라 기단부는 맨 아래에 지대석으로 보이는 부분만 남아 있고 탑신부는 옥개석이 거꾸로 놓여 있으며 여러 부재들이 섞여 있는 느낌을 준다.

맨 밑의 석재는 잘 다듬어진 4각형 돌로 중앙에 낮은 단을 만들어 기단 중석으로 보이는 1매석을 올려놓았다. 이 중석은 양 모서리 기둥인 우주가 모각되었고 비교적 잘 다듬어져 있어 혹시 다른 탑의 탑신이 아닌가 생각되기도 한다. 아무튼 현재의 상태로 보아 기단 갑석이 없는 중석 위에 1층 탑신이 올려져 있다.

현존하는 석탑의 옥개석은 옥개받침과 낙수면이 잘 표현되었는데 끝 부분이 다 떨어져 나가 뭉퉁하다. 이 석탑이 몇 층인지 모르지만 1개 층의 옥개석이나 기단의 갑석 등이 망실되어 없다. 맨 위에는 공 모양의 석재를 올려놓아 상륜을 대신하고 있다.

기단의 갑석과 옥개석 일부, 상륜부가 망실되어 문화재적 가치가 없어 보이나 한반도의 남단 돌산읍에 존재하는 유일한 석탑으로 의미가 크다고 생각된다.

금백암지 석탑 기단부

나주

나주 북망문 밖 삼층석탑

나주 심향사 삼층석탑과 석탑재

나주 송제리 오층석탑

나주 복암사석탑

나주 다보사석탑

나주 북망문 밖 삼층석탑(羅州 北望門 밖 三層石塔)

문화재 지정 : 보물 제50호
규모 : 높이 2.9m
소재지 : 전남 나주시 건재로 41-1 (대호동) 심향사 경내

위치와 연혁

나주 북망문 밖 삼층석탑은 행정구역상 나주시 과원동 109-5번지에 속하며 예전의 나주군청 부지(현 금성관)에 위치하고 있었으나, 본래 위치는 가까이에 있는 심향사지 내에 있던 것이라 추정된다. 즉 원래는 나주읍성의 북문인 북망문 밖에 있던 것을 1915년 옛 나주 군청(현 금성관 앞 뜰) 내로 옮겼다가 2006년 심향사 경내 미륵전 앞으로 다시 옮겨 놓은 탑으로, 상·하 2중기단 위에 3층의 탑신을 세운 신라계 석탑의 모습이다.

심향사는 나주읍성 북쪽에 위치하였는데 후일 사세(寺勢)가 쇠퇴하면서 사찰이 있던 곳은 탑들이 모여 있는 곳이라 하여 '탑거리'라고 부르게 된 것이 아닌가 생각된다.

이 탑의 위치는 최근 국립지리원에서 발행한 지형도에는 심향사 위치가 수향사로 표기되어 있고, 금성중학교와 금성종합고등학교 사이 북서쪽에 위치하는 것으로 표기되어 있다. 심향사 남쪽 도로 건너편에는 나주읍성의 북문 터로 알려졌는데 최근의 발굴로 북문 터가 확인되었다. 따라서 심향사는 나주읍성의 북문 밖에 위치하며, 탑은 언제부터인가 북문 밖 삼층석탑으로 더 많이 알려지면서 탑 명칭도 나주 북망문 밖 삼층석탑으로 불리게 된 것이다. 『신증동국여지승람』 나주목편에는 심향사를 신왕사(神王寺)로 기록하고 "…在錦城山北三里…"라 하여 금성산 북쪽 3리에 있는 것으로 기록되어 있다.

즉 『신증동국여지승람』에 의하면 심향사는 신왕사(神王寺)라 했으며 금성산에 있다고 하였다. 이보다 더 뒤에 나온 『동국여지지』나 『여지도서』에도 역시 사찰 이름이 신왕사로 기록되고 있다. 1980년대 초법당 보수를 위해 용화전(龍華殿)을 해체하는 과정에서 발견된 「중수상량문」(1784년)을 보면 여기에는 신황사(神皇寺)라 하였다. 오늘날의 심향사라는 이름은 19

세기말에 작성된 『호남읍지』 나주목편에 전해지고 있다.

이상의 내용을 보면 원래의 사찰 이름은 신왕사 또는 신황사였음을 알 수 있다. 심향사가 주목된 것은 고려 현종이 거란의 2차 침입 때(1010년) 나주로 피난하여 10여일을 머무른 적이 있는데 이때 현종이 심향사에 잠시 머물렀다는 구전(口傳)이 전해지고 있기 때문이다. 따라서 사찰 이름에 왕자(王字)또는 황자(皇字)가 들어간 예가 극히 드문 일이고 보면 혹시 심향사가 현종의 나주 피난과 관련이 있지 않나 하는 추측을 가능케 한다. 특히 혜종의 원찰인 흥룡사(興龍寺)가 나주에 건립되었으며(현 나주시청 앞 완사천 인근으로 추정) 현종이 그의 어향(御鄕)이라 하여 나주로 피난길을 택한 것과도 결코 무관하지 않을 것으로 추측되기 때문이다.

석탑양식

이 석탑은 이중기단의 삼층탑으로 신라석탑의 전형양식이지만 고려후기에 건립된 것으로 추정된다. 전체높이는 3m로 작은 규모이지만, 각 부재의 비례가 안정되고 조화를 이루어 아름답고 단아한 조형미가 있다. 나주사람들은 탑이 작고 단아하여 '난장이탑'이라고 부르기도 한다.

이 탑은 일부분에서 양식의 간략화를 볼 수 있고, 전체적으로 풍화로 인한 마멸과 훼손이 심한 편이나 단정함을 유지하고 있다. 현재 옥개석의 일부가 훼손되었으며, 특히 상층기단 갑석의 폭 1,240㎜와 기단부 면석의 너비 1,130㎜가 서로 맞지 않을 뿐만 아니라 그 석질과 색깔 또한 편마암계통으로 기존 석탑의 재질과 다르게 나타나고 있다.

이 탑의 특징 중 하나는 하층기단이 아주 낮고 지대석과 중석 그리고 갑석이 모두 1매석으로 되어 있다는 점이다. 3매의 장대석을 동·서로 배열하여 하층기단을 구성하고 있는데 중석은 지대석에서 약간 들여서 다듬었으나 우주와 탱주는 표현하지 않고, 각 면에 3개씩 안상을 음각하였다. 갑석의 상부는 된 물매이고, 가운데는 각형괴임이 있다.

신라석탑의 하층 기단부를 보면 지대석과 중석이 한 돌로 된 것이 일반적이고, 간혹 울주 청송사지삼층석탑(보물 제382호)처럼 중석과 갑석이 한 돌로 된 예도 있으나 나주 북망문 밖 삼층석탑처럼 지대석, 중석, 갑석이 모두 한 몸으로 다듬은 예는 흔하지 않다. 이것은 시대가 내려오면서 탑이

원래 목적에서 벗어나 장식성이 강조되고, 규모가 작아짐에 따라 가능하다고 보여진다.[111]

상층기단의 중석은 각 면에 우주와 탱주를 각출하였다. 상층기단 갑석은 하층기단 갑석과 같은 모양으로, 하부에 부연은 없고 거의 평평한 편으로 상부 가운데 각형 탑신괴임이 있고 네 모서리에는 희미하게 합각선이 있다.

탑신부는 각 층의 탑신과 옥개석이 각각 1매석으로 구성되어 있다. 탑신의 네 모서리에는 우주를 각출하고, 2층 탑신은 1층 탑신에 비해 급격히 줄어든 것은 신라석탑의 규범을 잘 따르고 있다. 옥개석은 각 층이 3단의 옥개받침을 하고 있으며 처마는 단부에 이르러 위로 약간 치켜 들리지만 처마곡선은 전체적으로 완만한 곡선을 이루고 있다. 옥개석 상부의 낙수면은 완만한 경사를 이루며 상면에 낮은 2단의 탑신괴임이 있다.

상륜부는 대부분 결실되고 1매석으로 된 노반과 복발만 남아 있는데 원래의 것인지 분명하지 않다. 노반은 방형으로 상부에 돌림띠를 두르고 조각장식은 없다. 반구형 복발은 풍화로 훼손이 심하여 조각 장식여부는 확실하지 않으며 상면 중앙에 원형 찰주공이 뚫려있다.

하층기단의 부재구성과 옥개석 받침의 층급 수, 전체적으로 완만한 처마곡선과 처마가 위로 치켜 들림 현상 또한 각 부재의 가공성에 있어서 균일성과 정교함이 없는 것 등은 신라석탑의 규범에는 벗어나는 것이며 이러한 모습은 이 탑의 건립시기를 나타내고 있는 것으로 보인다.

현재 심향사에는 옥개석 4개만 남아 있는 탑재 일부와 1층 기단부를 갖춘 삼층석탑 1기가 더 있는데, 이들 중 삼층석탑의 옥개석이 편마암 계통인 것을 감안해 보면 일제강점기 때 석탑을 옮기면서 탑부재 일부가 바뀐 것이 아닌가 한다. 그러나 이 석탑은 높이 3m의 작은 규모이고 풍화가 심한편으로 우수작은 못되나 각 부재의 비례가 안정되고 조화를 이루고 있어 매우 단정하고 우아한 조형을 보여준다. 따라서 이탑의 조성연대는 고려 중반기 이전의 작품으로 추정된다.

과거 나주군청 의회 동 앞에 있던 북망문 밖 3층석탑

111 지대석, 면석, 갑석이 하나의 돌로 구성된 하층기단은 구례 논곡리 삼층석탑 하층기단에서도 나타나는데, 하층기단면석에 음각된 안상 역시 확인되어 두 탑 간에 양식상 관련성을 유추해 볼 수 있다.

심향사의 석탑: 북망문 밖 석탑과 또 다른 3층석탑

심향사 폐석탑 부재의 위치(좌)
심향사 폐석탑 부재(우)

나주 송제리 오층석탑(羅州 松堤里 五層石塔)

문화재 지정 : 전라남도 지방 유형문화재 78호
소재지 : 전남 나주군 세지면 송제리 706-1

이 탑은 영산포에서 영암 쪽으로 약 10여킬로미터 쯤 가면 국도변에서 약간 마을로 들어가는 송제리 탑동마을 바로 앞에 위치하고 있다. 원래 이 탑은 1층탑신의 면석 1개와 5층탑신 전체가 유실되었던 것을 1978년에 복원하였다.

이 탑은 2중기단으로 된 구조인데 기단하부가 시멘트에 묻혀 있어 맨 아래의 모습을 알 수 없어 아쉽다. 다만 신라탑과 같은 전형적인 2중기단의 수법이 아닌 단조로운 4매판석으로 하층기단의 중석을 조립하고 그 위에 하대갑석을 얹었는바 이 갑석 역시 별다른 조식이 없는 1매판석인데 상부에 1단의 각형 탑신괴임을 만들었다.

상층기단의 중석은 단일석으로 4면에 우주를 모각했고 그 위에 매우 두꺼운 1매의 방형판석, 즉 부연이나 탑신괴임이 없는 단순한 상대갑석을 얹었다. 이 기단형식은 2중기단이나 백제계석탑에서 보이는 단층기단을 2중으로 중첩해 놓은 것과 같은 느낌을 주는 특이한 모습을 하고 있다.

5층으로 구성된 탑신부의 구성은 1층의 경우 위쪽 보다는 아래쪽이 다소 넓은 소위 상촉하관으로 우주가 각출된 두 개의 부재 사이로 면석을 끼워넣었지만 2층 이상은 급격히 감축하여 가늘고 긴 모습의 세장고준한 맛을 주어 안정감을 잃고 있다.

1층옥개석은 두꺼워 둔중한 편으로 폭의 넓이가 기단 상대갑석 보다 약간 넓다. 옥개석상면은 우동이 뚜렷하고 낙수면의 경사가 급하며 전각부분의 반전이 미세하다. 옥개받침은 4층까지 3단인데 두꺼운 각형을 이루었고 5층만은 2단으로 줄었다. 상륜부는 모두 결실되어 없다.

결국 이 탑은 탑 전체에서 느껴지는 세장고준한 맛이나 옥개석에서 나타나는 반곡, 층급받침 수의 감소, 기단부의 구성방법 등에서 진도 금골산 오층석탑, 보성 옥마리오층석탑과 비슷한 느낌을 주며 부여나 전북지방의 다른 백제계석탑 보다는 전형적인 형식이 약화되었고 오히려 신라석탑의 양식을 버리지 못하고 형식의 지방화와 함께 백제계석탑 양식을 절충한 모습을 지닌다 하겠다.

따라서 건립연대를 고려후기로 비정할 수 있겠다.[112]

112 천득염, 백제계석탑연구, 전남대학교출판부, 2000.

나주 복암사 석탑(羅州 伏巖寺 石塔)

복암사는 나주시 다시면 가운리 419번지 표고 368미터의 신걸산 아래 좁은 산간에 자리한 사찰로 백양사의 말사이다. 복암(伏巖)이라는 이름은 대웅전 뒤의 큰 바위가 앞으로 엎어질 것처럼 튀어나와 붙여졌다고 한다. 최소한 조선시대 초에 건립된 것으로 보이는 석탑이 있어 복암사의 존재를 확인하게 하지만 조선시대 어느 지리지에도 복암사라는 절 이름이 나오지 않은 것으로 보아 작은 암자로 존재했을 가능성이 높다.

"복암사는 승걸산 아래 좁은 산간에 자리한 대한 불교조계종 제18교구 본사 백양사의 말사이다. 절은 언제 누구에 의해 창건되었는지 문헌 기록이 없어 잘 알 수 없으나 절에서 전하기로는 654년(백제 의자왕 14)에 보광사의 20여개 암자중의 하나로서 안신선사가 창건하면서 복천암(伏泉庵)이라 이름하였고, 고려 시대인 1219년(고종 6) 진각국사가 중창하여 복암사라 하였으며 그 뒤 1601년(선조 34)에 사명대사가 3창했다고 전해진다."

나주 복암사 석탑의 옥개

바위굴 앞에는 제법 넓은 공간이 확보되어 예전에 암자터로 충분해 보였다. 공간 앞에 석축을 쌓고 탑을 세웠다. 매몰된 지대석, 단층 기단, 탑신 2개. 옥개석 2개만 남아 있고 상륜은 멸실되었다. 기단면석에는 우주가 보이고 탑신에 비해 좁은 갑석 우주와 부연이 보인다.

복암사 경내의 석탑

백제풍 석탑이다. 정읍 은선리 석탑이 떠오르는 초층의 긴 몸돌이 이색적이다. 이층 몸돌 역시 초층과 같이 細長하다. 몸돌에는 우주를 새겼고, 옥개석 받침은 아랫층 3개 윗층 2개다. 옥개석은 두텁고 우동마루는 지나치게 과장되게 표현했고 낙수면 경사는 미미하다. 추녀에는 반전이 보이고, 풍탁흠도 남아 있다. 조성시기는 고려시대 말기로 추정된다고 한다.[113]

이 탑은 관음전 뒤의 절벽 아래에 위치하고 있다. 앞뒤를 석축으로 쌓은 좁은 대지에 자리하고 있으며 높이가 260센티미터로 단층기단 위에 2층까지 남아 있다.

맨 아래 지대석은 주변이 흙으로 덮여 있어 그 규모를 잘 알 수 없다. 기단중석에는 귀기둥이 조각되어 있고 중석에 비하여 넓은 갑석에는 아랫면에 부연을 얇게 표하였을 뿐 윗면에는 탑신괴임이 없다.

가늘고 길쭉한 1층탑신은 1매석으로 되어 있는데 귀기둥을 조각하였다. 납작한 1층옥개석 역시 1매석으로 만들었는데 아랫면에는 3단의 옥개받침이 있고 윗면에는 큼직한 우동마루를 표현하였으나 낙수면의 경사가 아주 적은 편이다. 옥개석은 모서리를 약간 위로 올려 반전시켰으며 아래면에 풍탁을 달았던 구멍이 있다.

2층도 1층과 같은 모습으로 탑신과 옥개석을 만들었는데 옥개받침이 2단인 점이 다르다. 대체적으로 고려시대 백제계석탑이 지니는 특징을 지닌다. 즉 전체적인 모습이 가늘고 높아 안정된 감을 잃고 있는 특이한 양식을 보이는 탑이다.

이러한 여러 가지 모습으로 보아 조성시기는 고려시대 말기 이후이거나 혹은 조선시대초기로 추정된다.

113 cafe.daum.net/moonhawje
blog.daum.net/yariver21

나주 다보사 석탑(羅州 多寶寺 石塔)

다보사는 신라 661년(문무왕 1)에 원효대사가 세웠다고 전한다. 창건설화에 따르면 금성산에서 초옥을 짓고 수행하던 스님이 어느 날 칠보로 장식된 큰 탑이 땅에서 솟아나 탑 속에서 다보여래(多寶如來)가 출현하는 꿈을 꾼 뒤 사찰을 창건하여 사명을 다보사라고 정했다고 한다. 고려 후기 1184년(명종 14)에 보조 지눌스님이 중건했으며, 조선시대인 1568년(선조 1)에 서산대사가 중창했다고 전한다.

1878년~1881년 사이에 대웅전 · 명부전 · 영산전 · 칠성각이 중수되었는데 아마도 이 무렵에 새롭게 중창되면서 가람 정비가 대부분 이루어진 것으로 여겨진다. 현재 다보사에 남아 있는 현판들과 유물들을 살펴볼 때, 19세기 말을 전후로 하여 조성되거나 다른 곳에서 옮겨온 유물들이 많은 점 등으로 보아 이를 알 수 있다.

이후 다보사는 구한말부터 일제강점기를 거치면서 우리나라 선불교의 법맥을 이은 선방으로 널리 알려졌으며, 광복 후 근대에 와서 구암 · 금오 · 도원스님 등이 이곳에 주석하면서 많은 발전을 이루었다. 현재는 조계종 18교구 백양사의 말사이다.

대웅전은 나주 문평면 신로사(薪老寺)의 전각으로 폐사 이후 다보사로 옮겨왔다고 한다. 건물은 정면 3칸, 측면 2칸의 겹처마 맞배지붕이다. 어칸의 창살은 소박하게 표현하였고 협칸은 화려하게 꽃창살로 꾸몄으며 문인방 위에는 모란을 조각하였다.

대웅전 벽화에는 팔각칠층탑이 그려져 있다. 대체적인 모습으로 보아 목탑으로 보인다. 구름 위의 탑 우측 맨 아래에 불상이 모셔져 있으며 스님께서 예를 표하고 있는 듯하다. 스님의 머리결로 미루어 일제강점기에 그려진 그림처럼 보인다. 다보사의 사찰이름과 관련된 탑으로 양산 통도사 영산전의 견보탑품도(?) 처럼 각각의 탑 속에 석가여래와 다보여래를 봉안한 탑으로 생각된다.[114]

114 cafe.daum.net/moonhawje

대웅전 앞에는 석탑이라고 하기도 부도라 하기도 어려운 석조유구가 있다. 석탑 부재와 부도 부재가 위 아래로 중첩되고 섞여져 있어서 그렇다. 맨 아래로 부터 기단은 석탑 갑석으로 보이는 두툼한 석재를 지대석으로 하고 그 위에 부도의 하대석을 얹고 다시 연화문이 조식되어 있는 부도의 탑신을 올린 다음 타원형의 탑신을 1매 더 두었다. 그 위에 다시 부도의 옥개석을 올린 다음에 석탑의 탑신과 옥개석을 놓았다. 맨 위에는 부도의 상륜을 쌓았다. 부도 옥개석 밑면의 홈이 없었다면 연화문이 조식된 석탑 옥개석으로 착각하기 쉽다.

여러 부재들이 섞어져 만들어진 탑으로 거칠고 세련된 면은 없지만 전체적인 모습은 나름대로 형식을 갖춘 석탑처럼 보인다.

광양

광양 중흥산성 삼층석탑

광양 성황리 삼층석탑

광양 중흥산성 삼층석탑(光陽 中興山城 三層石塔)

문화재 지정 : 보물 제112호

광양 백운산(1,218m)은 6개의 봉우리를 아우르면서 옥룡면과 봉강면을 감싸고 있으며, 이곳의 한 지맥에 중흥산성(전남 기념물 제178호)이 위치하고 있다. 백운산에서 형성된 지류는 산에서부터 점차 백운저수지와 광양읍을 거쳐 바다로 흘러들어간다. 옥룡면을 에워싸는 포곡형의 백운산은 산맥 끝부분에서 높은 봉우리가 형성되고, 여기에 중흥산성을 축조하였다. 백운산 중턱의 한재는 구례, 남원, 하동, 화개로 통하는 교통의 요충지로서 산 전체에 흙으로 천연 요새를 쌓았다. 성의 규모는 외성의 길이가 약 4km 정도로 매우 길며, 광양시 산성 가운데 유일한 토성이다. 축성 시기는 통일신라 말이나 고려 초기로 추정된다.[115]

현재 보물 제112호인 중흥산성 삼층석탑은 광양시 옥룡면 중층산성 내에 위치한다. 광양시 옥룡면 운평리에 있는 중흥산성은 백운산의 한 지맥이 남서쪽으로 내려와 옥룡면에 닿았는데, 이곳 산중턱에 중흥사라는 조그마한 암자가 있다. 이 석탑은 암자의 경내에 있으며, 원래 석탑과 함께 쌍사자 석등이 있었으나 석등(국보 제103호)은 서울로 옮겨졌다가 현재는 국립광주박물관에 이치되었다.

석탑의 연혁

현재 이 석탑의 역사적 배경, 시기, 상황[116] 등을 알 수 있는 사료는 많지 않다. 단지 몇몇 기록에서는 위치만을 표현하고 있어 석탑의 이력에 대한 구체적인 사항은 알 수 없고, 석탑의 양식이나 산성 축조의 계통성, 석등 양식 등을 참고하여 대략적인 축조연대와 가치를 파악할 수 있을 뿐이다. 이중 『신증동국여지승람』에서는 '중흥산성은 북쪽으로 10리에 있다.'라고 단순 기술하고 있다. 그러나 이 사료에서는 산성 안의 상황과 사찰명 등에 대해서는 전혀 기술하지 않고 있다. 즉 『신증동국여지승람』에서 기록된 사

115 신윤식, 『햇빛고을 광양』, 한국사진선교센터, 2008, p.44~45.

116 석탑의 연혁에 대한 내용은 국립문화재연구소, 『전라남도의 석탑 Ⅲ』(2006), p.18~19.의 성춘경의 글을 참조하였다.

찰명으로는 옥룡사(玉龍寺), 송천사(松川寺), 운암사(雲岩寺)만 있을 뿐, 중흥사와 관련된 사항은 보이지 않는다.[117] 이 사료는 1530년대에 기술된 내용으로 당시 석탑이 있는 사지는 폐찰되어 이용되지 않았을 가능성이 크다. 이곳은 아직까지 구체적인 발굴조사가 진행되지 않았으나, 산성의 규모나 사지에 남아 있는 석등과 석탑을 보았을 때 상당한 규모의 사찰이 번성했을 것으로 추정된다. 현재 중흥산성 내에 조성된 사찰은 1950년대 초에 김공돌이란 스님이 중흥사(中興寺)라는 암자를 지으면서 경영되었고, 이때 붙여진 사찰명이라 한다.

『조선보물고적조사자료』(1942) 광양편에서 석탑에 대한 기록은 단지 '성내 사지(寺址)에 석탑과 석등이 있다'라고 하였고, 구체적인 유물의 현황이나 사찰명은 기록하지 않았다. 예부터 사용된 사찰의 이름에 대해서는 구체적인 기록은 없으나, 현지 주민들에 의해 구전되고 있었다. 즉 구전에 의하면 성내에 있었던 사찰을 '중우절'이라 불러왔다고 한다. 또 다른 사료[118]에서는 석탑과 석등이 있던 장소가 '중흥사지(中興寺址)'로, 중흥사는 통일신라 경문왕 시대 도선국사(道詵國師)가 창건했다고 전하기도 한다. 이 분석에서는 석탑과 석등의 제작 시기를 도선국사의 활동과 연결하기도 했다.

117 국립문화재연구소, 『전라남도의 석탑 Ⅲ』, 정일사, 2006, p.18~19.

118 전남지역개발협의회 연구자문위원회, 『광양군 문화유적 지표조사 보고서』, 1983, p.72.

일제강점기인 1930년에는 석탑과 석등이 일본인 골동상에 의해 해체되어 옥룡면사무로 옮겨진 일이 있었다고 한다. 그러나 석탑과 석등은 조선총독부의 관여로 반출되지 않게 되었다. 이후 석등은 총독부에 의해 경복궁으로 옮겨졌고, 다시 덕수궁을 거쳐 국립중앙박물관에서 관리하다가 현 위치인 국립광주박물관으로 이관되었다. 석탑은 원 위치인 현재의 위치로 옮겨졌으나, 원 위치에 대한 검증이 되지 않아 석탑이 원래의 자리에 서 있는지 알 수 없다.

석탑의 양식

삼층석탑은 현재 높이가 약 3.8m의 규모이며, 화강암을 이용하여 축조됐다. 석탑은 이중기단과 삼층의 탑신부, 표현 방식 등에서 신라 전형양식의 일반적인 형식을 보이고 있다.

먼저 기단을 보면, 이중기단 위에 세워진 삼층석탑으로 신라의 석탑양식을 그대로 따랐다. 지대석은 지면에 7매의 넓은 장대석을 깔았으며, 그 위로 하층기단이 올라간다. 하층기단은 하대 저석과 중석을 일석으로 붙여 7매의 부재로 구성하였는데, 중석의 각 면에는 양 우주와 탱주 3주가 두드러지게 표현되었다. 하대 갑석은 매우 두껍고 상면에 약간의 경사가 있어 우동이 뚜렷하며 중앙에 각형과 호형의 몰딩이 있다.

상층기단은 하대갑석 위로 면석과 상대갑석이 올려졌다. 중석은 4매의 판석으로 구성되었는데, 각 면마다 양 우주를 모각하고 중앙에 탱주 일주로 면을 구분하였다. 이렇게 구분된 8개 구역에는 전면에 인왕상 2구와 양 측면에 사천왕입상을 각 2구, 그리고 후면에 보살상 2구를 양각하였는데, 자세히 보면 조상의 배치에도 유의한 것으로 보인다. 상층기단 갑석에는 4매의 판석을 이용하여 전(田)자형으로 결합하였다. 갑석 면에는 각각 모서리에 두 개의 구멍이, 중앙에 세 구멍이 있어 이곳에 당초 다른 장식적 부가물이 있었던 것 같다. 갑석 밑면에는 부연이 달리고 상면이 약간의 경사를 이루다가 각형 이단의 몰딩을 두어 1층 탑신을 받치고 있다.

각 조상의 세부를 보면 먼저 인왕상은 2구를 조각하였다. 우측의 인왕상은 왼쪽 엉덩이를 내밀고, 상체를 오른쪽으로 굽혀 활같이 휘게 하였고, 오른손을 내려 손가락을 펴고 있다. 왼손은 귀 부근에서 주먹을 들어 위협

하는 듯 한 형태를 보인다. 좌측 인왕상은 왼다리를 내밀어서 왼쪽을 향하고 있다. 왼손은 내려 허리띠를 잡는 듯 한 모양이며, 오른손을 어깨가지 들어 금강저를 잡고 있다. 이마와 코를 찡그려 성난 인상을 하나 익살스런 얼굴이다. 이러한 인왕상은 석탑에서 위치한 배치형태를 볼 때 불(佛)이나 불사리의 수호를 위한 수호신의 역할을 담당한 것으로 보인다.

사천왕상은 각각 동방지국천, 남방증장천, 서방광목천, 북방다문천을 나타낸다. 북방지국천은 악귀를 밟고 정면을 향하고 서 있는 입상이다. 두 손에는 권법의 자세를 취하고 있다. 남방증장천은 몸을 오른쪽으로 틀고 악귀를 밟고 서 있다. 어깨 위로 올린 오른손에 삼지창을 쥐었고 왼손은

상층기단의 사천왕상, 인왕상 보살상

허리에 대고 있다. 서방광목천은 몸을 왼쪽으로 틀고 악귀를 밟고 서 있으며, 두 손을 허리에 대고 막대 같은 지물을 들고 있다. 북방다문천은 몸을 오른쪽을 틀고 악귀를 밟고 있는 입상이다. 왼손은 허리에, 오른손은 얼굴 가까이 들었다. 오른손은 손가락으로 보이는 뾰족한 탑을 들고 있다. 이처럼 사천왕상이 상층기단에 조각된 사례로는 예천 동본리 삼층석탑(보물 제426호), 의성 관덕리 삼층석탑(보물 제188호) 등의 극히 몇몇 사례에서 보이고 있다. 반면 경주 남산 승소곡 삼층석탑이나 화엄사 서 오층석탑, 영양 화천리 삼층석탑, 영양 현일동 삼층석탑 등 대부분의 석탑에서는 1층 탑신에 조각된다. 탑에 조각된 사천왕상은 인왕상과 마찬가지로 탑의 수호신 역할을 한다. 이렇듯 탑신이나 기단에 사천왕상을 조각하게 된 배경은 당시 신라 말의 사회적, 정치적인 혼란에 따라 점점 불력에 의지하고자 한 표현으로 이해할 수 있다.[119]

의성 관덕리 삼층석탑(문화재청)

탑신부는 탑신과 옥개석이 각각 1매로 구성되었다. 초층의 탑신에는 네 모서리에 굵은 우주가 있고, 각 면에 앙련이나 복련의 연화좌 위에 결가부좌한 여래상이 일구씩 있어 사방불을 이룬다. 이중 북쪽 면의 여래상만이 입상을 보인다. 이 각각의 여래상에 대해 성춘경은 존명을 추정해 보았다. 먼저 동쪽 면의 여래상은 높이 40cm로 항마촉지인을 결하였고, 왼손에 약함을 들고 있어 동방약사여래일 것으로 보았다. 남쪽 면의 여래상은 소발의 머리에 육계가 솟아 있고 수인이 합장을 하고 있어 다보여래나 대일여래의 5여래 중 제3위에 해당하는 남방 보생여래(寶生如來)일 것으로 보았다. 그리고 서쪽 면은 소발의 머리에 육계가 비교적 크게 표현되고, 오른손을 높게 들어 인지와 검지를 잡고 있다. 왼손은 무릎 위에 대고 역시 인지와 검지를 잡고 있는 수인을 하고 있어 상품하생인(上品下生印)의 아미타여래를

1층 탑신석의 사방불

119 최인선, 순천대학교박물관, 광양군, 『광양군의 문화유적』, 정문사, 1993, p.115~116.

상징한다고 했다. 마지막으로 북쪽 면의 여래상은 입상이고, 법의가 우견편단이며, 수인이 선정인을 결하고 있다. 이 상은 중생의 모든 번뇌를 없애고 대원(大願)을 성취하여 헛되지 않게 공덕을 쌓았다고 하는 불공성취여래(不空成就如來)로 보았다.[120]

이층 이상의 탑신은 1층에 비해 그 규모가 작아지면서 점차 체감되었고, 네 우주만이 모각되었다. 그러나 기단의 크기와 1층 탑신에 비해 2~3층의 탑신이 급격하게 작아지고 있어 전체적인 비례가 약간 떨어지는 느낌을 준다.

옥개석은 일반적인 형태를 보이고 있다. 이중 삼층의 옥개석은 모서리 상당부분에서 파손이 심한 편이다. 옥개받침은 각층이 삼단이고, 추녀의 하부는 수평이다. 옥개 상부에는 모두 우동이 처마에까지 뻗어 있으며, 전각에 이르러 반전이 보여 날렵한 감을 준다. 전각을 이루는 처마 끝에서는 풍령공이 새겨졌다. 옥개 상부에서는 낮은 일단의 탑신받침을 마련하였다. 상륜부는 모두 소실되었다. 그러나 이전의 기록 사진을 보면, 1980년대 초의 조사까지는 노반의 일부와 그 위로 올려진 구형의 석재가 남아 있었다고 하나, 현재의 석탑에서는 상륜을 보이지 않고 있다.

이 탑은 양질의 화강암을 택해 일부 파손부위를 제외하고는 그 상태가 매우 양호하다. 특히 탑의 기단의 인왕과 사천왕, 보살 등의 권속과 탑신의 사방불에서 보이는 각종 조상들의 배치와 상태, 질서 있게 배치한 것을 보았을 때, 이 탑의 조영은 많은 내용을 담고자 한 것으로 생각된다. 이 석탑의 조성은 양식적으로 보았을 때 신라말기에 해당될 것으로 보이며, 이 지역에서 이와 같은 우수작이 나왔음이 주목된다. 그러나 일반적으로 인식되

120 국립문화재연구소, 『전라남도의 석탑 Ⅲ』, 정일사, 2006, p.19.

는 전형양식과는 약간의 차이를 보이고 있다. 즉 탑신에 비해 비대해진 기단이나, 하층기단에서 3주의 탱주가 표현되고 상층기단에서 갑자기 1주의 탱주로 적어진 것, 옥개석이 작아지고 옥개받침이 3단으로 줄어 든 것 등을 보았을 때 전형양식의 범주에서 벗어나 있다. 이는 8세기와 9세기 전반까지 이어진 신라 전형양식에서 점차 퇴화된 현상으로 이해되며, 기단과 탑신에 새겨진 조상 등의 양식적 경향을 보았을 때 9세기 중후반으로 조성시기를 추정할 수 있을 것이다.

광양 성황리 삼층석탑(光陽 城隍里 三層石塔)

문화재 지정 : 전라남도 유형문화재 제5호

광양 성황리 삼층석탑은 전라남도 광양시성황동에 있는 고려시대의 삼층석탑이다. 1972년 1월 29일 전라남도의 유형문화재 제5호로 지정되었다.

성황리 삼층석탑은 현 소지재가 광양시 성황동 746번지이며, 야트막한 야산 중턱의 폐사지에 남아 있다. 탑은 통일신라의 일반적인 석탑 양식을 계승한 이중기단에 삼층의 탑신을 갖추고 있다. 석탑은 한때 기단부 일부가 파손되었으나 1976년과 1997년 보수[121]하여 오늘에 이르고 있다.

석탑의 구성은 지대석과 상하층의 이중기단, 삼개층의 탑신과 옥개석, 그리고 상륜부가 남아 있다. 이 탑은 현재 상륜부에 노반과 복발, 보주가 남아 있으며, 전체적인 표현이 생략되고 투박한 조형미를 지녔다.

지대석은 4枚 판석으로 맞댔으며, 그 위로 이중기단이 올려졌다. 하층기단은 지대석, 상층기단 면석과 마찬가지로 4매 석재를 이용했다. 하층기단은 각기 다른 크기의 4매 석재를 이용하였는데, 3매 석재는 비교적 큰 반면 배면의 1매는 매우 작은 편이다. 그리고 하층기단은 저석과 중석, 갑석이 모두 하나의 돌에 조각하였다. 즉 4매의 석재를 이용해서 서로 이었으며, 여기서 저석과 중석의 우주와 탱주, 그리고 갑석을 하

121 신윤식, 『햇빛고을 광양』, 한국사진선교센터, 2008, p.48.

나의 부재에 각기 묘사하고 있는 것이 특징이다. 여느 탑에서는 저석과 중석을 하나의 돌에 표현한 것과 다른 모습이다. 이러한 하층기단은 우주와 탱주의 묘사가 없었다면 단순한 기단받침으로 보일 수도 있다.

상층기단은 면석이 있는 중석과 갑석으로 구성됐다. 상층기단 면석은 4매의 석재를 이용하였는데, 앞뒷면의 석재는 장판석인 반면 양 측면의 석재는 비교적 짧아 앞뒷면 사이에 끼울 수 있게 했다. 각 모서리에는 우주가 얕게 묘사되었고, 중앙에 각각 탱주가 모각되었다. 상대 갑석은 일반적으로 평평하거나 약간의 곡이 묘사되는 것과 달리 급한 경사를 이루고 있어 언뜻 보기에 옥개석처럼 보이기도 한다. 갑석은 하나의 석재를 이용하였고, 네 곳에 약간 돌출된 우동이 표현되었고 상면 중앙에 호형 3단의 탑신받침을 두었다. 이 받침의 몰딩은 상당부분 마모되어 형태가 잘 나타나지 않는다.

탑신은 1~3층이 모두 1매로 구성되었고, 점차 급하게 체감하고 있다. 탑신은 비교적 기단에 비해 그 규모가 작아져 왜소한 느낌을 준다. 각 탑신의 모서리에는 우주가 얕게 모각되어 있다. 옥개석은 각기 1매의 석재로 조각하였고 일층이 비교적 얇은 반면 2~3층이 두껍게 표현됐다. 옥개의 상부는 완만한 경사로 내려오다가 처마부에서 약간의 반전이 있으나 마모가 심해 둥그렇게 보인다. 이는 석재가 물러 지속적으로 마모되면서 둥글게 된 것으로 보인다. 옥개석 하면은 평평하게 이어지다가 처마 끝부분에서 경사가 급하게 반전한다. 옥개받침은 각 층이 모두 3단으로 지극히 형식화 되었다.

상륜은 노반이 있고 그 위로 복발과 보주가 올려졌다. 여기서 복발은 일반적인 모습과는 달리 규모가 작고 바루를 엎어놓은 것이 아니라 위로 열리게 하여 거꾸로 놓은 형식이다.

전체적으로 규모가 적고 다름대로 완형을 유지하고 있어 신라전형탑을 닮으려 하였으나 퇴화된 양식의 후기적 양상이 보이는 고려시대작품이라 생각된다.

담양

담양 남산리 오층석탑

담양 언곡사지 삼층석탑

담양 연동사지 삼층석탑

담양 창평초등학교 석탑재

담양 남산리 오층석탑(潭陽 南山里 五層石塔)

문화재 지정 : 보물 제506호

담양 남산리 오층석탑은 담양읍에서 순창 방향 24번 국도를 따라 1㎞쯤 가다 보면 15번 국도와 만나는 종대삼거리가 나오고 넓은 평지가 전개되는데 절터의 흔적은 없고 들 가운데 오층석탑이 서 있다.

담양 남산리 석당간

석탑에서 도로 건너편 동북쪽 100m쯤 떨어진 곳에 보물 제505호인 담양읍 석당간이 서 있어 이곳에 한때 제법 규모가 있는 사찰이 있었음을 짐작하게 한다. 석당간은 담양 남산리 오층석탑과 같은 시대에 세워진 것으로 보이며, 바로 옆에 세워져 있는 석비에 1839년(헌종 5)에 중건하였던 기록이 남아 있다.

주변 지형지세는 북쪽 약 500m 지점에 동쪽에서 서쪽으로 영산강이 흐르고 남동쪽으로는 해발 247m의 산이 넓게 자리 잡고 있으며, 담양 남산리 오층석탑 서쪽으로는 담양읍 시가지가 넓게 자리 잡고 있다.

석탑의 연혁

담양 남산리 오층석탑은 이 탑이 위치하였을 것이라고 여겨지는 사찰의 이름이나 기록을 발견할 수 없어 현재로서는 이 절이 언제 건립되었고 또 어떤 연유로 폐찰 되었는지 알 수 없다. 다만 이곳에서 가까운 곡성군 가곡리 오층석탑과는 거의 비슷한 형식을 하고 있어 부여 정림사지 오층석탑으로 대표되는 백제석탑양식을 계승한 작품으로 주목된다. 다만 다음 몇 가지 기록들이 전해지고 있어 추정을 가능하게 하는 참고가 된다.

첫째, 담양 원율현에서 이연년(李延年)형제가 1237년(고종24) 백제부흥운동을 일으킨 사실이다. 따라서 이연년의 활동거점인 담양에서 백제부흥운동의 상징적 건조물을 조영했을 것이라는 가능성이다.

둘째, 담양읍에서 4㎞ 내외에 인접한 연동사지 삼층석탑이다. 이 탑 역시 층수만 다를 뿐 그 조성기법은 담양 남산리 오층석탑과 유사하다. 그런데 『신증동국여지승람』에 의하면 '고려인 이영간(李靈幹)이 어렸을 때 연동사(煙洞寺)에서 공부하였는데, 이영간은 고려 문종 때(1047~1082년) 사람'이라 하였다. 그렇다면 이영간(11세기)이 공부하기 이전부터 연동사지석탑 또는 담양 남산리 오층석탑이 건립되었을 가능성이 있다.

셋째, 2000년 8월경 담양 남산리 오층석탑의 주변(약 80~100m거리)에서 도로확장공사로 인한 발굴조사가 실시된 바 있는데, 이때 발굴과정에서 건덕 6년명(乾德六年銘)의 와편이 출토된 것이다. '건덕 6년'은 968년(광종 19)으로, 만약 이 기와편이 담양 남산리 오층석탑과 관련된 사찰건물지에서 출토된 것이라면 이 석탑의 건립연대와 관련지을 수도 있을 것이라는 견해이다.

석탑의 양식

기단형식이 곡성 가곡리 오층석탑과 같은 2층 기단 형식이 아닌가 하는 추론도 있었으나 근자의 수리 공사 시에 하부가 확인되어 지대석 위에 저석이 올려져 있는 단층기단임이 알려졌다. 그러므로 이 석탑은 단층기단 위에 오층의 탑신부를 갖춘 고려시대(13세기)에 건립된 석탑으로 추정되고 있으며 전체 높이는 약 6.5m 정도이다. 즉 2000년 호남문화재연구원에 의해 발굴·조사한 바 있는데 그 당시에는 기단의 일부가 흙 속에 매몰되어 있어 기단부 형식의 파악에 어려움이 있었다. 그러나 최근 2005년에 보수하여 기단 모습이 최하부에 지대석을 놓고 그 위에 저석을 놓은 단층기단임이 확인되었다.

이 석탑의 기단부는 지대석 1단, 저석 2단, 중석, 갑석부연, 갑석, 1층 탑신받침으로 이루어져 있으며 탑신부는 탑신과 옥개석이 오층으로 쌓여져 있다. 1층 탑신받침을 제외하고 2층 이상의 탑신받침은 별석으로 이루어져 있다. 기단부의 지대석은 4매의 장대석이 'Ⅱ'자형으로 결구되었다. 저석은 지대석 위에 위치하고 2단으로 되어 있으며 2단은 별석으로 쌓은 것이 아니고 5매로 구성되어 있다. 서측의 2단 중 1단의 부재가 깨지고 없어 신재로 보수되었다.

중석은 4매로 'Ⅱ'자형으로 결구되었으며 양측에 우주를 깊게 모각하였다. 우주와 면석이 끼워 맞추어지는 부분의 짜임은 우주의 안쪽 측면에 홈을 파서 면석을 끼워 결구하는 방법을 사용하였다. 갑석은 부연, 갑석 그리고 1층 탑신받침이 일석으로 이루어져 있다. 두툼하고 평평한 갑석 하면에는 굵은 부연이 있고 갑석의 낙수면은 경사가 없으며 갑석 상면에는 높직한 1단의 탑신받침이 있어 1층 탑신을 받고 있다. 탑신받침의 모서리는 얕은 사능형(斜稜型)으로 처리되어 있으며 탑신받침의 상면 중앙에는 깊이 2㎝가량의 홈을 파고 1층 탑신을 세웠다.

탑신부는 1층 탑신을 제외하고 모두 탑신석과 옥개석이 별석으로 각각 1석씩으로 조성되었다. 1층 탑신은 양 우주가 모각되었고 4매석을 Ⅱ자형으로 구성하였다. 옥개받침은 각·호·각형의 3단이며 옥개석의 처마 끝선은 직선으로 이어지다 전각 부분에 이르러 급한 반전을 보이며 우동이 두툼하게 표현되었다. 전각부에는 풍경을 달았던 작은 구멍이 있다.

2층 탑신받침은 옥개석 상단보다 더 넓게 돌출된 각형 2단의 별석받침이다. 이들 2단의 받침 중 아랫단은 높고 위단은 낮다. 2층 탑신은 양 우주가 모각되었고 1석으로 조성되었으며 그 위층의 형식은 아래층과 같으나 오층 탑신받침이 1단인 점이 다르다.

이 탑은 몇 가지 특징적인 면이 보여 주목 된다. 옥개받침이 다소 굵으며 각형과 호형, 다시 각형이 혼재하여 백제계석탑에서 보이는 받침을 연상케 한다. 또한 별석으로 마련된 탑신받침 역시 다른 석탑에 비해 크고 상부에 낮은 1단을 조출하였다. 특히 옥개석은 평박하나 처마 단면이 두꺼워 둔중한 반면 전각의 반곡이 경쾌하여 중압감을 줄이고 있다. 이 탑에서 보이는 뚜렷한 탑신받침대는 백제계석탑의 일반형식에서 보여주는 것보다는 더욱 돌출되어 상호비교가 된다. 이러한 형식은 곡성 가곡리 오층석탑, 담양 연동사지 삼층석탑, 남원 만복사지 오층석탑, 서울 홍제동 오층석탑, 강릉 신복사지 삼층석탑 등이 있다.[122]

석탑의 양식분류[123]

흔히 담양 남산리 오층석탑은 신라전형양식과는 다른 백제·신라절충양식이라고 한다. 백제의 석탑양식은 신라의 삼국통일을 계기로 석탑조영

122 곡성군, 『곡성 가곡리 오층석탑 실측조사 및 수리보고서』, 2006 참조.

123 전남대학교박물관, 『담양 읍내리 오층석탑의 도로신설로 인한 진동영향평가 및 대책』, 1999, p.4. 의 내용 참조.
천득염, 백제계석탑연구, 전남대학교출판부, 2000.

에 있어 암흑기를 맞이하게 되었으며 200여 년 동안이나 백제양식을 나타내는 석탑은 건립되지 못하고 신라 석탑양식만이 다수가 전 국토에 걸쳐 건립되었다. 그 후 고려시대에 들어서 신라의 정치적 · 문화적인 굴레를 벗어나자 백제의 고토인 충청 · 전라도에 백제의 석탑양식을 계승한 석탑들이 다수가 건립되었다.

이들 고려시대에 건립된 백제계 석탑들은 선학들에 의해 백제계승 형식 혹은 충청 · 전라지역의 석탑 등으로 표현되었다. 그러나 이들은 한국석탑의 전형을 이룬 것으로 인식된 신라탑의 커다란 흐름 속에서 하나의 작은 흐름으로 인정되어 크게는 하나의 양식으로 적게는 몇 가지의 형식으로 구분될 뿐이었으나 이제까지의 선학들의 연구에서는 이들 형식에 대하여 적당한 고유의 양식 명칭마저 논의된 바 없었다. 남산리 오층석탑은 신라 전형양식과는 다른 백제 · 신라 절충양식이라고 할 수 있다. 백제 · 신라 절충양식은 백제계 석탑과 신라계 석탑의 세부수법을 혼합 · 절충한 것으로 어느 한쪽의 형식을 완전히 갖추지 않고 부분적으로 서로를 수용하여 이루어진 형식이다.

특히 이들 '절충양식'의 탑군에 소속된다고 판단되는 여러 탑들은 크게 2가지 형식으로 나눠지며, 적게는 3가지 형식으로 구분할 수 있다. 즉 백제 · 신라의 혼합 절충된 성격에서 보다 백제양식에 가까운 형식과 보다 신라양식에 가까운 형식으로 대별되어 이들을 각기 '백제계 절충양식'과 '신라계 절충양식'으로 구별하였다. 즉 백제 · 신라양식으로만 분류하는 데에는 다소 무리가 따르고 뚜렷한 차이를 발견할 수 있어 이들을 2가지 형식으로 구분하였다. 즉 다분히 백제양식적인 요소를 강하게 내포하고 있지만, 형태상 세장 고준한 모습과 탑신을 받치는 받침대가 유난히도 강조된 모습으로 특징지을 수 있다. 따라서 이들은 '세장 · 고준형'과 '탑신받침형'으로 명명하였다. 물론 이러한 형식 구분은 다소 무리가 있으나, 모든 탑들을 하나의 범주에 넣고 그 성격이나 의장적인 특성을 논하는 것은 너무 광범위하고 특징을 구하기 어려운 것이 사실이다. 문제는 이러한 형식들이 공통성이 있는 조형요소를 얼마나 지니고 있고 이를 인정받느냐 하는 것이다.

담양 언곡사지 삼층석탑(潭陽 彦谷寺地 三層石塔)

문화재 지정 : 전라남도 문화재자료 제20호

석탑의 연혁

언곡사지 삼층석탑은 담양군 무정면 봉안리 뒤편에 자리한 비봉산의 언곡사터로 전하는 곳에 있었던 탑이다. 절터가 있었을 것으로 보이는 이곳은 주변이 경사를 이루고 있으나, 심하지 않고 일부 평탄한 지형을 보이고 있어 석축이나 건물지가 설어설 수 있었을 것으로 보인다. 그러나 현재 이곳은 산에서 내려온 토사에 의해 주변 지형이 대부분 변형되어 있어 배치에 대한 구체적인 내용을 알 수 없다.

삼층석탑이 복원돼 있는 언곡사지는 528년(백제 성왕 6)경에 창건되었다고 전해지나, 이에 대한 내용은 고증할 길이 없다. 이 사지는 단지 여러 지리지에서 명칭만이 언급되고 있어 사역의 규모나 역사적 사실을 밝힐 수 있는 사료는 보이지 않는다. 다만 『추성지(秋成誌, 1758년)』에는 석탑의 존재 사실이 나타나며, 『무정면지(1934년)』에서도 언곡사라는 절 이름이 나타나고 있다. 따라서 이곳에 유존했던 사찰을 전 언곡사지(傳彦谷寺址)라 부를 수 있을 것이다. 언곡사의 옛 절터라 여겨지는 봉안리의 뒷산인 비봉산 입구에 위치한 일단의 대지는 아담한 사찰이 들어설 만한 곳으로 보이나, 발굴조사에 의하면 사찰건물의 유구라 할 만한 흔적은 발견되지 않고 있다. 지형이나 주변조건으로 보아 산천비보진압의 성격이 농후한 비보탑이 자리할 수 있었을 것으로 추정되고 있다.

삼층석탑은 1927년 무정국민학교로 옮겨 세워졌다가, 이후 1996년 원래의 자리를 찾아 다시 복원해 놓았다. 전하는 말에 의하면, 이곳에 높이 약 2.4m 크기의 미륵불이 삼층석탑이 서 있던 곳에 남아 있었다고 하나, 지금은 보이지 않아 이를 확인할 수 없다.

『담양군지』에는 이 탑을 무정국민학교(당시 최영학 교장)로 옮길 때 탑신의 1층 몸돌 밑바닥에서 약 6cm 크기의 금동불을 발견하였으나, 이후 교장 관사에 보관했다고 한다. 그리고 당시 일본인 교장인 昌中勝實(1930~1934 재임)은 학교 실습용 토지를 사들이고자 이를 일본인 장학사에게 팔아 버렸다고 한다.[124]

이 탑은 원래의 위치에 있던 하층기단부와 초등학교에 옮겨져 있던 상층기단 및 탑신부를 모아 복원하면서 완형을 이루었는데, 현재 상륜부는 유실되어 남아 있지 않다. 하층 기단부 즉 지대석과 하대중석은 현재의 위치에서 땅속에 묻힌 상태로 남아 있었다고 한다. 이후 인근 마을주민인 양소섭씨의 증언에 의해 석탑이 서 있었던 원래의 위치를 확인하였다. 지표면을 걷어내 본 결과 그 안에는 완벽한 기단부가 남아 있었고, 기단부의 남쪽면 바로 앞에 석등의 하대석이 유존하고 있음이 확인되었다. 그리하여 이후 2개소에 나눠져 있던 탑부재를 모아 복원하여 본 결과 이 탑은 이중기단을 하고 있는 삼층석탑임이 밝혀졌다.

전체적으로 통일신라의 일반적인 석탑 양식을 따르고 있으나, 옥개석 네 귀퉁이의 치켜올림이 밋밋하고, 밑면의 받침수가 4~3단으로 줄어든 점으로 보아 고려시대의 것으로 추정된다.

석탑의 양식

탑은 2중 기단 위에 3층의 탑신을 올린 형태이다. 탑신에는 기둥 모양을 새겼다. 특히 주목되는 점으로는 3층 탑신 앞뒷면에 여래상이 높게 조각돼 있는 것이다. 옥개석은 급한 경사를 이루고, 낙수면의 네 지붕선이 뚜

124 전남대학교박물관, 담양군, 『담양군의 역사유적』, 희망문화사, 1995, p.135.

렷하다. 옥개 밑면의 옥개받침은 1·2층이 4단이고, 3층에 3단의 받침을 두었다.

기단부는 하층기단과 상층기단으로 구분된다. 하층기단은 이전에 토사에 메몰되었던 부재이며, 기단 하부에 커다란 방형의 자연석을 이용해 지대석으로 이용했다. 하층기단은 상층기단에 비해 장식과 단순화된 표현으로 보아 퇴화된 기단형식을 보이고 있다. 하층기단은 하대저석과 중석, 갑석으로 구분된다. 하대저석은 3매의 장판석과 장대석을 결구하였으며, 높고 두툼한 석재를 이용했다. 면석은 4매의 장대석을 이용하여 결구하였는데, 별다른 조식이 없다. 이 면석은 하대저석이나 상부의 갑석에 비해 그 크기가 작아지고 있어 특징적이다. 특히 중간에 끼워 결구하고 있으나, 상대적으로 저석과 갑석의 규모가 커 불균형을 이루고 있다. 상부의 갑석은 하대저석과 유사한 두께의 두터운 2매의 석재를 이용했다. 하부에는 부연이 생략됐으며, 전체적으로 평평하다. 갑석의 상부는 평평한 편이나, 약간의 경사가 형

성되었고, 중앙에 얕은 각형의 2단 탑신받침이 마련됐다.

상층기단은 중석과 갑석으로 이루어졌다. 면석의 각 면에는 양 우주와 하나의 탱주가 모각되어 있고 그 위에 갑석이 얹어져 있다. 면석은 4매의 장판석을 결구하였다. 갑석은 상하가 수평이고 하면에 각형 부연이 조출되었다. 갑석의 상면은 2단의 각형괴임을 마련하였다.

탑신부는 탑신과 옥개석이 각 1매석으로 된 삼층이다. 탑신은 모두 양 우주를 모각하였다. 1, 2층의 탑신은 별다른 조식은 없는 반면 3층 탑신의 전후 면에 여래상 2구를 돋을새김한 것이 주목된다. 이 여래상은 조각이 세부적이지 않고, 마모가 심해 수인이나 다른 세부 모습을 알기 힘들다. 불상의 높이는 약 23㎝이다. 또 다른 특징으로 1층 탑신에는 이전 당시의 기록으로 보이는 명문들이 남아 있고, 탑신 배면에서 부재의 파손이 심한 편이다. 탑신은 1층에서 3층까지 점차 작아지고 있으나, 체감율이 적은 편이다. 특히 1층에 비해 2층 탑신이 크고 높으며, 또한 3층에서도 불상이 표현되면서 탑신을 크게 조성한 것으로 보인다. 1층 탑신 전면의 면석은 유실되어 새부재로 교체하여 복원되었다.

옥개석은 3부재가 모두 잘 남아 있으며, 전체적으로 얇고 넓게 조형되어 안정적인 체감을 보여준다. 그러나 상층기단 갑석과 1층 옥개석을 비교해 보았을 때 그 크기가 비슷하여 전체적인 균형미가 떨어지는 편이다. 즉 이는 하층기단과 상층기단이 작게 조성되고, 이에 더해 옥개석이 크게 표현되고 있기 때문이다. 옥개석 상부는 낙수면이 매우 완만한 편이며, 전각의 반전도 작게 표현되었다. 하부의 낙수면은 평평하다가 처마에서 약간 치켜 올라간다. 층급받침은 1층에서 2층까지 4단이며, 3층에서 3단으로 줄어든다. 이 탑은 규모나 옥개석의 두터운 반전각도, 층급받침 등의 형식면에서 고려시대 탑의 면모를 보여준다고 추정된다. 상륜부는 남아 있지 않다.

석탑 전면에는 석등의 하대석으로 추정되는 부재가 남아 있다. 석등의 나머지 부재들은 보이지 않는다. 이 하대석은 반원형으로 중앙에 간주석이 끼워지는 구멍이 있고 주변으로 도넛형의 받침을 돋을새김을 했다. 하대석의 원형면에는 낮은 줄무늬가 전체적으로 돌려졌으나, 마모와 퇴락의 진행이 심한 편이다.

담양 연동사지 삼층석탑(潭陽 煙洞寺址 三層石塔)

문화재 지정 : 전라남도 문화재자료 제200호

석탑의 연혁

담양 연동사지 삼층석탑은 전라남도 담양군 금성면 금성산성 남문 밑 암벽아래에 위치하고 있으며, 전라남도 문화재자료 제200호로 지정되어 있다. 이 탑은 담양 남산리 오층석탑에서 가까운 곳인 금성산성 밑에 있는 연동사지라 추정되는 폐사지에 있는 석탑이다. 흔히 이곳을 연동사지라 부르고 있으나 확실한 근거는 없으며, 이 곳이 연동사지라는 것이 확실히 입증된다면 탑의 건립 연대를 추정할 수 있을 것이다.

연동사와 관련된 기록은 『동국여지승람』에 수록되어 있다. 그 내용으로는 '고려인 이영간(李靈幹, 문종대 1046~1083)이 어려서 연동사에서 공부하였다'는 내용과 '추월산에 연동사가 자리한다'고 기록하고 있다. 이러한 내용을 통해 추정해 보면 연동사는 『동국여지승람』에서 기록하고 있는 시기보다 이전에 이미 건립되어 있는 사찰이었을 것이다. 즉 연동사에 있는 석탑은 그 상한연대를 문종대까지도 볼 수 있다. 그러나 연동사가 추월산에 위치하고 있다는 기록을 통해 보았을 때 지금의 연동사지가 맞는지는 확실

하지 않다. 단 추월산과 금성산이 가까워 그 명칭의 사용에서 오기한 것일 수 있으며, 당시의 금성산이 추월산으로 통합적으로 불렸을 가능성도 있다.

또한 조선시대 이석희(李錫禧) 부사가 편집한 『추성지』 용천동면 고적조에서는 '고려 문종 시 참지정사(參知政事)에 오른 이영간이 어릴 적 연동사에서 공부했다'라 기록하고 있다. 『범우고』에서는 "今廢 寺傍有煙洞石窟窟穴開廣 有土羅漢 石彌勒 石塔 村氓歲初齋香祈禱于比"라 기록하고 있다. 즉 연동사는 석굴이 있고, 흙으로 빚은 나한상과 돌미륵, 석탑의 존재, 그리고 이곳이 기도하는 장소로 이용됐다는 것을 알 수 있다.[125] 이상의 내용을 미루어 보아 연동사는 적어도 고려시대에 창건된 것으로 보이며, 현재 절터에서 발견하여 복원된 삼층석탑 또한 고려양식을 따르고 있어 이곳이 연동사였을 가능성이 크다.

담양 연동사지 석탑은 기단부와 옥개석이 넘어진 채로 흩어져 폐탑으로 남아 있었으나, 근래 부족한 부재를 새로 추가하여 복원했다. 석탑의 주변에는 석불입상이 있고 건물터가 남아 있으나 장소가 너무 협소하여 전체적인 규모를 보았을 때 품격을 갖춘 사찰로 보기 어렵다. 그러므로 암벽의 하단을 굴착하여 동굴을 만들고, 여기에 벽체식 건물을 올렸을 것으로 보인다. 이는 이곳 암벽에 남아 있는 벽체의 흔적을 통해 볼 수 있다. 이 벽체에는 꽃문양의 벽화 일부가 남아있다.

석탑의 양식

석탑의 특징으로는 이곳에서 가까운 담양 남산리 오층석탑 및 곡성 가곡리 오층석탑과 비슷한 형식을 하고 있어 백제양식을 계승한 작품으로 볼 수 있다. 이 석탑은 단층기단에 삼층의 탑신부로 구성됐다. 기단부는 지대

125 전남대학교박물관, 담양군, 『담양군의 문화유적 학술조사』, p.136.

석 1단, 저석 2단, 중석, 갑석으로 이루어졌다. 탑신부는 탑신과 옥개석이 삼층으로 쌓여 있으며, 1층과 삼층의 탑신받침은 없고 2층의 탑신받침은 별석으로 이루어져 있다. 상륜부는 노반과 복발이 놓여 있다.

기단부의 지대석은 4매의 장대석을 시계방향으로 서로 엇물려 결구하였는데, 남측 지대석의 끝부분이 탈락되어 부분 보수하여 신재를 끼워 넣었다. 저석은 지대석 위에 위치하고 2단으로 되어 있으며, 각 단이 별석으로 쌓여졌다. 1단은 장대석을 'Ⅱ'자형으로 결구하였고, 2단은 2매의 판석을 위에 올려놓았다. 중석은 5매로 'Ⅱ'자형으로 결구되었으며, 양측에 우주를 모각했다. 우주와 면석이 끼워 맞춰지는 부분의 짜임은 우주의 안쪽 측면에 홈을 파서 면석을 끼워 결구하는 방법을 사용했다. 북측면의 부재는 탑이 넘어져 방치되어 있을 때 파손된 것으로 보인다. 갑석은 보통 부연과 갑석 그리고 1층 탑신받침으로 구성되나, 이 탑에서는 1매의 단순 평면의 갑석을 하고 있다. 갑석의 낙수면은 경사가 없이 평평하며, 두께가 중석 높이의 절반이 될 정도로 두툼하다. 그리고 상면 중앙에는 깊이 2cm 가량의 홈을 파고 1층 탑신을 세웠다.

탑신부는 크고 긴 1층과 그 위로 작아진 2, 3층의 탑신이 올려진다. 1층 탑신은 2, 3층에 비해 높고 양측에 우주를 모각하였으며 5매로 구성됐다.

탑신 남측에는 우주+면석+우주로 구성된 부재를 놓았으며, 서측과 북측에는 면석+우주를 갖는 부재가 시계방향으로 놓였고, 동측에서는 면석을 구성하는 부재를 사이에 끼워 넣어 결구하였다. 우주와 면석이 끼워 맞춰지는 부분의 짜임은 우주의 안쪽 측면에 홈을 파서 면석을 끼워 결구하는 방법을 사용했다. 그리고 서측의 부재는 신재를 이용한 면석 1매와 면석+우주 1매로 하여 끼워 넣었다. 2층 이상의 탑신은 일석으로 이루어져 있고, 규모는 점점 작아지며 양측에 우주가 모각되어 있다. 3층 탑신은 유실된 구 부재를 대체하여 신재를 사용하여 복원해 놓았다.

1층 옥개석은 옥개받침, 전각, 낙수면, 탑신받침으로 이루어져 있는데, 옥개받침은 별석을 이용하여 받치는 형식이다. 이 받침은 신재를 사용하여 1단으로 복원했으며, 모서리가 사능형으로 처리되어 있다. 전각과 낙수면, 그리고 2층 탑신받침은 일석으로 이루어져 있다. 옥개석의 처마 끝선은 직선으로 이어지다 전각부분에 이르러 급한 반전을 보인다. 낙수면은 평평하며 완만한 경사를 이루고 있으며, 우동이 두툼하게 표현되어 있다. 풍경공은 전각과 반전을 이루는 처마 아래 면의 네 모서리에 1개씩 있다. 2층 탑신받침은 옥개석 상단보다 더 넓게 돌출된 각형 1단의 받침이다. 2층 옥개석은 신재를 사용하여 복원해 놓았다. 옥개받침, 전각, 낙수면이 일석으로 이루어져 있고, 삼층 탑신받침은 없다. 삼층 옥개석은 옥개받침, 전각, 낙수면이 일석이고 노반받침은 없다. 옥개받침은 기존의 유존한 부재로써 1단이고, 모서리가 사능형으로 처리되어 있다. 옥개석의 처마 끝선은 직선으로 이어지다 전각부분에 이르러 급한 반전을 보인다. 낙수면은 평평하며 완만한 경사를 이루고, 우동이 두툼하게 표현되어 있다. 풍경공은 전각과 반전을 이루는 처마 아래 면의 네 모서리에 1개씩 있다.

이상에 언급한 석탑의 기단과 탑신부를 통해 이 석탑의 양식적 특징을 살펴볼 수 있었다. 그러나 석탑 주변에는 기존에 유존했던 2층 옥개석과 1층 옥개받침으로 추정되는 석재가 주변 담장의 막돌들과 함께 섞여 있다. 이 부재의 특징과 규모를 보면 현재 사용된 1층 옥개받침에 비해 부재의 규모가 커 보인다. 또한 2층 옥개석은 1층 옥개석의 형식과 비슷하나 삼층 탑신받침이 보이지 않아 깨진 것인지 원래 별석으로 조성된 것인지 알 수 없다.

상륜부는 노반과 복발이 남아 있다. 노반은 윗면과 아랫면에 부연이 각형 1단으로 있다. 아랫면은 탑신받침처럼 옥개석 상단보다 더 넓게 조식되어 있으며, 면석부분에서 양측에 우주가 모각되어 있다. 복발은 신재로 복원되었다.

이 탑은 담양 남산리 오층석탑과 곡성 가곡리 오층탑에 비해 석재의 재질이나 단순한 기단부, 생략된 각형의 옥개받침, 전각 부분의 심한 반곡, 옥개석에서의 불규칙한 부재의 구성과 조합 등을 보았을 때 상기한 양 탑보다 후대에 건립된 것이라 추정된다. 다만 전체적인 조형성, 기단의 구성, 급격한 체감, 옥개받침과 옥개 등의 제작수법 등을 보았을 때 전형적인 백제계석탑 양식을 계승한 탑이라 할 수 있다.

이곳 연동사지에는 석탑과 함께 지장보살입상(전남 문화재자료 제188호)이 남아 있다. 이 보살상은 『추성지』에서 돌미륵이라 기록한 미륵석불로 기록하였으나, 민머리 상으로 보아 지장보살을 표현한 것으로 보인다. 그러나 이는 기록상으로 보았을 때 미륵상일 가능성도 배재할 수 없다. 석불의 상호는 눈을 반쯤 뜨고 있으며, 납작한 코와 입을 굳게 다물었고 귀가 어깨까지 쳐져 있다. 법의에서 가슴과 배 사이에는 띠를 둘렀다. 수인은 오른손을 올리고 왼손을 내린 여원인과 시무외인이다.

담양 창평초등학교 석탑재(潭陽 昌平初等學校 石塔材)

창평초교 석탑재는 담양군 창평면 창평리가 소재지이고, 면소재지 번화가 내의 오랜 역사를 가진 초등학교 교정 정면에 서 있다. 창평초등학교는 1906년 개교하였다. 석탑은 초등학교에서 인공으로 조성한 탑골샘 안의 작은 섬에 서 있는데, 그 중앙에 초석을 놓고 5개의 옥개석과 상륜을 포개 놓았다.

이 석탑에 대한 연혁이나 위치, 조성한 사명에 대한 내용은 어떠한 사료에서도 찾을 길이 없다. 1950년대에 근무했던 학교 관계자의 전언만이 전한다고 한다. 즉 전언에 의하면 1950년대에는 석탑재가 교정에 없었으며, 이후 어느 시기에 옛 절터에서 현재의 자리로 옮겨진 것으로 보았다. 이 탑재를 옮겨온 절터는 알 수 없다.[126]

탑재를 보면 가장 하부에 원형의 석재와 그 위로 5층의 옥개석과 상륜의 역할을 하는 석재가 올려져 있다. 지대석을 겸비하고 있는 원형의 석재는 그 모양으로 보아 건물의 기둥을 떠받치는 초석으로 추정된다. 이 석재는 일면 좌대로도 볼 수 있으나, 그 크기가 크지 않고 중앙부가 높게 도드라져 있어 초석으로 보는 것이 옳다. 이 초석의 출처는 알 수 없으나, 석탑이 있던 장소에서 탑재와 함께 옮겨온 것으로 추정된다.

126 전남대학교박물관, 담양군, 『담양군의 문화유적 학술조사』, p.147.

옥개는 5개 층이 남아 있는, 그 크기가 작은 편이다. 즉 1층에서부터 5층까지의 체감율이 적은 편으로, 1층이 비교적 큰 규모이나 2~5층의 규모가 비슷비슷하다. 물론 2층이나 4, 5층의 옥개가 많이 파손되어 있어 정확한 치수를 알 수 없으나 전체적인 체감상으로 보아 체감의 폭이 적다 할 수 있다. 옥개 상부의 낙수면은 급한 편이며, 처마선이 날카롭다. 상부 중앙의 탑신을 받치는 면은 좁은 편으로, 탑신을 올린다면 전반적으로 작은 규모의 탑신이었을 것으로 보인다. 처마 부분은 대부분의 부재가 탈락과 파손이 심해 전각과 반전의 형식을 보기 어려운 편이나 반전이 작았을 것으로 보인다. 옥개 하부에는 모두 4단의 옥개받침을 조각했다. 상륜부는 자연석을 올려놓았다. 이 부재는 보주의 역할을 하기 위한 것으로 보이며, 탑재와 석질이 달라 원래의 부재가 아니다.

이 석탑은 현재 그 부재가 대부분 유실되었고 원형을 추정하기 어려운 상태이나, 탑재와 함께 옮겨온 듯 한 초석의 형식과 정갈하게 다듬은 옥개석을 보아 그 상한연대가 올라갈 것으로 보인다. 또한 형식적으로도 정연하고 고준한 형태를 보였을 가능성이 크다.

그러나 이는 단지 추측일 뿐이므로, 석탑이 이곳으로 옮겨지고 이전의 절터를 확인하는 것이 급선무이다. 그리고 현재 남아 있는 부재는 5개의 옥개석 뿐이나, 5층 이상이었을 가능성도 있다. 이는 현재의 1층 옥개석이 작아 원래 1층으로 쓰였을 가능성이 적었을 것으로 생각되기 때문이다.

곡성

곡성 가곡리 오층석탑

곡성 태안사 삼층석탑

곡성 가곡리 오층석탑(谷城 柯谷里 五層石塔)

문화재 지정 : 보물 제1322호

곡성 가곡리 오층석탑은 행정구역상 전남 곡성군 오산면 가곡리 2번지에 위치하고 있다. 이곳은 광주 순천 간 고속도로에서 약간 벗어난 한적한 곳이다. 이 지역은 비교적 탑이 배경이 되는 산이나 큰 개천이 형성되는 않은 평범한 지형에 속한다. 특히 이 지역에서는 태안사를 제외한 불교와 관련된 큰 사찰이나 유적이 많지 않다. 현재 탑이 소재하는 곳 주변으로는 곡성군과 담양군, 순창군, 광주광역시가 근거리에 면해 있다. 그러나 주변 지역과의 연관성보다는 현재 남아 있는 석탑의 조영 시기나 양식적인 측면에서 탑의 주요 특징을 이해하는 편이 빠를 것으로 보인다. 이 석탑은 가곡리 마을의 동쪽 산허리 밭 가운데 홀로 서 있다. 석탑의 남쪽에는 석축이 남아 있고, 주위 밭에 와편이 다수 산재해 있어 남향사찰이었음을 알 수 있다.

가곡리는 주변의 산세가 개자(介字)와 같다 하여 개동(介洞)이라 부르기도 한다. 마을 뒤편의 석탑이 서 있는 곳에는 개사(介寺)라는 사찰이 있었다고 한다. 이곳은 신숙주와 같은 대학자를 배출한 곳으로, 고령신씨 선산이 있다. 마을의 형세는 소꼬리형국으로 소머리가 남쪽을 향해 있으며, 마을의 입구는 북쪽을 향하고 있다.[127]

석탑의 연혁

곡성 가곡리 오층석탑은 해발 427m 높이의 매봉산 북쪽 계곡의 경사진 곳에 위치한 가곡리 마을의 동쪽 산허리에 홀로 서 있다. 이 석탑의 남쪽에 석축이 있고 주위 밭에는 와편이 산재해 있어 남향사찰이 있었음을 알 수 있으나, 현재의 연구 성과로는 사찰의 이름을 알 수 없다. 언덕 아래는 신씨 문중의 제각이 있다.

이곳은 바로 직선거리로 3㎞ 내외의 거리에 위치해 있는 관음사와 인접하고 있다. 마을사람들은 원래의 관음사터가 이곳이었다고 구전되나, 이를 고증할한 역사적 증거나 사료는 찾기 힘들다. 시대적 차이는 있으나 현재의 석탑과 관음사의 창건이 백제관음신앙과 관련된 연기설화가 전해지고 있다는 점은 백제양식을 계승한 가곡리 석탑의 건립배경을 이해하는데 실마리가 되지 않을까 한다.

석탑 정면의 언덕 아래에는 고령신씨(高靈申氏) 5·6세조 묘역이 있다. 이곳은 고령신씨 5세조인 순은공 신덕린(醇隱公申德隣, 생졸년 미상, 고려말~조선초) 선생 내외분과 6세조인 호촌공 신포시(壺村公申包翅, 1361~?)

127 전남대학교박물관, 곡성군, 『곡성군 문화유적 학술조사』, 전남대학교출판부, 1996, p.376.

선생 내외분을 모신 묘역이다. 묘역은 전면으로 관리인 숙사가 있고, 우측으로 5·6세 사적비, 치일재가 조성되어 있다. 좌측으로는 순은공 합장묘와 호촌공 배위묘가 있으며, 탑의 뒤쪽 산으로 올라가면 호촌공 묘가 있다. 고령신씨 묘역 안내판에는 가곡리 오층석탑에 대한 간략한 설화가 전해지고 있다. 안내문의 내용은 다음과 같다.

전해 내려오는 말에 의하면, 순은공이 별세하여 그 아들인 호촌공이 부친의 묘 자리를 찾아 순행하던 중 예전에 순은공 댁에서 일하던 사람을 만나 그간의 사정을 물으니, 지금은 승려가 되어 사찰을 지키고 있다는 말을 하였다. 이에 호촌공이 순행의 이유를 말하니, 자기의 사찰까지 안내하면서 이곳이 천하명당이니 옛 주인의 유해를 이곳에 모시도록 하시라고 권고했다고 한다. 장례일이 되어 이곳 가곡(柯谷)으로 운구하고 보니 승려는 간데없고, 절마저 불태우고 빈터에 사탑만 남아 있었다는 것이다. 이는 그 승려가 명당에는 두 주인이 있을 수 없으므로 묘를 모시는데 사찰이 방해가 될까 염려하여 사찰을 불태우고 어디론지 떠난 것이다. 지금 서있는 오층석탑이 그러한 사연을 간직하고 있다는 것이다.[128]

이상의 내용은 진위는 알 수 없으나, 신씨문중에서 묘역을 조성하면서 당시의 상황을 기록한 내용으로 어느 정도 조선초기의 상황을 말해주고 있다. 순은공은 고려가 멸망하자 개성의 두문동에 들어가 조선왕조에 항거한 '두문동 72현'의 한사람으로, 충신의 절의를 지켜 고려 충신각에 배향된 인물이다. 이를 통해 가곡리 사역의 상황과 폐사 시기를 추정해 볼 수 있다. 즉 석탑과 사찰은 이미 여말선초 이전부터 번성하였으나, 사세는 조선이 개국한 어느 시기에 불이 났고, 이후 폐사된 것으로 추정할 수 있다. 이는 당시의 상황만을 말하는 것이고, 이후의 사찰의 경영이나 활동은 전혀 알 수 없다.

곡성 가곡리 오층석탑은 2층 기단 위에 오층의 탑신부를 갖는 고려시대 중기에 건립된 것으로 추정되는 석탑으로 전체높이가 약 6.5m정도이다. 하층기단의 지대석 부분은 시멘트로 보수하여 알 수 없었다. 그러다 가곡리 오층석탑은 2005년 1월부터 2006년 2월까지 정밀실측조사와 더불어 부분적으로 훼손된 부재의 보존처리 및 석탑 주변 유구 조사를 실시하였다. 이때의 공사에서는 기존의 시멘트 기단과 난간을 철거하고 자연석 기단으로

128 고령신씨 5·6세조 묘역 안내판 참조.

보강하였다.[129] 세부적으로는 2006년도의 수리 시 경사진 대지에 자연석 기단을 새로이 조성하여 석탑을 위치시켜 하부구조의 모습이 어느 정도 밝혀졌다. 상륜부는 노반석과 보주형 복발이 남아 있고 전체적인 모습은 담양 남산리 오층석탑과 흡사하다.[130]

석탑의 양식

이 탑은 이중기단 위에 선 오층석탑으로, 하층기단의 지대석은 시멘트로 매몰되어 알 수 없었던 것을 2006년에 수리하여 깨끗한 모습으로 단장하였다. 당시 지대석과 하대 저석의 유무를 알아보기 위하여 중석의 하부를 부분적으로 해체하여 볼 수 있었다. 이때 석탑의 하부 구조는 다듬은 지대석이나 하대 저석을 발견할 수 없고, 자연석들이 하대중석을 부분적으로 지지하고 있음을 확인하였다. 이 자연석들은 지대석이나 하대 저석이라기보다는 지반에 묻혀 상부의 하중을 받은 부재로서의 기능을 갖는 것으로 보인다. 지대석이나 하대 저석이 없는 하층기단 중석은 6매의 판석으로 구성하였는데, 우주와 탱주가 표현되지 않았다. 두툼하고 평평한 판석으로 된 하층 기단갑석은 6매석으로 구성되었으며, 하부에 부연이 있다. 하대갑석의 낙수면은 경사 없이 평평하다.

상층기단을 받치는 상대 중석받침은 담양 남산리 오층석탑과 같은 모습인데, 각형 2단을 1매석에 조출하였고, 전체 5매석으로 구성하였다. 상층기단 중석은 우주가 깊게 모각되었으며, 4매판석이 ㅍ자형으로 결구되어 있다. 우주와 면석이 끼워 맞춰지는 부분의 짜임은 우주의 안쪽 측면에 홈을 파서 면석을 끼워 결구하는 방법을 사용하였다. 상층기단의 갑석은 하면에 두툼한 부연을 두었고, 상면에도 두툼한 각형 1단의 탑신받침을 두었는데 이들 모두 단일석에 조출되었다. 상대갑석의 낙수면은 경사 없이 평평하다.

곡성 가곡리 오층석탑의 기단은 이중기단으로서 신라탑적인 기단의 요소를 지니고 있으나 완벽한 형식을 지닌 상층기단과는 달리 하층기단이 지대석과 저석이 없이 중석과 갑석, 우주와 면석으로 구성되어 있다.

신라탑의 기단형식과 유사한 대표적인 백제계석탑의 예로는 금산사 오층석탑, 발산리 삼층석탑, 보원사지 오층석탑, 성주사지 서 삼층석탑 등을 들 수 있으며, 이들 대부분은 신라계 절충양식 탑들이 주류이다. 그 외에도

담양 남산리 오층석탑(위)
담양 연동사지 삼층석탑(아래)

129 곡성군, 『곡성 가곡리 오층석탑 실측조사 및 수리보고서』, 2006 앞의 책, p.139~143.
130 곡성군, 앞의 책, p.93.

약간 변형된 형태인 나주 송제리 오층석탑, 곡성 가곡리 오층석탑 등을 예로 들 수 있다. 이들은 즉 신라석탑 양식인 이중기단에서 다소 변형된 모습으로 백제식 이중기단이라고 구분할 수도 있다.[131]

그러나 백제계 석탑 중에서 세장 고준한 나주 송제리 석탑, 보성 옥마리 석탑 등의 기단은 이중기단이면서도 백제계양식을 지닌 고준한 기단을 이중으로 얹어 더욱 세장해 보인다. 반면 곡성 가곡리 석탑은 별석으로 조립하여 이중기단을 이루고 상대중석과 하대갑석 사이에 1단의 단일부재를 더 얹어 더욱 복잡해진 형태이다.

특히 이들은 백제계 석탑에서 볼 수 없는 부연과 1층 탑신받침(각형 혹은 몰딩형)을 대부분 갖추고 있다. 이는 신라계 석탑에서 기본적인 모습을 볼 수 있는 형식으로 당연히 신라적 성격이 강한 탑에서 나타난다. 반면 상대갑석은 형태가 두꺼운 판석으로 구성되었는데, 낙수면에 경사가 없어

131 천득염, 백제계석탑연구, 전남대학교출판부, 2000.

경사가 있는 신라계 석탑과 비교된다. 또한 세부적으로 우주와 탱주 등이 생략되고, 강직한 맛을 내는 것도 후기적 수법을 나타내고 있다.

탑신의 세부 양식을 살펴보면 상층기단 갑석 중앙의 탑신받침 상면에는 깊이 약 2㎝의 홈을 파고 4매석을 ㅍ자 형으로 조립하여 1층 탑신을 세웠으며, 양 우주가 뚜렷이 모각되었다. 우주와 면석이 끼워지는 부분의 짜임은 우주의 안쪽 측면에 홈을 파서 면석을 끼워 결구하는 방법을 사용하였다. 2층에서 오층까지는 높이와 폭을 서서히 줄이면서 균형 있게 체감되었다. 그러나 2층에서 오층까지의 남쪽 면에서만 양 우주 사이에 장방형의 홈을 12㎝깊이로 파놓았다. 이는 감실을 상징적으로 나타내기 위한 의장으로 보인다. 옥개받침은 1~4층까지는 3단이고, 오층은 2단이다. 받침의 형태는 2, 3, 4층의 상·하단이 각형이나, 중앙의 단은 4분원(四分圓)처럼 모(角)를 없앤 호형이다. 그러나 1층과 오층의 옥개받침 중 하단은 정림사지 오층석탑의 사릉형 옥개받침과도 유사한 모를 사선방향으로 없앤 형태이다.

옥개석 처마 끝선은 직선으로 이어지다가 전각 부분에 이르러 강한 반전을 보이고, 우동이 두툼하게 표현하였다. 낙수면은 윗면이 급한 듯하나, 점차 완만하게 내려오므로 경사가 급하지 않다. 반전이 있는 전각부분에는 상단에 2공(孔), 하단에 1공의 작은 원형 공을 두었는데 풍경을 걸었던 흔적으로 볼 수 있다.

2층 탑신받침은 옥개석 상면보다 넓으며, 각형 1단의 별석이다. 2층 탑신은 1석으로 양 우주가 모각되었고, 남면에는 면석 부분인 양 우주 사이에 상·하 장방형의 깊이 12㎝인 홈을 팠다. 이 홈은 마치 사각형의 감실을 마련한 것 같은 느낌을 주고 있어 주목된다. 3층 이상의 형식은 1층 옥개석이나 2층 탑신과 동일하지만 오층의 옥개받침이 2단으로 줄어든 점이 다르다. 오층 옥개석 정상에는 사각형의 찰주공이 깊이 9㎝가량 파여 있다. 예전에는 탑 주변에 찰주공이 관통된 노반이 있었다고[132] 전하나 현재는 보이지 않는다.

이 탑은 전체적인 느낌이나 세부적 형식, 결구수법 등이 담양 남산리 오층석탑과 거의 동일하다. 그러나 2층 이상의 탑신받침이 2단에서 1단으로 줄어든 점, 2층 이상 탑신에 감실이 표현된 것으로 보아 일부 차이를 보이고 있으며, 담양 남산리 오층석탑보다는 건립연대 또한 약간 뒤떨어진

132 정영호,『곡성의 탑, 상』, 고고미술 제7권 제5호, p.299.

작품이라 볼 수 있다. 연대는 고려중기로 여겨지며, 우동의 두드러짐과 감실조영, 특이한 기단형식, 옥개석의 경쾌한 표현 등이 특이하고 결구수법이 정연한 수작으로 평가할 수 있다.

가곡리에는 탑과 함께 동네 앞 100m 지점에 석장승이 남아 있다. 도로 양쪽에서 서로 마주하고 있으며, 마을사람들은 이곳을 '장승거리'라 부른다. 장승은 왼쪽에 있는 것을 할아버지 장승이라 하며, 오른쪽을 할머니 장승이라 구분하고 있다.

곡성 태안사 삼층석탑(谷城 泰安寺 三層石塔)

문화재 지정 : 전라남도 문화재자료 제170호

태안사의 연혁

태안사는 곡성군에 위치한 동리산에 자리 잡고 있다. 동리산은 일명 봉두산(鳳頭山)이라고도 한다. 봉두산이란 그 산의 모양이 마치 봉황의 머리와 같은 형세이며, 동리란 봉황이 먹고 산다는 오동나무 열매가 우거진 숲속이라는 뜻이다. 이는 봉황이 사는 곳에는 당연히 오동이 있어야 한다는 데서 나온 연유일 것이다.

태안사는 통일신라시대인 742년에 동리산파를 세웠던 명승 적인선사 혜철(寂忍禪師 慧徹)[133]가 세운 것으로 알려져 있다. 태안사(泰安寺)는 신라시대에 대안사(大安寺)로 불렸으며, 불교 9산선문의 하나인 동리산파(桐裏山派)의 본산지로 오랫동안 영화를 누렸다. 조선 이후에는 대체로 태안사로 불렸는데, 大와 太는 뜻과 소리가 서로 통하는 글자일 뿐 아니라 평안하다는 의미가 덧붙여져 명칭이 변화된 것이라 한다. 적인선사 혜철과 광자대사 윤다(廣慈大師 允多)의 탑비에는 대안사라 이름하고 있어 그 사정을 짐작할 수 있으나, 언제부터 바뀌게 된 것인지는 알 수 없다. 단 『동국여지승람』이나 『호남읍지』, 「태안사사적기」 등에서는 모두 태안사라 적고 있어 조선초기부터 이미 사찰의 명칭이 대에서 태로 바뀐 것을 짐작할 수 있을 뿐이다.[134] 적인선사 비문에는 선사가 대안사를 창건하기 이전에 원래 사찰이 있었다고 한다.

신라 말기에 이르러서는 중앙 귀족들의 분열이 심화되고, 지방 세력이 크게 들고 일어나는 등의 사화변혁기가 겪게 된다. 그동안 신라 사회를 이끌어오던 지도 이념인 화엄과 유식 중심의 교종 불교는 사회 변화에 대응하는 진보적 이념으로 탈바꿈하지 못하고 새롭게 등장한 선종에게 그 지도력을 잠식당하게 된다. 선종 세력의 활동 무대는 주로 호족세력과 연합한 지방에 집중하고 있어, 구산선문을 비롯한 선찰들이 거의 전라도나 충청도, 강원도 지역에 분포하고 있다.

고려시대 들어 태안사는 사세가 점차 커지게 되어, 당시 선승인 광자대사는 주요 건물들을 132칸으로 넓혔으며, 승주군에 있는 송광사나 구례군에 있는 화엄사를 말사로 거느렸을 만큼 세력이 커지게 됐다. 그러나 고려중기에 송광사가 조계종의 본산으로 지위를 굳힘에 따라 그 위세가 약해졌다고 한다. 이러한 태안사는 고려 초의 광자대사 입적 이후부터 1684년까지의 역사에 대해서는 알려진 것이 없다. 단 「태안사사적기」에서 조선 후기 숙종 9년인 1683년에 태안사가 중창되었다는 것을 말하고 있을 뿐이다. 태안사에 대한 기록인 사적기는 1900년대 초반에 세운 「동리산태안사사적」과 1943년의 것인 「태안사사적」이 남아 있다. 이들 사적에서는 1684년 이후부터 1948년까지의 역사를 비교적 자세하게 기록하고 있어 조선후기 이후의 태안사 연혁을 이해할 수 있다. 현재 태안사에 소장된 목판인 『청허당

133 적인선사의 법명은 혜철이며 자는 체공(體空)으로 신라 원성왕 원년에 태어나서 경문왕 원년에 입적했다. 선사의 어머니는 꿈에 한 승려가 서서히 걸어 들어오는 것을 본 이후 태기가 있어 아이를 낳았으므로 그때부터 벌써 출가할 그릇임을 알았다 한다. 어려서부터 뭇 아이들과는 다르게 조용한 곳에서 혼자 지내며, 비린 음식을 멀리하고 사찰을 찾아 불법을 배우니 본디 불가와 인연이 있었던 듯하다. 적인선사는 일찍이 화엄으로 출가하여 남종선의 심인(心印)을 얻은 조사였다. 선을 익힌 후에는 대장경 등의 경전 공부에도 열의를 보였으며, 계율에도 정통한 보기 드문 거장이었다.

134 전남대학교박물관, 곡성군, 『곡성군 문화유적 학술조사』, p.147.

대사집(1666)』과 『대승기신론소(1681)』은 이 무렵에 판각된 것이다.[135]

조선시대의 태안사는 여느 절이 겪었던 것과 마찬가지로 억불정책에 의해 크게 억압을 받았을 것으로 생각된다. 태안사는 조선시대를 거치면서 옛 영화를 되찾지 못한 채 간신히 명맥을 이어오다가, 일제강점기에는 화엄사의 말사로 그 격이 떨어지게 된다. 또한 한국전쟁 때에는 대웅전을 비롯하여 부속건물 열다섯 채가 소실되어 버렸다. 지금의 대웅전은 1969년에 옛 모습을 본 따 새로 지은 것이다.[136]

석탑의 양식

태안사 삼층석탑(전남 문화재자료 제170호)은 전형적인 신라석탑 양식을 따르고 있다. 전남 지역에서 많지 않은 신라양식을 따른 석탑 중 하나이다. 그러나 이 석탑은 현재 유실된 부재를 새로 추가하여 복원한 것이다. 원래 석탑은 부도전의 광자대사탑비 바로 앞에 있었던 것을 새로이 연못을 만들면서 그 중앙의 섬으로 탑을 옮긴 것이다. 당시 섬으로 석탑을 옮겨 복원하면서 기존에 유실된 부재인 기단부 면석 1매와 1층 옥개석, 그리고 2, 3층의 탑신을 새로이 만들었다. 즉 탑은 현재의 위치가 아닌 부도전에 있던 것이다. 그러나 부도전에 놓인 석탑 또한 원래의 위치가 아닐 가능성이 크다. 현재 연못은 일반적인 사찰의 연지와 달리 그 중앙에 석탑을 복원함으로써, 원래의 기능과 달리 이용되고 있다. 비록 아름다운 연지와 우뚝 솟은 탑에 의한 시각적인 즐거움을 주나, 교리적으로나 사상적인 감흥이 떨어지는 면이 있다.

석탑의 구조는 이중기단에 삼층의 탑신과 옥개를 가지는 탑신부, 그리고 상륜을 갖추고 있다. 기단의 아래에는 석탑을 옮기면서 마련한 3단의 받침을 놓아 지대석을 만들었다. 이 지대석은 전체적인 석탑 규모에 비해 거대해 그 균형을 깨고 있다. 하층기단은 저석과 중석이 하나의 부재로 되어 있으며, 그 위로 갑석이 올려졌다. 저석은 낮은 각형을 조각했고, 기단의 면석이 안으로 들어가 있다. 면석은 각 모서리에 양 우주를, 중앙에 탱주 1주씩을 모각했다. 하층기단 상부의 갑석은 4매의 판석을 조각했다.

135 전남대학교박물관, 곡성군, 『곡성군 문화유적 학술조사』, p.147~148.

136 전남대학교박물관, 곡성군, 『곡성군 문화유적 학술조사』, p.475.

하대 갑석 상부는 적당한 경사를 주어 옥개의 형식을 보이고 있으며, 하부의 부연 없이 평평하다. 갑석 상부 중앙에는 각, 호, 각형의 3단 받침을 두어 상층기단 면석을 받쳤다. 전반적으로 하층기단은 상층기단에 비해 낮은 편이다.

상층기단은 4매의 판석으로 된 중석과 위에 올려진 갑석으로 구성됐다. 중석은 장판석을 이용해 구성하였는데, 각 모서리에 우주를 두었고, 중앙에는 탱주를 세웠다. 상대 갑석의 하부에는 부연을 두었고, 상부에서 각, 호, 각형의 탑신받침 3단을 조각하였다.

탑신부는 3층의 탑신과 옥개이다. 이중 1층 옥개석과 2, 3층의 탑신은 새로운 부재이다. 탑신과 옥개는 각각 1매의 석재를 이용하여 조각하였다. 탑신은 1층이 비교적 큰 규모이고, 위로 올라 갈수로 체감하고 있다. 탑신의 면석에는 각 모서리에 양 우주가 있으며, 별다른 조식은 보이지 않는다. 옥개석은 일반적인 석탑의 형식을 그대로 따르고 있다. 옥개 상부에서 처마까지 자연스러운 곡선을 이루다가 전각에 이르러 적당한 반전을 이루고 있다. 처마 하부에는 전체적으로 평평한 면을 보이면서 전각에서 경사를 보이고 있다. 옥개받침은 각각의 층이 모두 4단이며, 정연한 모습을 보이고 있다. 옥개 상부에는 탑신을 받치기 위한 2단의 각형 탑신받침을 두었다. 이상의 탑신부는 특별한 면을 보이지 않고 있으며, 전형적인 탑신부의 양식을 그대로 따르고 있다. 그러나 탑신부는 새로 부가된 옥개와 탑신들이 기존에 남아 있던 부재들과 마찬가지로 많은 부분 탈락과 파손이 진행됐다. 상륜부는 노반과, 복발, 그리고 길다란 봉 위체 보주가 올려진 형태이다. 이 상륜부는 원래 노반만 남아 있던 것을 복원하면서 그 위의 부재를 새로 마련한 것이다.

이 석탑은 옛 부재와 함께 현재의 자리에 복원하면서 새로운 부재가 추가되었으나, 그 조형미와 균형미 등 석탑의 형태가 아름다운 편이다. 특히 통일신라에 완성된 전형양식을 그대로 반영하고 있어 주목되는 석탑이다. 전남지역에서는 통일신라 때 조성된 석탑이 많지 않은 편이나 이 석탑은 양식사적 흐름과 변화양상을 이해하는데 있어 하나의 단편을 제공할 수 있을 것으로 본다.

이 석탑은 일반적으로 고려시대 초기에 조영된 것으로 본다. 물론 태안

사가 통일신라까지 거슬러 올라가므로, 이 석탑 역시 통일신라 말기까지 그 연대를 비정할 수도 있을 것이다. 석탑의 규모가 작고 기단의 간결화된 양상이 보이나, 즉 하층기단의 탱주가 1주로 표현되고 경사를 이룬 갑석을 보았을 때 어느 정도 고려초기로 그 시기를 규정할 수 있다고 하는 주장도

있다. 그러나 비록 석탑이 신라전형양식에서 일부 부족한 면이 보이고 있으나 전체적인 형식이 통일신라 본래의 양식을 그대로 따르고 있어 석탑의 조성시기를 나말여초로 추정할 수 있겠다.

구례

구례 화엄사 사사자 삼층석탑

구례 화엄사 동 오층석탑

구례 화엄사 서 오층석탑

구례 화엄사 원통전 앞 사자탑

구례 화엄사 구층암 삼층석탑

구례 연곡사 삼층석탑

구례 논곡리 삼층석탑

구례 사도리 삼층석탑

구례 화엄사 사사자 삼층석탑(求禮 華嚴寺 四獅子 三層石塔)[137]

문화재 지정 : 국보 제35호

사사자 삼층석탑의 위치와 효대

화엄사 각황전 서남쪽 옆을 왼쪽으로 끼고 돌아 108개의 계단을 따라 올라가면 화엄사에서 초창기의 것으로 보이며 국보 제35호로 지정된 아름다운 삼층석탑과 석등이 있는 평평한 일단의 대지가 있다. 화엄도량이 한눈에 내려다보이는 이곳을 효대(孝臺)라고 부르는데, 이 명칭은 삼층석탑과 석등에 얽힌 연기조사의 효성과 관련된 설화에서 유래한 것으로 보인다. 효대에 오르기 위해서는 두 계단이 있는데 여유 있게 잘 만든 계단은 근자의 것이고 좁고 급한 경사의 것은 예전의 오래된 것이다. 옛 계단을 올라서면 바로 앞에 석등이 있고, 그 뒤에 삼층석탑이 거의 일직선상에 자리하고 있다. 이곳은 석탑과 석등이 있고, 그들이 앞뒤로 적당한 간격을 두어 위치하는 모습이 마치 부처를 모신 금당이 생략된 작은 사찰을 연상하게 한다.[138] 이곳을 오르는 계단은 경사가 급한 언덕이고, 탑의 뒤로 노출된 암반이 있어 문이나 금당이 들어설 공간이 없는 좁은 곳이다. 그러나 계단과 석등, 배례석, 석탑이 적절한 거리를 두며 자리하고 있어 세심한 고려에 의

137 지리산 대화엄사, 『화엄사 사사자 삼층석탑 실측조사 보고서』, 2004.
남도불교문화연구회, 『선암사』, 1992, p.147.

138 정선종, 「화엄사의 석조문화재」, 남도불교연구회 불교문화연구 9집, 2002, p.35.

옛 계단의 소맷돌 흔적

해 배치하고 조성되었음을 느낄 수 있다.

효대를 보호하기 위한 석축과 계단에는 어느 탑의 부재인지 모를 기단 면석 부재가 섞여 있다. 이 부재는 효대 위에 기단을 두었던 것인지, 아니면 다른 곳에서 부재를 옮겨온 것인지 알 수 없다. 오래된 계단은 탑과 배례석, 석등의 중심을 연결하는 직선보다 약 1m쯤 북쪽으로 치우쳐 있다. 현재의 디딤돌은 아래 면에 몰딩을 주었거나, 1단의 각을 이룬 석재들이 있어 후대에 보수하면서 다른 석재를 이용한 것으로 보여지며[139] 이때 위치가 변경된 것으로 여겨진다. 또한 계단 좌우에 남아 있는 석재난간의 한 형식인 소맷돌 부재로 보아 예전에는 계단 좌우에 난간이 설치되었을 수도 있다고 추정할 수 있겠다.

이 탑은 자장율사가 효성이 지극했던 연기조사를 추앙하기 위해 세웠다고 전해지고 있다. 조성 수법으로 볼 때 이 석탑은 자장시대인 7세기 전반기의 것으로 볼 수는 없다. 이 석탑은 공양탑의 의미로 만들어졌다. 탑 앞에 꿇어앉은 공양인은 연기조사이고, 그 대상이 사리탑의 네 마리 사자 중앙에 서 있는 그의 어머니라는 것이다. 출가한 사문은 출가 전의 인연에 연연하여 참된 구도의 길을 더디게 해서는 안 된다. 그러나 중국이나 우리나라 문화권에서 효의 관념은 가장 기초적이며 절대적인 것이다. 불교는 이 땅으로 전래되어 효 윤리를 강하게 강조하는 「부모은중경(父母恩重經)」과 같은 내용을 만들어 낸다. 그러므로 우리는 이 자리를 효의 도량으로 추앙하며 인정할 수 있다. 양옆으로 늘어선 동백숲이며, 탑 한 편에 보기 좋게 서 있는 반송의 자태도 이와 어울리는 우리다운 풍경이다. 그러므로 일찍부터 이곳은 효대로 알려졌고 얼마 전까지도 탑을 경배하는 탑전이 가까이에 있었다.

사사자삼층석탑의 연혁

화엄사 사사자삼층석탑은 화엄사의 개창자인 연기조사의 효성을 기리기 위해 세운 것이라고 전한다. 『지리산화엄사사적(智異山華嚴寺事蹟)』에 의하면 '開基於梁武帝大同十二年新羅眞興王五年甲子祖述於唐明皇天寶十三年新羅景德王十 三年甲子'라고 기록되어 있고, 『봉성지(鳳城誌, 求禮邑誌)』에는 '梁武帝大同十年新羅眞興王所 唐貞觀新羅善德王時慈藏大師建塔........

139 국립목포대학교박물관, 『구례군의 문화유적』, 금성인쇄출판사, 1994, p.126.

景德王朝勅令重新其時大寺八屬菴八十一'라 하고 있다.[140] 이 내용으로 보아 사찰의 초창연대가 문헌상에서 약간의 차이가 있음을 알 수 있다. 즉 하나는 대동12년(546)이고 다른 하나는 대동10년(544)인데, 신라 진흥왕 5년이 544년이기 때문에 비슷한 시기로 이 무렵에 사찰이 창건되었다고 판단된다.

이상의 문헌에서는 자장대사가 탑을 세웠고, 중국연호인 천보 13년(754)과 신라 경덕왕 13년(754)에 중신(重新)하였다고 했다. 즉 사찰의 초창은 대동(大同) 연간인 535년부터 545년이고, 자장대사가 정관(貞觀) 연간인 627~649년에 탑을 세웠으며, 경덕왕대에 새롭게 중건되었음을 알 수 있다. 이처럼 사찰의 초창연대가 6세기 중반으로 알려져 있지만, 이 석탑의 조성 시기는 미술사학계 전반에서 흔히 8세기 중엽으로 추정하고 있는 바대로 경덕왕 때 건립된 것으로 보인다.

한편 상층기단 갑석 아랫면에는 많은 낙서가 남아 있는데, 특히 연화문 부분의 낙서 사이에는 '雍正七年己酉三月二十 八日…'의 묵서가 있다.[141] 옹정 7년은 조선 영조 5년(1729)에 해당되는데, 이 글이 단순한 낙서인지 혹은 탑의 중수와 관련된 기록인지 아직 확실하게 밝혀지지 않았다.

사사자삼층석탑의 양식

석탑은 장구한 세월의 풍우한설에 의하여 모습이 약간 변하였으나 전체적으로 느낄 수 있는 조형감에는 영향이 거의 없었던 것으로 보인다. 지대석은 동면에서 약간 침하하여 하층기단 면석이 조금 이격되어 있고, 남측의 갑석 2개소가 일부 훼손되었으며, 중앙 인물상 왼발의 한 앞부분이 떨어져 나가 없어졌다. 또한 상층기단갑석을 떠받들고 있는 연화대 4개소 중에 서측 모서리 부분이 훼손되고 북측 사자의 오른발에도 균열이 있으며 남측 모서리 갑석과 그 위의 연화좌대에도 균열이 있다.

그러나 상층 기단부를 기둥과 면석으로 구성한 일반형 석탑과는 달리 하층기단갑석 위에 네 마리의 석사자가 육중한 상부의 탑신부를 받치고 있어 일견 구조적으로 불안해 보이나 이 탑의 균형 잡힌 구조적 기법은 오히려 안정된 모습을 보이고 있다.

또한 각 층의 균형이 잘 잡혀있고 부재의 크기가 아주 근소하게 다를

140 關野 貞, 『朝鮮の建築と藝術』, 岩波書店, 東京, 1941, p.532.

141 많은 사람의 이름 사이에서 작은 글씨로 쓴 묵서명을 발견하였는데, 판독한 부분이 1행이고 1~2행이 더 있는 것으로 보인다.

뿐 비교적 그 형상은 같으며 탑의 전체 체감율도 폭에 비하여 높이의 체감이 크다. 기단부를 제외한 탑신부에서 상륜부까지의 모습은 간결하면서도 의장적으로 완성된 조형성이 신라 이형석탑의 걸작으로서 불국사 다보탑 양식과 비슷한 모습이다. 탑의 전체높이는 7.1m이다.

탑 전체는 1986년 실측 시 서쪽으로 130㎜정도 기울어져 있었다고 기록되었으나,[142] 이것은 동·서 방향을 잘못 조사한 것으로 보여진다. 2004년 실측조사에는 동쪽으로 약 132㎜, 북쪽으로 15㎜ 정도 미세하게 기울어졌음을 확인하였다. 그러나 1,200여년이 지난 석구조물로서는 거의 완존한 상태라고 할 수 있겠다. 이 사사자 삼층석탑의 효대를 노래한 고려 대각국사(大覺國師)의 시[143]가 있다.

적멸당 그 앞엔 승경도 많고	寂滅堂前多勝景
길상봉 높은 봉우리 티끌도 끊겼네	吉祥峰上絕纖埃
진종일 서성이며 지난 일 새악하니	彷徨盡日思前事
저믄날 슬픈 바람 효대에 감도네	薄暮悲風起孝坮

142 문화재관리국, 『구례 화엄사 실측조사보고서』, 1986, p.158.
143 한국불교연구회, 『화엄사-한국의 사찰 8』, 일지사, 1987, p.97.

사사자삼층석탑의 의장적 특징

화엄사 사사자 삼층석탑은 그 축조기법이 독창적이고 조형의 아름다움이 수려하여 불국사의 다보탑과 함께 신라시대 석탑의 쌍벽을 이루고 있다. 뿐만 아니라 이 탑의 예술적 가치는 외형적 관상으로만 끝나는 것이 아니라 탑의 조성에 있어 전체와 부분, 부분과 부분 사이에 계획적이고 정연한 구성비가 나타나고 있어 의장적인 부분에서도 가치가 더욱 크다고 할 수 있다.

화엄사 사사자 삼층석탑은 이중기단 위에 삼층탑신이 놓여 있으며, 구성 재료는 화강석이다. 이 석탑의 구성형태를 개설하면, 기초부는 비교적 넓은 지대석을 기반으로 하여 기단부를 둘러싸고 있으나 지대석의 하부가 드러나지 않아 정확히 확인하기 어렵다. 지대석은 각 면을 3매씩 도합 12매의 두툼한 돌로 이루어져 있다. 특히 네 모서리의 지대석에는 가는 실선으로 옥개석에서 나타나는 우동을 표현하여 이채롭다.

지대석 위의 하층기단의 저석은 3단의 몰딩을 두르고(중단은 1/4호형) 그 위에 면석(흔히 중석이라고도 함)을 판석으로 구축하였다. 하층기단의 중석은 석등을 향하고 있는 전면은 1매석으로 되어 있으나 양측 면 판석의 마구리를 드러내어 모서리기둥 모양인 우주를 대신하였다. 양 측면은 각각 2매의 돌로 중앙에 탱주를 두지 않고 타원형의 안상 내부에 3구씩 도합 12구의 화려한 천인상을 두드러진 양각으로 부조하여 낙천대를 이루었으며 그 위에 1단의 부연이 있는 갑석을 올렸다.

이 탑은 정확하게 동쪽에서 30°정도 꺾인 남향으로 좌향을 삼고 있다. 석탑은 이중기단 위에 삼층 탑신을 얹고 정상에 상륜부를 놓아 신라석탑의 전형적인 형태를 따르고 있을 뿐만 아니라 상층기단의 면석부분에 네 마리의 사자를 놓아 상부를 받치고 있는 특이한 의장을 하고 있다. 그래서 이 탑은 전형양식에 대비되는 이형양식이라 하며, 또한 4마리 사자가 있어 사사자 삼층석탑이라 부르고 있다. 한국석탑연구의 선각자인 고유섭의 분류에 의하면 중대후기의 특수양식인 제13기 작품에 속한다.

이 탑의 중앙에는 합장하며 서 있는 인물상으로 탑을 받치게 하였는데, 이 상이 연기조사의 어머니상이라고 하지만 정확한 근거는 없다. 또한 이

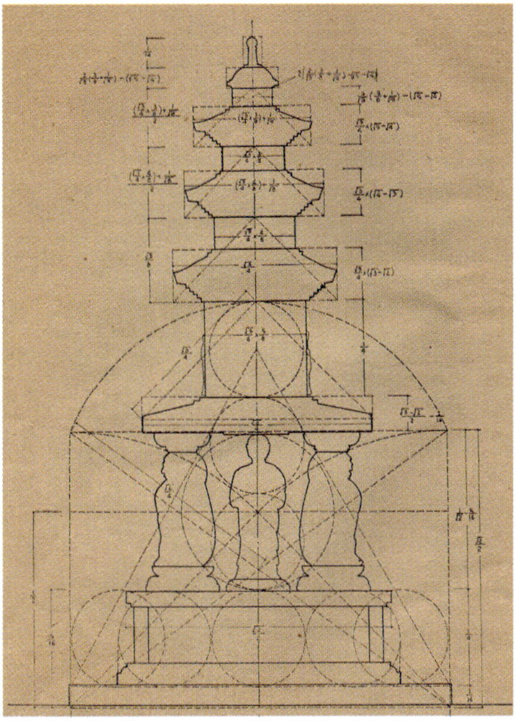

화엄사 사사자 삼층석탑 조형비 해석도
(임영배의 논문에서 인용)

탑 바로 앞에는 같은 시대 작품으로 보이는 석등이 있으며 그 아랫부분에 꿇어앉아 그릇을 받쳐 들고 있는 모습의 승상이 있는데 이 인물은 어머니에게 다공양(茶供養)을 드리는 연기조사라고 전해진다.

4마리의 석사자는 하층기단갑석의 앙련대 위에 앞발을 뻗고 가슴을 내민 당당한 자세로 앉아 탑신부를 머리에 이고 있으며, 4마리 사자상의 입 모양은 각각 다르게 표현되어 있다. 탑의 정면에서 바라보았을 때 왼쪽의 것은 입을 크게 벌리고 있고, 오른쪽 것은 보통으로, 그 뒤쪽의 것은 보다 작게, 그리고 나머지 하나는 입을 꾹 다물고 있다. 다시 말해 사자상의 입 모양은 정면 왼쪽의 사자상으로부터 시계 반대방향으로 차츰 작아져 마지막에는 입을 다물고 있는 형식이다. 사자가 입을 벌려 이빨을 드러낸 것은 범어의 'A'(아)발음, 보통으로 벌린 것은 'U'(우)발음, 작게 벌린 것은 'M'(훔) 발음의 표현이며, 입을 다물고 있는 것은 'M'발음 뒤에 따르는 침묵의 상태를 암시한다. 'A'는 입을 여는 소리이며, 'M'은 입을 닫는 소리로 일체의 언어와 음성이 모두 이 두 자 사이로 돌아간다.

'AUM'(아우훔)의 신비스러운 발성은 고대인도 브라만교의 경전인 베다의 찬미와 주문의 신성한 언어로부터 유래되었으며, 그것은 창조성의 완전성에 대한 표현과 긍정의 의미로 이해된다. 'A'는 경험의 세계와 함께 있는 의식의 상태이고, 'U'는 꿈의 미묘한 형태에 대한 경험과 더불어 꿈꾸는 의식의 상태이며, 'M'은 꿈꾸지 않는 깊고 잠잠하고 미분화된 의식의 자연적 상태이다. 'A'와 'U'와 'M'의 발음 뒤에 따르는 침묵은 궁극적인 신비의 세계이며, 그곳에서 선험적인 법성과 일체가 되어 법성이 자아로서 체험되는 단계인 것이다. 그러므로 'AUM'의 발음, 그리고 침묵은 존재의 전체에 대한 의식을 발음으로 상징화한 것이라고 할 수 있다.[144]

한편 4마리의 석사자의 모습이 희로애락을 상징한다는 해석도 있고, 중국을 향해서는 웃고 있으며 일본을 향해서는 찡그리고 있다는 해석도 있다.

아무튼 이처럼 석탑의 상층 기단부에 네 마리의 사자를 배치한 양식을

144 허균, 『사찰장식, 그 빛나는 장식의 세계』, 돌베개, 2000, p.193~199.

모방한 석탑은 후대에 이르러 전국적으로 건립된다. 그 예로서는 화엄사 경내의 원통전 앞 석탑, 금강산 금장암지(金藏庵址)석탑, 제천 사자빈신사지(獅子頻迅寺址) 석탑, 홍천 괘석리사지(掛石里寺址)석탑, 함안 주리사지(主吏寺址)석탑, 선암사 화산대사부도(華山大師浮屠) 등이 있다.

사자상(獅子像)의 의미

사자상이 불교미술에 처음 등장한 것은 불교 발상지인 인도 마가다국의 아소카왕 기념석주에 등장하는 사자상 부터이다. 고대 인도를 통일한 아소카왕은 부처님을 흠모한 나머지 부처님의 유적지를 순례하고 각처에 탑과 기념주를 건립하였다.

그 중 오늘날까지 전하는 것이 30여 기에 달하는데, 이 기념 석주의 정상에 연꽃대좌가 있고, 그 위에 3마리의 사자상이 서로 등을 맞붙인 채 앉아 있다. 아소카왕석주의 사자상은 단순히 기둥머리를 장식하기 위한 것이 아니라 불법을 상징하는 정상의 법륜(法輪), 즉 부처님과 불법을 사자로 하여금 수호케 한다는 이념을 구상화한 것이다. 불탑이나 석등의 사자상은 크게 두 가지 의미를 지니고 있다. 그 하나는 부처님의 화신으로서, 그 권위와 위엄으로 불법을 믿지 않는 자나 악마를 제어하는 동시에, 몸과 입, 마음의 삼업(三業)을 조화하여 모든 악행을 제어한다는 의미를 지니고 있다. 또 하나는 그 입 모양을 통하여 법성 진리를 터득하는 단계, 즉 현실적 경험과 의식 상태, 미묘한 꿈의 의식상태, 미분화된 의식의 자연적 상태, 그리고 법성과 일체된 자아의 상태를 단계적으로 표현함으로써 일체 중생이 자증(自證)과 타화를 본래부터 갖추고 있음을 드러낸다.

사사자삼층석탑의 기단과 탑신 면석에 새겨진 여러 상(像)

석탑을 구성하고 있는 기단과 탑신 표면에 불상을 비롯한 여러 가지 물상(物象)을 조각하는 것을 표면장식이라고 할 수 있다. 여러 가지 물상 중에는 장식적인 요소가 있기도 하지만 근본적인 의미는 탑 안에 봉안된 사리의 수호 내지는 공양의 뜻이 더 강하다. 이는 장식이라기보다는 장엄의 목적이 더 크다고 생각된다.

탑신 4면에 불·보살 혹은 사천왕·인왕 등의 상을 조각하고 기단에는 팔부중, 십이지, 사자 등의 상을 배열함은 사리 수호의 뜻이 분명하고, 비천, 주악천, 공양의 상들을 배열함은 사리공양의 뜻이 분명하다. 탑의 기원이 불사리 봉안에 있었고 불사리에 대한 예배는 곧 부처에 대한 예배로 생각되었다. 이후 탑 자체가 기념물적인 존재가 되고 법신사리가 봉안되어도 탑에 대한 신앙의 기본자세에는 변함이 없었으므로 사리의 수호와 공양은 곧 부처에 대한 수호와 공양으로 생각하였음은 당연한 일이라 여겨진다.

또 하나 생각할 점은 한국 석탑의 형식이 목탑의 형식을 번안한 것이라는 점에서 2차적인 장엄이 나타나고 있다는 점이다. 목탑의 내부는 빈 공간이므로 미륵사지 석탑처럼 4면 중앙에 설치한 문비를 통하여 내부로 출입할 수 있고 건물의 가구는 일반 목조건물의 가구 양식을 따르고 있다. 석탑이 이러한 목조건물을 번안한 점은 표면장식 이외에도 나타나지만 탑신 4면에 내부가 공간이라는 뜻을 가진 감실형(龕室形)을 만들고 문비(門扉)를 달고 그 좌우에 인왕상을 배치하는 형식이 이미 분황사 석탑에서 나타나고 있다. 이후의 석탑에서도 고선사지 석탑이나 금둔사지 석탑처럼 문비형(門扉形)을 모각하는 경우와 화엄사사사자 삼층석탑처럼 문비형 좌우에 사천왕상이나 인왕상을 배치하는 형식이 성행하고 있다. 그뿐 아

니라 의성 탑리오층석탑에서처럼 탑신의 기둥 위에 주두받침, 창방, 평방을 비롯한 공포부재가 나타나고 실상사 백장암 석탑처럼 탑신 밑에서 난간을 돌리는 등은 목조건축이 아니고서는 따로 그 유례를 생각할 수 없다.

이상과 같이 석탑의 표면장엄은 두 가지 차원에서 생각해야 할 것이다. 즉 1차적으로 사리수호 또는 공양의 뜻과 2차적으로 석탑의 기원인 목조건축의 번안에서 그 의미를 찾을 수 있을 것이다.

그러나 이와는 전혀 달리 순전히 장식적인 의미가 포함된 것도 있다. 당초문, 파문(波紋), 안상문(眼象紋) 같은 것은 앞의 두 가지 의미와는 관련이 없는 단순한 장식인 것이다. 당초문이 불교적인 작품에 자주 이용되기도 하나 파문은 전혀 관계가 없고 오직 조선조에 건립된 신륵사 석탑에서만 볼 수 있을 뿐이다. 안상은 혹 불상의 윤곽을 잡기 위하여 조각하는 수가 있으나 그 이상은 불교와 관계가 없고 고려시대에 와서 크게 유행하다가 조선조에서는 오히려 번잡하리만치 표면을 필요이상으로 채워 버리기도 하였다. 어찌 보면 이러한 무의미하고 번잡스러운 단순한 문양 때문에 장식적이라는 인상이 강해졌는지도 모를 일이다.

화엄사사사자 삼층석탑의 기단부 12구의 천인상은 악기를 연주하거나, 춤을 추거나, 손에 무엇인가를 들고 공양하는 모습이다. 보관과 영락으로 몸을 장식하고 천의를 공중에 휘날리며 앉아있는 자세는 모두 같다고 보겠으나 연화대 위의 좌법이 다 다르고 더욱이 지물은 각양각색이며 손가짐도 같지 않다. 즉, 어떤 좌상은 악기를 잡아 연주하고 있고 혹은 팔을 벌려 춤을 추고 있는 상도 있으며 어떤 천인상은 꽃을 받쳐 공양하고 있는 모습을 보이고 있다. 그러나 이 천인상들이 다 같이 불천을 찬미하고 있는 자세인 것은 공통점인 것으로 보인다.

비천상은 천의자락을 휘날리며 허공에 떠 있는 모습으로 표현되어 있어 도교 설화 속에 등장하는 선녀를 연상케 한다. 그러나 비천의 조상은 원래 오늘날 우리가 보는 것처럼 그렇게 아름답거나 매력적인 존재가 아니었다.

비천은 고대인도 신화에 등장하는 건달바(乾闥婆), 긴나라(緊那羅)를 원형으로 삼고 있다. 건달바는 술과 고기를 먹지 않고 오직 향만을 구하여 몸을 보호하며, 또 스스로 몸에서 향기를 발산하므로 향음신(香音神)이라고도 하는데, 속악(俗樂)을 연주한다.

긴나라는 천, 보살과 일체의 중생을 춤과 노래로 감동시키는 가무의 신이다. 사람과 짐승의 중간인 가상 동물로 인간은 아니나 부처를 만날 때 사람의 모습을 취하고 말의 머리로 표현되기도 한다.

이것이 불교의 성립과 함께 팔부중의 하나로 포섭되어 하늘의 가신(歌神)으로 자리 잡았다. 본래의 비천 형상은 사람인지 짐승인지 새인지 일정하지 않고 노래하고 춤추는 난쟁이 괴물 모습을 하고 있다고 한다. 이처럼 별로 아름답지 못한 비천의 모습이 불교의 동전(東傳)과정 속에서 차츰 아름다운 선녀의 모습으로 바뀌게 된 것이다.

비천상 형태를 보면 배꼽을 드러낸 상반신은 나체이고, 하반신은 비단처럼 부드러운 속옷 차림을 하고 있다. 몸에 밀착된 부분은 신체 곡선을 그대로 드러내고 있으며, 손의 동작은 유연하고 섬세하다. 양 팔뚝에 표대(飄帶), 또는 박대(博帶)라고 하는 넓고 긴 띠를 걸치고 있는데, 이것이 바로 허공 이동의 수단이 된다. 때로는 수공후나 생(笙) 등의 악기를 연주하고 있는 모습을 보이기도 한다. 이와 같은 변신은 불교가 중국을 거쳐 우리나라에 전래되어 오는 과정에서 페르시아 등 서역의 귀족적 풍모가 가미되고 동시에 중국 도교의 신선사상이 반영된 것이라고 볼 수 있다. 조형물로서의 비천상 자체는 눈에 보이는 모습 이외에 직접 감성적으로 주어지는 것은 아무 것도 없어 보인다. 아름다운 음악이 퍼져 나오는 것도 아니고 실제로 천의가 휘날리지도 않는다. 그러나 관조의 상태에서 관람자는 비천상에서 생명을 보며 천의와 구름이 허공을 날고 있음을 느끼게 된다. 이리하여 단순히 장식 조형물로 보는 차원을 넘어 전혀 별개의 그 무엇, 즉 악기를 연주하는 행동 전체와 고동치는 활기, 움직이는 모습과 역동성 등을 감지하게 되는 것이다.

만약 불심이 돈독하고 비천의 의미를 잘 알고 있는 사람들이라면 그 속에서 비천의 자유롭고 환희에 찬 행동과 울려 퍼지는 미묘한 음악 소리를 느낄 것이며, 또한 비천이 날고 있는 불국 정토의 정경을 마음속에 그려낼 것이다.

이러한 비천상이 조각되어 있는 하층기단의 중석 위에 덮어져 있는 하층기단의 갑석에는 부연이 표현되어 있고, 갑석의 윗면은 평평하다.

상층기단은 다른 탑에서 그 유례를 찾아보기 어려운 특징으로 모서리기둥을 대신하여 연화무늬가 새겨진 2단의 대좌 위에 무릎을 꿇고 있는 암수 2쌍의 사자를 한 마리씩 지주 삼아 네 귀에 대각선 방향으로 배치되었다.

서측 면석의 비천상

북측 면석의 비천상

남측 면석의 비천상

동측 면석의 비천상

네 마리의 석사자는 앞발을 뻗고 뒤쪽 발을 구부려 앉아서 정면을 바라보고 입을 벌려 날카로운 이빨을 보이거나 입을 꼭 다물고 있는데 그 모습이 곧 불국사 다보탑의 석사자를 연상케 한다. 이들 사자의 머리에는 하대와 같이 대칭으로 연꽃무늬가 장식된 1단의 받침돌이 얹혀져 널찍한 상대갑석을 받치고 있다.

사자의 대좌는 원형으로 중판의 복련이 조각된 돌이 아래에 놓이고, 단판(單瓣)의 앙련이 조각된 돌이 위에 놓여져 장식을 더하였다. 그런데 3개소의 대좌는 단일석을 2단으로 조각하여 사용하였는데 북쪽 모서리의 대좌는 2단을 각각 별석으로 처리하였다. 각각의 사자는 가슴에 영락(瓔珞)이 조각되어 있다. 중대의 중앙에는 찰주대신 연화좌 위에 합장한 인물상이 서 있어 마치 4마리 사자가 인물상을 호위하고 있는 듯하다. 이 인물상은 대덕(大德) 혹은 연기대사의 어머니라고 전해진다. 인물상과 갑석 사이는 약간의 틈을 두고 갑석의 하면에 원형의 연화문을 새겨 천개(天蓋)를 표현한 것처럼 보인다. 인물상은 민머리에 가사와 유사한 옷을 입었으며, 입술에는 붉은 색을 칠했다.[145] 연봉오리를 쥔 오른손을 가슴에 대고, 왼손으로는 오른손을 받쳐 올리는 형태를 취하고 있다. 이 입상은 얼굴의 인상이나 몸에 걸친 가사의 의문(衣紋), 균정한 체구 등이 당대의 불상과도 같은 수법임을 연상케 한다.

상층기단 갑석은 1매석으로 부연이 없으며 상면은 경사가 급하여 중심부는 가장 자리보다 2배정도 두껍다. 갑석의 가운데는 각형 2단의 초층 탑신받침을 조각하여 탑신부를 올렸다.

사사자삼층석탑의 탑신

탑신부는 균형이 잘 잡혀 있으며 탑신과 옥개석이 각기 1매석으로 되어 일반적인 신라석탑의 탑신부와 같다. 1층 탑신에는 4면에 문을 장식적으로 두었는데, 그 안에 2개의 문고리와 1개의 자물쇠를 새긴 호형 문비 형식을 하고 있다. 또한 탑신에는 우주를 모각하고 이를 배경으로 하여 남북면에 사천왕상, 동면에는 보살상, 서면에는 인왕상을 매우 두드러지게 양각하여 장엄 하였다. 이 부분에 대하여 대부분의 개설서나 도록에는 정면에 인왕상, 좌우에 사천왕상, 뒷면에 보살상을 조각하였다고 기술하였는데, 이것은

145 과거엔 보인다 하였으나 현재는 붉은 색을 확인하기가 힘들 정도이다.

진입하는 계단이 동쪽에 있고, 기단부의 인물상도 동쪽을 향하고 있기 때문에 인왕상이 있는 서쪽을 정면으로 상정한 것에 의한 혼선의 결과로 여겨진다. 인왕상은 개심사터 오층석탑, 안동 동부동 오층전탑과 조탑동 오층전탑, 경주 분황사모전석탑 등에서 그 예를 찾아볼 수 있다. 금강역사라고도 불리는 인왕은 불법의 수호신으로 보통 양쪽에 위치한다. 이때 왼쪽의 것을 밀적금강(密迹金剛), 오른쪽의 것을 나라연금강(娜羅延金剛)이라 한다. 사천왕과 달리 손에 아무것도 들고 있지 않으며, 두 주먹을 불끈 쥔 위압적인 자세를 취하고 있다.[146]

각종 상이 새겨진 1층 탑신 중간 이상에는 모서리에 기둥을 표시하였으나 그 아래는 상에 가려 보이지 않는다. 이처럼 탑신에 상을 조각한 예는 분황사 모전석탑이 4방향에 문을 내고 문 양쪽에 인왕상을 놓은 것과 같은 것으로 이 탑에서는 단지 문이 열리지 않고 문만을 새겨 상징적으로 표현한 것만 다를 뿐이다.

진입하는 계단이 동쪽에 있고 기단부의 인물상이 동쪽을 향하고 있기 때문에 누구나 동쪽을 정면이라 생각하기 때문이다.[147] 각종 상이 새겨진 중간 이상에는 모서리에 기둥을 표시하였으나 그 아래는 상에 가려 보이지 않는다. 이처럼 탑신에 상을 조각한 예는 분황사 모전석탑이 네 방향에 문

146 허균, 앞의 책, p.183.
147 정선종, 「화엄사의 석조문화재」, 불교문화연구 9집, 2002, p.38.

148 김왕직, 『탑과 사방불』, 화인재, 1995, p.101.

을 내고 문 양쪽에 사천왕상을 높은 것과 같은 것으로 이 탑에서는 단지 문이 열리지 않고 문만을 새겨 상징적으로 표현한 것만 다를 뿐이다.

이처럼 이 석탑이 사방불로 만들어진 것은 통일신라인 8세기에 접어들면서 정립된 화엄사상에 의한 약사신앙 및 사방불 신앙과 무관하지 않을 것이다.[148]

사사자삼층석탑의 옥개석

1층 옥개석은 하면에 옥개받침이 5단이고 상면에는 2단의 각형받침을 각출하여 그 위에 2층 탑신 부재를 받게 되었으며 낙수면이 신라석탑으로는 다소 경쾌할 정도로 가볍게 느껴지고 처마 끝의 아랫단은 수평을 이루며 네 모서리의 전각은 반전이 거의 없는 수평을 이룬다. 옥개석 모서리의 내림마루 부분은 가볍게 반전되어 예리하고 경쾌한 느낌을 주며, 2층 탑신은 삼층 탑신과 함께 그 형식은 1층과 동일한 모습이나 높이가 급격히 체감하였고 역시 우주가 모각되어 있다. 각 층의 옥개석도 모두 1매석으로 되어 있으며, 5단의 층급받침과 2단의 탑신받침이 정연하고, 옥개석 모서리부분 지붕면의 전각은 경쾌한 반곡을 이루고 있으나 하단부는 수평을 이루어 모서리 부분까지 그대로 이어진다.

탑신은 높이가 급격히 줄어들고 있음에 비하여 탑신 너비나 옥개석 너비는 완만하게 줄어들어 안정된 체감을 보인다. 2층과 삼층의 탑신이나 옥개석은 별다른 장식이 없이 1층 옥개석 형식을 단순하게 따르고 있다. 상륜부에는 노반과 복발, 보주가 있으나 복발 이상은 화엄사 내의 다른 탑과 유사하여 후대에 보수한 것이라 짐작된다. 노반은 다소 크지만 복발은 상대적으로 적고 찰주가 없는 낮은 석주 위로 보주가 얹어져 있다.

사사자삼층석탑의 인물상

효대의 석탑과 석등에 있어 인물상에 대한 의견은 논란이 많다. 흔히 석탑의 인물상을 승상(僧像)이거나 연기조사의 어머니상라고 하는데 대부분의 학자들이 조각 양식에서 보이는 옷자락이 가사와 비슷한 점, 머리모양이 민머리인 점, 수인이 합장과 비슷한 점을 중요하게 생각하여 승상에 더 많은 비중을 두고 있다. 그러나 효대를 하나의 가람으로 가정한다면 가람에서 가장 중요한 위치를 점하고 있는 석탑의 중심부에 승상을 놓아야 할 이유가 분명하지 않다.

사찰에 전래되는 설화는 이 탑이 연기조사가 어머니를 위하여 세운 원탑(願塔)이라고 전하고, 실제로 연기조사가 그의 아버지를 위하여 화엄경을 사경하기도 하였지만, 기원의 목적이 되는 인물을 형상화 한 탑은 우리나라에 유례가 없다. 오히려 후대에 이를 모방하여 만든 탑의 중심부에는 불·보살상을 조성한 예가 간혹 있다.

효대의 석탑과 석등을 모방하여 사찰의 중심부를 벗어난 곳에 금당이 없이 소규모의 가람을 조성한 금강산 금장암 사사자석탑의 상층기단 중앙에 있는 상은 승상 또는 비로자나불이라 말하고 있다. 또한 제천 빈신사지 사자석탑의 상층기단 중앙에 배치된 상은 비로자나불, 또는 지장보살이라고 한다.[149] 이 두 탑의 상층기단 중앙에 있는 석상은 모두 좌상으로서 지장보살의 두건을 쓰고 있고, 수인은 지권인이다. 이러한 도상의 불·보살상은 다른 곳에서 유례를 찾을 수 없음에도 불구하고, 두건을 중시하면 지장보살이라 하고, 수인은 지권인을 중시하면 비로자나불이라고 하는 것으로 보인다. 이렇게 비록 후대에 조성되었지만 효대의 석탑과 동일한 양식을 가지고 있는 석탑에 조성된 석상은 불·보살상이라고 하면서 효대 석탑의 인물상만 친숙하지도 않는 양식과 설화를 좇아 승상이라고 하는 것은 일관성에 문제가 있다.

따라서 효대 사사자삼층석탑의 승상을 어떤 불·보살로 지칭하는 것에 대한 사상사적인 연구가 필요하다. 효대는 탑 안에 4마리의 사자가 호위하

149 금장암 석탑의 상을 고유섭은 승상이라 하였으나(고유섭, 조선탑파의 연구, p.320.), 정영호는 비로자나불이라 하였다.(국립문화재연구소, 『북한문화재해설집 Ⅰ』 석조물편, 1997, p.25.) 사자빈신사지 탑의 상을 정영호는 비로자나불이라 하였고(문화재대관 도판해설 참조), 강우방은 지장보살이라 하였다.(강우방, 「한국비로자나불상의 성립과 전개 -원융의 도상적 실현-」)

는 불·보살상을 모심으로써 사사자석탑이 탑과 금당의 역할을 동시에 수행하도록 새로운 양식을 창안한 것일 수도 있다. 이와 관련하여 석등의 인물상도 승상이라 부르고 있는데, 이 역시 머리 부분의 표현 양식과 설화에 의한 것이다. 법주사 내 향로를 머리에 이고 있는 희견보살상(喜見菩薩像)과 강릉 신복사지 삼층석탑(보물 제87호) 앞에 있는 보살상 등을 참고하여 새로운 방향의 연구가 필요하다.

우리나라의 석탑 중 기단부에 네 마리의 사자를 배치한 것으로는 화엄사 사사자 삼층석탑 이후 전국적으로 다수의 개체가 건립된다. 주요 대상이 되는 예로는 화엄사 경내의 원통전 앞 사자석탑, 금강산 금장암지(金藏庵址) 사사자 삼층석탑, 제천 사자빈신사지(獅子頻迅寺址) 사사자 구층석탑, 홍천 괘석리사지(掛石里寺址) 석탑, 함안 주리사지(主吏寺址)석탑, 선암사 화산대사 승탑(華山大師 僧塔) 등이 있다. 이들에 대한 비교고찰이 필요하다고 생각된다.

구례 화엄사 동 오층석탑(求禮 華嚴寺 東 五層石塔)

문화재 지정 : 보물 제132호

석탑의 연혁

화엄사는 지리산 화엄사계곡을 끼고 남향하여 자리 잡고 있는데 계곡을 따라 화엄교와 반야교를 지나면 일주문과 금강문, 천왕문이 차례로 나타난다. 천왕문을 지나 보제루를 끼고 동쪽으로 돌아서면 높은 축대와 요사채, 보제루로 둘러싸인 장방형 중정이 나타나는데 화엄사 동 오층석탑(보물 제132호)은 보제루와 대웅전 정면을 축으로 하였을 때 동측 편에 위치하고 있다. 동 오층석탑 서측으로 약 22m지점에 서 오층석탑이 자리 잡고 있다. 두 탑의 위치는 통일신라시대 쌍탑의 구성을 보여주고 있으나 탑의 양식으로 보았을 때 같은 시기에 제작된 석탑으로는 보이지 않는다.

이러한 화엄사의 배치는 통일신라기의 전형적인 평지가람의 배치형식에 지형에 따른 변화와 시대양식을 가미한 평지와 산지가람이 혼합 형성된 형식이라 할 수 있다.[150]

화엄사 대웅전 앞 중정에는 동·서 양쪽으로 오층석탑 2기가 서 있다. 이들 두 탑은 기단부 구성에서부터 차이가 있어서 건탑 연대를 서로 달리하고 있음을 쉽게 짐작할 수 있다.

화엄사동 오층석탑은 1999년 9월 중순부터 약 1개월여에 걸쳐 해체·보수공사를 실시하였다. 이때 석탑 기단부에서 수십 점의 각종 유물들이 발견되었는데, 주요 유물을 보면 지류묵서 25편, 수정·옥·구슬 등 각종 보석류가 59점, 사리 12과 그리고 금동불상광배, 청동불상대좌, 청동원통형 사리합 등이 각 1점씩이다. 이들 유물 중 가장 이른 시기 유물은 청동불상대좌로 표면에 불상을 꽂아 고정시켰던 두 개의 구멍이 남아 있어 전형적인 통일신라시대의 불상대좌로 추정된다. 이외 유물은 고려 말 또는 조선초기이며, 더구나 청동원통형 사리합은 근·현대적인 공법으로 제작된 것으로 보인다.

이 유물들을 편년해 보면 청동불상 대좌를 제외하고는 조선초기에서 근·현대에 이르고 있어서 동탑은 19세기말 또는 일제초기에 한 차례 해체되었거나 아니면 일부 부분적인 보수가 있었던 것으로 추측된다. 그러나 이 탑의 조형기법에서는 신라의 전형양식을 고수하면서도 한편으로는 기단부가 단층이며 또 기단면석에서 건축적인 의장이 엿보이고 있다. 또 옥개

150 문화재관리국, 『구례 화엄사 실측조사 보고서』, 1986, p.39.

석이 얇고 처마의 선이 거의 일직선을 이룬 수법은 백제계 석탑의 양식에서 볼 수 있는 기법이다. 따라서 동탑의 조성연대는 서탑의 연대보다 조금 뒤인 9세기말 또는 10세기 초로 추정하고 있다.

석탑의 양식

화엄사의 중정으로 들어서면 대웅전의 전면에 사찰의 축을 중심으로 하여 서측에 약간 기울어진 위치에 동·서로 비슷한 모습의 오층석탑 2기가 서 있다.

이들 두 석탑은 신라전형석탑양식을 계승하면서도 동탑은 이중기단을 한 서탑과는 달리 단층기단을 하고 있고, 서탑은 조각 장식이 장엄한데 비해 동탑에는 아무런 조식이 없다. 또한 동탑기단부의 우주석 일부가 별석이라는 것과 각 층의 옥개석이 서탑보다 훨씬 얇고 처마의 선이 거의 일직선을 유지하고 있다는 점이 서탑과 완연히 다른 양상을 보이고 있다. 이들 두 석탑은 같은 시기에 쌍탑으로 건립된 것인지 아니면 시차를 두고 건립한 것인지 알 수가 없지만 양식상으로 차이를 보이고 있다.

먼저 기단부를 보면, 지대석은 6매의 장판석으로 되어 있으며, 지대석 외곽으로는 부정형 장대석 등으로 탑구를 둘렀다. 면석은 모두 8매로 이루어졌는데 네 모서리의 우주석과 각 면에 면석은 별석으로 되어있다. 우주석에는 면석 일부도 한 돌이다. 이 탑에서 특이한 점은 면석 각 면의 탱주가 생략되어 있다는 것이다. 갑석은 3매의 판석인데, 하면에 부연이 있고 상면은 완만한 경사를 이루었으며 네 모서리에는 합각선이 뚜렷하다. 중앙에는 높은 각형 1단의 탑신받침이 각출되었다.

탑신부는 옥개석과 탑신이 각각 일석으로 탑신은 각층마다 우주형이 모각되었을 뿐 다른 조식은 없다. 이층 이상부터 급격한 체감으로 탑전체가 세장(細長)하여 고준(高峻)한 느낌이다. 옥개석은 매우 평박하고 옥개받침은 각층 4단이고 추녀 밑은 수평이다. 낙수면은 경사도 극히 완만하여 우동(隅棟)이 내려와 전각에서 약간 반전되었다.

탑신부는 1층 탑신만 5매 판석으로 결구되었으며, 2층부터 오층까지는 탑신과 옥개석이 각각 1매석이다. 1층탑신은 남·북 면석을 세우고 동·서 면석을 끼어 넣은 'H'자형 결구 수법으로 되어있다.[151] 2층 탑신에서 오층까

151 'H'자형 결구란 석탑의 면석이나 지대석 등 방형평면을 결구함에 있어서 두 부재를 마주보게 놓고 그 안쪽 상하에 부재를 끼우는 방법이다. 허튼 'H'자형 결구는 'H'자형 결구법의 변형으로 안쪽으로 끼우는 두 부재중 한 부재를 바깥쪽으로 결구하는 방법이며, '卍'자형 결구란 부재를 한 방향으로 맞춤하여 한 면에 마구리와 면이 번갈아 나오게 하는 결구 방법으로서 필자가 형식상 구분을 위해 임의적으로 지칭한 것이다.

지는 안정감을 느낄 수 있게 점점 체감되었다. 옥개석은 하면의 옥개받침이 각층 4단이고 상면 가운데에 2단 각형 탑신받침이 각출되어 탑신을 받고 있다. 또한 낙수면의 경사가 매우 완만한 편인데 특히 얇은 처마가 일직선을 이루다가 전각에서 약간 반전한 모습이 주목된다. 많은 부분이 결실된 상륜부는 노반과 복발, 그 위로 원통형 석주를 세우고 그 위에 보주를 올려놓았다. 탑의 전체 높이는 6.2m 내외이다.

이 석탑은 단층 기단으로 우선 이형임을 알 수 있으며 기단부 석재 구성에 있어서 서탑에서와 같은 규율성보다는 다소 이완된 경향이 보인다. 옥개석의 평평하고 얇음이나 기단부 방법의 약식화 등은 이 석탑의 조성연대를 높일 수 없으니 서탑과 비등한 9세기경이나 약간 후대의 것으로 추정된다.

구례 화엄사 서 오층석탑(求禮 華嚴寺 西 五層石塔)

문화재 지정 : 보물 제133호

화엄사 서 오층석탑의 연혁과 위치

화엄사 대웅전 앞마당의 서쪽, 즉 각황전을 오르는 계단 아래 있는 탑을 말한다. 계단은 각황전의 중심선상에 있으나 이 탑은 계단의 남쪽으로 약간 치우쳐 있다. 주변 상황은 서 오층석탑은 화엄사 보제루를 돌아서면 높은 축대와 요사, 보제루로 둘러싸인 장방형 중정이 나타나는데 보제루와 대웅전 정면을 축으로 하였을 때 서측에 위치하고 있다. 이는 동 오층석탑에서 서측으로 약 22m 떨어진 지점이다.

보물 제133호인 서 오층석탑의 위치는 대웅전을 주축선 기준으로 하였을 때 동탑까지의 거리는 5.4m임에 반하여 서탑까지의 거리는 16.8m로 중심거리가 서로 다름을 알 수 있다. 또한 동측 축대 상부에 위치한 중층의 각황전과 각황전 전면에 위치한 석등을 잇는 축선 상에서도 남쪽으로 빗겨난 자리이며 동측 석축계단과의 축에서도 빗겨난 자리이다.[152]

동탑과 서탑의 좌향 역시 다소 차이가 있는데 동탑이 남향기준 서쪽 30°(남서향)인데 반하여 서탑은 남향기준 서쪽 25°(남서향)로 동탑에 비해

152 문화재관리국, 『구례 화엄사 실측조사 보고서』, 1986, p.40.

약 5°가량 더 남향하고 있다. 이러한 위치와 좌향에 있어서의 차이는 시각적으로 동탑과 대웅전, 서탑과 각황전의 상응 관계 속에서 나타난 현상으로 추측된다.[153] 이처럼 좌우대칭의 위치에 자리할 것으로 짐작되는 동서양탑의 위치가 서측으로 약각 기울어 있음은 어찌 보면 중량감 있는 각황전 쪽으로 양탑이 중심축선상에서 조금씩 위치를 옮겨져 있다고 할 수 있겠다. 또한 이는 각황전 뒤편에 있는 사사자삼층석탑과 효대라는 의미있는 공간이 있음에서 비롯될 수도 있겠다.

화엄사 대웅전 앞 중정에는 동·서 양쪽으로 오층석탑이 서있다. 이들 두 탑은 기단부 구성에서부터 차이가 있어서 건탑 연대가 서로 다름을 쉽게 짐작할 수 있다.

이 석탑은 1995년 8월 16일~9월 10일까지 완전 해체수리 한 바 있다. 이때 1층 탑신상면의 사리공에서 청자병과 경전을 기록한 지류뭉치, 청동합, 수정옥, 사리22과, 목재장식 등 8종 30점의 유물이 발견되었다. 또 상층기단 면석 내부에서 청동금제 편, 수저, 칼, 금동제방울, 수정염주, 소탑, 청동제 불상틀(范), 각종 금속편 등 8종 42점을 포함하여 총 16종 72점의 유물이 발견되었다. 특히 이들 유물 중에서 주목된 것은 청동제 불상 틀이

153 국립문화재연구소, 『전라남도의 석탑 Ⅰ』, 정일사, 2005의 내용을 참조.

다. 크기는 가로 70㎜, 세로 80㎜, 두께 4㎜의 작은 장방형 판인데, 이는 주로 전불(塼佛) 등을 찍기 위한 음각 틀이다. 그런데 이 불상틀의 편년이 9세기 후반으로 추정하고 있어서 화엄사서 오층석탑의 건립시기와 거의 동시대라는 점에서 주목된다. 신라석탑에 있어서 기단부와 초층 탑신에 팔부중상 또는 사천왕상, 인왕상 등이 조각된 석탑의 출현은 9세기 후반임을 감안하면 화엄사서 오층석탑 역시 그 건립시기가 9세기 후반임을 시사해 주고 있다.

『화엄사사적』에 의하면 위 내용을 뒷받침할 만한 기록이 전해지고 있어 주목되고 있다. 이는 886년에 신라 정강왕이 왕위에 오른 뒤 그의 선고(先考)인 경문왕과 맏형인 헌강왕의 명복을 빌기 위해 의희본(義熙本) 화엄경 60권과 정원본(貞元本) 화엄경 40권을 사경토록 지리산 화엄사에 명했다는 내용이다. 더구나 위 연대는 서 오층석탑의 조성 시기와 거의 일치하고 있을 뿐만 아니라 효대에 있는 사사자 삼층석탑을 제외한 화엄사 경내의 다른 석조물(석등, 사자탑, 동탑 외 화엄석경 등)들도 왕경인 경주를 중심으로 신라왕실의 전폭적인 후원 아래에 조성된 것으로 추정된다.

화엄사 서오층석탑의 양식

이 탑은 화엄사 대웅전 앞에 있는 두 기의 석탑 중 우측(향좌)에 있는 탑으로서 단층기단인 동탑과는 달리 기단부는 이중기단으로 되어있다. 대개 쌍탑인 경우 규모나 형식에 있어 거의 같고, 중심축선에서도 좌우대칭으로 배치되는데 반해 화엄사 동·서탑은 형식도 다르고 배치도 중심축에서 서쪽으로 약간 치우쳐서 배치되어 있는 특이한 형식이다.

먼저 지대석을 보면 10매의 장대석으로 결구되고, 그 위로 4매로 조립한 하층기단 면석이 이어지고 있다. 면석의 4면에는 3좌의 안상을 새기고 그 내부에 12지상을 조각하였는데, 북쪽 면에는 돼지(亥), 쥐(子), 소(丑)를, 동쪽 면에는 호랑이(寅), 토끼(卯), 용(辰)을, 남쪽 면에는 뱀(巳), 말(午), 양(未)을, 서쪽 면에서는 원숭이(申), 닭(酉), 개(戌)를 배치했다.

하층기단 갑석은 판석 4매를 전(田)자형으로 조립 배치하였다. 하면은 평평하나 상면은 미세한 경사가 보이며 중앙에는 2단 각형의 받침이 각출되었다. 상층기단 면석 역시 4매 판석으로 동·서쪽은 면석을 세우고 그 사이에 남·북쪽의 면석을 끼어 넣은 소위 'H'자형 결구형식이다. 각 4면의 모서리에는 우주가 각출되었으며, 중앙에는 탱주 1주씩이 모각되었다. 탱주를 사이에 두고 양쪽으로 나눠 높이 960㎜의 팔부중상을 1구씩 조각하였다.

우리나라 석탑 기단부에 팔부중상이 나타나는 것은 통일신라 말기부터인데, 산청 범학리 삼층석탑, 양양 진전사지 삼층석탑, 양양 선림원지 삼층석탑 등 10여기의 탑이 있다. 팔부중상의 배치는 『관불삼매경(觀佛三昧經)』, 『법화경(法華經)』 등에 그 순서가 기록되고 있으나, 석탑에 조각된 팔부중이 반드시 경전의 순서대로 배치된 것은 아닌 것으로 보인다. 그런데 이

탑과 유사한 대부분의 탑에서는 좌상인데 반해 화엄사 서 오층석탑의 경우 모두 입상인 점이 다르며, 팔부중의 형상은 강건하고 활력이 넘쳐 있는 모습이다.

먼저 동쪽 면을 보면 용과 가루라가 등장하고 있다. 용(向右)은 머리에 보관을 쓰고 오른손을 배에 대고 있고, 왼손은 다리 밑으로 길게 장대를 잡고 있다. 가루라(向左)는 머리에 투구형 화관을 쓰고 양손은 피리를 잡고 입에 대고 있으며, 우측어깨 뒤편으로 긴 창을 메고 있다. 남쪽 면은 천과 야차이다. 천(향우)은 머리에 보관을 쓰고 오른손은 금강저를 잡고 있으며, 왼손은 허리에 대고 있다. 야차(향좌)는 머리에 보관을 쓰고 있는데 보관 위에는 부리가 튀어나온 새가 앉아 있다. 오른손은 새의 꼬리를 받치고 있으며 왼손은 허리에 대고 있다. 다음 서쪽 면은 아수라와 건달바가 이어진

다. 아수라(향우)는 머리에 보관을 쓴 삼면육비상(三面六臂像)이다. 건달바(향좌)는 머리에 사자관을 쓰고 있으며 오른팔과 왼팔은 뒤로 젖혀 긴 창을 잡고 있다. 끝으로 북쪽 면에는 긴나라와 마후라가(Mahoraga)가 배치되고 있다. 긴나라(향우)는 머리에 보관을 쓰고 양손에는 좌측 어깨 쪽을 향한 장대를 잡고 있다. 마후라가(향좌)는 머리에 쓴 보관 위에 뱀이 등장하고 있다. 오른손은 뱀꼬리를 쳐들고 있으며 왼손은 허리에 대고 있다.

상층기단갑석은 앞뒤로 나누어진 2매 판석으로 결구하였는데, 갑석하면에는 직각인 부연이 있고 갑석상면은 미세한 경사가 있고 중앙에는 2단의 각형 받침이 각출되어 탑신부를 받고 있다.

탑신부는 탑신과 옥개석이 각층 모두 1매석이다. 1층 탑신 4면에는 양쪽에 우주가 모각되고 그 안에 사천왕상을 조각하였다. 동쪽 지국천(持國天)은 창을 들고 있고, 남쪽 증장천(增長天)은 칼을 잡고 있으며, 서쪽 광목천(廣目天)은 창을, 북쪽 다문천(多聞天)은 보탑을 들고 있다. 옥개석은 오층 모두 층급받침이 5단이며 낙수면은 완만한 경사를 이루며 전각부에서 경쾌한 반전을 나타냈다. 옥개석 상면의 탑신받침은 얕은 각형 1단을 각출하여 위층의 탑신을 받고 있다. 상륜부는 노반과 그 위에 연봉모양 보주가 얹혀 있다. 탑의 높이는 6.8m이다.

위와 같이 석탑의 기단부에서 탑신부에 이르기까지 장엄이 가해진 예는 그리 많지 않으며, 특히 십이지상을 석탑에 배치한 예는 우리나라에서 몇몇 점에 지나지 않는다. 더욱이 제작에 있어 우수한 방법을 부여 주었으며, 여러 상의 각부 안배에도 신중한 배려가 있었던 것이라 짐작된다. 이 석탑은 전체적으로 장중하다기보다 오히려 경쾌한 편에 속하고 조성연대는 조식이 가미된 점, 또는 다소의 연약함이 보인 점 등으로 보아 신라하대에 속한 9세기경으로 추정된다.

이 탑의 조성 시기는 대부분의 연구자들이 9세기로 추정하고 있다. 탑의 전면(남쪽)에는 측면에 안상을 장식하고, 윗면에 3개의 연화문을 새긴 배례석이 있다. 배례석 문양으로 보아 이 역시 9세기에 조성된 것으로 보인다.

구례 화엄사 원통전 앞 사자탑(求禮 華嚴寺 圓通殿 앞 獅子塔)

문화재 지정 : 보물 제300호

화엄사는 지형적으로 보제루, 요사채, 석축으로 구성된 장방형의 중정과 어우러진 동·서 오층석탑이 하나의 일곽을 이루고 있으며, 북측 석축상단에 나란히 위치한 대웅전, 영전, 원통전, 명부전, 동측 석축상단의 각황전 등의 건물들이 또 다른 일곽을 구성하고 있다.

보물 제300호인 원통전 앞 사자탑은 원통전 전면 약11m 떨어진 남쪽에 위치하고 있는데 원통전의 중심과 남북으로 축을 같이하고 있다. 이는 각황전 전면 좌측에 해당한다. 그러나 원통전 앞 사자탑은 같은 영역에 위치한 각황전 앞 석등과 축이 일치하지 않는데 이는 원통전과 사자탑을 동일 축선상에서 하나의 독립된 영역으로 형성하고, 각황전과 석등을 별개의 영역으로 구성하고자 하는 의도로 볼 수 있다.

현재의 원통전은 17세기경에 건립되었으나 기단과 쇠시리형 소맷돌 등은 신라시대의 것으로 추측되며 약 9세기경에도 현재와 비슷한 규모의

법당이 있었을 것으로 보고 있다.[154] 이는 건립 당시부터 원통전 앞 사자탑과 상호 관련이 있음을 알 수 있다. 원통전 앞 사자탑의 좌향은 원통전과 동일한 남서향(남향기준 서쪽 30°)이다.

원통전 앞 사자탑(보물 제300호)은 원통전 앞과 각황전 좌측에 있는 탑으로 노주(露柱)라고 부르기도 한다. 어떤 기능으로 사용되었는지 정확히는

154 문화재관리국, 『구례 화엄사 실측조사 보고서』, 1986, p.182.

알 수 없으나 불사리를 모셔놓은 것이라 하기도 하고, 불가의 공양대로 쓰였을 것이라는 추측만 있을 뿐이다.

원통전 하부에 유존하는 옛 건물의 기단부가 있어 이 건물지와 관계가 있을 것으로 짐작된다. 기단부가 각황전 뒤편 효대의 삼층석탑과 유사하여 사사자 석탑이라 부르고 있지만 조성할 때의 목적이 무엇이었는지 알 수 없다. 기단은 이중인데 하층은 낮은 각형 1단의 받침이 있는 하대석, 기둥 표시도 생략된 중석, 부연이라고 하기에는 너무 작은 각형 1단의 받침을 두어 갑석과 같은 모양을 갖추었지만 전체적인 형태가 건물의 기단부 또는 불단과 같은 느낌이 든다. 하층기단은 4매의 돌로 측면만을 결구하였음에도 별도의 덮개돌이 없이 기단보다 좁은 판석을 놓아 받침을 삼고, 중대석 대신 네 마리의 사자를 두어 갑석을 받치게 하였다. 가슴에 영락을 장식한 사자는 별석으로 만든 연화좌에 상체를 세우고 앉아서 연꽃을 머리에 이고

있는데, 이 연꽃은 갑석과 한 돌이다. 갑석의 아래 면은 아무런 조식이 없고 윗면에는 연꽃무늬를 새겨 탑신을 받치고 있다. 이 연꽃무늬 역시 갑석과 한 몸이다.

높은 탑신에는 사면에 사각형의 구획 안에 신장상을 얕게 새겼다. 탑신과 일석으로 조성된 옥개석의 아래 면에는 연화문을 새기고 윗면에는 약간의 경사가 있다. 그 위에 조각하다 중지한 듯 매우 거칠게 깎은 사각형의 돌기가 있어, 탑신 이상의 부재는 후대에 보수하면서 급조한 미완성의 부재로 추정된다. 또한 하층기단 내부에 잡석채움이 충실하지 못하고 비어있는 것으로 보아, 보수하였거나 이전하였을 가능성이 있다.

이 탑은 각황전 뒤편 효대의 사사자 삼층석탑 기단부를 모방하였지만, 탑신부는 새로운 양식을 보이고 있다. 조성 시기는 9세기 이후일 것으로 추정하지만, 각 부분의 연화문으로 보면 고려시대의 작품일 가능성이 높다. 특히 사사자삼층석탑의 기단부를 모방한 양식으로 보아 선행한 석탑보다 후대에 제작된 것이라고 추정된다.

구례 화엄사 구층암 삼층석탑(求禮 華嚴寺 九層庵 三層石塔)

화엄사의 최성기였던 신라 경덕왕 때 산내 암자는 81암자가 있었다고 한다. 이는 중앙의 화엄사를 중심으로 하여 다수의 암자가 주변에 위치하고 있어 염불과 독경의 목탁소리가 곳곳에 메아리 쳤을 것이다. 이러한 암자는 해방 이후에도 10여 개 있었으나, 6·25 동란과 공비토벌 등의 사건을 거치면서 그나마 남아 있던 대부분의 암자와 거처하던 승려들이 흩어지면서 퇴락하게 되었다. 현재 화엄사 주변으로는 대표적으로 구층암(九層庵)을 비롯해 금정암(金井庵), 지장암(地藏庵) 등이 있고,[155] 근래에는 선등선원이나 연기암 등의 군소 건물과 암자가 조성되었다.

화엄사 구층암은 대웅전 뒤편으로 약 300m 뒤편 언덕 위에 자리하고 있다. 이 구층암에는 석조 유물인 구층암 삼층석탑을 비롯하여 석등과 배례석, 석탑재 등이 있고 주요 건물인 구층암 선실과 천불보전, 요사 등이 남아 있다. 여기서 석탑은 구층암 입구 앞마당에 위치하며, 암자 뒤편으로 천불보전과 석등 등이 자리한다. 이 암자의 이름에서 유추할 수 있듯이 본래 구층암에는 구층의 석탑이 있었을 것으로 추정된다. 그러나 현재 남아 있는 석탑은 삼층석탑과 탑재만 있을 뿐 이에 대한 구체적인 내력은 알 수 없다. 또한 이 탑이 목탑이었는지 석탑이었는지도 알 수 없다. 단지 암자의 이름을 통해 이곳에 구층의 탑이 조성되었을 것으로만 추정가능 할 뿐이다.

현재 탑이 세워진 위치는 암자 건물과 거의 맞닿아 있는데, 이는 1961년 암자 내에 흩어진 탑재를 모아 현재의 위치에 복원하면서 이 위치에 세운 것이지 원래의 위치는 아닌 것이라 생각된다.

석탑은 암자 정면에서 보았을 때 우측 편에 치우쳐 있으며, 남향을 하고 있으나 건물과의 향과 다르게 복원하였다. 그러나 왜 이러한 형식으로 복원되었는지는 알 수 없다. 특히 암자 주변에는 석탑재를 비롯하여 석등 등이 있어 이 암자에 적어도 쌍탑과 1개 이상의 석등이 있었을 것이므로, 이는 전형적인 신라계 석탑 양식을 갖춘 쌍탑 가람이었을 것으로 추정된다. 또한 암자 뒤편으로도 여러 부속채가 남아 있고 현재의 천불보전이 후대에 건축된 것이므로, 현재의 영역과 함께 뒤편의 암자를 포함하여 이 사역은 상당한 규모였을 것으로 추정된다. 아무튼 현재 석탑은 나름대로 품격을 갖춘 탑인데 원래의 위치가 아니라고 생각되며, 보다 정확한 내용은 주변일대에 흩어져 있는 탑재를 정밀 조사하여 복원적 고찰을 해보아야 할 것이다.

155 한국불교연구원, 『화엄사』, 일지사, 1987, p.105.

화엄사 구층암석탑의 양식

삼층석탑은 총고가 약 4m이고, 이중기단 위에 삼층의 탑신과 상륜이 올려진 삼층석탑 형식을 갖추었다. 가장 하부에는 큰 석재를 이용한 2단의 지대석이 있는데, 지대석과 저석을 하나의 돌로 만들었다. 이 지대석은 6매의 크고 작은 장대석을 이용해 조립한 것으로 보인다. 각 면의 크기는 각기 다르며, 남면에 긴 장대석이 지나가고 동면에서 2개의 중규모 장대석이, 서측 중앙에 작은 석재가, 서측과 북면이 만나는 지점에서 ㄱ자로 꺾인 부재가 하나, 그리고 북측에 중규모의 장대석이 조립됐다. 이 부재들은 비교적 높은 편으로, 하층기단의 규모에 비해 큰 편이다. 언뜻 보았을 때 이 지대석은 기단으로 볼 수도 있으나, 부재의 표현방식에서 차이가 있다. 이러한 형식과 유사한 체감을 보이는 것으로는 삼층기단 형식으로 표현된 연곡사 삼층석탑을 들 수 있다. 비록 두 석탑의 양식적 차이는 있지만, 전체적인 규모와 균형에서 유사함을 보이고 있다.

지대석 위로는 하층기단과 상층기단이 올려졌다. 하층기단은 저석과 중석을 하나의 부재로 조각하여 만들었다. 모두 7의 판석을 이어 조립했는데, 각 면의 부재 크기가 지대석처럼 모두 다르다. 남면과 동면에는 1매의 장대

석을, 서면에는 2매의 석재를, 그리고 북면에 작은 3매의 석재가 조립됐다. 면석에는 각 모서리에 양 우주가 표현됐고, 중앙에 탱주 1주씩 모각했다. 하층기단 갑석은 2매의 석재로 조립한 것으로 보이나 파손이 심해 여러 부재로 나눠져 있고, 특히 배면에서의 파손이 심한 편이다. 갑석은 하면에 부연을 두지 않았다. 이 갑석 상면은 경사가 확연하게 드러나 보이며, 중앙으로 角,弧,角形의 3단 받침을 두어 상층기단 면석을 받치고 있다.

상층기단은 면석과 우주, 탱주로 이루어진 중석과 갑석으로 구성됐다. 중석은 4매의 장판석을 조립하였는데, 동서로 긴 부재를 세우고, 남북으로 작은 판석을 끼운 형식이다. 각 중석에는 양 모서리에 양 우주를, 그리고 중앙에 탱주 1주를 두었으며 별다른 조식은 보이지 않는다. 상층기단 상부의 갑석은 두꺼운 2매의 장판석을 조립한 것으로 보이며, 남측과 북측의 각 모서리가 크게 파손됐다. 갑석 하부에는 두툼한 부연을, 상면에는 약간의 경사를 이루었고 중앙에는 높은 탑신받침을 두었다. 이 탑신받침은 일반적인 각, 호형의 받침과는 달리 1단의 각형 받침을 두고, 중간 부분을 호형으로 돌린 것으로 비교적 높은 편이다.

탑신부는 현 상태를 보았을 때 삼층이었을 것으로 보인다. 1층 탑신은 각 면의 모서리에 양 우주를 모각하고 있다. 그리고 면석은 동,서,북면에는 아무런 조식이 없으나, 남측 중앙에 여래좌상을 돋을새김 했다. 이 여래좌상은 비교적 머리가 크고 신체가 작게 표현됐으나, 연화좌를 비롯해 둥근 상호와 고졸한 미소의 표현, 법의, 두광과 신광이 있는 광배, 그리고 화염문의 조각 솜씨가 빼어나다. 그리고 양어깨가 가슴이 당당하고, 가부좌를 튼 모습을 보았을 때 역동성이 잘 표현된 통일신라 불상양식을 따르고 있다. 탑신은 1층이 비교적 큰 편이고 2층에서 순차적으로 작아진다. 3층 탑신석은 현재 남아 있지 않고, 2, 3층의 옥개석이 맞대어 있다. 옥개석은 3층의 부재가 남아 있으나, 대부분 파손이 심한 편이다. 옥개석 하면의 층급받침은 모두 4단으로 옥개석 상부에서 윗층의 탑신을 받는 탑신받침대는 모두 각형 1단이다. 옥개석 상부는 완만한 곡선을 이루며 처마를 형성하고 있으며 각 모서리에 높은 우동이 각출됐다. 옥개석 하부의 전각은 완만한 경사를 이루다가 처마에서 급한 반전을 이루었다. 탑신부 위에 올려지는 상륜부는 상부에 2단 받침이 있는 노반만이 남아 있다.

이 석탑은 1961년 9월에 암자 주변에 흩어져 있던 탑재를 모아 복원한 것이다.[156] 구층암 주변에는 이 석탑과 다른 또 다른 탑재가 흩어져 있어 비슷한 규모의 탑이 더 있었던 것으로 보인다. 즉 구층암에는 2기의 탑이 조성되는 쌍탑 가람이었을 가능성이 크다. 그러나 구층암이라는 이름처럼 석탑 이전에 9층의 목탑이나 석탑이 조성됐을 가능성 또한 있다. 이에 대한 판단은 이후 주변의 면밀한 발굴조사와 고찰이 이뤄져야 할 부분이다. 이 탑의 조성 시기는 석탑과 불상의 표현, 그리고 주변에 남아 있는 석등과 석탑재 등을 보았을 때 나말여초인 10세기경 전후에 조성된 것으로 추정된다.

이 석탑은 화엄사에 남아 있는 다른 석탑들에 비해 훼손이 심하고 문화재로 지정되지 않아 그 중요성과 역사적인 고찰이 많지 않은 편이다. 특히

156 국립목포대학교박물관, 구례군, 『구례군의 문화유적』, p.129~130.

화엄사는 사사자 삼층석탑과 동서 오층석탑, 원통전 앞 사자탑 등 다수의 석조문화재가 산재하고 있어 이 구층암 삼층석탑은 중요성이 크게 부각되지 않고 있다. 그러나 이 석탑은 전형적인 신라계 석탑양식이 반영되었고, 이중기단과 하부에 견고하게 부가된 지대석. 탑신에 새겨진 불상 등을 보았을 때 사료적인 가치와 양식적 변화양상을 이해할 수 있는 대상으로 중요한 가치를 지닌다. 그러므로 이 석탑은 일부 부재가 결실되어 없어지고 탈락과 파손 정도가 심하나 적절한 복원과 문화재 지정을 통해 관리되어야 할 것이다.

구례 연곡사 삼층석탑(求禮 燕谷寺 三層石塔)

문화재 지정 : 보물 제151호

연곡사의 연혁

연곡사의 창건이나 유래에 대한 내용으로는 연기조사과 관련이 있다. 즉 이곳은 연기조사가 처음으로 와서 가람을 중건했다고 한다. 사찰의 유래[157]는 연기조사(緣起祖師)가 처음 이곳에 와서 지세를 살피던 중 현재의 법당 자리에 있었던 연못 가운데서 물이 소용돌이치더니 제비 한마리가 날

157 연곡사 연혁에 대한 내용은 국립문화재연구소, 『전라남도의 석탑 Ⅰ』, 정일사, 2005, p.337.의 내용을 주로 참조하였다.

아간 것을 보고 그 자리에 법당을 짓고 절 이름을 연곡사(燕谷寺)라 했다는 설이 전해지고 있다.

연곡사가 위치하는 곳은 지리적 특징으로 인해 전라남도와 전라북도, 그리고 경상남도의 경계에 위치하고 있다. 이러한 지리적 이점은 연곡사 가람이나 문화재 조영에 있어 큰 영향을 미쳤을 것으로 생각된다. 특히 통일신라시대나 고려시대의 지리산은 구산선문의 하나이자 영산으로 인식되어 다수의 사찰과 불교문화를 꽃피운 곳이다. 이는 현재 남아 있는 석탑과 부도를 비롯한 여러 불교문화재의 경향을 볼 때 지역적 특징을 나타내고 있다할 수 있다.

연곡사는 지리산 노고단에서 남쪽으로 분파된 대표적인 계곡 중 하나인 피아골 입구에 조성된 사찰이다. 노고단 남쪽 계곡으로는 지리산 사찰을 대표하는 화엄사계곡의 화엄사와 문수골계곡, 그리고 왕시루봉과 황장산 사이 연곡사가 위치하는 피아골을 들 수 있다. 연곡사는 행정구역상으로 전남 구례군 토지면 내동리이나, 사찰이나 문화재의 성격을 말할 때에는 지리산권에 분포하는 불교유적의 성격을 반영하고 있다. 이렇듯 지리산은 구례를 비롯해 곡성 일부, 남원시, 그리고 경남의 함양군, 산청군, 하동군 등 광범위한 영역을 포괄하고 있으며, 하나의 소위 지리산 문화권을 형성하는 중심 역할을 하고 있다.

지리산의 문화유산은 전남지역의 석탑양식과도 일부 차이를 보인다. 즉 이 지역의 불교는 주요 양식적 경향이나, 표현방법에서 비교적 통일신라의 영향을 많이 받은 것으로 보인다. 물론 이 지역에서는 통일신라를 비롯해 고려시대나 조선시대에도 지속적인 석탑 조영이 이뤄졌고, 이후 다양한 형식들이 반영되고 있기도 하다. 그러나 이 지역을 대표하고 중심적인 역할을 한 고찰이나 유적들이 대부분 통일신라의 조형을 적극 반영하고 있으므로, 전라도의 여타 지역에 비해 통일된 성격을 보인다고 생각된다. 통일신라 양식을 계승한 석탑의 구체적인 대상으로는 구례 화엄사에 남아 있는 석탑을 비롯하여, 논곡리 삼층석탑 등이 있고, 남원에서는 실상사 동서 삼층석탑, 백장암 삼층석탑이 있으며 함양에서는 승안사지 삼층석탑과 조선시대 축조된 금대사 삼층석탑, 벽송사 삼층석탑 등이 있다. 산청에서는 단속사지 동서 삼층석탑과 대포리 삼층석탑, 삼장사지 삼층석탑, 내원사 삼층석탑,

1. 산청 내원사 삼층석탑
2. 산청 단속사지 동 삼층석탑
3. 산청 삼장사지 삼층석탑
4. 남원 실상사 동서 삼층석탑
5. 함양 벽송사 삼층석탑

1

2

3

4

5

법계사 삼층석탑 등이 있고, 하동이나 진주, 전남 곡성에서도 고려시대의 석탑 등이 다수 남아 있다.

연곡사는 피아골 계곡 사이의 완만한 경사를 이루는 지점에 위치하고 있으며, 사찰의 전체 영역이 3구역으로 나눠져 있다. 최상위에 해당하는 지점에는 대적광전을 비롯한 여러 불전이 위치하며, 그 아래 영역에서 종루와 요사채 등이 자리한다. 그리고 최하단에 해당하는 곳에 연곡사 삼층석탑(보물 제151호)이 자리하고 있다. 현재의 석탑은 전체적인 배치에서 서측으로 치우쳐 있다. 즉 가람의 영역에서 탑만이 외부에 덩그러니 놓여져 있는 인상이 강하다. 이러한 배치는 원래 이곳에 대규모의 가람이 있어 현 위치에 탑을 배치한 것일 수 있으며, 또는 동서로 놓이는 2탑 구성이었을 가능성이 크다.

연곡사 삼층석탑의 양식

보물 제151호인 연곡사 삼층석탑은 신라양식 계열 석탑 중 기본형식에서 벗어난 이형으로, 기단부가 삼중이며 여러 개의 석재로 구성한 점 등이 특이하다. 즉 전형적인 신라양식의 석탑에서는 거의 대부분 이중기단을 하며, 이후 양식적 변화에 의해 점차 2단에서 1단으로 변화하거나 결구수법에서도 단순화된 양상으로 변화되는 것이 일반적인 경향이다. 그러나 연곡사 삼층석탑은 오히려 3중의 단을 기본으로 삼고 있어 보기 힘든 사례라 할 수 있다. 물론 이러한 유형의 석탑이 당시에 여러 기 조성됐을 수 있으나, 현재 우리나라에서 확실한 3중기단의 사례로 확인되기는 연곡사 석탑뿐이다. 물론 화엄사 구층암석탑처럼 지대석을 두꺼운 2단으로 하여 오히려 3중기단처럼 보이는 예도 있다. 결국 이 탑에서 3중기단 중 최하층의 경우 지대석으로 볼 수 있으나, 전체적인 결구나 표현방법에서 기단으로 보이는 구성요소를 하고 있어 일반적인 기단으로 보인다. 이러한 기단은 기존의 명칭에서 최하층기단, 2층기단, 3층기단으로 할 수 있으나, 본고에서는 최하층기단, 하층기단, 상층기단으로 칭하기로 한다.

석탑의 최하층 기단의 구성은 갑석에 해당하는 석재 밑에 약간 폭을 좁혀서 또 한 층의 석재가 놓여 있다. 즉 최하층 기단의 상면에는 갑석이 놓이고 그 아래쪽으로 면석과 하대저석이 하나의 부재로 단을 형성하고 있다. 이 부재는 8매의 장대석으로 결구하였으며, 양 모서리에 각각의 우주를, 그리고 중앙에 탱주 1주씩을 조각하였다. 그 위로는 6매의 장판석으로 구성된 갑석이 올려졌다. 갑석은 평평한 면으로 되어 있으며, 상면의 기단받침이나 하부의 부연은 표현되지 않았다. 이 최하층기단은 하층기단이나 상층기단에 비해 그 규모가 큰 편이다. 반면 그 위로 올려진 하층기단은 이에 비해 그 규모가 급격히 작아지는 경향을 보이고 있어 최하층기단이 일종의 좌대 역할을 하고 있다고 생각된다. 물론 하층기단과 상층기단만으로도 석탑의 전체적인 균형이 잘 맞고 있으나, 최하층기단이 더해지면서 더욱 균형과 안정감이 있어 보인다.

하층기단은 저석과 중석이 1매석으로 된 6매의 판석으로 결구되었으며, 그 위로 갑석이 올려졌다. 이 하층기단은 최하층기단과 유사한 높이를 하고 있다. 상층기단에 비해 하층과 최하층기단이 낮아져 안정감을 높이는 역할

을 하는 것으로 보인다. 하층기단의 중석에는 각 모서리에 우주가, 그리고 중앙에 탱주 1주씩 모각하였다. 갑석은 크기가 다른 3매의 판석으로 결구하였다. 갑석 하부는 부연 없이 평평하며, 상면에서 호형과 각형의 상층기단 받침을 조각하여 나타내었다.

상층기단은 4매의 판석을 결구한 면석과 1매의 갑석으로 구성됐다. 판석은 각 모서리의 우주와 중앙에 탱주 1주씩을 모각하였으며, 남북의 두면이 넓은 면이고, 동서로 작은 석재를 끼워 넣은 형식으로 결구하였다. 갑석은 전체적으로 평평하게 보이며, 하부에 부연을 두었다. 갑석의 상면은 약간의 경사를 주었고, 탑신을 받는 면에 2단의 각형 몰딩을 조각했다.

탑신부는 탑신과 옥개석이 모든 층이 각각 일매석이다. 각층의 탑신에는 우주만 표시되었을 뿐 다른 조식이 없고, 1층이 비교적 높고 2층 이상부터 점차 체감되었다. 옥개석은 탑신에 비해 조금 작아진 형태를 보이고 있다. 즉 탑신에 비해 옥개가 작게 표현되어 세장해진 느낌을 준다. 각 옥개석들은 모두 받침이 4단이며, 추녀 밑이 수평을 이루고 있다. 옥개의 경사는 경쾌한 곡선을 그리며, 모서리로 흘러내린 전각이 추녀마루에서 반전되었다. 상륜부는 대부분 결실되어 현재 복발이나 보주로 보이는 석재만 남아있다. 이 부재는 형태상으로 복발로 짐작되지만 명확한 용도를 알 수 없으며, 후대에 부가된 것으로 보인다.

이 탑은 최하층 기단부가 매우 넓고 탑신부는 축소된 감이 있으나 전체적으로 안정감을 주고 있다. 특히 기단부의 높이와 탑신부의 높이가 거의 1:1의 비율을 하고 있어 일반적인 석탑과 큰 차이를 보이고 있어 전형적인 신라양식 석탑의 조형미와 차이를 보인다.

이 석탑의 조성연대는 통일신라 말기로 추정된다. 전체적인 형식을 보았을 때 기단 갑석에 조출된 각형의 몰딩이나, 각각의 기단 중석에 표현된 우주와 1주의 탱주는 통일신라 석탑의 전형적인 형식을 따르고 있다. 특히 기단의 이형적인 조형이나, 1주의 탱주, 전반적인 균형미나 비례 등을 고려할 때 9세기말이나 10세기에 조성된 석탑으로 추정된다.

구례 논곡리 삼층석탑(求禮 論谷里 三層石塔)

문화재 지정 : 보물 제509호

논곡리 삼층석탑의 연혁과 위치

구례 논곡리 삼층석탑(보물 제509호)은 전남 구례군 구례읍 논곡리 산 51번지에 있다. 탑이 위치하는 구례 논곡리는 구례와 곡성이 만나는 경계에 있다. 즉 행정구역상으로 이 석탑은 논곡리 야산에 속해 있으나, 논곡리는 탑의 위치에서 멀리 떨어져 있다. 실질적으로 이 석탑은 곡성군 고달면의 탑선마을과 연관되는 유적이라 할 수 있다. 이 석탑의 위치는 탑선마을인 두가리와 논곡리를 가르는 계곡을 사이로 나뉘는데, 탑 바로 아래로 탑선마을이 있다. 섬진강변 17번 국도를 따라 오다 완만한 산 능선을 따라 시멘트로 포장된 도로를 한참 올라가다 보면 탑선마을에 다다르게 되는데 이 석탑은 탑선마을의 남쪽 산 중턱에 위치하고 있다.

석탑이 위치하는 언덕에는 현재 주변으로 여러 민묘가 자리하고 있다. 이는 마을주민들이 석탑이 있는 곳을 배산임수와 지기가 서려 있는 명당으로 인식하여 석탑 주변에 조상의 묘를 썼기 때문이다. 이렇듯 폐찰의 문화재 주변에 가족묘를 쓰는 경우는 종종 나타나는 현상이라 할 수 있다. 석탑 주변의 민묘는 마을주민인 영일 정씨(迎日 鄭氏), 해주 오씨(海州 吳氏) 등의 묘로, 모두 7기가 조성되어 있다.

마을주민들에 의하면 석탑이 위치하는 곳에는 원래 황룡사라는 사찰이 있었다고 한다. 또한 이 사찰은 화엄사의 말사였는데 규모가 큰 사찰이었고, 주요 건물들이 탑 아래의 마을에 위치하였다고 한다. 주민들은 탑선마을에서 6대째 살고 있는 김재홍씨 집터가 원래의 절터였다고 한다. 현재 김씨의 집터 주변에는 높이 약 2m되는 자연석 석축이 20m 가량 남아 있다. 또한 탑은 논곡리인 본황과 탑선마을 두 마을을 서로 연관되었다고 한다. 즉 아랫마을을 본황이라 하였고 윗마을을 탑선마을이라 하여 사찰의 영역에서 다양한 활동이 이뤄진 것으로 추정된다. 그러나 현재 이 사찰에 대한 구체적인 연혁이나 상황, 규모 등에 대해 설명하고 있는 사료는 찾기 힘들다.

현재 석탑 주변에는 석탑과 직접 관련이 있었을 것으로 보이는 파손된 복련화대좌 1점과 두상이 결실된 석조보살좌상 1구, 그리고 조선시대 때 묘역 앞에 놓는 석수(石獸) 2점이 남아 있다.

석탑의 양식을 보았을 때 9세기 후반에 조성된 것으로 추정할 수 있을 뿐이다. 이 당시 석탑에서 나타나는 특징 중 하나는 초층의 탑신 받침, 즉 상층기단 갑석에 복련(覆蓮)을 조각하고 있는 것을 들 수 있다. 이 복련은 호, 각형의 탑신받침과 유사한 역할을 하며, 별석받침의 효과를 나타낸 것

과 같다.[158] 이러한 형식을 보이는 석탑의 사례로는 함양 승안사지 삼층석탑(보물 제209호)을 대표할 수 있으며, 많은 부분 파손되고 약간 후대의 것으로 보이는 고흥 상림리 삼층석탑(전남 문화재자료 184호)에서 이러한 복련의 형식이 나타나고 있다. 복련의 표현은 이후 고려시대 전기에 들어서면서 탑신부에 연화석의 받침대를 두거나 기단 갑석을 연화대좌로 표현하는 방식 등으로 변화된다. 이러한 양식적 변화는 점차 각 층에 받침을 두면서 공예탑적인 인상을 주기도 한다.[159] 이렇듯 갑석에 복련을 표현하는 논곡리 석탑은 양식과 시대적으로 통일신라 말기나 고려 전기에 조성된 것으로 판단된다.

이 석탑은 2005년 8월 1일부터 10월 19일까지 완전 해체 보수하였다. 이 공사에서는 지금까지 지하에 묻혀 있던 하층기단의 존재를 확인하였고, 정밀 실측조사를 실시했다. 탑은 복원 당시 영일정씨 민묘와 너무 근접해 있었기에 4m 가량 동쪽으로 이전하였으며, 하층기단도 완전히 노출시켰다.

논곡리 삼층석탑의 양식

2005년 해체보수 이전의 논곡리 삼층석탑은 단층기단의 모습이었다. 즉 당시의 석탑은 하층기단이 지반에 묻혀 있어 단지 상층기단만을 보이고

158 박경식, 『통일신라 석조미술 연구』, 학연문화사, 2002. p.122.; 국립문화재연구소, 『전라남도의 석탑 Ⅰ』, p.459.에서 재인용.

159 정영호, 『석탑』, 대원사, 1989, p.108.

있었다. 또한 상층기단 면석이 파손되고 분리되어 전반적인 보수가 요구되었다. 이 석탑은 해체를 통해 이중기단의 전모를 볼 수 있게 된 것이다. 탑의 형식으로는 전형적인 신라석탑의 일반형 양식을 따르고 있다. 그러나 석탑의 주요 특징인 상층기단 갑석의 연화대 표현에서 주목된다고 할 수 있다. 이 형식은 일반적으로 인식되는 신라양식의 석탑에서 점차 변모되는 양식의 모습을 보여주고 있어 양식사적으로 중요한 위치를 차지한다.

탑의 구성은 상하층 기단과 3층의 탑신부, 노반이 남아 있는 상륜부로 분류된다. 먼저 하층기단은 지대석과 중석, 갑석을 하나의 돌로 조각했다. 이 기단은 현재 6매의 석재로 나뉘졌는데, 원래는 더 적은 부재로 구성됐을 수도 있다. 즉 현재 하층기단은 6매의 석재를 맞대 구성하고 있으나, 원래의 구성인지, 후대에 파손되면서 부가한 것인지 알 수 없다. 그러나 하층기단의 이음새나 면석에 표현된 안상이 이어져 있는 것을 보았을 때 원래부터 크고 작은 부재를 결합하여 조립한 것으로 보인다. 하층기단의 면석에는 각각의 양 모서리에 얕은 우주가 있고, 중앙에 탱주 1주를 두었으며, 그 사이의 면에 얕은 안상을 시문하였다. 하층기단의 갑석 상부에는 넓은 면을 하고 있는 각형의 받침을 두었다.

상층기단은 4매의 판석으로 중석을 이루었고 그 위에 연화대형 갑석이

올려졌다. 중석은 각 모서리에 우주가 모각되었고, 중앙의 탱주나 여타 별다른 조식은 보이지 않는다. 갑석은 1매의 판석에 복련과 탑신받침을 표현하였다. 갑석 상면에는 둥그스런 복련을 시문하였는데, 복엽단판의 12엽으로 조각했다. 현재 갑석 배면은 상당부분 파손되어 탈락됐다. 이 부분은 기단 면석과 맞닿는 부분이 일부 노출되고 있어 누수나 지속적인 탈락이 이뤄질 것으로 보인다. 갑석 하부에는 부연이 없이 평평하게 했으며, 상부의 탑신과 만나는 지점에 각형 1단의 받침을 두었다.

이렇듯 갑석 상부에 복련을 시문하거나 상층기단 면석에서 탱주를 생략하는 것, 기단의 저석과 중석, 갑석을 하나의 돌에 표현하는 기단은 통일신라의 전형적인 석탑 양식에서 점차 퇴화되는 경향으로 이해할 수 있다. 이는 전반적으로 기단의 변화와 함께 양식적으로 고려시대의 석탑양식으로 전이되는 과도기적 형식으로 이해된다. 특히 이 석탑과 비교적 근거리에 위치하고 있는 함양 승안사지 삼층석탑에서도 매우 유사하게 보이고 있어 지리산권이나 한반도의 남부지방을 중심으로 발전된 양식일 수도 있다. 또한 멀리 고흥군 상림리 삼층석탑에서도 유사한 형식이 나타난다.

탑신부는 탑신과 옥개석을 각각 1매의 석재로 만들었다. 탑신은 각 모서리에 얕은 우주를 조각했으며 2, 3층으로 올라가면서 점차 완만하게 체감한다. 옥개석은 처마가 넓게 표현되어 비례에서 탑신과 균형을 이루고 있다. 각 층의 옥개는 옥개받침이 각각 4단이며, 상부에 1단의 각형 탑신받침을 두었다. 옥개상부의 낙수면은 비교적 완만하고 넓은 편이며, 약간의 반전을 보이고 있다. 처마는 하부에서 평평하다가 끝부분에서 완만한 경사를 이루면서 반전한다. 상륜부는 대부분 소실했고, 현재 노반만 남아 있다. 마을주민들에 의하면, 일제강점기까지 상륜이 남아 있었으나 어느 시기엔가 사라졌다고 한다.

석탑의 높이는 3.6m이고 전체적인 형태미나 균형 등에 있어 안정감을 준다. 특히 기단부의 규모와 이에 대응하는 탑신부의 체감, 그리고 적당한 크기의 옥개석 등을 보았을 때 전형적인 신라양식 석탑의 형식을 그대로 반영했다. 비록 세부적인 표현에서 양식적 변화와 퇴화를 나타내고 있으나, 이는 나말여초 시기에 급변하는 불교 조형미와 사상의 변화를 겪으면서 표현되는 하나의 경향으로 이해할 수 있을 것이다.

구례 사도리 삼층석탑(求禮 沙圖里 三層石塔)

문화재 지정 : 전라남도 시도유형문화재 제12호

사도리 삼층석탑은 구례군청에서 화엄사로 가는 마산면 사도리에 있는 석탑이다. 석탑이 위치하는 곳은 화엄사계곡 하부와 광평천이 만나는 지점의 상부, 즉 현 사도저수지 바로 위에 위치하고 있다. 이곳은 통일신라시대 때 상곡사(象谷寺)가 있었다고 전하나,[160] 이를 증명할 수 있는 어떠한 문헌도 전해지지 않고 있다. 또한 상곡사와 이 탑에 대한 관련 사실이나 탑의 조성 시기, 조영자 등에 대한 역사적 기록이나 자료는 찾아보기 힘들다.[161]

석탑은 높이가 2m 정도 되는 작은 규모의 탑이다. 탑의 구성은 단층기단에 삼층의 탑신부, 상륜으로 구성됐다. 먼저 지대석은 두터운 6매의 크고 작은 장대석을 놓아 구성하였다. 기단의 크기에 비해 지대석은 비교적 크고 높은 편이다. 지대석 위에 올려진 기단은 단층으로, 저석, 중석, 갑석으로 구성되었다. 저석은 높고 두터운 1매의 판석이 올려져있으며, 별다른 조식 없이 상하 수평을 이룬다. 중석은 4매의 판석으로 짜 맞추었는데, 우주와 탱주를 조각하지 않은 단순한 면석으로 구성하였다. 이 면석은 남북 면이 넓은 판석이고, 동서 면을 사이에 끼워 넣은 형식이다. 갑석은 저석에 비해

160 구례 사도리 삼층석탑 안내판 참조.
161 국립목포대학교박물관, 구례군, 『구례군의 문화유적』, p.131.

약간 작아진 크기이고 두꺼운 편이다. 갑석의 상하면이 평평하고 하부의 부연이 생략됐다. 상부에서는 1단의 호형 탑신받침을 조각하여 탑신을 받치고 있다.

탑신부는 탑신과 옥개석이 각각 1매의 석재로 구성되었다. 1층 탑신은 보통의 석탑이라면 각 모서리에 있어야 할 우주를 생략하여 평평한 면을 보이고 있다. 반면 2층 탑신은 각 모서리 우주를 얕게 표현하고 있어 차이를 보인다. 이러한 모습으로 보아 현재 1층이나 2층의 탑신이 원래의 부재가 아닌 파손된 다른 탑에서 옮겨온 것으로 생각된다. 그리고 3층의 탑신에서도 조금 다른 양상을 보이는데 1, 2층에 비해 그 크기가 작아지고, 체감이 급격하게 적어진다. 또한 3층의 탑신석은 별도의 석재로 이루어진 것이 아니라 2층 옥개석에서 이어진 하나의 석재로 연결시켰다. 따라서 이 탑신은 아래층과의 높이나 비례가 맞지 않아 전체적인 균형감을 잃고 있다. 이를 보았을 때 1, 3층이 원래의 부재일 수 있으며, 2층 탑신은 후대에 새로 추가한 것이 아닌가 싶다.

옥개석은 옥개 상부에서 일반적인 석탑의 지붕구조를 보이고 있으나 하부의 옥개받침에서 큰 차이를 보인다. 즉 옥개받침은 일반적으로 여러 단을 두어 층급을 주었던데 반해, 이 석탑에서는 처마에서 하나의 둥그런 호형 단을 두어 이를 표현했다. 그리고 옥개받침의 하부에는 1단의 각형 옥개굄석을 새롭게 조출하여 만들었다. 옥개석 상부는 처마와 전각에서 약간 경사를 이루다 끝부분에서 반전하고 있다. 처마선은 각 모서리로 우동이 높게 표현되어 지붕면과 경사가 있는 편이다. 또한 옥개석 상부에는 탑신을 받치기 위한 각형 받침을 두었다.

상륜은 하나의 부재만 남아 있는데, 노반이나 앙화를 표현 한 것으로 보인다.

이 석탑은 전체적으로 단층기단과 기단의 세부묘사, 즉 우주와 탱주 등이 생략된 점, 식재의 단순화한 양식, 그리고 전형양식에서 벗어난 탑신과 옥개석의 퇴화된 표현방법 등을 보아 고려 후기에 조성된 것으로 보인다. 이는 신라양식의 석탑이 고려시대 들어 점차 규모가 작아지고 퇴화되는 양상을 보이는 것과 그 맥락을 같이 한다.

석탑이 있는 곳에는 전남 시도유형문화재 제133호인 구례 사도리 석불좌상이 있다. 석불은 고려 후기에 조성된 것이라고 하는데, 1979년 산림 내 불법건조물을 철거하면서 노천에 방치되었었다. 그러다가 1980년대 초에 이종기란 분이 이곳에 사찰을 지으면서 삼층석탑과 함께 관리해오고 있다. 이 석불은 좌상으로 앙련과 복련을 갖춘 대좌가 남아 있고, 팔각의 중석은 빠져나와 현재 배례석으로 사용되고 있다.[162]

162 국립목포대학교박물관, 구례군, 『구례군의 문화유적』, p.122.

고흥

고흥 상림리 삼층석탑

고흥 관리 오층석탑

고흥 상림리 삼층석탑(高興 上林里 三層石塔)

문화재 지정 : 전라남도 문화재자료 제184호

1

2

1. 풍양면사무소 전경
2. 면사무소 우측 화단에 위치하는 석탑

현재 전남 문화재자료 제184호로 지정된 상림리 삼층석탑은 풍양면사무소에 자리하고 있다. 풍양면사무소에 들어서면 바로 우측에 조성된 화단에 여러 조경수들과 같이 서 있다. 그러나 탑의 규모가 그리 크지 않아 외부에서 한눈에 들어오지는 않는다. 이 탑은 전체 높이가 2.48m이고, 기단부의 높이가 1.2m 정도로 비교적 작은 규모이다.

탑은 원래 지금의 위치에서 약 2~3km 떨어져 있는 풍양면 상림리 577번지 야산에 있던 것이었다. 이 탑은 이후 일제강점기 말에 지금의 자리로 옮겨진 것으로 전하는데, 당시의 모습이 어땠는지에 대한 내용은 알 수 없다. 이후 이 석탑은 1~3층의 탑신과 상륜부가 완전히 유실된 상태였으며, 기단부와 3개의 옥개석 부재만 있던 것을 1990년 고흥군이 탑신과 상륜부를 새로 만들어 현재의 크기로 복원했다.

이 석탑과 관련한 조성 시기나 사찰 경영 등에 대한 내용의 사료는 거의 보이지 않는다. 다만 이 석탑의 기단부 판석의 한 면에서 탑을 세울 당시에 새긴 기록이 남아 있어 조성시기를 정확하게 알려주고 있을 뿐이다. 기단면석에 새겨진 기록에는 '天禧五年 辛酉十一月, 同心同原爲聖壽天長國泰民安法輪常轉 石塔 棟樑'이라는 명문이 음각[163]되어 있다. 이 명문은 현재 탑의 건립과 관련된 내용의 10행, 59자이다. 명문은 탑의 건립 시기와 관련 인물, 발원에 대한 내용을 담고 있으나 글을 짓고 쓴 사람은 알 수 없다.[164] 이를 보았을 때 탑의 건립연대가 고려시대 현종 12년 11월인 1021년이라는

163 판독된 내용은 『黃壽永全集 4 금석유문』과 『全南金石文』에서 수록되어 있다.

164 네이버 지식백과, http://terms.naver.com/

것을 알 수 있다. 명문의 해석을 통해 확인된 탑의 조성연대는 비슷한 시기에 조성한 동일 양식의 고려 초기 석탑을 연구하는 데 중요한 자료가 된다. 이후 정선종[165]은 기 해석된 명문에 대해 교감(校勘)을 하였는데 앞서 판독된 내용에 대해 5자를 추가 판독하고, 3자를 정정하였다.

상림리 석탑의 구조를 보면 석탑의 가장 하부에는 원래 판석 여러 장을 짜 맞춰 지대석을 삼았다고 한다. 그러나 지금의 탑에서는 기존의 지대석이 보이지 않고 새로운 부재로 교체되었다. 새로 교체된 지대석 위에는 단층의 기단을 올렸다. 이 기단의 하대저석은 높직한 2단 각형으로 되었는데, 1매의 판석으로 되어 있다. 기단의 면석은 4매의 판석으로 결구되었는데, 각 모서리나 중앙부분에 우주를 비롯한 탱주가 없다. 결구는 전후 면으로 끼워 넣는 식이며, 좌우의 부재가 벽판석으로 부가되는 원리이다. 갑석은 1매의 두꺼운 방형 판석으로 되어 있으며, 하면에서 부연 없이 평평한 면이다. 반면 상면에서는 독특한 표현을 보이고 있다. 갑석 상면은 방형의 평평한 면이 있고, 그 중앙으로 16엽의 복련을 조각하였다. 이러한 기단 갑석의 복련 표현 방식은 고려 초기에 흔히 볼 수 있는 기법 중 하나로서 주목된다. 이 형식의 대표적인 사례로는 구례 논곡리 삼층석탑(보물 제509호)이나, 함양 승안사지 삼층석탑(보물 제209호)의 예를 들 수 있다. 이 석탑들은 그 규모나 세부적인 조각 수법 등에서 일부 차이를 보이고 있으나, 단층기단과 기

165 정선종, 「고흥 상림리 삼층석탑기 교감」, 불교문화연구 제8집, 2001, p.43~44.

단갑석의 복련 조각, 그리고 삼층석탑이라는 공통점을 보이고 있어 고려시대에 석탑 형식의 한 유형이라 할 수 있다. 그러므로 고려 이후의 석탑에서는 기단부의 표현에서 주로 복련과 앙련 등의 장식적인 경향이 강하게 보이고 있음을 볼 때, 시대적 계통성으로 이해할 수 있다.

탑신부는 지붕돌과 몸체가 각층 1개의 돌로 되어 있다. 그러나 지금의 탑신은 근래 복원하면서 새로 부가된 것이므로, 원래의 형태가 어떠했는지는 알 수 없다. 새로운 탑신은 각각 모서리 기둥인 우주를 모각했는데, 2~3층으로 올라가면서 점차 체감된다. 이 부재들은 기존의 옥개석에 맞춰 조각되었는데, 1층 탑신이 상대적으로 크게 조각되어 전체적인 균형을 잃고 있다. 이와 함께 양 모서리에 표현된 우주의 표현은 원래의 형식을 알 수 없으나, 그 곡이 깊고 높아 우주가 없는 기단 면석과 비교되며, 전체적인 균제미를 떨어지게 하는 요인이 된다.

옥개석은 탑의 규모에서 가늠할 수 있듯이 매우 얇은 편이다. 추녀는 중앙에서 수평을 이루다가 전각부분에서 미세한 반전을 보인다. 그러나 각각의 옥개석은 대부분 탈락과 파손이 심해 원형의 모습을 잃고 있다. 단 옥개 상면과 낙수면의 일부, 그리고 층급받침만이 그 모습을 유지하고 있을 뿐이다. 여기서 층급받침은 각층이 4단이다. 옥개 하부의 면은 수평을 이루다 끝부분에서 얕은 물끊기 홈을 팠는데, 이는 처마로 이입되는 물을 막고자 한 것이다. 상륜은 노반, 복발, 앙화, 보주를 새로 부가하였다.

고흥 관리 오층석탑(高興 官里 五層石塔)

고흥군 도양읍 관리 폐교된 도양초교 정문 앞 공터에 있다. 폐교된 학교의 문 앞이라서 숲이 우거져 쉽게 보이지 않는 곳에 방치되어 있다. 폐교 전에는 학생들의 자연학습원처럼 사용되었을 것으로 여겨지지만 지금은 접근조차 쉽지 않은 상태이다.

이 석탑은 일제강점기에 관리 탑산골에서 옮겨 왔다고 전하지만 기단부를 제외하고는 거의 완전한 오층석탑으로 보존상태도 완형에 가깝다. 몇몇 글에는 부분적으로 신재를 보충하였다 하였는데 워낙 잘 다듬어져 있고 부재 상호간에 조화를 이루어 원래의 것이라 생각된다.

현재의 모습으로 보면 단층의 기단 위에 오층의 탑신을 올렸다. 맨 밑에 저석이 있는지 확인이 어렵고 기단 중석과 갑석은 분명히 잘 만들어져 있다. 1층부터 탑신과 옥개석이 모두 단일석으로 조성되었다.

탑신은 모두 단일석인데 양 모서리에 기둥을 뚜렷이 모각하였고 1층에 비하여 2층부터는 높이가 급격히 줄어들어 안정을 이룬다. 옥개석은 고려시대석탑의 특징인 5층탑으로서 세련된 모습을 잘 나타내주는 수작이다. 옥개받침은 모두 4단이고 낙수면과 모서리부분 전각의 반전이 이루는 곡선이 아주 안정된 아름다움을 보여 세련된 수작이다. 옥개석 정상의 탑신 받침은 각층 모두 2단으로 뚜렷이 만들어져 있다.

전체적으로 보아 잘 만들어진 고려시대석탑 형식을 취하고 있으나 석재가 워낙 깔끔하여 근자에 만들어진 석탑이 아닌가 생각되기도 한다.

1

2

3

1. 고흥 도양읍 관리 도양초교 앞 오층석탑
2. 균형미가 있는 옥개석
3. 옥개석과 간략화 된 상륜부

보성

보성 우천리 삼층석탑

보성 봉천리 오층석탑

보성 옥마리 오층석탑

보성 계산리 삼층석탑

보성 우천리 삼층석탑(寶城 牛川里 三層石塔)

문화재 지정 : 보물 제943호
소재지 : 전라남도 보성군 조성면 우천리 325번지
시대 : 통일신라시대

위치와 연혁

조성면 소재지에서 77번 국도를 따라 서쪽 방향인 보성읍을 향해 약 2㎞를 가면 우천리(宇川里)가 나오는데, 이 석탑은 우천리 325번지 대동(大洞)마을 앞 논 가운데에 위치하고 있다. 마을사람들은 이곳을 '탑동' 또는 '탑골'이라 부르기도 하여 탑동삼층석탑이라고 한다.

도로 앞으로는 경전선이 지나고 있고 바로 뒤편으로는 꽤 높은 주월산(558m)이 배산하고 있으며 그 산 너머로는 멀리 존제산(703.8m)이 겹치고 있다. 보성 유신리마애불(보물 제944호)은 이 존제산 북쪽에 자리 잡고 있다.

『신증동국여지승람』 보성군 불우조(佛宇條)를 보면 대원사(大元寺), 신흥사(新興寺), 정흥사(正興寺), 오봉사(五峰寺), 봉갑사(鳳岬寺), 일월사(日月寺) 등이 기록되고 있으나 우천리삼층석탑이 위치한 사찰로 비정할만한 이름은 있는지 분명하지 않다. 『범우고』, 『동국여지지(東國輿地志)』, 『호남읍지(湖南邑誌)』의 보성군편에도 이상의 사찰명이 전해지고 있으나 역시 이 석탑과 관련된 내용은 확인되지 않는다.

이 마을 사람들의 구전에 의하면 벌교읍 징광리(澄光里)에 있는 징광사(현재 폐사)의 말사였다고 전해지고 있으나 이 또한 확실한 기록이 없어 자세한 내용을 알 수 없다. 이 석탑의 앞에는 훤히 트인 남해안이 전개되고 있으며, 우천리 고내(庫內)마을 옆에 백제시대 동로현(冬老縣)으로 전해지는 옛 토성흔적 등이 남아 있는 것을 보면 존제산을 이웃하고 있는 유신리마애불(9세기후반)과 함께 일찍이 이곳은 선진불교문화를 받아들였고 그 흔적이 마애불이나 석탑으로 나타났을 가능성이 충분하다.

원래 이 석탑은 한때 그 조성연대가 고려시대인 것으로 알려져 왔으나 1985년 주암댐 조성으로 인한 미술 분야 지표조사에 의해 통일신라말기, 즉 9세기 후반기의 석탑으로 그 연대가 정정되었으며 따라서 당초 지방유형문화재 제6호로 지정되었으나 1988년에 보물 943호로 승격되었다. 1970

년 11월, 보성군 자체계획에 의한 해체수리 시 기단부 주변을 콘크리트로 보수하였기 때문에 하부구조를 파악할 수 없어서 아쉽다.

석탑의 양식

이 석탑은 하부구조가 땅속에 묻혀 있기 때문에 지대석 구조여부를 파악할 수 없으나 현 상태의 모습을 보면, 단층기단으로 4매의 장대석을 결구하여 하대석으로 삼았다. 기단부 중석은 4매 판석으로 짜 맞추었으며 각 면의 모서리에는 양 우주와 탱주 1주씩을 정연하게 모각하였다. 갑석은 전자형(田字形)으로 맞춘 4매 판석인데, 하면은 두꺼운 각형 부연이 조출되고 상면은 미세한 경사와 함께 호·각형의 2단 탑신받침을 각출하여 3개층의 탑신부를 받고 있다.

탑신부는 탑신석과 옥개석이 각층 1석씩이다. 1층 탑신(높이 103㎝, 폭 103×103㎝)은 각 면의 모서리에 우주가 모각되었으며 2~3층에서도 같은 양식인데 위로 올라가면서 높이를 급격히 줄여 체감되었다. 즉 1층탑신의 높이는 103센티인데 2층탑신의 높이가 36이어서 양자의 비율은 2.8 : 1로 거의 3배나 된다.[166] 또한 1층 옥개석의 크기는 178×176×55㎝인데 각층의 옥개석 하면은 수평이며 층급받침은 모든 층이 4단이다. 옥개석 상부의 낙

166 최인선, 보성군 문화유적 학술조사, 140쪽.

수면은 약간의 경사를 이루었으나 내림마루선은 예리하여 네 귀퉁이 전각에서 반전이 있어 전체적으로 경쾌한 느낌을 준다. 옥개석 하부의 처마는 거의 수평이다. 옥개석 상부 중앙에는 2단각형의 받침을 조출하여 상층의 탑신을 받고 있다. 옥개석 네 귀퉁이의 전각 부위에는 풍경을 달았던 작은 구멍이 있다. 상륜부는 노반 없이 복발이 올려져 있으며 그 위로 보개형 부재가 이어지고 있으나 뒤집혀진 것 같다.

이 석탑은 현재의 모습으로 보아서는 단층기단이면서도 기단부의 정연한 탱주와 우주, 그리고 갑석 하면의 두꺼운 부연 등을 유지하고 있는 점에 주목해야 할 것이다. 특히 옥개석 상면의 각형 2단 받침과 처마의 미려한 곡선, 옥개받침의 정제된 기법 등은 신라전형양식인 고식을 간직하고 있다 할 것이다. 단층기단이면서 신라하대인 9세기 조성된 석탑을 보면 경주 남산 용장사지삼층석탑, 의성 관덕동 삼층석탑, 화엄사 동5층석탑 등을 들 수 있다. 이들 단층기단의 석탑은 2층기단에서 단층기단으로 퇴화된 현상이긴 하나, 바로 고려석탑으로 이행되는 전단계의 양식이라는 점에서 주목해야 할 것이다.

또한 이 석탑은 신라하대 즉 9세기에 조성된 것으로 해안가와 가까운 곳에 위치해 있다는 점이다. 주지하다시피 신라하대는 많은 승려들이 당에서 유학하고 서남해안으로 귀국하였는데 선승들이 대부분이었다. 우천리 석탑이 위치하고 있는 곳은 해안가와 가까워 이 탑의 조성과 이곳의 사찰 건립은 이들 선승들과 지방의 토착세력과의 관련이 있는 것으로 추정된다.[167]

특히 신라하대에 들어와 신라중기의 석탑과는 양식상 성격이 조금 다른 석탑들이 당시 수도인 경주지방에서 많이 떨어진 지방에서 조성되었다는 사실은 수도에서 지방으로 중심적 문화가 확산되어가는 모습을 보여주고 있다고 할 것이다. 따라서 이 석탑의 건립연대를 과거에는 고려시대라 하였던 것을 근자에는 통일신라시대 말로 비정하고 있는 점에 더 유의하여 보아야 할 것으로 생각된다.

167 최인선, 위의 글, 141쪽.

보성 봉천리 오층석탑(寶城 鳳川里 五層石塔)

문화재 지정 : 보물 제1115호
소재지 : 전라남도 보성군 복내면 봉천리 767번지
시대 : 고려시대

위치와 연혁

이 석탑은 보성군청 소재지에서 북쪽으로 약 17㎞ 떨어진 복내면 767번지, 봉천리 탑동마을에서 탑동골 농로를 따라 100m 정도 마을 안쪽으로 들어가면 경작지로 둘러싸인 밭 한가운데 서 있다. 탑은 북쪽으로 해발 300m 가량 되는 산을 배산하고 있으며, 이 산의 지류가 석탑의 서쪽을 감싸고 있다. 탑의 동쪽으로는 봉천리 탑골마을이 자리하고 있으며 남쪽으로 주암호를 두고 있다.

현재 이 봉천리5층석탑과 관련된 사찰의 기록은 전해진 것이 없다. 다만 마을에서 구전되는 이야기로는 고려 현종 때(1010~1031년) 오동사(梧桐寺)를 창건하면서 이 석탑을 조성했다고 하나 확실한 근거는 알 수 없다. 『신증동국여지승람』 보성편 불우조에 대원사(大元寺), 신흥사(新興寺), 정흥사(正興寺), 오봉사(五峰寺), 개흥사(開興寺), 봉갑사(鳳岬寺), 일월사(日月寺) 등이 기록되고 있으나 마을에서 구전되는 '오동사'는 보이지 않는다. 혹시 위 기록에 보인 '오봉사'가 '오동사'로 잘못 전해진 것이 아닌가 하는 추측을 할 수 있겠지만 현재로서는 확인할 길이 없다.

이 석탑은 1990년, 해체수리 전까지는 기단부 일부가 침하된 상태였으며 또 탑신부의 삼층 옥개석 이상이 뒤틀리는 등 도괴위험이 있었으나 보성군의 자체계획에 의해 1990년 9월 20일~12월 11일까지의 공사 끝에 석탑을 완전 해체·수리하여 오늘에 이르고 있다. 이 때 석탑 주변의 사유지 100여 평을 매입하여 보호구역을 넓혔다.

석탑양식

이 석탑은 2중기단을 갖은 5층석탑으로 신라전형양식을 하고 있는 일반형 석탑이다. 기단부는 긴 장대석 4매를 조립하여 지대석으로 구성하고 그 위에 하층기단을 얹었다. 하층기단의 중석은 각 면의 모서리에 양 우주를 모각하고 중앙에는 탱주 1주씩을 조출하였다. 하층기단의 갑석은 4매 판석인데 하면은 수평이고 상면은 미세한 경사를 주었으며 중앙에는 호·각형(弧·角形) 2단의 받침을 표출하였으나 호형몰딩은 두텁고 각형받침은 거의 음각으로 처리하여 간략화 하였다. 상층기단 중석은 5매로 결구하였는데, 각 면의 모서리에는 양 우주를 모각하고 중앙에는 탱주 1주씩이 각출되었다. 다만 중석의 남쪽에는 탱주 대신 주형광배(舟形光背)를 갖춘 불상 1구가 조각되어 특이한 면모를 보인다.

불상은 양각의 입상으로 머리는 민머리 형태인데 이목구비의 모습은 마모가 심하여 구체적인 내용을 잘 알 수 없다. 법의는 우견편단으로 상체의 의문(衣紋)은 좌측 어깨를 걸쳐 뒤로 넘겼으며 하체의 의문은 U자형으로 파상문을 이루면서 수직으로 내려온 치마인 군의(裙衣)자락과 겹치고 있다. 수인은 우측팔을 내려 허리춤에 대고 있고 좌측손은 팔목을 약간 구부려 전면의 옷주름에 대고 있다. 대좌는 앞으로 돌출된 방형으로 전면에 알 수 없는 화살표 문양을 장식하였다. 이 불상은 현재 머리 정상부가 민머리 형태로 보이나 법의와 군의자락 및 수인형태로 보아 원래는 여래상이었을 것으로 추측된다.

평평하고 두툼한 상층기단갑석은 2매로 결구하였다. 하면에는 얇은 각형 1단의 부연이 있고 상면은 미세한 경사를 주어 1층탑신을 받게 하였는데, 중앙에는 각형 1단의 받침을 조출하였다.

탑신부는 1층 탑신만 4매 판석으로 짜 맞추고 나머지 2층 이상은 탑신석과 옥개석이 각 1석씩이다. 각 탑신의 모서리에는 양 우주가 모각되었으며 2층 탑신부터는 급격히 높이가 줄었고 폭을 조금씩 줄여 안정된 모습으로 체감하였다. 옥개석은 각 층이 비교적 두꺼운 편이며, 상면의 낙수면은 급경사이고 중앙에는 낮은 1단의 각형 받침을 조출하였다. 처마는 수평을 이루다 전각에서 경쾌한 반전을 나타냈다. 옥개받침은 1~3층까지는 5단이며 4~5층에서는 4단으로 줄였다. 옥개석 네 모서리 하면에 풍경을 달았던 구멍흔적이 있으며 상륜부는 노반석 1매만 남아 있고 그 윗부분은 결실되었다.

봉천리오층석탑은 이중기단이긴 하나 하층기단갑석이 두꺼운 반면 상층기단갑석은 얇고 부연 또한 얇은 모습으로 형식화되었다. 탑신부의 옥개받침은 일률적이지 않고 5단 또는 4단으로 줄이는 등 균형미를 잃고 있다. 그러나 오층석탑이면서도 옥개석에서 보여준 중후한 조형미는 자칫 오층석탑에 나타나기 쉬운 세장한 느낌을 훨씬 줄이고 있다.

한편 상층기단면석에 부조된 불상은 언뜻 지장보살로 보이나 머리 정상을 자세히 살펴보면 육계부위를 인위적으로 훼손한 흔적이 역력하다. 기단부나 탑신부에 나타난 이 같은 장엄은 신라하대 석탑에서 주로 등장하는데, 그 대상은 12지상이나 사천왕상, 인왕상, 팔부중상, 보살상, 문비형 등이다. 여래상은 사방불(四方佛)을 제외하고는 거의 없는 실정이나 구례 화엄사구층암 삼층석탑의 1층 탑신에 여래상 1구가 있는데, 전남지방에서는 매우 희귀한 예에 속한다. 이처럼 석탑 표면에 장엄조식을 하는 것은 탑을 장식화함과 아울러 공예화하기 위한 요소로도 보이지만 여래를 조각하여 넣음으로서 탑에 대한 신앙을 불상과 동격으로 하기 위한 의도적인 면도 있다고 생각된다.[168]

이 석탑은 2층기단의 상층면석에 입상을 조각하는 등 장식성을 보이며 1층탑신은 높고 2층탑신 부터는 급히 낮아져 체감율이 뚜렷하고 고준한 감이 있다. 이러한 여러 가지 양식으로 보아 이 석탑의 조성연대는 고려 전반기 이후로 더 내려오지는 않을 것 같다.

168 최인선, 위의 글, 142쪽.

보성 옥마리 오층석탑(寶城 玉馬里 五層石塔)

문화재 지정 : 전라남도 지방유형문화재 제141호
소재지 : 전라남도 보성군 노동면 384번지
시대 : 고려시대

위치와 연혁

이 탑은 노동면 소재지에서 서북쪽으로 8킬로미터가량 계류를 따라 올라가면 장흥군 장동면과의 접경인 옥마리가 나타난다. 옥마리 벽옥마을에서 500미터 가량 떨어진 기슭에 현재는 월림사(月林寺)란 조그마한 사찰이 있는데 이 사찰의 건물 우측에 위치하고 있으며 일명 백옥탑(白玉塔)이라고도 한다.

옥마리 오층석탑은 이중기단의 5층석탑으로 하대면석 이하는 시멘트바닥에 매몰되어 알 수 없다. 상륜부는 유실되고 없으나 탑은 전반적으로 양호한 편이다. 현재 전체의 높이는 580, 기난고는 160, 1층탑신의 높이는 85센티미터이다.

석탑의 양식

기단부는 상하층으로 구분된 이중기단인데 하층기단 중석 상단부 일부만 남아 있고 그 이하는 시멘트 속에 묻혀 있어 구체적인 하부구조를 알 수 없으며 다만 기단중석에 1탱주와 양 우주만 보인다. 하층기단의 갑석은 4매의 판석으로 위자형(囲字形)으로 결구하였다. 즉 전후로 큰 판석을 놓고 그 사이에 작은 판석 2매를 끼워넣었는데 별다른 장식조각이 없다.

일부가 결실되어 보충한 상층기단의 중석은 4매로 결구되었으며 역시 양 우주와 1탱주가 있다. 또한 상층기단의 갑석은 두툼한 1매석인데 하면에 1단의 각형 부연이 있고 상면에 큼직한 2단의 각형 탑신받침이 마련되어 5개층의 탑신부를 받치고 있다.

탑신부의 탑신석과 옥개석은 5층 모두 각각 1석이며 1층탑신의 높이는 85센티미터인데 2층탑신은 30센티미터로 급격히 줄어서 체감비율이 2.8:1로 오히려 안정감을 보인다고 생각된다. 또한 1층탑신은 탑신 상부의 폭이 67센티미터인데 비해 탑신 하부의 폭은 71센티미터여서 위는 좁고 아래는

169 최인선, 보성군 문화유적 학술조사, 146쪽.
170 천득염, 백제계석탑연구, 전남대학교 출판부, 2000.

넓은 소위 상협하광(上狹下廣)의 사다리꼴을 하고 있다.[169]

옥개석은 처마가 둔중하고 두꺼운 편이며 낙수면은 급경사를 이루고 내림마루는 예리하며 전각에서는 가벼운 반전을 보이고 있다. 층급받침은 1,2층에서 5단, 3층은 4단, 4,5층은 3단으로 줄어든 각형받침을 하고 있다.

상륜부는 남아 있는 부재가 하나도 없다.

옥마리 5층석탑은 폭이 넓지 않은 이중기단이며 1층탑신이 아주 높은 세장고준형(細長高峻形)의 탑으로 이러한 양식의 석탑은 전라도 지역에서 고려시대에 건립된 탑이 많다. 즉 나주 송제리 5층석탑, 진도 금골산 5층석탑, 화순 운주사석탑군, 정읍 은선리 3층석탑과 비슷한 양식으로 흔히 백제계석탑형식으로 분류되고 있다. 이들 탑은 기본적으로 1층탑신은 대단히 높고 2층탑신부터는 급격히 높이가 줄어 한국석탑 중에서 가장 가늘고 높은 세장고준형식이다.

이 옥마리 5층석탑은 백제계석탑양식으로 흔히 분류되고 있으나 옥개석부분에 있어서는 완전한 신라석탑의 양식을 따르고 있어서 백제시대 이후 백제의 구영토에서 나타나는 세장고준한 고려양식이지만 오히려 신라와 백제석탑이 절충된 모습이라고 하는 것이 더 적절할 것이다.

결국 이 석탑은 신라식 2중기단과 전혀 다른 모습의 기단 구조, 옥개석 층급받침의 다양함, 옥개석 전각부분에서의 반전, 정제되지 못한 거친 다듬, 다소 불안할 정도로 우뚝 솟아 고준한 탑의 외관 등으로 보아 진도 금골산 오층석탑, 나주 송제리 오층석탑과 비슷한 느낌을 주며 부여나 전북지방의 다른 백제계석탑과도 구별이 되는 모습을 보인다. 즉 백제탑의 모습을 따르고 있으나 신라의 전형적인 석탑양식을 절충한 형식이라고 할 수 있겠다. 따라서 이러한 여러 가지의 모습에서 이 석탑은 고려중기 이후에 조성된 것으로 추정된다.[170]

보성 계산리 삼층석탑(寶城 桂山里 三層石塔)

문화재 지정 : 전라남도 문화재자료 제133호

위치와 연혁

복내면 계산리 590번지에 있는 삼층석탑이다. 복내면 소재지에서 보성읍 쪽으로 3킬로미터 정도를 가면 오른쪽으로 계산리 계동마을이 있는데 이 마을의 서쪽 산길을 따라 400미터 쯤 가면 낮은 구릉이 있다. 이 구릉의 정상부에 1990년에 복원된 탑이 있다. 상층기단의 면석과 우주는 별석으로 결구되었는데 우주는 유실되어 없고 3층옥개석은 탑의 동남부에 도괴되어 있었으며 3층탑신과 상륜부 역시 유실되고 없었다. 그래서 보성군에서는 없어진 부재를 다시 만들어 이 석탑을 해체수리 복원하였다. 이 때 다음과 같은 내용의 수리기를 작성하여 탑 안에 넣었다고 한다.

> 계산리 삼층석탑은 중대석의 우주가 훼손되고 탑전체가 이완되어 1990년 8월 10일 탑을 해체하였다. 다시 이 탑을 복원하면서 훼손된 중대석 우주를 신재로 보충하고 삼층탑신 상부에 孔을 만들어 본 수리기를 함께 적어 안치한다.
>
> 석탑해체복원기간 : 1990. 7. 1 - 9. 28
>
> 시행처 : 보성군
>
> 지도위원 : 전라남도 문화재전문위원 성춘경

불탑의 양식

이 탑의 기단부는 이중기단인데 현재는 하층기단면석까지 보이나 지대석은 흙에 묻혀 있어서 존재유무를 확인할 수 없으나 없는 것으로 보인다. 하층기단은 중석과 갑석이 1매석으로 표현되어 특이한 형식을 하고 있다. 또한 하층기단은 田자형 4매석으로 결구하였는데 하층기단의 중석에는 1탱주와 양우주가 모각되었고 갑석의 상하면은 부연이나 상층기단 받침 없이 수평을 이룬다. 중앙의 탱주는 4매석이 田자형으로 만나는 부분에 조성되었으나 양쪽의 석재로 분리되었다. 상층기단은 면석과 우주를 별석으로 만들었는데 우주가 분실되어 복원시에 새로 만들어 놓았다. 이 때 우주를 너무 크게 하여 어색한 조형을 이룬다.

상층기단의 갑석은 2매석의 판석으로 결구하고 하면에는 각형부연이 있으며 상면에는 호각의 2단받침이 있다.

탑신부는 탑신과 옥개석이 각 1석씩이며 탑신의 모서리에는 우주가 있고 1,2층의 탑신의 체감은 큰편이 아니어서 안정감이 있어 보인다. 옥개석은 탑신에 비해 두꺼운 편이 아니고 우동은 뚜렷하지만 둥근편이다. 반전의 전각은 거의 없으며 처마는 두꺼운 편이고 모서리마다 풍경을 달았던 구멍의 흔적이 있다. 이 탑의 옥개석은 층급받침의 표현에 있어서 매우 특이하다. 즉 각형3단의 층급받침이 있는데 맨 아래에 또 다시 아주 낮은 각형받침이 있어 4단의 층급받침으로 오인하기 쉬우나 이것은 탑신석 위에 더욱 안전하게 놓기 위한 조식으로 파악하여야 할 것이다. 옥개석 상면에 역시 탑신을 받기 위한 각형1단 받침이 있다.

상륜부는 유실되고 없다.

이 탑은 탑형식에서 흔치 않은 특징을 지닌다. 즉 하층기단은 중석과 갑석을 동일석으로 하여 4매석으로 조성하여 결구하였는데 한편 상층기단은 중석과 우주를 별석으로 하였으며 갑석은 2매석으로 만들었다. 이러한 석탑조립의 특징은 목조건축의 영향을 많이 받은 것으로 백제계석탑에서 보이는 양식이다. 특히 우주를 별석으로 결구한 탑은 정림사지 오층석탑을 비롯하여 여러 백제계석탑이 있으며 전남에서는 강진 월남사지삼층석탑이 대표적인 예이다.

또한 상층기단의 중석에 탱주가 모각되지 않았는데 이처럼 이중기단을 가지면서 상층중석에 아무런 조식없이 탱주가 없는 예는 경북 금릉 청암사 수도암 서삼층석탑, 경남 의령 보천사지 오층석탑, 충남 천원 천흥사지 오층석탑, 전북 옥구 발산리 오층석탑 등 몇몇의 예에 불과하다. 이러한 양식은 신라하대부터 나타나 고려시대에 좀 더 많은 분포를 보이고 있다.[171]

하층기단은 아주 낮고 상층기단은 높은 편인데 이러한 양식은 우리나라의 석탑 초기부터 등장하여 많은 예를 보이고 있는데 하층기단이 낮고 길며 상층기단은 높고 좁아 안정감 있게 보인다. 또 하나의 새로운 특징은 옥개석 층급받침보다 훨씬 낮고 작은 각형의 단을 기단 갑석 위에 만들었음을 들 수 있다. 이는 옥개석 상면에 각형1단의 괴임대를 만들어 탑신석을 받고 있는 것과 같은 형식을 취하여 탑신석을 위에 올려 놓으려고 한 것으로 보인다.

171 최인선, 보성군 문화유적 학술조사, 145쪽.

이탑은 2중기단을 가진 석탑으로 기단부와 탑신부의 양식으로 보아 조성시기는 이웃한 봉천리 5층석탑과 같은 시기인 고려전반기로 추정된다. 또한 이중기단 위에 3층 탑신부를 가진 석탑으로 전체적으로 신라양식을 따랐으나 기단부 가운데 일부 즉 상층에 우주를 별석으로 만들었다든가 기단부를 여러 석재로 만든 점이 부분적으로 나마 백제계 석탑양식을 지니고 있는 탑이라 생각된다.

화순

화순 운주사석탑의 가치와 형식

화순 운주사 구층석탑

화순 운주사 원형 다층석탑

화순 운주사 칠층석탑

화순 운주사 쌍교차문 칠층석탑

화순 운주사 석조불감 앞 칠층석탑

화순 운주사 거북바위 교차문 칠층석탑

화순 운주사 대웅전 앞 다층석탑

화순 운주사 칠성바위 앞 칠층석탑

화순 운주사 발형(鉢形) 다층석탑

화순 운주사 거북바위 오층석탑

화순 운주사 수직문 칠층석탑

화순 운주사 거지석탑

화순 운주사 명당탑

화순 운주사 원형다층석탑 앞 삼층석탑

화순 운주사 법성료 앞 삼층석탑

화순 운주사 법성료 앞 원형 이층석탑

화순 운주사 산신각 앞 석탑재

화순 운주사 행해당 뒤 언덕 일층석탑

화순 한산사지 삼층석탑

화순 쌍봉사 대웅전

화순 보안사지 석탑

화순 운주사석탑의 가치와 형식

운주사의 의미와 석탑 현황[172]

'多塔峰의 千佛千塔'으로 알려진 운주사의 불교유적은 화순군 도암면의 해발 1백여 미터의 야트막한 야산의 남북 방향으로 뻗은 두 산등성이와 계곡사이에 위치한다. 양쪽으로 벌어진 낮은 구릉의 산등성이 사이, 계곡 여기저기에 불상과 불탑이 다소 불규칙 하게 서 있다.

운주사는 후기라는 왕조 말기적 분위기 속에서 풍수지리사상에 입각한 행주론(行舟論) 곧 한반도를 배 형국으로 보고 운세가 일본으로 떠내려가는 것을 막고자 하는 풍수론에서 비롯된 것이다.

운주사의 창건에 대한 이야기는 너무도 많다. 먼저 도선국사와 관련된 것으로 통일신라 말의 선승 도선이 하룻밤 사이에 천불천탑을 쌓았다는 불가사의 한 전설과 미륵의 혁명사상을 믿는 천민들과 노비들이 들어와 천불천탑과 사찰을 만들어 미륵공동체 사회를 만들었다는 주장이 있다. 더욱이 운주사의 성격에서조차 불교사원이라기 보다는 도교사원이었다는 주장,[173] 밀교사원이었다는 주장,[174]민간 신앙의 기복처라는 이야기까지도 있다. 특히 1984년 발굴조사보고서에서 운주사의 신앙체계를 운주사의 불상과 불탑이 과거, 현재, 미래의 삼세 삼천불 중 현재의 현겁천불에 대한 신앙인 천불신앙에 의거 조성되었다고 보거나[175] 옴마니반메훔은 진언밀교에서 외우는 육자대면주이고 석불의 합장인이 밀교와 관계가 있는 비로자나불의 지권인을 도식화한 것으로 밀교계통의 사원[176]이라는 각기 다른 주장이 제기되었다. 또한 칠성신앙에 의거해 칠성석이 조성되었는데 이러한 칠성신앙도 밀교신앙의 한 형태로 해석하고 있는 주장도 있다.[177] 인근 쌍봉사에 주석한 만전(최항)이 몽고 침략을 물리칠 영구적인 石造 百高道場을 베풀려고 하였다는 주장도 등장하였다.[178]

최근의 연구성과에 의하면 화엄과 밀교의 결합으로 보는 견해,[179] 원나라 군부가 고려 백성들과 물자를 강제동원해 세운 수난의 불사라는 외압설,[180] 중국의 음양오행사상과 천문역학적 성격을 지닌 티벳 후기 밀교의 사상적 배경을 찾는 주장 등이 제기 되었다.[181]

운주사의 석탑군

172 이 절의 내용은 주로 황호균의 '운주사, 천불천탑의 불가사의와 세계유산으로의 탐색'(2014.1.17.), 운주사의 역사적 배경과 천불천탑의 제작 공정 복원론, 66~71쪽에서 참고함.

173 김창현, '운주사, 천불천탑의 불가사의와 세계유산으로의 탐색'(2014. 1.17.), 운주사 천불천탑의 도교적 성격, 269쪽.

174 최몽룡, 발굴조사보고, 운주사, 전남대학교 박물관, 1984, 168~169쪽.
허일범, '운주사, 천불천탑의 불가사의와 세계유산으로의 탐색'(2014. 1.17.), 운주사의 밀교적 상징성에 관한 연구, 293쪽.

175 김남윤, 발굴조사보고-역사적인 배경, 운주사, 전남대학교 박물관, 1984, 105~107쪽.

176 최몽룡, 발굴조사보고, 운주사, 전남대학교 박물관, 1984, 168~169쪽.

177 이계표, 운주사의 사상적 배경, 운주사종합학술조사, 전남대학교 박물관, 화순군, 1991, 55~60쪽.

178 최완수, 운주사, 명찰순례, 대원사, 1994.

179 홍윤식, 고려시대 운주사불적의 성격, 허선도선생정년기념 한국사학논총, 일조각, 1992, 1062~1063쪽.

180 소재구, 운주사 탑상의 조성불사, 동원학술대회, 2001.

181 황호균, '운주사, 천불천탑의 불가사의와 세계유산으로의 탐색'(2014. 1.17.), 운주사의 역사적 배경과 천불천탑의 제작 공정 복원론, 71쪽.

운주사 계곡의 석탑군

또한 운주사에는 千基의 탑이 있었다고 하는 데, 과연 운주사에 천기의 석탑이 있었고 이것들은 언제 누가 어떤 방법으로 건립하였을까? 이들을 모두 일시에 건립하였을까? 아님 여러 번에 나누어서 건립한 것일까? 또한 이들의 배치형식에는 어떤 질서가 있는 것일까?

千은 불교에서는 滿數로서 無量 無數의 여래를 나타난다. 우리나라에 천불신앙은 중국의 남북조시대 이래 당대까지 각지에 천불이 조성되고 유지되었다. 우리나라에 천불 신앙이 전래된 것은 삼국시대 후기였으며 고구려에 처음 전해진 것으로 추정된다. 경남 의령에서 출토된 고구려 불상의 명문에 천불상의 조성 사실이 보여 주목된다. 실제 천불상의 조성 예는 경덕왕대부터 문헌에 등장하고 운주사와 가까운 지역인 구례 화엄사와 해남 대흥사의 천불전 등에서 찾아 볼 수 있다. 이는 고려 중후기에 천불신앙을 바탕으로 이른바 천불이 조성되고 대승불교 경전인 화엄경과 밀접하게 결부된 불탑신앙에 근거해 천탑이 조성되었다고 생각된다고 생각된다.[182] 그러나 우리나라에서 운주사 이외엔 천탑의 예는 없다. 이는 천이 '더 이상 채울 수 없이 가득한' 개념을 가진 불교의 상징적 의미로만 사용되었음을 뜻하는 것은 아닐까 한다.

운주사의 탑의 건립과 사찰의 창건이 비슷한 시기에 이루어졌다고 보는 것이 일반적인 관점인데도 불구하고 워낙 신비스러운 사찰이라 석탑의 건립 배경이나 연대에 대해 다양한 견해가 제기되어 왔다.

양식적으로 보면 운주사의 석탑은 대부분 고려 중기 이후에 건립된 것으로 판단된다. 곧 운주사 석탑들에서 나타나는 다양성과 무정제성으로 보아 건립 연대를 낮추어서 볼 수밖에 없는 것이다. 통일신라시대의 석탑들이 보여준 정형적인 감각은 사라지고 약간은 무계획적이고 거친 무작위의 기법, 민예적이고 토속적인 모습이 운주사 석탑들에서 나타나기 때문이다. 그러나 운주사의 석탑에 대해 조잡하다거나 불심이 부족하다라는 표현은 적절하지 못하며 어떤 특별한 배경이 있어 상응하는 목적과 의지를 가지고 이러한 불사가 이루어진 것이라고 추정해 볼 수 있다.

운주사 석탑에 관한 구체적인 내용이 나타나는 기록은 1928년 11월 6일자 중외일보의 운주사 고적순례 기사이다. 이 기사는 현존하는 불탑상황을 자세히 기록한 최초의 기록이다.[183] 이 글에 의하면 탑의 상황은 총 30

182 이계표, 운주사의 사상적 배경, 운주사종합학술조사, 전남대학교 박물관, 화순군, 1991, 55~60쪽.
183 황호균, '운주사, 천불천탑의 불가사의와 세계유산으로의 탐색' (2014.1.17.), 운주사의 역사적 배경과 천불천탑의 제작 공정 복원론, 97쪽.

기이며 최고 탑의 크기를 기록하였다. 방형이 17기, 원형이 5기, 불명이 8기로 모두 30기이다. 하지만 완전한 것만을 기준으로 하면 방형 12기, 원형이 2기로 14기에 불과하고 불명은 8기이다. 운주사는 1941년(박형진)에서는 22기의 석탑이 있던 것으로 기록되었으나 1981년(성춘경)의 조사에서서는 18기로 파악되었다. 1991년(천득염)의 조사에서는 석탑형식을 갖춘 것이 18기, 石柱形으로 1층탑신만 남은 것이 3기로 모두 21기 석탑의 존재를 알려졌다. 이어 1989년 4차 발굴조사에서 원반형 폐탑재 1기가 새로 추가되어 모두 22기로 파악되었다. 하지만 30여개에 이르는 폐탑재들의 존재로 미루어 적어도 10여기의 석탑이 복원 가능하여 30여기의 석탑 존재를 공식적으로 밝힐 수 있겠다.[184]

운주사의 창사배경과 석탑의 건립년대 추정

신비스러운 천불천탑의 사찰 운주사는 언제 누구에 의해서 건립된 것일까? 운주사에는 수많은 불상과 불탑이 민예석이며 토속적인 모습을 하고 가람배치상 비정형적으로 자리하고 있지만 누가? 언제? 왜? 좁고 외진 이곳에 이처럼 기기묘묘한 불상과 불탑을 건립하였는지 자세히 알 수 없다.

운주사의 불교유적은 화순군 도암면 대초리와 용강리 일대에 자리하고 있다. 이 지역은 무등산의 한 줄기로 해발 1백여미터의 야트막한 야산이며 남북방향으로 뻗은 두 산등성이와 계곡에 1백여분의 부처님과 30여기의 불탑이 여기저기에 널려 있다.

운주사는 《신증동국여지승람》 陵城縣 편을 보면, "운주사는 천불산에 있는데 좌우의 산등성이에 석불과 석탑이 각1천개이다(雲住寺在千佛山寺之左右山背石佛石塔各一千…)"이라 하였다. 그러나 언제 누가 창건하였다는 기록이 없다. 그런데 《東國輿地志》에는 "세상에 전해지기를 신라 때 창건되었다고도 하고 혹은 고려 승려 혜명이 대중 수천을 모아 그들 각자로 하여금 천불·천탑을 조성케 했다(諺傳新羅時所造或謂高麗僧惠明有徒衆數千各令造成云)"라는 내용이 전해진다. 여기 나온 惠明이 고려 광종(949~975) 때 충남 관촉사의 대불조성을 주도했다는 慧明인지는 알 수 없으나 어쨌든 운주사의 창건자를 실명으로 거론하였다는 점에서 매우 주목된다 하겠다. 그러나 1923년에 발행된 《道岩面誌》에는 "선사 도선이 천신의 힘을

184 千得琰,「雲住寺石塔의 造形的 特性에 대한 考察」,『雲住寺綜合學術調査』, 全南大學校 博物館·和順郡, 1991.
황호균, 운주사자료집성, 화순군, 전남대박물관, 2009.

빌어 하루 동안의 낮과 밤사이에 천불천탑을 조성했다(禪師崔道詵借天神力一晝夜間造成千佛千塔)"고 했다. 지금까지 운주사에 전해지는 도선과 관련된 여러 가지 전설은 아마 위 내용에서 비롯된 것이 아닌가 한다.

운주사는 한 계곡에 수많은 석불과 석탑이 무리지어 있다는 점이나 토속적인 조형성으로 인하여 많은 사람들에게 신비스러운 곳으로 주목을 받아왔다. 이처럼 운주사는 워낙 신비스러운 사찰인지라 석탑의 건립배경이나 건립연대에 대해서 다양한 견해가 있다.

전설적인 道詵의 건립설[185]에서부터 고려 초기에 건립되었다는 주장,[186] 12세기에 건립되었으리라는 주장,[187] 11세기 초반까지를 상한선으로 할 수 있다는 주장[188] 등이 있다. 또한 건립의 주체에 대하여서도 도선에 의하여 비보적 사찰로 건립되었다는 주장을 비롯하여 통일신라말의 능주지방 호족세력에 의해서 개창되었다는 주장,[189] 또는 능주지방에 이주해온 이민족 집단에 의하여 개창되었다는 주장,[190] 미륵의 혁명사상을 믿는 천민과 노비들이 들어와 천불천탑과 사찰을 만들고 미륵공동체사회를 만들었을 것이라는 추정,[191] 설화적인 내용으로 천대받은 중들을 포함한 천민들에 의해서 이루어졌을 것이라는 추정 등이[192] 있다. 또한 운주사를 불교사원으로서가 아니라 다른 성격으로 이해하는 관점도 있다. 즉 민간신앙의 기복처, 천민과 노비들의 해방 구역, 도교사원, 밀교사원이었다는 주장, 심지어 와불이 일어서면 이 지역이 백제의 한을 이은 한반도의 수도가 된다는 기막힌 주장[193]까지 있어 퍽이나 다양하나[194] 아직까지는 입증되지 않은 부분이 많다.[195]

그러나 4차에 걸친 발굴조사에 의하면 운주사는 11세기 초반에 사찰이 성립되어 12세기에 이르러 최대의 전성기를 맞이하여 번창하다가 弘治八年(1495)의 불사를 마지막으로 더 이상 번창하지 못하고 있다가 丁酉再亂 때 폐사된 것으로 생각된다. 그 후 대초리 지역으로 옮겨 암자 2동을 짓고 19세기까지 존속한 것으로 보인다.[196]

다행히 전남대학교 박물관에서 1984년부터 1991년까지 4차례에 걸쳐 실시한 발굴조사와 두 차례의 학술조사로 부분적이나마 그 현황을 알 수 있게 되었다. 그러나 아직도 누구도 공감할 수 있는 자료가 발견되지 않아 조성배경에 대한 구체적인 이해는 충분치 못한 형편이므로 운주사 천불천

185 성춘경, 운주사의 천불천탑, 月刊全每, 1980. 2, p.140.

186 關野貞, 朝鮮의 建築과 藝術, 岩波書店, 1941, 東京, p.119.

187 鄭永鎬, 운주사, 전남대학교 박물관, 1984, p.19.

188 朴慶植, 화순운주사의 석탑에 관한 고찰, 博物館紀要, 단국대학교 중앙박물관, p.7.

189 朴慶植, 앞글, pp.14~18.

190 申榮勳, 불교신문, 1989년 4월 5일자. 1246호.
이 참고물은 김동수의 글에서 재인용한 것임.

191 朴泰洵, 화순운주사 천불천탑 이야기, 月刊中央, 1989년 1월호, p.488.

192 송기숙, 운주사 천불천탑 관계 설화, 운주사종합학술조사, 전남대학교박물관, 1991.

193 '와불이 일어나면 서울이 된다'는 설화(용강리 1구 김종철, 남, 65세, 1989년 11월 나경수조사)
송기숙, 운주사 천불천탑의 관계 설화, 운주사종합학술조사, 전남대학교 박물관, 화순군, 1991, 354쪽.

194 김동수, 운주사의 역사적 고찰, 운주사종합학술조사, 전남대학교 박물관, 1991.

195 황호균, '운주사, 천불천탑의 불가사의와 세계유산으로의 탐색'(2014. 1.17.), 운주사의 역사적 배경과 천불천탑의 제작 공정 복원론, 66쪽.

196 운주사에 대한 발굴은 전남대학교 박물관에서 4차의 발굴조사를 거쳐 보고서가 발간되었다.

탑은 여전히 불가사의 한 유적인 셈이다.

일반적으로 탑의 건립시기와 創寺 시기는 거의 일치한다고 보아도 크게 틀림이 없다. 그러나 문제는 워낙 많은 수의 탑이 다양한 형태를 갖고, 단일한 사찰에 건립되었기 때문에 창사시기와 建塔 시기를 어느 한 시점으로 잡으면 너무 짧은 기간에 이렇게 많고 다양한 모습의 탑이 건립되었을까 하는 의문이 생기지 않을 수 없다.

아무튼 발굴조사에 의한 석탑의 건립시기의 상한연대는 11세기까지 올려볼 수 있겠다. 그러나 창사 당시에 모든 탑이 동시에 건립된 것인지 아니면 중창할 때 마다 조금씩 새로이 건립된 것인지 불명하다. 오히려 어느 중창 시에 대대적인 불사가 이루어지고 그때 석탑을 건립한 것이 아닌가 하는 생각이 든다.

발굴에 의한 운주사의 초창연대는 11세기까지 올라가나 운주사의 석탑을 양식적으로 보면 대부분 고려중기 이후에 건립된 것이라고 판단된다. 즉 운주사 석탑들에서 나타나는 다양성과 무정제성은 건립연대를 낮게 볼 수밖에 없다. 통일신라시대 석탑들이 보여준 정형적인 감각은 사라지고 다소 무계획적이고 거친, 무작위한 기법이 운주사 석탑들에서 나타나는 전반적인 모습이다. 이를 무기교의 미라고 해야 할지 정성이 부족하거나 조야한 민중적 조영이라고 해야 할지 판단이 서지 않는다. 그러나 감히 이를 조잡하다거나 불심이 부족하다고 할 수는 없을 것이다.

학계의 조심스러운 연구태도와는 달리 문인들은 문학이라는 이름으로 운주사를 끌어들였다. 황석영은 장길산에서 관군에 참패한 길산이 능주로 숨어든 것처럼 암시적으로 유도하여 소설후미에 운주사를 삽입하였다. 여기에서는 길산이 진도 등 전라도 해역의 섬들이나 나주 일대에서 일어난 노비들고 함께 도읍지가 바뀌는 새 세상을 꿈꾸며 천불천탑을 세우려다 실패한 통한의 장소 곧 역모의 땅으로 설정했다. 또 이재운의 〈소설 토정비결〉에서는 황진이의 미모에 무너졌다는 지족선사를 급기야는 천불천탑을 깎고 있는 도인으로 묘사하고 말았다. 이러한 소설가들의 문학적 상상력 덕택에 운주사는 여러모로 유명해졌으나 그야말로 상상의 나래를 편 것에 불과하다.[197]

운주사의 불적은 많은 탑과 불상이 한 지역에 빽빽이 들어서 있다는 점

197 이태호, 천득염, 황호균, 운주사, 대원사, 빛깔있는 책, 10쪽.

에서 경주의 남산과 자주 비교된다. 그렇지만 운주사의 불상과 탑은 남산처럼 여러 계곡에 시기가 다른 별개의 불사로 이루어진 유적이 아니어서 분명히 구별된다. 1백여분의 돌부처와 20여기의 석탑이 한 계곡 여기저기에 널려져 마치 석불과 석탑의 야외 전시장을 방불케 하는데 이는 우리나라 불교미술사에서 그 유래를 찾기 힘든 희한하고 불가사의한 유적이다.[198]

고려 初 시대상과 建塔 樣相

고려시대에 접어들면서 통일신라시대에는 찾아볼 수 없는 석탑조형의 다양성은 고려시대의 정치, 사회적 시대상과 관련시켜 보면 석탑의 건립년대를 추정하는데 합리적인 논거가 될 것이다.[199]

고려시대석탑은 통일신라시대의 왕도중심의 일률적인 석탑양식에서 벗어나 각 지방의 토착세력이 건탑에 관여하여 과거의 일률적인 규범보다는 각기 제 나름대로의 특징이 반영되어 다양성 있는 석탑의 양상을 보이고 있다. 따라서 지방적인 특색을 현저하게 나타내고 지방의 산곡까지 각양각색의 새로운 형식의 석탑이 건립된 것이다.

이러한 석탑건립 양상의 변화 즉 지방으로의 전파, 지방민중이나 토착세력의 참여, 다양한 석탑조형 등은 고려의 창업기를 지나고 고려다운 새로운 성격이 두드러지기 시작하는 11세기 이후부터라 추정된다. 이는 고려초기탑의 일반적인 현상이고 운주사의 경우는 여러 가지 정황으로 보아 이보다는 더욱 뒤의 일이라고 생각된다.

석탑의 건립연대를 추정하는 방법 중의 하나는 건립연대가 밝혀진 탑과 그 양식을 비교하는 일이다.

이제까지 고려시대석탑 중에서 건립 년대가 밝혀진 석탑은 10기에도 이르지 못한다. 석탑상호간에 연대비정이 가능하기 때문에 이보다 더 중요한 자료는 없다. 이 시기에 조성된 석탑의 대표적인 예로 건립연대가 뚜렷한 것은 금산사오층석탑(金山寺五層石塔, 경종 4년(景宗 四年, 979)에 시작하여 성종원년(成宗元年, 982)에 완공)을 비롯한 수기에 불과하다.

이러한 석탑들을 운주사석탑과 같은 의장적 특성을 갖는 탑으로 간주할 수는 없으나 운주사의 석탑들도 고려석탑의 특성을 여러 부분에서 강하게 지니고 있다고 하겠으며 이들보다는 다소 후대에 건립된 것이라 여겨진다.

198 이태호, 천득염, 황호균, 운주사, 대원사, 빛깔있는 책, 10쪽.
199 鄭永鎬, 雲住寺, 전남대학교 박물관, 1984.

또한 운주사 석탑의 조형기법이 고려초기의 석탑들에서 보이는 양식이나 축조기법 보다는 다소 후기적 양상을 보이고 있기 때문에 운주사 석탑 건립연대의 상한을 운주사의 초창 년대보다 늦은 12세기로 낮춰 보아야 할 것이라 여겨진다. 이렇게 12세기를 석탑건립의 상한연대로 하면 실제로는 13세기경이라고 추정하는 것이 타당할 것이다.

특히 13세기 고려 불교계의 동향이 군소종파가 난립하고 토착적인 신비사조가 부활되며 민중중심의 지방 불교로 특징져지기 때문에[200] 이 시기를 건탑의 적절한 시기로 보아야 할 것이다.

운주사석탑의 건립시기와 건립기간

천불과 천탑이 있었다고 하여 신비롭기 까지 한 운주사에는 현재 18기의 석탑이 있다. 신라양식인 방형석탑을 비롯하여 원형석탑, 모전형석탑, 그리고 바리형석탑 등 참으로 다양하고 수많은 석탑이 한 사찰에 널리 펼쳐져 있으니 신비스러울 수밖에 없다. 이들은 왜, 한 사찰에, 누가, 언제 이러한 조형을 하였을까?

그렇다면 과연 운주사에 천기의 석탑이 있었고 이들을 일시에 건립한 것일까?

천은 불교에서 만수(滿數)로서 무량무수(無量無數)의 여래(如來)를 나타낸다. 천불신앙은 과거 장엄겁, 현재 현겁, 미래 성숙겁(過去 莊嚴劫, 現在賢劫, 未來星宿劫)의 삼세 삼천불 가운데 현재현겁의 천불에 대한 신앙을 가르친다. 천불신앙은 중국의 남북조시대 이래 당대까지 여러 차례 각지에 천불이 조성되고 신앙되었다.

우리나라에 천불신앙이 전래된 것은 삼국시대의 후기였으며 고구려에 처음 전해진 것으로 추정된다.[201] 경남 의령에서 출토된 고구려불상의 명문에 천불상의 조성사실이 보여 지고 있어 주목된다. 실제 천불상의 조성 예는 경덕왕(景德王)대 부터 찾아볼 수 있고 운주사와 가까운 지역에서 천불조성의 예는 옥청 천방사(沃淸 千房寺), 화엄사와 대흥사의 천불전 등에서 찾아볼 수 있다. 그러나 천탑의 예는 없다.

이는 아마 천이 더 이상 채울 수 없는 가득한 개념으로 불교의 상징적 의미로만 사용된 것이 아닐까? 조그마한 목불상이나 소조불로 천기를 채울

200 許興植, 13세기 高麗佛敎界의 새로운 傾向, 韓우륵박사 정년기념 사학논총, 지식산업사,; 불교계의 새로운 경향, 고려불교사연구, 일조각, 1986년, p.455-458.

201 황수영, 延嘉七年銘金銅如來立像, 한국의 불상, 문예출판사, 1989, pp.170~173.

수 있으나 거대한 탑을, 그것도 석재로 한곳에 모아서 세운다는 것은 상식적으로 다소 무리라고 생각된다. 그렇게 많은 석탑을 가득한 불심으로 세웠다는 상징적인 표현일 것이라 여겨진다.

또한 석탑의 건립기간을 어떻게 볼 것인가? 일시에 이처럼 많고 다양한 석탑이 조영된 것일까? 석탑1기의 건립기간에 대한 정확한 산출근거는 없으나 금산사 5층석탑이 약 4년가량 소요되었다고 한다. 이를 운주사에 준용시킨다 해도 굉장한 기간이 소요했음을 짐작할 수 있겠다.

그렇다면 최소한 몇 단계의 과정을 거쳐 이루어졌을 것이다. 이는 운주사의 창건에서 폐사까지 3-4차의 중창이 있었던 점과도 관계가 있을 것이다. 창사시(혹은 중창시)에 얼마 정도의 석탑이 건립되고 중창시에 다시 새로운 석탑들이 건립부가된 것이라 생각된다. 이는 운주사 석탑들이 양식상 몇 가지의 형식을 하고 있다는 점도 이를 뒷받침하고 있다. 즉 방형탑, 원형탑, 미숙한 형태의 석탑 등 다양한 형태의 탑으로 보아 이들이 건립 년대를 달리하기 때문에 서로 모습이 달라지는 것이 아닌가 하는 추정이 가능하다.

결국 운주사의 석탑들은 창사에서 수차례에 걸친 중창에 까지시기를 달리하면서 종류가 다른 석탑들을 건립하였다고 보아야 할 것이다.

문제는 어떤 형식의 석탑이 먼저이고 나중이냐는 것이다. 이는 얼마나 전형적인 모습에 충실하고 규범을 따라 축조되었느냐를 준거로 해서 그 선후를 따져야 할 것이다.

이러한 문제를 뒷받침 해줄 만한 근거가 희박하며 단정적인 판단을 하기 어려우나 방형의 석탑들이 제일 먼저 즉 12-13 세기경에 건립된 것으로 추정되며 그 보다 더 늦은 시기에 원형의 석탑과 석주형(石柱形)석탑들이 건립된 것이라 추정된다. 사찰의 창건 및 중창시기와 관련시켜 보자면 창건년대가 11세기 초반이라면 창건 시에는 석탑들이 없다가 1,2차 중창 기에 석탑건립이 시작되어 4차 중창까지 이어진 것이 아닌가 하는 추정도 가능하다. 그렇게 보면 운주사에서의 건탑은 12세기부터 시작되어 15세기까지 3-4차례에 나누어 이루어진 것이라 여겨진다.

그 순서는 방형탑, 원형탑, 석주형 탑신만 남아 있는 난형탑의 순으로 건립된 것이라 여겨진다. 특히 방형탑 중에서 모전탑계의 석탑들은 기존의 방형탑과는 이질적인 것이어서 건탑에 참여한 지방세력 내지는 민중들의 집단이 이 지역 출신이 아니거나, 혹은 이 지역출신이더라도 신라적 연계가 깊은 집단에 의해서 시기와 양식을 달리하여 이룩된 것이라 추정된다.

운주사 석탑의 형식 분류

운주사에는 전통적인 방형 옥개석의 7층석탑이나 9층석탑, 모전석탑, 이와 유사한 예가 없는 독특한 모양의 석탑들이 있다. 정형에서 벗어난 원반형 옥개석 석탑, 원구형 옥개석 석탑은 중국의 탑을 연상하는 이국적인 느낌을 준다. 게다가 다듬지 않은 자연석을 그대로 얹어 만든 석탑, 일명 거지탑이나 실패꾸리 모양의 석탑 등은 현대인의 감각으로 보아도 대단한 착상이라 할 것이다. 또한 탑신에는 의미를 알 수 없는 다양한 문양이 새겨져 있어 과연 이것이 무엇을 뜻하는지 의아스럽다.

그러나 한국석탑연구의 일반론적 입장에서 보면 석탑의 형식을 분류하는 논거는 석탑의 재료, 평면형태, 양식상의 특성 등이라 할 수 있겠다. 운주사에 있는 21기의 석탑은 다음과 같이 형식상 몇 가지 종류로 분류할 수 있다.

방형석탑(方形石塔)

이 석탑형식은 한국의 전형적인 석탑형식으로 탑신과 옥개가 방형을 이룬 것을 말한다. 이들 방형석탑들은 다시 옥개석의 형태가 「신라계 석탑」의 옥개석처럼 급한 낙수면에 두툼하고 옥개석 폭이 좁은 둔중한 모습과 「백제계 석탑」의 옥개석처럼 완만한 낙수면에 얇고 넓으며 평평한 모습을 한 석탑으로 나눌 수 있다. 물론 방형석탑에는 모전석탑도 포함되나 본고에서는 따로 분류하였다. 이러한 형식에 속한 탑은 11기이다.

1. 운주사 9층석탑
2. 球形 석탑
3. 원반형 석탑

원형석탑(圓形石塔)

이 형식은 전형적인 방형탑에 대하여 이형적인 탑으로 탑신이나 옥개석이 원형을 이룬 것을 말한다. 이들 원형석탑들은 다시 원구형과 원판형으로 구분할 수 있다. 즉 옥개석이 원구에 비슷한 주판알 혹은 떡시루 형태를 한 탑이 있으며 옥개석이 얇고 넓은 원판형태를 한 탑이 있다. 이러한 형식은 한국석탑에서는 중국 송의 영향으로 고려후기에 나타나는 희귀한 유구이다. 이러한 형식에 속한 탑은 4기이다.

모전계열석탑(模塼系列石塔)

이 형식은 벽돌로 내 쌓기와 들여쌓기 하면서 옥개석을 형성한 분황사모전석탑(芬皇寺模塼石塔)으로 대표되는 전탑형식을 모방하고 있으나 실제의 모습은 의성탑리석탑(義城塔里石塔)과 흡사한 것으로 단일석재를 전탑과 같이 모각한 것이다. 모전석탑형식은 분황사모전석탑에서 시작되어 의성탑리석탑을 거쳐 통일신라시대이후 경주지방을 중심으로 서악동 3층석탑(西岳洞 3層石塔)을 비롯하여 남산 용장계폐탑(南山 茸長溪廢塔), 남산리동삼층석탑(南山里東三層石塔) 등이 건립되었으나 백제의 고토인 충청. 전라지방에서는 월남사지와 이곳 운주사에서만 그 예를 찾을 수 있을 뿐이다.

模塼形 석탑

운주사의 대웅전 앞 중정에 위치한 모전석탑은 벽돌과 같은 조그마한 석재로 옥개석을 형성한 것이 아니라 1매의 석재로 벽돌의 내쌓기와 들여쌓기 한 모습을 모방한 층단을 이룬 것으로 양식적인 조형은 월남사지모전탑(月南寺址模塼塔)에서보다 오히려 신라의 모전탑에서 찾아야 할 것이다. 이러한 형식에 속한 탑은 2기이다.

석주형(石柱形)폐탑

이 형식은 두툼한 1매석으로 지대석을 놓고 그 위에 방형과 원형의 중간에 가까운 거친 석재를 기다란 기둥형식으로 세우고 다시 그 위에 옥개석과 비슷한 석재를 얹은 모습이다. 이 옥개석 위에는 다시 새로운 층을 올려놓을 만한 방형의 공간이 있고 주변에 현재 올려져 있는 옥개석 보다 작은 옥개석이 버려져 있어 3층 정도의 탑이었을 것이라 추정된다.

행해당 뒤 언덕 석주형 석탑

이 석조물을 석탑으로 보아야 할지 아니면 그 외의 기능을 갖고 있는 건조물인지 정확한 판단을 할 수 없지만 흔히 석탑으로 추정되고 있다.

만약 이것을 석탑으로 본다면 기단의 형식이 없고 층수도 분명치 않아 어색하고 상식을 벗어난 형태이다. 그러나 주민들의 말에 의하면 자기들이 어렸을 적에 탑신석 위에 「지붕모양의 돌」이 얹어져 있었다고 하니 탑으로 보아도 무방할 것 같다.

따라서 석탑의 형태라면 그 위에 1내지 2층이 더 있었을 것이고 없었다면 고승의 사리탑인 부도가 아닌가 하는 추정도 가능하겠다. 이러한 모습을 한 탑은 4기이다.

운주사 석탑의 구성요소[202]

석탑을 이루는 구성요소는 기단부, 탑신부, 상륜부 등으로 크게 나누어 진다. 운주사의 석탑은 이형적인 석탑이 많아 구성요소 또한 이질적이나 전형탑의 구성요소를 적용시켜 고찰코자 한다.

202 천득염, 운주사 다탑봉 석탑의 조형 특성에 관한 연구 1,2, 1991년 12월, 1992년 1월.

가. 기단부

운주사석탑의 기단형식은 석탑의 기단다운 기단을 갖추지 않고 거대한 암반 위에 1층탑신이 얹힐 자리를 깎아내고 직접 탑신부를 놓은 예가 대부분이다.

그 외에는 커다란 암괴의 상면을 다듬어 낮은 1-4단의 몰딩형 받침을 깎아내고 그 위에 직접 탑신부를 얹은 형식이다. 이들 암괴들은 상부면이나 측면을 잘 다듬어 방형 혹은 원형으로 만든 예도 몇 곳에 있지만 대부분 거대한 암반에서 커다란 암괴를 절단해내어 그 석재를 기단석으로 사용한 듯하다.

특히 운주사의 진입로에서 평지를 따라 오르면 제일 먼저 나타나는 9층석탑 다음에 있는 7층석탑 2기는 기단형형식이 잘 다듬어진 모습을 보이고 있다. 이 탑의 기단부분은 1989년 전남대학교 박물관에서 석탑주변을 개토하였을 때 밝혀진 바에 의하면 커다란 석괴기단은 상부면 및 측면이 잘 다듬어졌을 뿐만 아니라 1m 내외의 돌로 기저부 4면을 돌리고 그 위에 커다란 석괴를 올려놓은 것임을 알 수 있었다. 또한 이 석괴 주위에는 납작한 자연석으로 탑구(塔區)를 돌리고 석괴형기단과 탑구 사이에는 다시 잘 다듬은 판석을 깔았다. 따라서 이 탑이 조성될 시기에는 탑구와 방형판석으로 포석(鋪石)을 마련하여 주변을 정돈하고 그 중앙에 석괴형 기단을 조성한 듯하다.

이처럼 커다란 암괴를 기단으로 사용한 것 이외에 석탑의 규모에 맞춰 적당하게 단일석으로 기단을 조성한 예도 있다. 대부분 흙이 묻혀 정확한 모습을 알 수 없지만 석괴를 기단으로 사용한 예 보다 기단의 규모가 훨씬 작다.

결국 운주사석탑의 기단형식은 전형탑에서 보이는 단층기단이나 이중기단형식을 따르지 않고 거대한 암반위에 직접 탑을 세우거나 5m 내외의 커다란 석괴를 이용하여 기단을 대신한 단일석 기단형식을 하고 있다.

석탑에 있어 자연암반 위에 건립된 예는 9세기 전기에 건립된 경주남산 용장사곡 삼층석탑(茸長寺谷 三層石塔)을 시작으로 고려 시대에 이르러 영국사 망탑봉 삼층석탑(寧國寺 望塔峰 三層石塔)을 비롯한 많은 수의 석탑이 건립되고 있다.

이들 중 경주남산 용장사곡 삼층석탑은 뚜렷하게 단층기단을 형성하여 고려시대의 석탑들이 자연암반을 기단으로 대신한 예와 구별된다.

또한 운주사 석탑에서 특이하고 흥미로운 점은 자연암반 위에 석탑을 세울 때 어떻게 축조하였는가 하는 점이다. 특히 거대한 자연암반이 평평하지 않고 경사를 이루고 있어 경사면 위에 높은 석탑을 세우는 데는 대단한 기술과 축조기법이 필요했을 것이라 생각된다.

이러한 부분에 대한 고려로 도출된 것이 계곡 좌측의 암반위에 있는 팔괘형 홈들이라 짐작된다. 즉 석탑이 수직력에 의해서만 지지될 때 측면방향의 외력에는 무방비일 것이고, 이를 해결하기 위해 탑신의 하부에 홈을 파서 측면방향의 이탈을 방지하고자 한 것이라 여겨진다. 이러한 예는 좌측산록의 암반에 현재 4개소 발견 되었는데 이들 팔괘형 홈위에도 예전에는 석탑이 있었을 것으로 보인다.

나. 탑신

운주사석탑의 탑신은 4매 판석 조립형과 방형 단일석형, 원통형, 석주형 등 다양하다.

4매의 판석을 조립한 형식은 1매의 판석에 양우주와 보조우주 및 면석을 모각하여 표현하고 이를 양쪽에 세우고 그 사이에 앞뒤로 면석을 끼워 넣는 방법이다. 이 방법은 특히 백제계석탑들이 4개의 우주와 4개의 면석을 조립하여 탑신을 구성하고 있는 방법과 서로 비교가 된다.

단일석탑신은 1매의 석재로 각층의 탑신을 만드는데 우주를 모각하여 나타내기도 하며 우주와 면석의 구분 없이 평활한 면을 이루기도 한다. 원통형 탑신은 원형탑의 탑신으로 원형의 옥개석과 조화를 이루도록 한 조형인 것 같다. 이 원형탑신에는 수평줄눈 이외는 별다른 장식은 없다.

또한 대부분의 석탑들은 1층은 4매 판석 조립을 하였으나 2층 이상은 단일석으로 탑신을 이룬 예가 많다. 석주형식은 기다란 장주형 단일석재로 탑신을 이룬 예로 석주형폐탑에서 볼 수 있다.

특히 면석에는 다양한 기하학적 무늬가 양각 혹은 음각되어 있어 통일신라후기석탑에서부터 흔히 보이는 불교적 장식문양을 대신한 것인지 아니면 운주사의 신비스러운 분위기와 관련이 되는 무속적 문양인지 판단키 어렵다. 다만 지금까지 발표된 문양관계 문헌에는 운주사 석탑의 탑신에서 보이는 문양은 나타나지 않고 있다.

또한 우주를 면석과 별석으로 조립하지 않고 거의 대부분이 판석에 우주를 조출 모각하였는데 면석과 우주 사이에 보조우주를 하나씩 더 조출(彫出) 모각하여 운주사 이외에서는 볼 수 없는 이색적인 조형기법을 나타내고 있다.

특히 운주사 석탑에서는 전형적인 기단이 없기 때문에 맨 아래층을 기단의 중석이나 갑석으로 보지 않고 1층으로 보아야 할 텐데 그렇게 보면 짝수 층의 석탑이 생겨 곤란하다.

또한 대부분의 석탑들이 초층의 탑신이 높고, 5층 이상이어서 세장고준(細長高峻)한 모습을 보이며 백제계 석탑에서 나타나는 조형감각과 비슷하여 상호 친연성을 보인다.

다. 옥개석

석탑에서 옥개석은 옥개와 옥개받침으로 나눌 수 있다. 본고에서는 옥개석의 상부면을 옥개라 하고 하부면은 옥개받침이라 하였다.

- 옥개

운주사석탑의 옥개형태는 다양한 모습을 나타낸다. 방형, 원형, 모전탑형, 자연석형 등 여러 종류이다.

방형의 옥개는 신라계석탑의 옥개처럼 낙수면이 급하고 옥개석 폭이 좁으며, 옥개석의 단부가 사절(斜切)되어 전체적으로 둔중한 모습을 보이는 예와 백제계석탑의 옥개처럼 평평하고 넓으며 단부가 직절(直切)되어 평평하고 넓은 모습을 보인 경우로 구별된다. 백제계 석탑의 옥개석과 유사한 모습의 옥개석은 모두 다 단일석이며 단부의 처마면이 두껍다. 또한 우동도 두툼하여 뚜렷한 것이 특색이다.

원형의 옥개는 얇고 넓은 원판을 옥개로 한 경우와 일명 실패탑의 경우처럼 두툼한 원형석재를 거칠게 다듬어 원통형의 탑신 위에 얹어 놓은 경우가 있다. 또한 별도로 탑신을 조성하지 않고 높은 기단위에 원형의 기단 갑석을 얹고 떡 시루나 주판알 모양의 석재들을 중첩시켜 층위를 이루는 경우도 있어 다양한 조형수법을 나타내고 있다.

모전탑형 옥개는 1매석, 즉 단일석의 상・하를 층단을 이루면서 옥개받침과 낙수면의 경사를 나타내고 있어 전탑의 조형형식과 유사한 경우이다. 이 형식은 별개의 수많은 전(塼)을 사용하여 축조한 것이 아니라 단일석을 깎아내어 전탑처럼 조성한 것이다.

또 다른 옥개의 형태는 판석을 거의 다듬지 않고 옥개로 이용한 예이다. 이 경우는 암반에서 석재의 결에 따라 석재를 판형으로 떼어내어 옥개로 사용한 것이다. 물론 거의 다듬지 않은 상태의 판재를 그대로 올려놓았기 때문에 기존의 옥개석과는 전혀 다른 모습이고 옥개받침 역시 없다. 이를 조잡하다고 해야 할지 아니면 파격적인 조형의지라 해야 할지 의문이다.

- 옥개받침

운주사석탑의 옥개받침은 흔히 전탑에서 유래된 것이라고 하는 적출식 받침과 옥개받침 대신에 기하학적인 문양을 조출한 형식, 그리고 전혀 옥개받침이 없는 형식 등 다양하다.

적출식 옥개받침은 내민 깊이와 높이가 작아 6~7단을 이룬 예가 있고, 모전석탑 2기의 옥개받침은 단의 크기가 크며 수도 적다. 이러한 옥개받침의 수는 전형탑이 일정함에 비하여 운주사의 석탑에서는 각층마다 일정하지 않으며 또한 시대가 하대로 내려오면서 받침수가 줄어드는 전형탑과는 상대적으로 대비가 되어 상호 비교가 된다.

또한 옥개받침 대신에 옥개석의 하부에 기하학적인 문양을 양각하여 조출한 탑들은 옥개받침을 전혀 없애고 완만한 경사를 이루었으며 탑의 중심에서 옥개석의 외곽을 향해서 사선 문양과 마름모꼴문양을 조각하였다. 이 중 마름모꼴은 연꽃모양의 장식을 하기 위한 것이 아닌가 하는 생각이 든다.

특히 진입로 입구의 9층석탑과 좌측 산록의 거대한 암반 위에 있는 7층석탑은 옥개받침의 면과 면이 만나는 부분에 마치 목조건축의 추녀와 같은 모습을 흉내 낸 두툼한 돌기를 길게 조출하여 주목을 끌고 있다.

흔히 백제계 석탑에서 목조건축의 추녀마루를 모방한 우동(隅棟)이 옥개석 상부에 표현된 예는 많으나 이처럼 옥개석 하부 모서리에 대각선 방향으로 추녀모습을 나타낸 예는 한국의 석탑에서는 없다고 생각된다.

이상 옥개와 옥개석에서 살펴본 바와 같이 운주사석탑에서 보이는 옥개석의 형태는 백제계석탑, 즉 목조건축적인 의장요소가 다분히 내포되어 있음을 알 수 있다.[203] 그러한 요소는 옥개석의 낙수면이 평평하고 탑신에 비해 넓은 점, 목조건축의 추녀마루인 우동이 표현되었고 그 하부에 추녀와 사래의 모습과 같은 돌기가 강하게 표현 되었으며 낙수면 단부의 처마 끝에 두툼하게 표현된 점 등에서 백제계 석탑의 맛을 느낄 수 있다.

이와 같은 조형 요소들은 백제계석탑에서 영향을 받은 것이라 추정되며 보다 근본적인 출발은 백제탑이 목조건축에서 기인된 것이라 하는 점에서 찾을 수 있을 것이다.

라. 상륜

운주사석탑의 상륜부는 대부분 남아 있는 경우가 드물다. 다만 복발과 짧은 찰주가 몇 기의 석탑에 남아 있을 뿐이다.

현존하는 상륜부재로 보아서는 보륜에 찰주공이 뚫려 찰주가 관통한 예는 없고 각기 별개의 원통형 석재로 만들어 그냥 중첩시켜 놓은 것 같다. 특히 복발, 앙화, 보개 등의 전형적인 상륜을 나타내 보이는 부재는 현재도 부분적으로 남아있거나 주변에 폐탑재로 흩어져 있다.

또한 최상층 옥개석의 중앙에는 찰주를 꽂았던 찰주공으로 보이는 구멍이 옥개석을 관통하지 않고 상부에서 하부로 향해 파여 있으며 그 깊이는 얕다. 보륜 등에도 장식이 전혀 없어 간단한 모습을 보일 뿐이다.

마. 사리공

한국석탑에 있어서 사리장치의 위치는 탑의 하부에서 상부로, 1개소에서 2개소로 시기적으로 변화하고 그 위치가 다양한 것으로 알려지고 있다.

운주사석탑의 내부에 안치되어 있는 납장품(納藏品)에 대해서는 아직까지 전혀 알려진 바 없다. 다만 폐탑의 한 부재로 버려져 있는 옥개석에서 사리공으로 추정되는 구멍이 발견될 뿐이다.

이들 옥개석들은 어떤 탑의 몇 층에 해당되었던 것인지 알 수 없으나 옥개석 상부면의 중앙에 얕게 파여 있어 일반적인 사리공과 다를 바 없다.

그러나 흥미로운 것은 현존하는 대웅전 뒤에 방형 3층탑의 바로 옆에 있는 옥개석에는 사리공이 옥개석의 하면에서 위쪽을 향하여 파여 있어 주목이 된다. 또한 속칭 거지탑 옆의 방형탑의 최하부 옥개석 중앙에도 하부에서 상부를 향해 구멍이 파여 있어 이러한 형식의 석탑이 다소 있을 것이

203 운주사석탑에서 백제석탑적인 의장요소가 다분히 나타남은 이미 성춘경과 박경식이 거론한 바 있고 필자도 「百濟系石塔의 構成要素 分析에 관한 硏究」(대한건축학회논문집, 1990.2월호.)에서 밝힌 바 있음.

라 생각된다. 이제까지 알려진 바로는 사리공은 옥개석이나 탑신의 상부면을 위에서 아래쪽으로 파여져 있는 것이 일반적인 것이다. 따라서 이 옥개석이 속한 탑은 사리장치를 탑속에 넣을 때 탑신상부와 옥개석 하부를 같이 팠던 것인지 아니면 탑신 상부는 파지 않고 옥개석 하부만 판 것인지 분명치 않으나 이색적인 방법이라 하겠다.

또한 대웅전 앞 축대에 있는 원형탑재에도 장방형의 구멍이 파여 있어 주목을 끈다. 이 구멍이 사리공인지 분명치 않으나 원형 옥개석으로 추정되는 탑재의 중앙에 방형의 구멍이 파여 있어 특이한 예라 하겠다. 일반적으로 사리공은 정방형인데 이 탑에서는 장방형을 하고 있어 주목된다.

운주사석탑의 양식적 특성[204]

운주사의 다양한 석탑은 결국 인도에서 출발한 시원탑이 간다라를 통하여 중국에 전달되었고 중국에서 목조건축적 입장을 견지하며 정착된 다음 한국으로 전달된 일련의 불탑 전래과정의 일환으로 한반도의 남부지방에서 그것도 시기적으로 불교가 쇠퇴해 갈 고려시대 중반이후에 나타난 형식으로 한 곳의 가람에서 여러 가지 불탑을 시도한 특별한 예로 이해된다. 즉 중국의 영향을 받은 원형의 탑이 나타나며, 또한 중국의 영향을 받아 안동지방에서 자리 잡은 전탑형식도 나타나며 고려시대 백제적 요소가 재생된 백제계탑형식도 보인다. 뿐만 아니라 탑신에서 다양한 문양이 나타나고 있음은 탑을 만들어 봉헌하려는 발원자나 장인이 무언가 특별한 의미를 탑에 부여한 것이 아닌가 여겨진다. 즉 전형적인 양식에서 벗어난 주술적이며 토속적인 모습을 부정할 수 없다.

운주사석탑은 한국석탑에서뿐만 아니라 세계불탑에 있어서 참으로 특이한 존재이다. 운주사라는 그다지 넓지 않은 한 장소에 크기와 형태를 달리하여 이렇게 많은 불탑이 산재해 있는 것도 특이 하지만 석탑의 양식이 어디에서도 볼 수 없는 민예적이며 해학적이고 토속적인 모습을 보이고 있어 진정 세계적인 특이성을 보이고 있다.

어떤 탑은 목조건축적인 백제탑의 모습을 보이는가 하면 어떤 탑은 신라탑과 같고 어떤 탑은 모전석탑계이다. 또 어떤 탑은 항아리를 쌓아올린 모습이고 어떤 탑은 원나라 탑형식과 관련이 있을 것으로 보

네팔의 민예적 탑

204 千得琰, 「雲住寺石塔의 造形的 特性에 대한 考察」, 『雲住寺綜合學術調査』, 全南大學校 博物館・和順郡, 1991.
천득염 外, 운주사 다탑봉 석탑의 조형특성에 관한 연구1, 대한건축학회논문집, 7권 6호 통권38호, 1991년 12월.
천득염 外, 운주사 다탑봉 석탑의 조형특성에 관한 연구2, 대한건축학회논문집, 8권 1호 통권39호, 1992년 1월.
황호균, 운주사자료집성, 화순군, 전남대박물관, 2009.
이태호, 천득염, 황호균, 운주사, 빛깔있는 책, 대원사.
천득염, 이봉수, 이형호, 『화순 영구산, 천불천탑 운주사』, 2007. 등을 중심으로 그간의 조사 및 연구성과를 재고찰한 내용임.
위의 글을 중심으로 쓴 천득염, 운주사 불탑의 세계유산적 가치와 의미, 운주사의 세계유산적 가치 세미나(2013. 11. 01)의 원고를 전제함.

이 탑신과 옥개 모두가 원형이다. 또 어떤 탑은 판석을 대충 다듬어 적층하여 탑을 이루었다. 그래도 나름대로 균형이 잡히고 아름답다. 그렇다면 운주사의 불탑이 차지하는 세계불탑으로서 의미는 가치와 어떠한가?

운주사 석탑에서 나타난 양식상의 특징은 다음과 같다.

1) 무엇보다도 불상과 불탑이 보여주는 民藝的인 조야함과 해학성이다. 부처님의 모습 그 자체인 불상과 또 하나의 부처님의 화신이며 그를 모시는 공간이라 생각되는 불탑은 그 장엄함에 지극한 정성을 보여야 하는 것이다. 최고의 권위와 정치함을 불탑이 갖추어야 함은 기본이다. 그럼에도 불구하고 운주사 불상과 불탑에서 나타나는 다양성과 파격적인 조형은 참으로 이색적이다.

신라시대석탑의 전형적이고 규범적인 조형원칙에 비하여 운주사가 수도에서 멀리 떨어진 지방에 위치하고 있다고 해도, 또한 고려불상과 불탑이 다소 지방적이고 파격적인 면모를 지닌 경향을 보인다 해도 그렇다. 운주사 불상과 불탑에서 나타나는 조형미는 마치 다양함을 전시라도 하듯, 연습하면서 습작이라도 만들어 내듯, 많이 만들면 소원이 성취 된다고 믿기라도 하듯 쉽게 함부로 여기 저기 위치함을 경쟁하고 있다. 그러면서도 전혀 보기 싫지 않고 오히려 친근감이 생기고 따뜻하며 나름대로 아름답고 균형잡힌 조형을 보이는 것은 무슨 이유일까? 이것이 바로 토속적이며 민예적인, 또한 해학적인 조형미인 것이다.

민예적 조형성을 지닌 거지탑

2) 운주사석탑이 지니는 큰 특징 중의 하나는 석탑의 수효가 한 사찰에 유별나게 많다는 것이다. 우리나라의 사찰에서는 1~2기의 탑이 건립되는 것이 일반적인데 운주사는 22~30여기에 이를 정도로 많은 탑이 건립되는 것은 가장 돋보이는 현상이다. 한 사찰에 이처럼 수많은 석탑이 다양한 모습으로 건립된 예가 국내에는 없고 석탑의 조형양식이 다양한 면모를 보인다. 즉, 방형탑, 원형탑 등과 이들이 다시 3층, 5층, 7층, 9층 등 동일한 장소에 이처럼 각양각색의 탑이 있는 예가 한국에서는 없다. 특히 원형탑과 모전계열의 석탑이 운주사에서 등장하고 있는 것은 특이한 현상이다. 일반적으로 모전석탑계열은 중국 당나라의 영향을 받은 신라시대 경주지방이 중

미얀마 바간평원의 탑(좌)
붓다가야의 봉헌 소탑(우)

심적인 위치이고, 원형탑은 중국 송나라의 영향으로 고려말엽에 나타나는 것이라 여겨지고 있다.

그렇다면 다른 나라의 불탑은 어떠한가?

세계불탑에서 한 곳이 이다지도 수많은 탑이 산재해 있는 것은 미얀마의 파간pagan을 비롯하여 중국의 塔林, 인도의 부다가야대탑 주변의 봉헌용 소탑 등이 있을 뿐이다. 물론 인도 석굴사원의 차이트야불탑은 벽에 부조형으로 표현되고 있고 석굴 입구에는 조그마한 불탑이 여러 개 조성되어 있는 예도 있다. 물론 중국의 운강석굴이나 용문석굴에도 벽면에 수많은 탑형부조가 다양한 모습으로 조출되어 있다.

미얀마의 파간은 여러 개의 불탑(주로 벽돌탑)이 각각 소형 사원의 기능을 하며 거대한 평원에 자리하고 있어 마치 하나의 불교사원단지로 보이나 사실 각기 독립된 사원이고 나머지는 그 사이사이에 개인적인 소망과 염원의 발원을 위한 소형벽돌탑이 자리하고 있는 것이다. 사원은 대부분 하부에 넓은 공간을 마련하고 그 주요한 위치, 즉 중앙이나 4방에 불상을 모시는 등 그 성격에 충실하고 있다. 따라서 사원의 하부는 전각의 기능을 갖고 그 정상에 불탑형식을 올려놓아 불탑으로서의 성격도 지니고 있다. 사원의 성격을 지니는 정상에 위치한 탑은 첨탑처럼 날카로운 모습이고 순수하게 불탑의 성격만을 지니는 소형불탑은 인도 스투파형으로 보인다.

중국의 塔林은 부처님의 사리를 모시는 불탑이라기 보다는 역대 고승들의 사리를 모시는 僧塔(중국식 표현으로는 大和尙의 묘탑), 즉 부도의 성격을 띤다. 물론 하남 登封 소림사 탑림처럼 탑의 수효는 백기이상으로 아주 많으나 규모는 그다지 크지 않다. 가장 오래된 것은 唐 貞元 7년(791년)의

1. 중국의 塔林
2. 미얀마 쉐다공파고다 주변의 소탑
3. 태국 아유타야의 왓 쁘라 씨 싼펫

탑도 있고 대부분 방형의 7층이며 가장 큰 것은 15미터 정도이다. 거의 모두가 벽돌탑이면서도 대부분 정면중앙에 내부공간을 만들어 건축적 의미를 보이기도 한다. 특히 이들은 사찰의 주요공간에서 떨어진 외곽에 위치하여 한국사찰의 부도전과 같은 성격을 지닌다.

인도 부다가야대탑 주변의 봉헌용 소탑은 거대한 대탑 주변 4방에 자리하고 있는 다양한 형태의 탑이다. 워낙 큰 대탑은 그 내부에 불전의 기능을 지니고 있으면서 그 주변을 봉헌하고 장엄한 공간으로 만들기 위해 만든 탑이라 생각된다. 또한 개인적인 소망이나 경배를 하기 위한 공간이고 불교국가 각지에서 건립한 소탑들도 대탑을 둘러싸고 있다. 이탑은 인도의 시원탑형식인 산치탑의 유형을 크게 벗어나지 못하고 있다. 다면 재료는 석재를 비롯하여 벽돌탑도 있고 철제탑도 있다. 물론 시기를 달리하여 누대에 걸쳐서 조성된 탑이기 때문에 다양한 형태가 나타나는 것이 아닌가 생각된다.

미안마를 대표하는 쉐다공파고다 역시 부다가야대탑의 경우와 비슷하다. 대탑주변에 소형스투파들이 수없이 보좌하며 장엄하고 있다. 인도의 초기불탑형식에서 남방화된 종형의 불탑이 수없이 많이 조성되어 장관을 이룬다.

이러한 경우와는 조금 다르지만 태국 아유타야의 왓 쁘라씨 싼펫사원에서도 하나의 가람에 많은 수의 불탑이 조성되는 예도 있었다. 큰 가람의 주요한 불전을 중심에 두고 그 주변을 대형탑과 소형탑으로 에워싼 경우이다.

3) 운주사석탑이 지니는 큰 특징중의 또 하나는 수없이 많은 석탑이 그 형식을 달리하여 하나의 가람에 위치한다는 것이다. 현존하는 예만 보아도

30여기에 이르는 수많은 탑들이 골짜기의 평지와 산 중턱에 흥미로운 배치형태(풍수설에 입각한 배치라는 주장도 있음)을 이루면서도 각기 다양한 모습으로 조형양식을 보여준다. 옥개석이 방형(일반탑형・모전탑형・판석형)인 탑과 원형(원반형・원구형)인 탑이 층수도 2층・3층・5층・6층・7층・9층으로 다양하게 건립되었다. 그 가운데에서도 圓盤形과 圓球形塔, 板石形塔은 파격적인 조형을 보여주는 그 예를 찾아볼 수 없는 특별한 사례이다. 탑신의 형식 역시 방형, 원형, 다각형 등으로 다양하다.

원반형 석탑

세계의 불탑중에서 우리나라 불탑처럼 목구조형식을 석탑으로 옮긴 예는 없다. 인도시원탑이나 이를 잘 이어받은 스리랑카불탑, 네팔의 불탑은 복발형으로 거의 대부분 벽돌로 축조된 것이다. 태국의 불탑은 이를 보다 고준하게 변형시킨 옥수수 모양을 하고 있는 예이다. 인도의 시원형불탑이 간다라에서 건축적 기단이 생성되고 규모가 적어지면서 고준하게 되는 모습으로 변모한다. 티벳으로 옮겨진 사원의 불탑은 또 다른 모습으로 변모하였다.

중국에서는 초기에 도교사원에서 불교의 교조인 부처와 도교의 교조인 노자가 함께 모셔지면서 자연스럽게 도교사원 내에 목조불탑이 나타난다. 그런데 당시 도교의 중심건물은 목조중층누각형 건물로 되어 있기 때문에 그 맨 꼭대기인 소위 상륜부에 인도식불탑을 간략화시킨 모습으로 자리하게 되었던 것이다. 따라서 대부분의 한중일 불탑은 목구조형식을 근간으로 목조탑을 그대로 유지하거나 전탑, 혹은 석탑으로 대체되고 있다. 대부분의 가람은 1, 혹은 2기의 불탑이 위치하는 법인데 이처럼 수많은 탑이 있고 또 이처럼 다양한 탑이 자리하고 있음은 세계불탑에 있어서 참으로 희귀한 예이다.

4) 황호균의 견해처럼 불탑과 불상이 함께 어우러지게 배치된 석탑들이 많이 눈에 띈다는 점이다. 즉 운주사라는 가람공간에 소규모의 신앙공간들이 따로 조성되어 이들이 각기 또 하나의 예배공간의 성격을 지닌다는 것이다. 이들은 모두 9개소이며 8개소[205]는 불상과 1개소는 칠성바위와 인접하다. 이는 1탑 1금당이나 쌍탑 1금당처럼 불상의 뒤나 앞에 탑을 세트 개념으로 구현하려는 구체적인 조형의도가 반영된 결과이다. 마치 부처의 몸

205 황호균, 운주사자료집성, 화순군, 전남대박물관, 2009에 의하면 가 석불군과 탑18, 다 석불군과 탑19, 라 석불군과 암반 탑 기단, 바 석불군과 탑15・16, 석조불감 남쪽과 탑4, 석보불감 북쪽과 탑5, 광배를 갖춘 석불좌상과 탑3, 연화문대좌 암반과 암반 탑 기단.

1. 球形 석탑
2. 模塼形 석탑
3. 기단이 없이 암반위에 세운 탑. 補助隅柱의 예

을 모신 불전과 부처의 사리를 모신 탑을 야외에 구현하려는 듯 불상과 불탑을 하나의 세트로 조성하여 각기 독립된 예불공간을 창출한 점이 주목된다.

물론 황호균의 견해도 탁견으로서 의미가 있는 해석이지만 이에 부가적인 필자의 생각으로는 소공간을 여러 곳에 둠과 동시에 경주 남산처럼 꼭 금당이라는 개념이 이들 소공간에 함께하지 않을 수도 있다고 생각된다. 탑의 앞에 금당이 없이 빈 공간 그 대로, 예를 들면 그 자체가 금당공간이 되는 것이고 불탑의 위치를 고를 때도 비보적 장소로서 의미를 갖을 수도 있다는 점이 아닌가 하는 것이다.

5) 석탑에 당연히 있어야 할 전형적인 기단이 없고 자연암반이나 커다란 단일석 암석덩어리 석괴를 기단으로 하고 있다. 경주 남산의 통일신라시대석탑들이나 정읍 천곡사지7층석탑, 남원 용담사지7층석탑 등에서 그 예가 발견되고 있으나 드문 형식이다. 고려시대의 평지 건탑의 사례인 암괴 기단과 통일신라시대이거나 고려시대석탑으로 산 정상부에서 보이는 건탑 형식인 암반 기단이 한 사찰에서 모두 사용되었다는 점에서도 그 배치 지형에 따라 기단 형식을 달리 사용한 당시의 우수한 建塔 기술을 알 수 있다. 즉 대지적 조건이나 주변 상황에 맞추어 적절하고 평이하게 전형적인 석탑의 기단형식을 사용하지 않고 건립한 것이다. 또한 암반 위에는 탑을 세우기 위해서 마치 八卦와 같은 홈을 파고 탑이 안전하게 자리하도록 한 구조적 지혜로움을 보여준 것이다.

6) 일반적으로 석탑에 있어서 기둥형식의 표현은 모서리에 우주, 중앙에 탱주를 두거나 이를 흉내내어 모각하는 경우가 대부분이다. 그러나 운주사석탑의 경우 초층탑신 우주의 안쪽에 다시 우주와 비슷한 모습의 보조우

주가 모각되어 있다. 고려시대 한국의 여느 석탑처럼 다소 거칠게 우주가 모각되어 있는데 면석에 또 다른 기둥이 있어 특이한 조형이다. 즉 모두 4매석으로 이루어진 석탑 1층의 경우에만 나타나는 일반적인 현상이지만 2·3층과 같은 저층에도 이러한 형식이 사용되었다. 1층의 경우는 4기이며 이 가운데 1기에서만 2·3층까지 보조우주를 표현하였다. 보조우주가 표현된 탑신 면석에서만 탑의 규모가 그다지 크지 않음에도 탱주가 등장하는 점 또한 특이하다. 이러한 현상이 우주를 돋보이게 하기 위한 것인지 탱주의 형식화된 표현인지는 판단하기 어렵다.

탑신의 탱주

7) 탑신의 면석에 표현된 마름모(◇, ◈), 교차선(×, ××), 수직선, 사절선(〈, 〉) 등 우리나라 석탑뿐만 아니라 세계의 불탑에서도 그 유례를 찾을 수 없는 기하학적인 도형의 등장이다. 그간의 여러 연구에서도 이 문양에 대하여 명쾌한 해석을 하지 못했지만 도형의 형태는 기본적으로 마름모(◇)에서 출발한다는 사실을 알 수 있다. 인도 힌두교 사원의 벽면에 다양한 형태의 마름모(◇) 문양을 보면서 '×' 문양의 덫에서 빠져나오게 되었다. 마름모(◇)는 인도의 힌두교와 불교 사원의 외벽에 빽빽하게 장식한 다이아몬드(diamond) 모습과 관련된 문양이다. 빛과 단단함을 상징하며 金剛石으로도 부르는 자연산 물질 중에서 가장 단단한 광물이다. 불교의 최고의 경전도 『金剛經』이라 부른다. 더구나 마름모(◇)가 새겨진 문양 탑의 분포 형태는 또 하나의 마름모 형상으로 이루어졌다는 사실이 주목된다. 장방형으로 배치된 탑의 분포상에서 중심부에 자리한 이러한 배치는 우연히 나올 수 없는 결과이며 탑신의 문양과 함께 그 특별한 의미를 배가시키는 상징적 장치로 이해된다.[206] 위와 같은 황호균의 해석과는 달리 이 마름모꼴과 ××을

1 ◇, ××문양석탑
2. ××문양석탑
3. ◇문양 석탑

206 황호균, 운주사자료집성, 화순군, 전남대박물관, 2009.

소재구는 몽골식 도안과 관련이 있을 가능성이 높다고 보았고,[207] 박종률은 운주사에서 나타나는 모든 문양은 결국 다 마름모를 기본으로 하고 있으며 이 문양은 한국의 어디에서도 찾기 어려우니 결국 이국인들의 작품이 아닌가 하는 해석을 하였다. 아무튼 운주사 석탑에서 나타난 문양은 세계 어디에도 보기 드문 문양이다.

옥개받침부분의 ×문양

8) 한국의 석탑에서 옥개받침은 지붕아래 혹은 처마 아래 부분의 상징적 표현으로 이해된다. 운주사석탑의 방형옥개석에 있어 옥개받침이 없는 경우가 많은 데 사선 문양으로 장식하여 옥개받침을 대신하고 있다. 이러한 경우는 한국석탑에서 운주사에서면 나타나는 유일한 특징이다. 또한 원형 옥개석의 경우는 옥개석 아래에 연화문이 다소 거칠게 조각되어 있는 경우와 아무런 장식이 없는 경우도 있다. 이처럼 옥개받침을 생략하고 연화문 장식을 한 석탑은 아주 드물게 남원 泉谷寺址七層石塔에서 볼 수 있다. 물론 석등과 부도에서는 그러한 연화문 장식을 흔히 볼 수 있으나 석탑의 경우는 아주 드물다.

옥개석의 추녀형 돌기

9) 옥개석 하면의 대각선 방향에는 마치 목조건축의 추녀와 같은 형식의 두툼한 돌기형 彫出이 있다. 두툼한 돌기가 옥개석 하면에 대각선 방향에 표현된 형식이며 이는 모두 문양 탑에서만 발견된다. 흔히 백제계 석탑에서 목조건축의 추녀마루를 모방한 우동이 옥개석 상부에 표현되지만 운주사에서 나타나는 추녀형식은 한국의 석탑에서는 유일하다.

10) 운주사석탑의 옥개석에서 발견되는 사리공의 형식도 주목된다. 일반적인 경우는 옥개석의 위에서 아래 방향으로 파진 모습이고 그 형태도 원형이나 정방형을 띈다. 그러나 이와는 달리 옥개석의 아래에서 위쪽을 향해 파였거나 장방형의 사리공도 등장하는 유별난 모습을 보여준다. 대부분 사리공이 하나이나 두 개인 경우도 있다.

11) 대부분의 방형탑의 경우 옥개석이 평평하면서 넓고 반전이 있으며, 탑신이 고준하여 백제계 석탑의 양식을 지니고 있다. 이러한 양식상의 특징

207 소재구, 운주사 탑상의 조성불사, 동원학술대회, 2001.
남서해안에서 활동하던 삼별초와 같은 반몽세력을 토벌하기 위해 화순지역에 주둔하던 원의 군부가 주도하고 막대한 노동력과 물자가 석공인력이 동원되었던 것으로 보았다.

들 중에서 백제계석탑양식이 나타나고 있다는 사실은 주목되는 사항이다. 이는 고려시대에 백제의 옛 영토에서 일어난 백제문화에 대한 복고적 현상으로 이해할 수 있겠다. 말하자면 옥개석이 얇고 넓으며 낙수면이 평평하여 탑신에 비해 비교적 넓은 처마, 목조건축의 추녀마루인 우동과 추녀나 사래 같은 돌기, 두툼한 처마 끝 면, 전체적으로 완만한 곡선을 사용하는 등에서 '백제계석탑'과의 친연성을 느끼게 한다.[208]

12) 금당 앞의 중정에 탑이 세워진 것이 아니라 가람배치와 무관하게 사찰의 중심공간에서 떨어진 곳에 다소 무질서 하게 위치하고 있다. 물론 운주사석탑들의 배치에 무질서가 아니라 천문학적 질서가 있다고 주장하는 내용도 있다.

주불전 앞에 단탑이나 쌍탑으로 배치된 일반적인 모습과 벗어나 가람터의 옆으로 펼쳐지는 골짜기에 길이 200여m 너비 90여m의 범위 안에 집중적으로 탑을 건립하는 현상도 또 하나의 주목거리이다. 탑의 배치는 골짜기 평지에 10기, 올라가는 방향의 왼편 산중턱에 7기(탑자리 홈 3기포함), 오른편 산중턱에 5기가 분포되는 현상을 보여주며 크게 보면 3열을 이룬다. 더구나 탑의 외곽을 연결해 보면 골짜기 방향으로 길쭉한 장방형이며 문양탑은 그 안의 중심부에 마름모 모양으로 자리한다. 運舟寺를 상징하는 배와 돛대를 형상화 한 것인지는 분명하지 않다. 다만 문양 탑의 마름모 형상의 배치는 탑 자체에 조각된 마름모 문양과 더불어 특별한 의미를 내포한 흥미로운 결과로 해석된다.[209]

13) 원형석탑의 탑신에서 나타나는 10각형으로의 작도와 황금비 적용예는 참으로 귀한 구조방법과 기하학적 조형감각이다. 선의 길이를 나눌 때 큰 부분과 작은 부분이 황금비적인 비율로 나누어 졌다는 것이다. 그동안 한국의 전통조형물 중에서 부석사 무량수전의 정면과 측면의 비를 황금비로 해석하는 경우는 있었지만 석조유구에서 황금비를 찾을 수는 없었다. 물론 그리스 신전을 비롯하여 서양건축에서는 자주 나타나는 현상이다. 따라서 5각형을 두 번 겹쳐서 10각형을 만들어 내는 수법이나 황금비의 적용예는 대단히 의미 있는 결과라 하겠다.[210]

208 천득염, 백제계석탑연구, 전남대출판부, 2000.
209 황호균, 운주사자료집성, 화순군, 전남대박물관, 2009.
210 박종률, Mathematics in Unjusa temple, 2013.4.28., 박종률은 운주사 연화탑 황금비 적용설에서 연화탑의 기단석이 10각형 이루어졌고 거기에 황금비가 적용되었다 하였다.

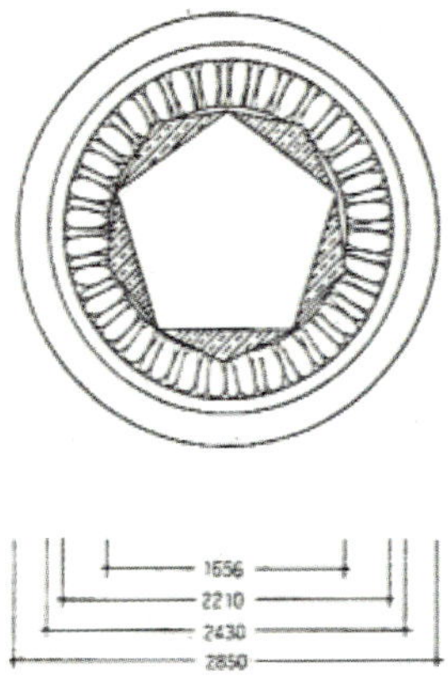

기단 앙시도

10각형 탑신에 나타난 황금비(위)
10각형 탑신의 구조(아래)

14) 화순 千佛山의 산곡에까지 불사를 일으키고 이처럼 많은 불상과 불탑을 세운 것은 지방 세력과 민중의 참여와 더불어 풍수지리설의 유행으로 인한 것이 아닌가 하는 추측을 불러일으킨다. 운주사의 석탑은 기본적으로 고려시대에 유행하던 풍수도참사상과 깊은 관련을 맺는 산천비보진압과 미래를 염원하는 미륵사상의 뜻이 담겼다고 보아야 할 것 같다. 약한 곳을 보강하고 강한 곳을 눌러 너무 강하지 않게 함은 흉한 것을 길하게 고쳐서 복을 주도록 하는 裨補風水의 개념이다. 즉 땅을 살아있는 대상으로 이해하고 땅의 기에 순응하려는 의지가 있음을 알 수 있다. 나아가 19세기 초반의 설담 자우스님의 불탑 수리 때 영구혈에 세운 재조립 탑 2기 역시 비보진압 성격이 농후하다. 마애불 앞 구릉을 영구혈로 보고 그 옆에 약사전을 세우기 위해서 불가피하게 혈맥을 눌러야 하는 필요성에서 불탑 수리가 이루어진 것으로 이해된다.

운주사와 천불천탑의 조성에 대한 전설은 도선국사 實錄에[211] 실려 있는데, 그 내용은 도선이 중국에서 풍수지리로 명성을 떨치고 돌아온 뒤 우리나라의 기틀을 공고히 하고 民物을 편안히 하고자 하여 배(舟)가 운행하는 형세인 우리나라의 각 지역에 사탑과 불상을 세워 裨補鎭壓하였으며, 특히 운주사는 배(腹)에 해당되므로 천불천탑을 세워 진압하였다는 것이다.[212] 덧붙여 구전으로는 이곳을 진압하지 않으면 우리나라의 운세가 일본으로 흘러가게 되므로 도선이 하룻밤 사이에 도력으로 인근의 돌을 불러모아 천불을 세워 사공으로 삼고 천탑을 노로 삼아 비보진압을 하였다고 한다.

그러나 이처럼 운주사와 불탑 및 불상을 도선이 창건하였다는 기록이나 전설은 실제의 사실로 받아들이기에는 문제이다. 도선이 생존했던 시기는 827~898년이고 그가 창건했다는 이야기를 가진 사찰이 너무나 많이 산재하고 있기 때문이다. 도선이 만약 운주사를 창건 했다면 그의 생존연대인 9세기는 발굴자료나 석탑의 양식에서 나타나는 추정 년대에 비해 2~3세기 가량이나 차이가 생긴다.

결국 고려태조의 訓要十條, 제2훈에서 언급할 정도로 도선의 비보설은 고려건국의 당위성을 대변하는 이념으로 채택되었으며 도선이 점정한 곳에만 창사하게 되었음에서 운주사도 고려 초기경에 건립되었으나 창건에

211 朝鮮寺刹史料 上, p.211, 道詵國師實錄, 이 기록은 韓末에 쓰여진 것으로 사료로서의 가치는 적지만 이 지방의 山川裨補思想과 관련된 불교신앙의 흔적을 보인다.
212 金南允, 운주사 1, 雲住寺의 歷史的인 背景, 1984.

도선의 이름을 빌려(풍수지리사상과 관련 하여) 가탁한 것이라 생각된다. 또한 도선국사실록에 문자로 기록된 것도 전설적인 내용이 구비전승의 과정에서 하나의 사실로 줄거리가 잡히고 그것이 문자로 정착되지 않았나 하는 생각이 든다. 즉 도선의 비보론을 배경으로 해야만 사찰의 품격이 오르고 국가의 보호를 받을 수도 있었기 때문에 이러한 형식의 사찰이 전국에 수 없이 산재하게 된 것이라 하겠다.

운주사에 현존하는 각종 석탑[213]

화순 운주사 구층석탑(和順 雲住寺 九層石塔)

문화재 지정 : 보물 제796호
규모 : 총높이 11.3m

운주사 구층석탑은 운주사 입구의 그다지 크지 않은 암반위에 자리하고 있는데, 운주사에 남아 있는 18기의 석탑 중에서 가장 크고 높이가 11.3m이 이르는 아주 높은 석탑이다. 여느 고려시대석탑과 마찬가지로 전체적인 모습은 구층으로 고준하지만 나름대로 탑신과 옥개석이 적절히 체감하여 안정감을 준다.

이 석탑은 별도의 지대석이 없이 자연암반을 다듬어 3단각형의 층단을 조출하여 탑신부를 받게 하였다. 그 위에 바로 초층 탑신을 세웠는데, 초층 탑신은 6매의 판석으로 결구하였으며, 각 면의 모서리에는 우주가 모각되었다. 그런데 우주만을 조각한 것이 아니라 면석의 안쪽으로 면석의 석재에 또 하나의 보조 우주가 조식된 것이 더욱 이색적이다. 2층~4층탑신은 4매 판석으로 남북에서는 벽판석이고 동·서에서는 면석을 양면사이에 끼워 넣었다. 오층에서 구층까지의 탑신은 각 1석으로 되었다. 2층에서 6층까지의 탑신 각 면에는 우주의 모각(模刻) 없이 2중 마름모꼴(◈)을 똑같이 새기고 그 안에 4엽의 꽃무늬모양의 화문을 장식하였다. 그리고 7·8·9층 탑신에는 2중마름모꼴(◈) 안에 +자형 화문을 새겨 4엽 화문을 대신하였다.

옥개석은 1층에서 구층까지 1석씩인데 각 층이 매우 얇은 편이다. 각층의 옥개석 맨 위에는 위층의 탑신을 받치는 탑신받침이 없다. 낙수면은 경사가 완만하고 건물의 내림마루를 표현한 우동마루가 보이며 처마는 상·하가 수평을 이루다가 전각부분에서 경미한 반전을 보인다. 이러한 옥개석의 형식은 백제계석탑에서 나타나는 모습과 유사하다. 옥개석 하면에는 층급받침 대신 화살표문양(∨)을 여러개씩 새겼는데, 이러한 조식은 1층~9층까지 이어지고 있다. 이처럼 탑신이나 옥개석에서 보이는 특이한 문양은 우리나라의 어느 석탑에서 발견할 수 없는 형식이다. 상륜부는 원형의 석주

213 운주사에 소재하고 있는 석탑에 대한 설명은 그간 발표된 내용들을 중심이로 꾸며졌다. 특히 천득염의 「雲住寺石塔의 造形的 特性에 대한 考察」, 『雲住寺綜合學術調査』, 全南大學校 博物館·和順郡, 1991과 황호균의 『운주사자료집성』, 화순군, 전남대박물관, 2009, 그리고 천득염, 이봉수, 이형호가 집필한 보고서 『화순 영구산, 천불천탑 운주사』, 2007. 에서 발췌하여 재편집한 것이다.

와 보륜 등의 석재가 남아 있다.

우리나라 석탑은 삼층, 오층, 칠층이 대부분이며, 이 탑처럼 구층은 매우 희귀한 예라 하겠다. 또한 전반적인 양상으로 보아 고려시대에 제작된 것으로 보인다.

화순 운주사 원형 다층석탑(和順 雲住寺 圓形 多層石塔)

문화재 지정 : 보물 제798호
규모 : 총고 7.5m

석조 쌍배 불감 뒤편에 있는 원형석탑으로 한국석탑에서 이형적인 형태를 보여주는 귀중한 유구이다.

이 석탑은 지대석, 기단부의 탑신과 옥개석에 이르기까지 모두 원형을 이루고 있다. 그러나 기단중석만은 10각인데 이 10각도 원에 가까우므로 이 석탑의 명칭을 '원형 다층석탑'이라고 칭하였다. 원형석탑의 탑신에서 나타나는 10각형으로의 작도법과 황금비를 적용한 예는 구조방법에 있어 기하학적 조형감각이 나타나고 있다. 5각형을 두 번 겹쳐서 10각형을 만들어 내는 수법이나 황금비의 적용 예는 대단히 의미 있는 조형기법이라 하겠다.

이 석탑의 구성석재는 원형의 지대석이 1석이고 기단 중석이 5매석으로 이루어졌으며 기단석과 탑신부의 탑신 및 옥개석은 모두 1석씩으로 조성되었다. 이 석탑의 구성은 원형의 지대석위에 높직한 원형받침을 각출하고 5매의 석재로 10각의 기단 중석을 받았으며 그 위에 갑석을 놓았는데 갑석 하면과 측면에는 위로 피는 모습인 앙형(仰形)의 연꽃문양을 얇게 조각하였다. 갑석 상면에는 평평하게 별다른 시설 없이 탑신부를 받고 있다.

1, 2, 3층은 탑신을 3등분하여 2개의 수평선이 돌려졌고 4, 5, 6층은 1선이 수평으로 그어졌다. 각층의 원형옥개석은 상층부로 올라감에 따라 완만하게 체감되어 마치 탑의 상륜과 같은 모습으로 보이고 있다. 옥개석에 있어서 초층 옥개 하면에는 2개의 선이 원형으로 얇게 파여 있으나 2층 이상은 1개 선뿐이다. 이 선은 신라계 탑에서의 물끊기 홈처럼 파여 있어 비교가 된다.

이 석탑은 탑의 구성이나 전체적인 형태에 있어 이색적인 것으로서 고려시대에 이르러 많이 나타난 이형석탑에서도 그 수위에 놓아야 할 것인바 역시 고려적인 특성을 잘 나타내고 있는 유래라고 하겠다. 기단 갑석은 상면이 평평하고 측면이 호형(弧形)을 이루고 있는데 대하여 옥개석들은 정반대로 하면이 평평하고 측면의 하부에 이르면서 호형을 이룬다. 이것은 상하의 조화와 안정감을 주게 한 조형의장이었는지, 혹은 상태가 바뀐 것인지 모르겠다. 그러나 만약에 갑석과 같이 옥개석들도 상면이 평평하게 놓였다면 상하의 조화가 전혀 잡히지 않았을 것이며 따라서 안정감도 주지 않았을 것이라 생각된다. 현재 6층까지 남아 있고 그 위층의 부재가 없는 데 과연 몇 층이 더 있었는지 알 수 없다.

이 탑은 상륜의 형태와 비교해서 애기를 많이 하는 데 옥개석의 크기와 형태에서 차이가 있는 것도 인지해야 할 것 같다. 상식적으로 옥개석의 폭과 함께 옥개석의 두께도 감소해야 할 것 같으나 2, 3층 옥개석이 1층 옥개석 두께보다 두꺼워 이런 부분에서는 조화를 이루지 못하고 있다.

이 탑 주위에는 원형의 탑신석과 옥개석이 여러 개 있어 이와 유사한 원형석탑이 더 있었을 것으로 짐작된다. 또한 흥미로운 것은 이 탑의 지대석 하부를 이룬 커다란 부재의 모습이 마치 거북이 모습을 하여 주목이 된다. 물론 이 지대석을 무관심하게 보면 평범한 석재로 밖에는 여겨지지 않는다.

화순 운주사 칠층석탑(和順 雲住寺 七層石塔)

문화재지정: 전라남도 유형문화재 제276호
규모: 총고 9.6m

이 석탑은 운주사 입구 첫 번째로 있는 구층석탑 다음에 있다. 원래는 논 가운데에 있었으나 운주사에서 주변 논밭을 모두 매입하여 잔디를 심고 정비하였다. 1989년 전남대 박물관에서 2차 발굴당시 석탑주변을 개토하였을 때 이제까지 묻혀있던 석괴형 기단(방형지대석) 밑의 모습이 들어난 적이 있다. 이때 당시의 모습을 보면, 방형 기단은 약 1m내외의 돌로 기단을 받치고 그 위에 커다란 석괴형 기단을 올렸다. 기단 주변에는 납작한 돌로 탑구(塔區)를 돌리고 기단석과 탑구 사이에는 방형 판석을 깔았다.

석괴형 기단은 측면에도 잘 다듬어져 있으며 윗면에는 원형 1단 받침을 조출하여 위층의 탑신을 받치고 있다. 초층 탑신은 4매의 판석인데 H자형 모양으로 결구되었고 남쪽면의 1면석이 결실되어 내부의 적심석들이 노출되었으나 근년에 보수하면서 끼워 넣었다. 각 면 모서리에는 우주가 모각되었다. 2층탑신도 4매 판석으로 이루어지고 남과 북면에 우주가, 동·서 면에서는 남북면의 벽석이 우주로 대치되고 면석에 얇은 보조 우주가 모각되었다. 삼층 이상의 탑신은 모두 1석씩이며 각 면에는 우주가 모각되었다.

옥개석은 각층이 모두 같은 형태인데 하면의 옥개받침은 1~2층이 5단이고 삼층은 6단이며 4~5층은 5단, 6~7층은 4단으로 각출되었다. 각층 옥개석은 추녀와 처마가 직선형이고 특히 네 귀퉁이의 전각의 반전이 매우 약하게 표현되었다. 상륜부는 유실되었다. 비교적 단정하고 소박한 신라 전형양식을 계승하였으나 체감이 적어 약간 고준한 느낌을 준다. 운주사의 석탑 중에서는 수위 급에 해당된다 하겠다.

화순 운주사 쌍교차문 칠층석탑
(和順 雲住寺 雙交叉紋 七層石塔)

문화재 지정 : 전라남도 유형문화재 제277호
규모 : 총 높이 7.75m

이 석탑은 운주사에서 유일하게 광배를 갖춘 석불좌상 바로 앞에 위치하고 있다. 이탑 역시 높고 큼직한 1석의 방형기단석 위에 1단의 방형 받침대를 조출하고 그 위에 탑신부를 받고 있다.

초층 탑신은 4매의 판석으로 짜여져 있는데 전후 2면에는 쌍교차문을 두툼하게 양각하고 좌우 양면에는 양 귀퉁이에 우주를 모각하였으며 중간에 탱주 1주를 마련하였다. 2층 탑신도 4매의 판석으로 결구하고 전후 면에는 쌍교차문을 가늘게 음각하고 탑신 좌우로는 마름모꼴(◇)을 하나씩 음각으로 장식하였다. 삼층 탑신은 1석식이며 각 면에는 2층 탑신의 전후 면과 같이 쌍교차문이 교차되었다. 4층 탑신은 특이하게도 판석으로 짜 맞추었으며 역시 전후면에 쌍교차문이 음각되고 좌우로는 마름모꼴(◇)을 장식하였다.

오층 이상의 탑신은 각1석씩으로 조성하고 각 면에는 쌍교차문을 표출하였다. 옥개석은 각층 1석씩이며 하면에는 옥개받침을 각출하였는데 초층, 2층, 삼층은 5단이고 4층은 4단, 오층, 6층, 칠층은 3단씩으로 줄었다. 상륜부는 1단의 높은 받침대 위에 조그마한 네모꼴의 석재가 올려져 있다. 각층의 옥개석 처마의 단면이 사선으로 처리되었으며 전각의 반전 또한 경쾌하다.

이 석탑의 외형을 보면 신라 전형양식을 따르고 있으면서도 각층 탑신석에 특이한 쌍교차문과 측면의 마름모꼴(◇)의 형태를 장식하는 등 국내 석탑에서는 그 유례가 없는 양식을 보여주고 있다. 다소 고준한 느낌을 주지만 칠층탑이면서도 안정감을 주는 모습이다. 이 석탑 역시 운주사의 석탑 중에서 수준급이며 고려시대 석탑다운 조형미를 갖추고 있다 하겠다.

화순 운주사 석조불감 앞 칠층석탑
(和順 雲住寺 石造佛龕 앞 七層石塔)

문화재 지정 : 전라남도 유형문화재 제278호
규모 : 총고 7.5m

석조불감(보물 제797호) 바로 앞에 위치하고 있다. 이 석탑은 지금까지 석괴형의 큰 방형의 지대석을 설치한 것과는 달리 아주 낮은 지대석 위에 기단부가 없이 그대로 탑신부를 구성하였다. 또 지대석 자체가 지하에 매몰된 상태여서 불분명하지만 커다란 네모의 지대석 상면에 높이 5cm 정도의 1단 받침을 마련하여 그 위로 탑신을 얹었다.

초층 탑신은 4매의 판석으로 조립하였는데 각 면의 양쪽에는 우주가 모각되고 면석 안쪽으로는 보조우주가 얕게 각출되었다. 그 판석 사이에는 면석만을 끼워 넣어 H자형을 취하였다. 2층 탑신도 4매의 판석으로 결구하였는데 초층과 같이 양 모퉁이에 우주와 보조우주가 모각되었다. 역시 4매 판석으로 결구된 삼층 탑신도 양 귀퉁이에 우주와 보조우주가 표출되었다. 4층 이상의 탑신은 1석씩이며 각 4면에는 양 귀퉁이에 우주가 모각되었으나 이 우주가 폭이 넓어 다소 투박스럽다. 1층, 2층, 3층과는 달리 여기서는 보조우주가 없이 우주만을 두었다.

옥개석은 각층 하면에 옥개받침이 각출되었는데 초층과 2층은 6단씩이고 삼층은 5단이며 4,5,6층은 4단, 칠층은 3단으로 줄어들어 시대적으로 뒤진 현상을 나타내고 있다. 칠층 옥개석 정상에는 방형의 석재가 올려져 있는데, 이것은 상륜부의 노반이거나 아니면 받침석으로 생각되나 그 폭이 아래층(칠층) 탑신의 폭보다 훨씬 넓어서 상륜부에 속한 부재인지 의심스럽다. 그러나 옥개석 낙수면은 급경사가 아니고 모두가 평평하며 처마의 단면이 수직선이고 추녀 네 귀퉁이 전각의 반전도 부드러운 면을 나타내고 있다. 특히 옥개석 상면 네 귀퉁이를 이루고 있는 우동마루(내림마루)가 예리한 각을 이루지 않고 퉁퉁하게 묘사된 것은 백제계 석탑에서 나타나는 기법이어서 주목되고 있다. 또한 옥개석의 폭과 탑신 높이의 체감이 균제된 상태로서 전체적으로 높은 탑이지만 매우 안정감을 주는 탑이라 하겠다.

화순 운주사 거북바위 교차문 칠층석탑 (和順 雲住寺 거북바위 交叉紋 七層石塔)

문화재 지정 : 전라남도 유형문화재 제279호

운주사 대웅전에서 우측 산등성이에 있는 와불 쪽으로 오르는 중간지점에 평평한 큰 암반이 있는데 흔히 거북바위라고 부른다. 그래서 이 암반위에 있는 석탑을 거북바위탑이라고 부르고 있다. 다소 경사를 이룬 암반을 편평하게 다듬어 지대석으로 삼고 그 위에 탑신부를 얹었다.

기단부가 없는 1층 탑신은 4매 판석으로 결구하였는데 각 면의 양쪽 귀퉁이에 우주가 모각되고 면석부분 중앙으로 보조 우주가 하나씩 얕게 표출되었다. 이 같은 보조 우주의 예는 고려시대의 석탑에서 간혹 볼 수 있으며 면석에 감실형의 홈을 판 예는 곡성 가곡리 오층 석탑에서 볼 수 있다. 2층 이상의 탑신부는 탑신과 옥개석이 각 1석씩이나 초층과 2층 탑신만은 4매 판석으로 결구하였다. 특이한 모습은 이 7층석탑 역시 운주사 쌍교차문 석탑과 같이 2층에서 7층 탑신 4면에 교차문을 새겼다는 것이다. 특히 다른 교차문양 7층탑에서는 전후 면에 쌍교차문이고 좌우 면에는 마름모꼴(◇)을 새긴 것에 반해 이 석탑에서는 탑신 4면에 단일 교차문을 장식한 것이다.

초층 옥개석은 하면의 층급받침이 각진 6단인데 한 가지 특이한 것은 옥개석 하면 모서리에 목조건축의 추녀목과 같은 두툼한(폭 9cm) 돌출부가 각출되었다는 점이다. 또한 옥개석 상면의 우동마루도 두툼하게 튀어나오게 하여 백제계 석탑의 기법을 나타내고 있다. 이러한 예는 한국석탑에서는 매우 희귀한 사례에 속한다 하겠다. 옥개석은 각층이 모두 평평하고 얇은 편이며 낙수면도 급경사가 아닌 매우 부드러운 곡선을 나타내고 있다. 2~3층 옥개석의 층급받침은 5단이며 4, 5, 6, 7층의 층급받침은 4단이다.

이 석탑에서 한 가지 주목된 것은 단일 교차문의 장식과 옥개석 하면의 네 귀퉁이에 추녀 모양의 돌기부분과 옥개석 상면의 우동마루(내림마루)가 두툼하게 돌기하고 있는 양식이다. 이러한 기법은 모두 건축적인 요소에서 비롯된 것임을 암시한 것이며, 한편으로는 고려시대에 나타난 백제계 석탑에서 볼 수 있는 것이다.

화순 운주사 대웅전 앞 다층석탑
(和順 雲住寺 大雄殿 앞 多層石塔)

문화재 지정 : 전라남도 유형문화재 제280호

운주사 대웅전 앞 중정에 위치하고 있다. 탑신은 4층의 옥개석까지 남아 있고 그 이상 부재의 존재여부는 알 수 없다. 옥개석 낙수면부가 일반적인 옥개석의 형태가 아니고 전탑과 같은 층급형으로 이루진 3계단의 모전석탑의 유형이다.

1층 탑신(높이 143cm, 하면 94cm, 상면 80cm)이 원형의 지대석(지름 170cm) 위에 있는 방형중층의 탑형식이다. 1층 탑신의 면석은 2매의 판석을 길게 합쳐 세웠으며 각 면에는 양쪽귀퉁이에 우주가 모각되어 있다. 하지만 2층 탑신부터는 1매의 석재를 사용하였고 우주를 표현하지 않았다. 전탑계 석탑이면서도 각층의 옥개석 전각부분에서는 가벼운 반전이 있는데 이는 강진 월남사지 모전석탑과도 유사한 조형기법을 보인다.

위 석탑을 일반적으로 모전석탑이라 하지만 돌을 조그맣게 벽돌모양으로 깎은 것이 아닌 통돌이므로 모전석탑의 유형이라고 보는 것이다.

현재 4층 옥개석 이상의 부재는 없으며, 옥개석의 체감은 약하나 1층과 2층 탑신의 높이가 급격히 줄고 삼층과 4층의 탑신의 탑신 폭과 높이가 많이 줄어서 안정감이 있으나 세련미는 없고 거칠다.

옥개석의 낙수면이 모전석탑처럼 수직이 아니고 약하게 사절(斜切)되어 있다. 1층 옥개석(지름 170cm, 두께는 45cm)은 3조각으로 쪼개어져 불안하다.

화순 운주사 칠성바위 앞 칠층석탑 (和順 雲住寺 七星바위 앞 七層石塔)

문화재 지정 : 전라남도 유형문화재 제281호

운주사 계곡 좌측 산록의 큰 암반 위에 있는 탑이다. 그 주변에 원반형의 칠성바위가 있어 칠성바위 앞 칠층석탑이라 부르고 있다. 대부분의 운주사 석탑이 그렇듯이 지대석이나 기단부 등의 별다른 시설 없이 암반 위에 직접 탑신부만을 건립하였기 때문에 맨 아래 하단부터를 초층으로 삼았다.

초층 탑신은 4매의 판석으로 H자 조립을 하였으며 각 면에는 양쪽 귀퉁이에 우주가 정연하게 모각된 판석을 세우고 그 사이에 면석만으로 된 판석을 끼워 넣었다. 즉 좌우판석은 벽판석으로 하여 우주를 모각하였으며 전후 면에서는 면석만을 끼워 넣었기 때문에 좌우판석의 측면이 우주가 되는 것이다. 2, 3층의 탑신도 각기 4매의 판석으로 짜여 졌으며 각 면의 양쪽 귀퉁이에 우주가 정연하게 모각되어 있어 1층과 같은 방법을 취했다. 4층 탑신석은 상, 하 2석으로 조성되있으며 각 면에 양쪽 5층 이상의 탑신석은 1석씩으로 조성하였으며, 각층 각 면에는 양쪽 귀퉁이에서 넓은 우주가 두드러지게 모각되어 약간은 둔중한 느낌이 든다.

옥개석은 각층 1석씩으로 조성하고 하면에는 옥개받침을 각출(刻出)하고 모두 3단씩이나 7층만은 2단으로 조성하였다. 대체적으로 각층 옥개석은 추녀와 처마가 직선이고 네 귀퉁이의 전각에 이르러 반전이 표시되었으며 낙수면도 평박한 편이다. 탑신석의 우주가 넓고 투박한 편이며 전체적인 모습은 세련미가 없어 보인다.

7층 옥개석 정상에는 1석만 남아 있는 상륜부재가 얹혀 있다.

화순 운주사 발형 다층석탑(和順 雲住寺 鉢形 多層石塔)

문화재 지정 : 전라남도 유형문화재 제282호

현재 대웅전 뒤에 있는 탑으로 떡시루를 중첩시켜 놓은 것 같은 모습을 한 일반적 상식을 초월한 이형탑이다.

석탑의 구성은 방형의 지대석상면에 3단의 각형받침을 각출하고 그 위에 4매의 판석으로 짜여진 단층기단을 놓았는데 北面에 면석이 결실되었던 것을 근자에 새롭게 보충하였다. 기단갑석은 낙수면의 경사가 있는 원형의 1매 판석을 얹었으며 탑신부는 원구형 부재를 4개 쌓아올렸다. 한편 1917년의 조선고적도보에 의하면 원구형부재가 7개로 7층바루탑이라 하였다.

이 석탑은 일견하여 방형의 기단위에 탑신을 구성한 것 같으나 실제는 그렇지 않아 주의를 끈다. 즉 기단중석은 각 면의 양 우주가 뚜렷하고 높직하며 갑석은 원형의 판석으로 이루어졌는데 별다른 조식은 없다. 이 갑석을 기존의 보고서에는 8각이라 하였으나 현재는 거의 원형에 가깝다. 그 위의 탑신부는 탑신과 옥개석의 구별이 없이 원형석괴 4석을 규격 순으로 올려놓았을 뿐이다. 이 석괴의 형태는 상, 하면이 평평하여 마치 물동이와도 같고 그 위층의 석괴들은 마치 주판알과도 같은 데 별다른 조식이 없고 다만 표면중앙에 상, 하부를 구별하는 가느다란 선이 한줄 돌려있을 뿐이다. 1층과 삼층의 부재는 물동이 같은 모습이고 2층과 4층은 중심부에 1면을 만든 주판알과도 같은 모습이어서 서로 다르다.

이 석탑을 일명 "난형탑(卵形塔)"이라 일컫는 것은 이 석괴의 형태에 따른 것이라 하겠다. 현재는 석괴가 4석 뿐이나 『조선고적도보』에서 처럼 7석을 올려놓고 보면 마치 석탑의 상륜부와도 같은 느낌을 준다. 하부로부터 방형과 원형, 원구형이 중첩된 평면인데도 그런대로 잘 조화되어 전혀 색다른 형태의 석탑이지만 눈에 서툴지 않으며 기발한 조형기법을 보이는 석탑이라고 하겠다.

이러한 석탑의 예는 이곳 운주사 이외에는 볼 수 없는 희귀한 유례이다. 이 석탑을 원구형탑이라고 부르는 것보다는 시루탑, 바리탑, 물동이탑, 또아리탑, 주판알탑, 오가리탑, 난탑 등 재미있는 명칭이 있을 것 같다.

화순 운주사 거북바위 오층석탑 (和順 雲住寺 거북바위 五層石塔)

문화재 지정 : 전라남도 문화재자료 제256호

이 석탑 역시 거북바위로 불리어지는 큰 암반 위에 위치해 있다. 그런데 이 탑의 양식은 같은 암반 위에 서있는 교차문양의 칠층석탑과는 달리 신라석탑의 모습을 나타내는 전형양식을 하고 있다. 기단부는 1매의 방형 판석을 지대석으로 삼고 그 위로 탑신부를 설치하였다. 기단부를 겸한 초층탑신은 4매 판석으로 짜 맞추었는데 각 면에는 양 귀퉁이에 우주가 정연하게 각출되었다. 그런데 좌우판석은 벽판석으로 하여 우주를 모각하였으며 전후 면에서는 면석만을 끼워 넣었기 때문에 좌우판석의 측면이 우주로 대치되고 있는 것이다.

초층 옥개석은 1석이며 하면의 옥개받침은 4단이다. 옥개석 상면은 우동마루가 뚜렷하고 낙수면은 급경사이나 네 귀퉁이의 전각은 미세한 반전을 보이고 있다. 2층탑신은 4매석으로 되어 있는데 우주가 모각된 판석과 이를 우주로 삼고 그 사이를 면석으로 끼워넣었다. 특히 배면의 면석은 결실되고 없다. 2층 옥개석은 1석으로 조성하였는데 하면에는 3단의 받침이 큼직하게 모각되었다. 낙수면이 급경사이고 전각이 두터워서 다소 둔중한 감을 느끼게 한다. 3층 탑신도 1층과 같이 4매 판석으로 결구하였으며 각 면의 양편에 우주를 마련하였다. 3층 옥개석 역시 1석으로 조성하였는데 하면의 옥개받침은 3단이고 낙수면은 급경사를 이루고 있다. 4~5층의 탑신은 1석씩이고 각 면의 양쪽에 우주가 정연하게 모각되었다. 4~5층의 옥개석 역시 1석씩이며 하면의 옥개받침은 3단이다.

이 탑의 옥개석 상면에 탑신받침이 생략된 것은 운주사의 다른 탑의 기법과 동일하다. 상륜부는 복발형의 부재가 안치되고 그 위에 보주가 연결되고 있다. 1층탑신의 높이가 세장(細長)하고 고준(高峻)한 것을 제외하고는 전체적으로 신라 전형양식을 따르고 있으며 치석의 기법이나 각 부재의 비례를 보면 세련된 탑이라 하겠다.

화순 운주사 수직문 칠층석탑(和順 雲住寺 垂直紋 七層石塔)

문화재 지정 : 전라남도 문화재자료 제257호

현재 운주사 입구를 지나 대웅전으로 가다가 우측 산중턱의 높직한 암반 위에 있다. 지대석 등의 별다른 시설 없이 암반 위에 방형단을 만들고 그 위에 기단부를 형성하였다.

4매의 판석으로 짜여진 기단부 중석에는 각 면 양쪽 귀퉁이에 우주가 모각되고 면석 중간 쪽으로는 보조우주가 하나씩 얕게 조식되어 있다. 중석의 구성은 2매의 판석을 끼우고 그 사이에 면석을 끼워 넣는 방법을 썼다.

기단갑석은 이곳의 다른 석탑에서와 마찬가지로 옥개석형으로 조성되었는데 하면에는 옥개받침이 없고 대신 처마 밑에는 마름모꼴을 조각하였다. 추녀부분에는 앙형의 연꽃문양과 비슷한 문양을 모각하였으나 그 수법이 조잡하다. 추녀와 처마가 직선이고 네 귀퉁이의 전각부에는 약한 반전이 나타나고 있어 평박한 낙수면과 조화를 이루고 있다.

1층 이상의 탑신부에 있어서는 탑신과 옥개석이 각기 1석씩으로 조성되었으나 1층 탑신석만은 4매의 판석으로 짜여 졌는데 현재 북면의 면석이 결실되어 있다. 각층의 탑신석에는 네 귀퉁이의 우주를 직선으로 파내어 구획하였으며 우주에서 바깥쪽을 향해 양쪽 우주에 걸쳐 마름모꼴 하나를 조각 장식했다. 우주 사이의 면석에는 가늘게 층에 따라 7-11선의 수직선 문양을 음각하였는데 각 층이 똑같은 형태이다.

각층의 옥개석은 같은 모양으로 하면에는 받침단을 생략하고 대신 마름모꼴을 2중 3중으로 돌렸으며 음각한 선문(線紋)이다. 이 마름모꼴은 전각부에 이르러 점차 호형을 그리면서 앙형의 연꽃 문양처럼 보이고 있는데 본래 이러한 마름모꼴의 시문은 연꽃문양을 조각 장식하기 위한 의도가 아니었던가 생각된다. 이것은 옥개석의 하단부가 옥개받침이 없이 완만한 경사를 이루고 있기 때문에 더 한층 그렇게 보인다.

전각은 얇은 편이며 네 귀퉁이의 전각부에서는 반전이 아주 약하게 표시되어 있어 평박한 낙수면과 잘 어울려 가벼운 감이 든다. 낙수면의 네 귀퉁이 우동은 두툼하게 표현하여 어디에서 시작하여 그 두께가 얼마인지 분간하기 어렵다. 5층 옥개석의 정상에는 큼직한 노반석 하나가 놓이고 그 위에 원형의 대, 소형부재 3석이 중첩되어 있어 상륜부재임을 알 수 있다.

석탑의 전체적인 조형은 안정감이 있고 둔중하지도 않으며 표면 시문 등으로 장식적이라 하겠으나 치석과 축조기법이 세련된 작품이라 할 수는 없겠다.

특히 이 석탑에서 흥미로운 것은 기단갑석 아래 부분의 중앙에 1개의 구멍이 있어 사리공이 아닌가 한다. 이러한 기법, 즉 갑석의 아래에서 윗방향으로 파여진 사리공의 예는 운주사에 있는 몇 기의 석탑에서 나타나는데 일반적인 사리공의 수법과 달라 주목이 된다.

화순 운주사 오층석탑(일명 거지탑)

운주사 입구 구층석탑의 우측 산중턱에 위치한다. 탑 형식은 옥개석이 모두 깔끔하게 만들어지지 않은 마치 구들장 모양의 판석을 올려 일명 거지탑이라고도 한다. 운주사의 여느 탑과 같이 암반 위에 지대석 등 아무런 기단부 시설이 없이 탑신부를 세웠다.

1층 탑신은 치석한 4매의 장대석을 길이 방향으로 세워 높직한 탑신면석을 이루었으나 각 면에는 우주 등의 조식이 없다. 2, 3, 4, 5층의 탑신부는 탑신과 옥개석이 각 1매씩으로 조성되었으며 각층의 탑신석은 다듬은 방형 석재를 놓아 현재 5층까지 남아 있다. 각 층의 4면에는 우주 등의 표시가 없다. 각층의 옥개석은 납작하고 거친 자연석을 다듬지 않고 층층히 올려놓았는데 처음부터 판상으로 된 자연석을 정방형이나 원형으로 다듬지 않고 그냥 중첩시킨 것 같다. 그래도 나름대로 체감과 안정된 균형을 느끼는 것은 이탑의 아름다운 특징이다.

1층 옥개석과 탑신고가 크고 넓음에 비해 2층부터는 급격히 체감하여 안정감을 주고 있으며 어떤 연유인지 몰라도 전형적인 석탑 양식과 다른 파격적인 조형의 탑이다.

화순 운주사 명당탑 대웅전 뒤 원형석탑
(和順 雲住寺 明堂塔 大雄殿 뒤 圓形石塔)

대웅전 배면의 완만한 경사지에 있는 석탑으로 3층석탑의 바로 뒤쪽에 있다. 원래의 모습을 정확히 알 수 없는 모습으로 원형석탑이지만 방형탑의 면석들이 조립되어 원형을 잃고 있다.

현재의 상태로 보아서는 기단부와 1층탑신이 원형이 아니고 타 석탑의 부재를 사용한 듯하다. 석탑의 기본 구조는 단층 기단위에 탑신부를 형성하였는데 4매의 판석으로 짜여진 기단중석은 남면의 1매가 결실되었던 것을 새롭게 채워 넣었다. 기단갑석도 4매의 판석으로 이루어졌는데 남면의 일부가 결실되었고 부분적으로 파손되었다. 기단부에 있어서 중석에 우주와 탱주는 모각되지 않고 긴 판석을 "ㅁ"자 모양으로 조립 구성하였다. 갑석에 있어서도 부연 등의 조각장식은 전혀 보이지 않고 상면에 경사가 없는 판석을 사용하였다.

초층 탑신은 현재 4매 장방형 면석을 길게 가로 놓아 조립히였는데 이들은 본래 다른 석탑의 면석으로 사용되었던 것이 아닌가 한다. 그 이유는 이들 면석에는 2매씩의 보조우주가 모각되어 있고 부재가 판석으로 되어있기 때문이다. 더욱이 이 면석들이 본래부터 이 석탑의 부재로서 초층 탑신을 형성하였었다면 2층탑신이 원형인 점이 어울리지 않는다.

2층탑신은 원형의 1석을 놓았는데 입면부분에는 장식이 전혀 없다. 옥개석은 초층과 2층이 같은 형식으로 1석씩이며 원형의 판석형인데 하면에는 옥개받침이 없고 단엽의 앙형(仰形) 연화문 16판씩을 돌려 장식하고 있으나 그다지 정교한 모습은 아니다.

현재는 2층 옥개석까지만 남아 있으나 2층 이상의 층이 있었던 것으로 추측된다. 다만 바로 앞쪽의 삼층 석탑 지대석 부분에 바로 이 원형 석탑의 1부재로 추정되는 원형석재 1매가 있으므로 본래는 여러 층이었던 것이 아니었나 생각된다.

이곳 운주사에는 이탑 이외에도 몇 기의 원형탑이 있으나 모두 서로 형태가 달라서 주목된다. 연화탑과 같은 모습을 상상한다면 기단이 이해되지 않고 층수도 옥개의 크기로 보아 오층 이상은 되었으리라 여겨지나 이를 단정적으로 얘기할 근거가 없다.

모전석탑(模塼石塔, 원형다층석탑 앞 소형 삼층석탑)

원래 운주사 어디에선가 〈중장터〉 마을의 노인정 앞마당에 옮겨놓은 것을 최근 연화탑과 대웅전 사이에 다시 옮겨 복원해 놓았다. 일반적인 탑보다는 훨씬 적은 소형탑으로 옥개석의 상부 낙수면이 계단형(혹은 층급형)을 이루어 모전석탑이라고 불린다.

현재의 원형지대석이 본래의 것인지 알 수 없으나 지대석 위에 탑신석과 옥개석이 각기 3석씩 중첩되어 있으므로 현재의 모습으로는 삼층 탑신이라 칭하였는데 삼층 옥개석의 모습이 1, 2층과 달라 의문이 생긴다. 그러나 각 부재의 규격이 더 이상의 층으로 확대하기엔 곤란할 정도로 소형이므로 역시 삼층 석탑이라고 보아야 할 것 같다. 그런데 탑신석은 3석 중에서 1층과 2층의 2석은 방형으로 치석도 잘 하였으나 양쪽 우주는 어느 측면에서도 없다. 나머지 삼층 탑신 1석은 1, 2층 탑신보다 높으며 각 면의 양쪽 귀퉁이에 우주가 모각되이있이 과연 이들괴 같은 석탑의 부재인지 판단하기 어렵다.

1층, 2층의 옥개석은 모전석탑형식으로 옥개받침이 두꺼운 각형 2단이며 상부도 두꺼운 각형2단으로 되어있다. 반면 삼층 옥개석은 둔중한 모습을 갖는 신라형식 탑의 부재인데 옥개받침은 2단으로 아랫단은 얇고 위단은 높다. 또한 옥개석 최상부에는 탑신 받침대가 높아 뚜렷하다.

현재 이 탑의 정상부에는 여러 개의 상륜부재가 놓여있는데 그 높이가 삼층석탑에 비해 높아 본래 이 석탑의 상륜부재인지 알 수 없다. 혹시 부근에 방치되었던 여러 상륜부재들을 모아 탑 위에 올려놓은 것이 아닌가 한다.

전체적인 조형은 석재의 순서도 정확한 것 같지 않고 석재 상호간의 석질도 달라 어색한 점이 많으며 한편으로는 2기 이상의 석탑부재를 모아놓은 것 같아 역시 안정감이 부족하다. 다만 이 지역에서 월남사지 석탑과 같은 유형의 모전석탑형식이 운주사에서 보이는 것이 큰 의미가 있다고 하겠다. 흔히 모전석탑이라고 하면 안동을 중심으로 한 경상도지역에 많기 때문인데 이곳 운주사에 2기의 모전석탑이 있어 그렇다.

운주사 삼층석탑(법성료 앞 ◇ 문양 탑)

요사채 옆, 중정에 위치하고 있다. 현재 삼층 옥개석까지 남아 있으나 상륜부가 없고 전체적인 모습으로 보아 삼층석탑으로 보인다. 큼직한 암반(지름 350cm) 위에 90cm×90cm 가량을 파내어 기단석을 대신 하였기 때문에 별도의 기단석은 필요하지 않은 형식으로 건립하였다.

1층 탑신의 면석(지름 64cm, 높이 107cm)은 2매의 석재를 길이방향으로 붙여 우주가 모각되게 구성되었다. 1층 옥개석(길이 128cm)은 1매의 판석을 놓았는데 하면에는 옥개받침이 4단으로 표현되었고 상면에는 경사진 낙수면을 이루고 있다. 네 귀퉁이의 합각머리가 뚜렷하고 추녀와 처마의 선이 직선이며 네 귀퉁이의 전각에는 가벼운 반전이 표현되었다.

탑신부는 탑신과 옥개석을 각 1석씩으로 구성하였는데 2층 탑신석(56cm×56cm)은 정사각형의 1매의 석재이며, 삼층의 탑신석의 각 면에는 우주의 모각은 없으나 전면을 차지한 ◇ 문양이 양각되어 있다.

2층 옥개석 하면의 옥개받침은 4단이나 삼층은 3단이다. 이층 옥개석은 추녀와 처마가 직선이나 네 귀퉁이의 전각의 반전 표현이 약하고 각 면 전각이 두툼하며 낙수면도 경사가 크고 둔중한 느낌이 든다. 삼층 옥개석은 네 귀퉁이 전각에 반전이 미세하게 표현되었고, 낙수면도 평박하고 각 면의 전각도 얇은 편으로 경쾌한 느낌이 들게 한다.

2층 옥개석 윗면에는 탑신받침석(높이 6cm)이 조출되어 있어 특이하다. 2층 옥개석의 높이가 1층 옥개석의 높이보다 높은데 이를 통해 볼 때 2층의 옥개석이 본래의 것이 아닌 다른 옥개석을 갖게 올린 것은 아닐까 추측된다.

운주사 원형석탑(법성료 앞 원형 이층석탑, 실패탑)

이 석탑의 기단부는 방형이나 탑신부가 원형이므로 명칭을 원형석탑이라 하였으며 일명 실패탑이라 부르기도 한다. 기단의 형식을 대신한 두툼한 방형 지대석을 놓았는데 측면이나 상면에는 거칠게 다듬은 흔적이 있으나 자연석이나 마찬가지다.

자연 암반의 크기는 지름 160cm로 이를 지대석으로 삼고 그 위에 건립되었다. 1층 탑신은 사각이며, 2개의 석재를 이용하여 탑신을 조성하였다. 1층 옥개석(높이 35cm, 지름 130cm)과 2층 탑신석(높이 30cm), 2층 옥개석은 원형으로 되어 있고 상륜부는 없다.

1층 탑신(혹은 기단의 면석)은 길쭉하고 두툼한 대, 소의 장대석과 판석 2매를 별석으로 합쳐 세워서 마치 석주형과도 같은 조형을 보이고 있으며 각 면을 거칠게 치석 하였으나 우주를 모각하지는 않았다. 이 탑신의 모양은 마치 정읍 천곡사지 석탑과도 같으며 1층 옥개석은 두툼한 원형판석 1매를 놓았는데 하면은 옥개받침이 없고 연꽃문양 등 아무런 조각장식이 없으며 상면도 평평하게 다듬었을 뿐 받침단 등 아무런 시설이 없다.

2층 탑신부는 탑신과 옥개석이 각 1석씩으로 되었으며 작은 규모의 원형탑신석이 놓이고 그 위에 원형 옥개석을 얹었는데 탑신석에 비하여 옥개석이 넓고 큰 편이어서 중압감을 느끼게 한다. 1층, 2층 옥개석은 하면에 특별한 조식이 없으며 2층 옥개석 지붕에는 탑신석 놓을 자리가 없고 편편치 않아 더 이상의 층수는 없는 것으로 판단된다.

탑신과 옥개석 표면에는 아무런 조각장식이 없어 소박하게 보이나 탑신의 상부는 좁게, 하부는 넓게 하여 상촉하관(上促下寬)의 의도를 느낄 수 있다. 기단석과 1층 탑신은 방형이나 1층 옥개석부터 평면이 원형으로 구성되어 잇기 때문에 상, 하부의 조화가 왠지 어색하다. 삼층 이상의 각 부재는 현재 결실되었으나 계곡이나 건물지에 유사한 석재가 있어 이탑의 석재가 아닌가 생각된다. 원형옥개석의 모습은 원래에도 평면이 원형이었을 것 같고 두께는 균일한 형태가 아닌 것 같다.

이 석탑을 세운 건탑자의 의중이 어디에 있어 이러한 일면 불규칙한 탑이 조영되었을까 하는 의구심이 생긴다.

화순 운주사 산신각 앞 석탑재

화순 운주사 행해당 뒤 언덕 일층석탑

화순 한산사지 삼층석탑(和順 寒山寺址 三層石塔)

문화재 지정 : 전라남도 문화재자료 제63호

한산사지 삼층석탑은 화순 동봉면 신율리 949번지에 위치한다. 찾아가는 길은 화순읍에서 벌교, 고흥방면 국도 22호선을 따라가다 동복면 소재지에서 다시 국도 15호선을 타고 1.5km 정도 가면 탑동마을이 나타난다. 이곳 탑동마을 왼편의 큰 나무아래 석탑이 위치하고 있다. 이 석탑은 마을의 전면에 있으며, 주변에 논밭이 있고, 뒤편으로는 해발 339m의 종산(鍾山)이라는 큰 암산이 포근하게 감싸고 있다.[214] 이곳은 원래 예부터 한산사라는 사찰이 있었다고 전하고 있으나, 모든 전각들은 사라지고 단지 이 석탑만 남아 있다.

이 석탑은 단층기단에 3층의 탑신부가 올려진 양식이나, 1층의 탑신에 비해 2, 3층 탑신이 급히 작아지고 높아 전체적인 비례가 맞지 않는다. 이 탑의 특징으로는 1층의 탑신이 상하로 양분되고 있는 것을 들 수 있는데, 이는 고려시대 여러 석탑에서 자주 나타나는 형식의 하나이다. 한산사지와 비교적 근거리에 위치한 유사한 석탑으로는 운주사 칠성바위 앞 칠층석탑을 비롯하여 (전)광주 성거사지 오층석탑, 장성 내계리 오층석탑 등을 들 수 있다.

214 화순군청, http://www.hwasun.go.kr/

석탑은 높이가 약 6m에 달하며, 조성 시기를 고려시대의 약 11세기 이후에 조영된 것으로 추정된다. 석탑이 서있는 이곳을 한산사 터로 볼 수 있으며, 주변에서 와편이 출토되었다. 그리고 석탑의 주변에는 승탑이 남아 있었으나, 1985년 조사 시에 보이지 않고 있어 이미 도난당했다고 한다.[215] 석탑이 있었던 사지에 대한 기록은 남아 있지 않다. 다만 전하는 말에 의하면 이 석탑이 위치한 곳이 예부터 한산사지로 전해졌으나, 어느 시기엔가 빈대가 창궐하고 사찰을 버리면서 폐사되었다고 한다.

석탑의 양식

한산사지 석탑은 전반적으로 보존 상태가 좋지 않아 부족하고 파손된 부재를 새로이 부가하면서 원래의 형태에서 일부 변모된 듯하다. 기단은 보수를 통해 지반에 시멘트로 바닥을 마련 하였으며, 그 위로 기단부가 올려졌다. 기단의 저석은 하부에서 지대석을 겸하고 있으며, 1매의 판석으로 깔고 그 위에 기단 중석을 돌렸다. 이 저석 또한 일부가 파손이 심해 시멘트 보강하였다. 기단 중석은 4매의 판석과 각 모서리에 끼워지는 4매의 우주로 구성되었다. 이 석탑에서 우주는 각기 하나의 부재로 구성되고 있는 것이 특징적으로, 면석을 우주 사이에 끼워 맞추고 있다. 이 우주는 일부가 파손되어 후대에 시멘트로 보강되었다. 면석에는 탱주나 어떠한 조식도 하지 않았다. 기단의 갑석은 1매의 평평하고 두꺼운 판석을 올렸다. 갑석 하부에는 부연이 생략된 반면, 상부 중앙에는 1층 탑신을 받치는 높은 2단 각형 받침대를 두었다. 갑석은 이 탑을 수리하면서 시멘트로 보강한 것으로 보인다. 이는 갑석이 시멘트의 모래와 석회 성분을 포함하고 있었으며, 푸석푸석하게 떨어지고 있어 부족한 갑석을 새로이 부가한 것이라 생각된다.

탑신부는 3층의 탑신과 옥개석으로 이뤄졌으며, 1층 탑신을 제외하고 모두 1매의 석재로 구성됐다. 탑신은 1층에서 3층까지 점차 체감하고 있으나, 여타 석탑과 달리 2, 3층 탑신의 높이가 큰 편이다. 이에 따라 탑은 전반적으로 높고 세장한 형태를 보이는 반면, 비례와 균형에서 부조화를 이루기도 한다. 1층 탑신은 상하 2매의 각기 다른 석재를 얹었는데, 이 형식은 고려시대 이후 주로 나타나는 양식이라 할 수 있다. 이러한 결구는 사리를 넣기 위한 것으로도 인식되기도 하나, 모두 이 용도로 사용된 것은 아닌

215 화순군, 조선대학교박물관, 『화순군의 역사유적』, 보문인쇄, 1999, p.330.

듯하다. 일례로 광주의 성거사지 오층석탑의 경우에도 이처럼 1층 탑신을 2매의 석재로 결구하였으나, 이 탑에서 사리구는 2층 탑신석 안쪽에서 발견되었기 때문이다. 그러므로 이러한 탑신 양식은 사리를 안치하거나, 크기가 다른 석재를 재단하여 맞추면서 나타나는 현상의 하나라 할 수 있다. 그러나 이 또한 명확한 조영의지를 반영하고 있는 것은 아니다. 탑신의 각 모서리에는 폭이 좁고 두텁게 모각된 우주를 두었으며, 2, 3층의 탑신 또한 이와 유사한 형식을 보이고 있다.

2,3층의 옥개석은 탑신과 함께 점차 그 규모가 작아지게 하였으나 탑신의 체감을 크지 않아 다소 불안해 보이기도 하다. 옥개 상부에는 곡이 있는 상면과 4방향으로 경사를 이루어 우동이 표현됐다. 낙수면의 끝은 평형을 이루나 윗면에서 약간의 곡을 형성하다가 처마와 전각에서 반전을 보이고 있다. 옥개 받침은 각 층이 모두 3단으로 낮은 편이다. 상륜부는 원래의 것이 유실되었으며, 후대에 유사한 석재를 골라 상륜부에 올려진 것으로 보인다.

이 석탑은 그 석질이 좋지 않고, 파손되거나 유실된 부재가 많아 시멘트로 새로이 보수된 부분이 많다. 특히 기단의 저석이나 우주 일부, 갑석의 부재는 상당부분 새로이 시멘트로 보강하고 있으며, 이 또한 점차 퇴락되고 있다. 따라서 새로이 교체된 부재는 이후 석재를 이용하여 원 상태와 유사하게 복원되어야 할 것으로 보인다. 석탑의 조형을 보면 탑신이 전반적으로 우뚝 솟은 모습을 하고 있어 안정감이 결여됐다.

또한 석탑은 단층기단에 지대석이 없고, 탱주나 갑석의 부연 등이 생략된 점, 탑신이 좁고 높아진 점, 옥개석 하부의 받침이 3단으로 적어진 점 등으로 보아 전반적인 양식적 퇴화를 보이고 있다. 그러므로 이 석탑은 고려시대의 신라계 석탑양식을 따르고 있으나 시대적으로 다소 떨어진 고려 중기나 말기 이후의 것으로 보인다.

화순 쌍봉사 대웅전(和順 雙峰寺 大雄殿)

화순에 소재하는 석탑을 제외하고 이 지역에는 건축사적으로나 미술사적, 그리고 탑파의 양식적 계통성을 파악할 수 있는 목탑 1기가 남아 있다. 이 탑은 화순 쌍봉사 대웅전으로, 근년에 소실되었던 것을 예전으로 모습으로 복원하여 지금은 지정문화재에서 해제되었지만 우리나라 탑파의 역사와 의미를 상기시키는데 중요한 역할을 하는 목탑이다. 그러므로 비록 주요 연구대상인 전남지역의 석탑은 아니지만, 이 지역에서 발달하고 중요한 위치를 차지하는 쌍봉사 대웅전에 대해서도 언급하고자 한다.

쌍봉사는 전남 화순군 이양면 증리 일원에 위치하며, 신라하대 구산선문 중의 일문인 사자산문(獅子山門)이고, 개조인 적인선사 혜철(寂忍禪師慧徹 또는 慧哲, 785~861)이 창건한 것으로 전하는 사찰이다. 이런 이유로 쌍봉사는 적어도 신라 신문왕 원년(839) 이전에 창건되었을 것으로 본다. 그러나 쌍봉사의 초창자와 창건연대에 대해 설명하고 있는 자료는 많지 않은 편이다. 다만 「쌍봉사창건비문(雙峯寺創建碑文)」을 통해 간략하게 알 수 있을 뿐이다. 혜철 이후의 상황은 철감선사 도윤의 행직에서 그 내용을 확인할 수 있다. 도윤은 22년간 당나라에서 유학을 마치고 나서 풍악 장담사(長潭寺)에 머물다가 이곳 쌍봉사로 이석한 듯 하나 그 시기가 언제인지는 알 수 없다. 그에 관한 기록인 『조당집(祖堂集)』 권 17에는 그가 쌍봉사에 머문 기록을 찾을 수 없으나, '쌍봉화상(雙峰和尙)'이라는 제하로 도윤의 일대기를 적고 있다. 그리고 이 사찰에는 철감선사의 승탑과 탑비가 남아 있어 이를 증명하고 있다.[216]

쌍봉사는 국내에서 역사적 의미가 있는 2기의 목탑 가운데 1기를 간직하고 있다. 특히 쌍봉사는 선종과 철감선사, 그리고 목탑 등 불교와 관련하여 유서 깊은 사찰임에 중요한 위치를 가진다. 쌍봉사는 중조산 남쪽 자락의 산지에 위치한다. 남북 축선상의 가람배치를 보이지 않으나, 해탈문과 대웅전은 일직선으로 위치하고, 그 뒤로 한 단 높인 지대 위에 지장전과 극락전, 그리고 나한전과 호성전이 병렬식으로 배치되어 있다. 근래에 들어서는 사찰로 들어가는 첫 번째 문이자 사찰의 시작임을 알리는 일주문을 세워 구색을 갖추었다. 지장전의 좌측을 돌아 대나무 숲의 산중으로 걸어 올라가면 서북쪽에 철감선사의 승탑(국보 57호)과 탑비(보물 170호)가 위치해 있다. 승탑은 팔각원당형의 기본형식으로 비록 상륜부가 멸실되어 없

216 화순군, 조선대학교박물관, 앞의 책, p.272.

지만 배흘림 된 기둥과 주두, 그리고 공포와 겹처마 등 목조건축의 수법을 보여주고 있다. 또한 구름과 용으로 조각되어 천상세계를 표현한 조형적 양식은 건축사적 뿐만 아니라, 미술사적으로도 그 가치가 귀중한 것으로 주목받고 있다.

쌍봉사 대웅전은 현존하는 목탑 양식의 건물인 법주사 팔상전과 함께 우리나라 목탑의 양식적 계통을 이해할 수 있는 중요한 대상이 된다. 그러나 이 건물이 언제 세워진 것인지는 알 수 없다. 단 1962년 해체·수리할 때 발견된 「묵서상량문」에 의하면 숙종 16년(1690)에 중창하고, 경종 4년(1724)에 삼창했던 사실만을 기록하고 있다.[217] 이상의 내용을 보았을 때 대웅전은 적어도 17세기 중반 이전에 건축된 것으로 볼 수 있다.

대웅전은 경내의 중심에 위치하며, 낮은 기단 위에 3층의 탑신과 상륜을 갖춘 모습이다. 2층의 공포 중앙에는 본 건물의 용도를 알리는 대웅전이라 쓰인 현판이 걸려 있어 본 건물의 건축형식이 목탑으로 갖추었고, 석가모니를 주불로 봉안하는 금당기능의 건물임을 바로 알 수 있다. 이 건물은 보물 163호로 지정되어 보호되어 왔으나, 1984년 4월 3일 화재로 소실되었다. 이후 이 건물은 1962년 해체 수리하면서 당시에 기록한 실측자료를 기초로 하여 약 2년에 걸쳐 1986년에 복원된 것이다. 그러나 복원과정에서 팔작지붕이었던 최상층의 지붕을 원래의 형태인 사모지붕으로 고쳐 지어 현재와 같은 모습을 갖추게 됐다.

목탑의 건축형식[218]

쌍봉사 대웅전은 목탑형식의 구조를 갖추고 있지만 여러 부분에서 독창적인 구법으로 조영되었음이 역력하다. 기단은 가구식으로 비교적 낮고, 계

217 화순군, 조선대학교박물관, 앞의 책, p.274.

218 양태현, 천득염, 쌍봉사 대웅전의 조영에 관한 고찰, 건축역사연구 제22권 1호, 통권 86호, 2913년 2월.

단을 남쪽에만 설치하였다. 상대적으로 큰 자연석 초석을 사용하였는데, 기단의 모서리는 활주를 세우기 위한 활주초석이 함께 놓여 있다. 활주는 주로 단층건물과 중층불전 건물에 사용되기는 하나, 목탑에서 활주를 사용한 사례는 거의 찾아볼 수 없을 뿐만 아니라, 1층에 한정하여 사용되고 있음이 독특하다.[219] 평면은 13尺 5寸의 사방 한 칸으로 구획 되어 사천주가 없고, 외진주와 심주만으로 구성되어 있다. 이와 같이 대칭의 공간구성은 안정된 세계관을 표현하고, 좌우대칭적인 중심성의 원리를 간직하는 정방형의 평면형식이 사용하였다. 단 칸으로 된 평면은 중국이나 일본에서도 현존하지 않는 유례없는 형식에 해당한다.

탑신부는 축부와 지붕으로 구성된 독립한 층이 차곡차곡 중첩된 것이다. 중첩함에 있어서는 얇고 넓은 방형의 층방(層枋)을 공포 위에 안착시켜 상층의 기단으로 삼았다. 그리고 그 위에 상층을 얹는 적층구조 방식이 활용했으며, 이러한 방식을 반복하여 3층이 형성된 것이다. 단 칸과 같이 제약된 여건에서는 중첩을 얹기 위해 상층기둥을 하층의 주심신상에 밀착시켜 세움으로써 수평체감을 반영한다. 이는 또한 그 하중으로 각 층의 절점(節點)을 압축하여 수평하중으로부터 가구를 보강하는 효과도 얻을 수 있어 특수한 경우이다.

각 층의 처마를 구성하는 골격부재인 서까래는 상층의 멍에창방에 의해 고정된 것이다. 주심에서 8尺에 가깝게 내밀어진 처마는 비교적 깊은데다가 내목의 길이가 상당히 짧은 편이다. 즉 공포가 감당해야 할 응력은 상대적으로 증대될 수밖에 없는 그러한 구조이다. 그러므로 처마의 공포는 지지

219 국내의 중층불전인 금산사 미륵전, 화엄사 각황전, 마곡사 대웅보전, 무량사 극락전, 보림사 대웅보전은 모든 층에 활주를 세워 추녀를 받치고 있다.

1

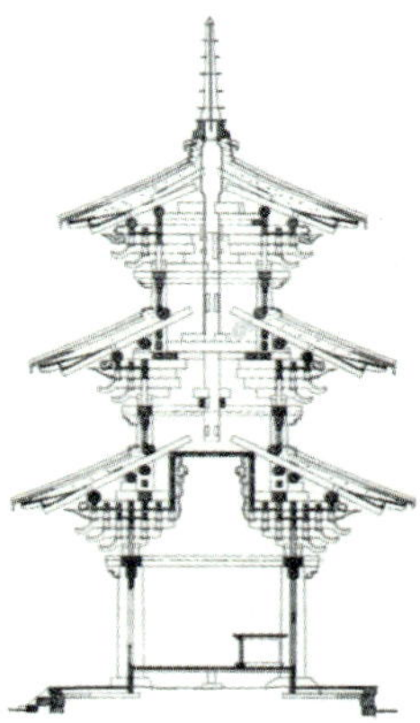
2

3

1. 소실 전의 대웅전 (조선고적도보)
2. 쌍봉사 대웅전 단면도
3. 현재 복원된 대웅전

쌍봉사 대웅전 내부 천장

점을 최대한 길게 하여 처마 하중을 수월하게 지지하기 위해 많은 출목을 형성할 수 있는 이점의 다포계가 사용되었다. 세부적으로는 1층에서만 내·외3출목의 전형적인 다포계 형식을 갖추었고, 2층과 3층은 외2출목으로 다포계의 결구방식과 의장수법이 구사되었지만 내출목이 생략된 형태이다. 기둥 사이의 주간포는 1·2층에서 2기, 그리고 3층은 1기가 등간격으로 배치되어 있다.

본 목탑에서의 요첨은 추녀에 의해서 지지된다 해도 지나치지 않다. 요첨은 각 층의 모서리 기둥을 관통시켜 그 끝을 심주에 고정했는데, 이는 귀처마의 하중으로 심주를 통해 내려오는 자중을 떠받쳐주는 중대한 기능을 담당하기 때문이다. 즉 관통된 우주는 추녀의 받침점이 되고, 이점을 기준으로 두 하중의 균형을 유지시켜주는 지렛대와 같은 원리가 감춰져 있는 것이다. 이렇듯 쌍봉사 대웅전의 요첨 형식과 지지되는 방식은 1칸으로 형성되는 주망에 따른 제약에 기인된 결과이지만, 지혜로운 대응방식으로 구축된 건물임을 보여주고 있다.

각 층의 처마 길이는 상층의 것일수록 그 길이를 줄임으로써 입면의장을 구현하게 된다. 대웅전의 각 층은 처마의 길이를 일률적으로 줄이지 않아 절선(折線)된 항아리형이다. 이는 직선으로 하였을 경우 중력에 의해 중간층이 쳐진 것처럼 착시현상이 나타나기 때문에, 시각적 안전감을 얻기 위한 지혜로운 대처방법에 의해 완성된 것이다. 이렇듯 수직적 확장을 원형으로 하는 목탑은 무엇보다 자연환경으로부터 발달양상에 많은 영향을 받게 된다. 이는 구조적 안정성의 확보가 무엇보다 중요하게 요구되는 가운데, 그 요구에 부응하면서 의장적으로 승화된 기법이 반영되고 있음을 알 수 있다.

쌍봉사 대웅전의 내부는 1층 천장이 철(凸)자형의 우물천장으로 가설되어 있다. 비좁은 공간에서 상부의 공간을 넓혀 내부 중앙을 한층 깊게 처리한 것은 단순하게 일직선으로 처리할 때의 시각적 답답함으로부터 벗어나 효과적으로 변화를 주기 위한 것이다. 그리고 청판에는 연화문양의 무늬로 단청되어 있어 천장의 의장적 기능이 충실히 반영되었다. 아울러 내출목 장여의 면에 그려 넣은 당초문양은 사실적이라기보다 신격화하거나 이상화하였다. 문양의 의미는 존귀 또는 숭상의 의미를 담고 있는 것으로, 율동

의 미로써 내부의 장식성을 높여 주고 있다.[220] 이처럼 쌍봉사 대웅전은 구조적 안정에만 중점을 둔 것이 아니며, 천장의 설치와 문양에 의해 장식적으로 완비되어 있음을 알 수 있다.

쌍봉사 대웅전의 출입구는 창이 없는 가운데 출입을 위한 문으로만 구성된 형식이다. 문이 설치되는 위치에 있어서도 정면은 4분합으로, 그리고 좌우측면은 외짝의 여닫이로 되었다. 반면 배면에는 어느 것도 설치되지 않고 있어 정면성이 중요시되는 전각건축의 특성이 나타나고 있다. 살대는 띠살의 형태로, 대개 전각이나 살림집에서 널리 쓰이던 것으로 화려지 않는 기능성 위주의 간결한 것이 사용되었다. 바깥쪽으로 열고 닫는 여닫이식에 해당하는데, 이는 창문을 통해 격조 높은 의장성을 드러내는 것보다, 소박하고 단아한 의장이 추구되었음을 알 수 있다. 쌍봉사 대웅전에 설치된 창과 문은 대개 사람이 거주하거나 출입이 잦은 건물에 보편적으로 사용되어 왔던 정자식이 채택되었다. 일반적으로 목탑과 같은 폐쇄적 공간의 건물은 판장문이나 살창이 설치되나, 쌍봉사 대웅전은 개방적인 성격의 창문이 사용되고 있어 상반된 모습을 보인다.

목탑의 상륜부는 불교의 교리적인 내용을 담아 함축적으로 표현한 부재들로 구성된 집합체이다. 즉 목탑의 최상부에 올려지는 구조물로서 당해 건물이 불탑임을 분명하게 인지시켜주는 상징적 부분이다. 이 상륜부는 일반적으로 가장 시원적인 형태로 인식되는 인도의 산치대탑에 근원을 두고

220 장기인, 한석성, 『한국건축대계Ⅲ - 丹靑』, 보성각, 2009, p.49.

있다. 상륜부의 相은 경전의 가르침을 말하고, 輪은 윤회를 뜻하는 것이며, 부처의 가르침이 계속됨을 의미한다.[221] 상륜부는 금빛의 금속을 사용하며, 장식성이 강한 노반, 복발, 앙화, 보륜, 보개, 수연, 용차, 보주가 연차적으로 찰주에 끼워짐으로써 완성된다. 쌍봉사 대웅전의 상륜부는 보주와 5단의 보륜, 그리고 노반으로 구성되어 있는 비교적 간략한 형식이며, 전체 높이의 1/4을 차지하고 있다.

이상에서 살펴본 쌍봉사 대웅전은 선종사상과 관련하여 건립된 것이다. 선종은 문자에 얽매이지 않고 실천철학을 중요시하는 종교이다. 즉 선종으로 적용된 건물의 표현은 규정이 작을수록 상상의 여지가 커지게 되고, 간결함을 통해 비로소 최대의 공간을 만들어 낼 수 있게 된다. 그 만큼 화려하고 규모가 큰 건물보다는 정제된 것을 추구하면서 이와 같은 목탑이 조영되었을 것으로 생각된다. 이 탑은 비록 작은 규모에 불과하지만 응용과 전통기법을 통해 구조적으로 안정될 수 있는 조건을 충족시킴으로써 지혜롭게 조영된 건물임을 알 수 있다. 따라서 목탑이 함축하고 있는 건축적 특수성은 유례없는 구조적 희소성으로 인해 건축적 의의와 가치를 지닌다 할 수 있다.

화순 보안사지 석탑

화순 동복수원지 위에는 잘 알려지지 않은 폐석탑이 있다. 완형이라면 썩 잘 만들어졌을 것이라 생각된다. 맨 아래에는 신재로 지대석을 만들어 놓고 2개 층의 폐석재를 올려놓았다. 몇 개의 층이 더 있을 것인데 폐석탑재를 이용하여 2개 층만을 어울리지 않게 조립하였다.

현재의 형식으로 보아서 1층탑신과 1층옥개석은 썩 잘 만들어진 것이지만 파손정도가 심하다. 탑신은 모서리 우주에 기둥 모양을 조각하였다. 1층 옥개석 상부의 곡면은 급하고 전형적인 모습이나 2층 옥개석은 평박하여 서로 같은 탑의 부재인가 의심스럽다. 1, 2층 모두 옥개받침을 3단으로 만들었는데 뚜렷하게 표현하였다. 특히 지붕으로 보면 내림마루인 우동이

221 김버들, 「佛敎經典과 曼茶羅에 나타난 多寶塔의 造營特性에 關한 硏究」, 동국대학교 박사학위논문, 2006, p.30.

뚜렷이 표현되었다.

주변에는 폐석탑재가 있으니 이를 잘 조립하면 완벽하지 않지만 원래의 모습을 찾아 갈 수 있을 것이다.

1

2

3

1. 화순 보안사지 폐탑
2. 화순 보안사지 폐탑
3. 폐탑 부재

장흥

장흥 보림사 남북 삼층석탑

장흥 천관사 삼층석탑

장흥 천관사 오층석탑

장흥 보림사 남·북 삼층석탑(長興 寶林寺 南·北 三層石塔)

문화재 지정 : 국보 44호

위치와 연혁

보림사는 송광사에 소속된 사찰로 장흥군 유치면 봉덕리 45번지에 있다. 가지산(510m)을 배산하고 있는 보림사는 좌측으로 화순군 청풍(淸風)으로 연결되는 국사봉(499m)이 있고, 가지산 바로 우측으로는 화순 운주사로 통하는 삼계봉(504m)이 있다. 이러한 산세의 형국을 보면 보림사는 국사봉과 삼계봉과 삼각형의 중심축이 되는 가지산의 남쪽 산기슭에 위치한 셈이다.

보림사는 9세기 우리나라 구산선문의 초조인 도의선사(道儀禪師)의 법맥을 이은 보조선사 체징(804~880년)이 개산한 가지산 보림사에서 비롯된다. 그러나 「보조선사창성탑비문(普照禪師彰聖塔碑文)」에 의하면 보조선사가 가지산파의 선문구산을 개산하기 약 1백 년 전에 이미 원표대덕이 759년(경덕왕 18) 가지산사를 세웠으며 이때 왕이 특별히 교지를 내려 장생표주(長生標柱)를 세우도록 하였는데 지금도 남아 있다고 하였다. 이 내용은 천순(天順, 1457~1464)연간에 쓰여진 「보림사사적」에도 비슷한 내용으로 전해지고 있다. 여기에 나온 장생표주가 어떤 모습이었는지 알 수는 없으나 아마도 오늘날의 석장승과 같은 시원적인 모양이 아니었을까 한다.

어쨌든 보림사는 보조 체징이 859년(헌안왕 2) 56세 때 무주(현 광주) 황학사(黃壑寺)에 잠시 있다가 그 해 10월, 왕의 주청으로 이곳 보림사의 전신인 가지산사에 주석하게 되었다. 당시 무주 장사현 부관 김수종(金遂宗, 비문에는 金彦卿으로 기록됨)이 헌안왕에게 간청하여 철 2천5근을 시주, 철불 1구를 주조 헌납하였으며 그로부터 11년 뒤인 870년(경문왕 10)에는 헌안왕의 극락왕생을 기원하는 삼층석탑 2기와 석등 1기를 조성하였다. 이로써 가지산사는 신라왕실의 돈독한 원찰이 되기도 하였다. 880년(헌강왕 6) 보조 체징이 입적하자 왕이 친히 보조선사란 시호를 내렸으며 탑호를 창성탑, 사찰명을 보림사라 하고 김영(金穎)에게 비문을 짓게 하여 884년

(헌강왕 10) 탑비를 세우게 하였다. 오늘날의 보림사란 사찰이름은 여기서 비롯된 것이다.

보림사 대적광전 앞에 보림사 삼층석탑과 석등이 나란히 자리 잡고 있다. 동·서 석탑과 석등, 대적광전 안에 있는 철조 비로자나불은 모두 통일신라 때의 것으로 국보로 지정되어 있다. 대적광전과 사천왕문으로 이어지는 남북 중심축과 직각을 이룬 동쪽에는 예전의 모습을 근래에 복원한 대웅전이 자리 잡고 있다.

국보 제44호로 지정된 이 삼층석탑(2기)은 1934년 보수공사를 할 때 동탑의 1층 탑신 상면에 설치된 사리공에서 사리장엄구와 함께 탑지가 발견되었다. 이 탑지의 기록을 통해 870년(경문왕 10), 헌안왕의 명복을 빌기 위해 건립한 원탑임이 밝혀졌으며, 탑이 건립된지 21년 뒤인 891년(진성여왕 5) 사리 7과를 서탑에 봉안했음을 알게 되었다. 이 석탑은 조선시대에 들어서 1478년(성종 9)과 1535년(중종 30), 1684년(숙종 10) 등 세 차례에 걸쳐 중수한 사실이 탑지에 의해 밝혀졌다.

석탑양식[222]

이들 석탑에 대한 지금까지의 기존 설명을 보면 남탑, 북탑으로 기록되고 있으나 현재 대적광전의 중심축을 보면 정동에서 38°선을 가리키고 있기 때문에 동남향의 중심에서 약간 동쪽에 치우치고 있다. 그러므로 현 대적광전과 석탑의 배치상태를 전제로 한다면 동탑, 서탑으로 호칭되어야 하지 않을까 한다. 이들 두 기의 석탑은 2층기단과 삼층의 탑신, 그리고 거의 완벽한 상륜부를 갖춘 전형적인 신라양식 석탑이다.

먼저 대적광전 좌측에 있는 동탑을 보면 높이 5.4m로, 지대석은 6매의 장판석으로 결구하였으며 그 위에 하대 저석과 면석 및 갑석이 한 돌로 된 4개의 부재를 맞추어 하층기단을 구성하였다. 전면과 후면의 부재는 평행선이 되게 설치하고 좌·우로는 중간에 끼워 넣었다. 하대석 윗면에 낮은 각형 받침이 조출되었으며 각 4면에는 탱주와 우주 2주씩 각출되었다. 갑석은 상·하가 수평을 이루고 있으며 상면에는 아무런 조식 없이 평면을 유지하고 있다. 상층기단 중석은 전후 면이 벽판석이고 좌우로는 끼워 넣은 삽입식이다. 각 면에는 탱주 1주가, 각 모서리에는 우주가 조출되었다. 상대갑석은 전후로 결합된 2매의 판석이다. 하면은 얕은 각형 부연이 표출되었고 상면은 미세한 경사를 이루고 있는데, 각 모서리에는 우동이라고 하기엔 너무 희미한 선이 보이며 중앙에 각·호·각형의 3단 받침을 조출하여 탑신을 받고 있으나 맨 하단의 각형받침이 아주 낮게 각출되었기 때문에 언뜻 보면 2단 받침으로 보인다.

탑신부는 탑신석과 옥개석이 각각 1석으로 조성되었다. 탑신석 각 면은 아무런 조식이 없으며 모서리에는 양 우주가 모각되었다. 옥개석 하면에는 각층마다 옥개받침이 5단을 이루고 있으며 상면은 2단의 각형받침을 조출하여 탑신을 받게 했다. 낙수면의 경사는 비교적 완만한 편이고 추녀는 중앙에서 수평을 이루다가 전각에 이르러 급반전을 보이고 있다. 1층 탑신석 윗면의 중앙에서 사리공이 발견되었으며 그 안에서 사리장치와 탑지가 나왔다.

동탑의 상륜부는 노반과 복발, 그 위로 앙화와 보륜 5개가 올려져 있으며 맨 정상에는 8각의 보개와 보주가 이어지고 있다. 이들 두 석탑의 상륜부는 매미 태풍 때 피해를 입어 다시 보수하였다.

222 목포대학박물관, 장흥군 문화유적 지표조사, (성춘경의 글을 새롭게 편집하여 씀).

높이 5.9m인 서탑 역시 동탑과 같은 양식이다. 6매의 장판석을 결구하여 지대석을 구성하고 그 위에 2층 기단부를 올렸다. 하층기단은 하대저석과 중석 및 갑석이 한 돌로 된 4개의 부재를 짜 맞추었는데 결구방법이 동탑과는 달리 엇물림식이다. 하대 저석 윗면에 얕은 각형 1단 받침을 조출하였으며 면석은 각 면에 탱주 2주와 모서리에 양 우주를 각출하였다. 갑석은 하면에 부연 없이 상·하가 수평이고 중앙의 상층기단을 받는 받침도 생략하였다. 상층기단 중석은 각 면에 탱주 1주와 모서리에 양 우주를 모각하였는데 전·후면은 벽판석이고 양 측면은 삽입식으로 짜 맞추었다. 상대갑석은 2매로 결구하였는데 얇은 편이다. 하면에 아주 낮은 각형 부연이 있고 상면은 미세한 경사를 나타냈다. 중앙에 각·호·각형의 3단 받침을 조출하였으나 동탑의 경우와 같이 맨 하단의 각형 받침이 아주 낮기 때문에 크게 보면 2단 받침처럼 보인다.

탑신부는 탑신석과 옥개석이 각 1석씩이다. 옥개석 하면의 옥개받침은 각층 5단이며 상면은 2단 각형받침이 표출되어 위층의 탑신석을 받게 하였다. 낙수면은 완만한 경사를 이루고 있고 처마는 수평을 이루다가 전각에서 급격히 반전하였다. 상륜부는 동탑과 같이 노반과 복발, 그 위에는 3개의 보륜과 보개, 보주가 연결되고 있다.

이들 두 석탑은 9세기 후반, 즉 870년에 조성된 석탑으로 신라전형양식을 충실하게 간직하고 있는 예에 속한다. 그러나 탑지에서 밝히고 있다시피 조선시대 16, 17세기 후반까지 세 차례에 걸친 보수를 겪은 탓인지 몇 군데 부재에서 이미 설명된 특이점이 발견되고 있다. 즉 하층기단 갑석 상면의 호·각형 또는 2단 각형의 받침의 생략이라든지 갑석 상면에 나타난 미세한 경사면이 없이 평면으로 처리된 것 등이다. 이러한 양식상의 일부 생략은 조선시대에 있었던 몇 차례의 보수를 거치면서 나타난 현상이 아닌가 한다. 그러나 이러한 양식상의 결함 외에는 안정된 기단부와 탑신부의 정교한 기법, 거의 완벽하게 남아 있는 상륜부 등은 9세기 석탑의 표준이 되는 예라 할 것이다.

장흥 천관사 삼층석탑(長興 天冠寺 三層石塔)

문화재 지정 : 보물 제795호

위치와 연혁

전남 장흥군 관산읍 농안리 740번지에 있는 천관사는 장흥군 관산읍에서 837번 지방도로를 따라 가다가 화원동에서 좌측으로 꺾어서 약 7km가면 다다른다. 천관사는 해발 723m의 천관산 정상에서 북쪽으로 이어지는 천주봉 아래에 있으며, 천관산 자연휴양림에서 불과 200~300m떨어진 거리에 위치하고 있다.

현재 사찰의 건물배치는 동·서로 긴 장방형의 대지 위쪽에 극락보전과 칠성각이 있고 그 아래쪽으로 장대석의 여러 단의 계단을 두고 천관사석등(전남 유형문화재 제134호)과 천관사오층석탑(전남 유형문화재 제135호)이 나란히 놓여 있다. 보물 제795호로 지정된 천관사 삼층석탑은 경내의 입구 좌측에 위치해 있다.

원래 이 탑은 법당과 함께 기단부 일부가 훼손된 채 논바닥에 놓여 있었는데, 1950년대 후반 법당을 현재의 위치(서향)로 옮겨 복원하고, 탑은 1984년 현재 위치로 옮겨온 것이다. 이건할 때 지대석과 상층기단면석 1매를 신재로 보충하였다.

근자에 사찰터에 대한 발굴작업이 이루어져 석탑의 터로 추정되는 장소를 찾아냈고 하부적심을 비롯한 지반보강작업의 흔적을 밝힐 수 있게 되었다.

『신증동국여지승람』 장흥편에 의하면 "영통화상(靈通和尙)이 석장을 날리니 산꼭대기를 지나 북갑(北岬)에 꽂혔는데 꿈을 깨고 나서 그 곳에 절을 지으니 지금의 천관사"라고 하였다. 그러나 창건자인 영통화상만 나올 뿐 창건연대가 기록되지 않았다. 13세기 초반 백련사에 있던 천인(天因, 1205~1248)스님이 쓴 「천관산기(天冠山記)」를 보면 "통령화상(通靈和尙)이 천관산 동쪽에 탑산사를 창건하고 다음에 석장을 북쪽으로 날려 지금의 천관사를 창건하였다"라고 하여 위의 내용과 대동소이하게 기록하고 있다. 다만 '영통'이 '통령'으로 글자가 바뀌었을 뿐이다.[223]

이 외에도 천관사의 창건내용을 알 수 있는 문헌으로는 조선 효종 10년

223 천관사 연기설화와 관련한 승려로 통령(通靈)화상과 영통(靈通)화상의 기록이 나온다. 그런데 영통화상이라고 표기된 『신증동국여지승람』의 기록은 정명국사의 기문을 인용했다고 적고 있는데, 『동문선』에 실린 정명천인(天因)의 「천관사기」에 통령화상이라고 기록되었기 때문에 영통화상은 오기로 보인다. -국립목포대학교 박물관, 장흥군, 『장흥군의 문화유적』, 삼화문화사, 1989, p.244.

(1659) 천관사에서 발간한 「지제산사적(支提山事蹟)」과 장흥 출신 위백귀(魏伯珪)가 1780년에 쓴 『지제지(支提誌)』 등이 있다. 여기서 천관사의 창건연대가 자세하게 전해진 것은 『지제지』인데, 그 내용을 보면, "천관보살이 주석함으로써 천관사란 이름이 생겼는데 그 연대는 신라 애장왕(800~809)때 즉, 당 덕종조(786~804)이다.(以天冠菩薩所住故名之 新羅哀莊王時卽唐德宗朝也)"라 하였다. 이 기록을 참고한다면 천관사는 800~804년 사이에 창건된 것으로 보인다. 한 가지 주목된 것은 「천관산기」에 화엄승 홍진대사(洪震大師)가 천관사에 머무르고 있는 김우징(신무왕)을 위해 화엄신중을 독경했다든지 또는 남악 법량사(法亮師)가 일찍이 이곳 암자에 주석하면서, 처음에는 종소리를 듣고 다음에는 별빛을 보고, 삼칠일이 되어서는 다라니를 얻었는데, 그때의 혜해(慧解)가 제일임을 깨쳤다는 내용 등이다.

여기 나온 남악의 법량은 쌍계사의 창건주 진감선사 혜소(慧昭, 774~850)의 수제자인 법량(法諒)과 글자만 다를 뿐 발음이 일치하고 있어 천관산기에 나온 법량(法亮)이 진감선사 문하로 들어가기 전 이곳 천관사의 암자에서 수학한 것이 아닌가 하는 추측을 낳게 한 것이다. 이상의 정황 등을 종합해 보면 『지제지』에서 명기한 애장왕대의 창건연대는 어느 정도 신빙성이 있다고 보여진다.

탑은 일부가 훼손된 채 논바닥에 방치되어 있었던 것을 1984년경 현재의 위치로 옮겼으며, 이건할 때 지대석과 상층기단면석 1매씩을 신재로 보충하였다.

천관사 삼층석탑의 양식

높이 3.9 m인 이 석탑은 이중기단 위에 삼층 탑신을 올렸으며 신라 전형양식석탑에 속하지만, 상·하층 기단에서 변형이 보인다. 지대석은 4매의 장대석으로 짜고 하층기단의 중석 역시 4매석으로 결구하였다. 그러나 기존의 양식인 각 모서리에 나타난 양쪽 우주와 가운데 탱주가 모각되지 않았다.

하층기단갑석은 2매 판석인데 하면은 수평이고 상면은 경사를 이루었으며, 중앙에는 호·각형 2단 받침을 모각하여 상층기단을 받고 있다. 상층기단중석은 4매 판석으로 조립하였는데, 남북에서는 벽판석이고 동·서에서는 더 짧은 면석을 끼워 넣은 삽입식으로 하였다. 각 면의 모서리에는 우주가 모각되었으나 가운데 탱주는 하층기단면석처럼 생략되었다.

상층기단갑석은 1매 판석을 올려놓았으며 하면에 부연을 나타냈으나 종래의 기법인 각형이 아닌 사선형으로 오목하게 처리하였다. 상면은 거의 수평이며 가운데는 호·각형 2단받침을 조각하여 1층탑신을 받고 있다.

탑신부는 탑신과 옥개석이 매 층 각각 1매석이다. 1층 탑신은 각 면의 모서리에 우주가 모각되었으며, 2층부터는 알맞게 체감되면서 같은 기법으로 삼층까지 이어진다. 1층 옥개석 하면은 수평이며 옥개받침은 각 층 4단이다. 상면의 낙수면은 급경사를 이루었으며 우동마루가 뚜렷하다. 옥개석 상면 받침은 1단 각형을 각출하여 상층탑신을 받고 있다. 2~3층 옥개석 역시 1층과 동일하며 위로 올라가면서 알맞은 체감을 보인다. 상륜부는 노반과 보주가 남아 있다.

이 석탑은 양질의 화강암에 이중기단의 일반형을 따르고 있다. 또한 각 부재의 기법은 정제되고 체감율도 큰 무리 없이 평온하게 모각되어 전체적으로 안정감을 주고 있다. 그러나 일부 부재에서 형식화 되었거나 아예 생략해버린 양식을 엿볼 수 있다. 즉, 기단갑석 하면의 부연이 지금까지의 각형이 아니고 사선인 점, 그것도 엄밀히 말하면 안쪽으로 오목한 호형으로 처리한 것이다. 또한 상·하 기단에서 가운데 탱주가 생략된 것이라든지, 옥개석 하면의 층급받침이 정연하게 4단이긴 하나 아주 얇고 낮게 표출된 점 등이다. 이러한 기법상의 변화는 모두 고려시대로 이행되면서 나타나는 현상들로서 이 석탑에는 고려시대 양식이 다분히 내포되어 있음을 알 수 있다.

이상의 몇 가지 양식상의 관점에서 보면 이 석탑의 조성연대는 통일신라 9세기말에서 고려 초로 접어드는 10세기 초로 추정된다.

장흥 천관사 오층석탑(長興 天冠寺 五層石塔)

문화재 지정 : 전라남도 유형문화재 제135호
소재지 : 전라남도 장흥군 관산읍 농안리 74
규모 : 높이 420cm
시대 : 고려후기

2층의 기단부를 두고 그 위에 5개층의 탑신을 형성한 고려시대의 전형적 석탑이다. 이 석탑은 천관사의 통일신라시대 사찰 영역으로 짐작된 곳에 있었으나 현재는 극락전 앞 왼쪽 계단 앞에 석등과 나란히 위치하고 있다. 같은 경내에 자리한 석등(전라남도 유형문화재 제134호)은 정제되고 균형잡힌 조각 솜씨를 보이며 3층석탑(보물 제795호) 역시 통일신라시대 석탑의 전형으로 준수하고 우아한 기법을 보여주고 있는 반면 오층석탑은 이들과는 판이한 형식을 하고 있다.

기단하부가 매몰되어 정확히 알 수 없다. 다만 그간의 보고서에는 모두 단층기단이라 하였으나 현재의 모습은 분명한 2중기단이다. 맨 아래에는 4매의 긴 장대석으로 짜여진 지대석(혹은 하층기단의 중석) 위에 하층기단의 갑석을 올려놓았다. 특히 이 장대석에는 3구의 안상이 조각되어 있다. 또한 하층기단의 갑석 위에는 호각형(弧角形)의 2단 괴임을 하고 그 위로 4매 판석으로 중석을 짰다. 상층기단의 중석은 각면(各面)에 모서리 기둥인 우주를 모각하였다. 상층갑석은 두꺼운 편이며 하면에 1단 괴임을 두고 상면 중앙에도 얕게 조각된 3단의 탑신괴임을 각출하여 몸체를 받치고 있다.

탑신부는 탑신과 옥개석이 각각 1석씩이고 각 층 탑신에는 양우주가 모각되어 있다. 탑신에 모각된 기둥은 5층까지 같은 양식이며 지붕돌의 층급받침은 1층에서 5층까지 모두 3단이다. 이 탑에서 특이한 형식은 지붕돌이라 하겠다. 지붕돌이 매우 두꺼운 편으로 이는 탑의 조성연대가 떨어진다는 면을 방증하고 있는 예이다. 특히 지붕돌 처마로 내려오는 전각의 반전도 심한 편인데 이러한 현상도 고려 후기에서 흔히 볼 수 있는 특징이다. 또한 층급받침이 3단이면서도 그 단면이 매우 얕고 지붕돌이 전체적으로 보아 두껍고 둔중하여 탑이 중후하게 보인다. 낙수면은 급경사이고 각부가 많이 생략된 고려시대 석탑이다. 탑신부의 전체적인 모습은 좁고 높아 소위 세장

고준형 석탑이다. 상륜은 꽃봉오리 모양의 보주석(寶珠石) 하나만이 남아 있다. 이러한 점 등으로 보아 조성연대는 고려후기로 내려올 것 같다.

천관사는 지방향토지인 「지제지」에 의하면 애장왕(800~809년) 때에 영통화상이 창건하였다고 전하고 있으며 경내에 수준급인 석등과 3층석탑 등의 귀중한 석조물이 있어 통일신라시대 도량으로서 천관사의 사격(寺格)을 말해주고 있다.

강진

강진 월남사지 삼층석탑

강진 금곡사 삼층석탑

강진 무위사 삼층석탑

강진 월남사지 삼층석탑(康津 月南寺址 三層石塔)

문화재 지정 : 보물 第298호

월남사지 삼층석탑은 전남 강진군 성전면 월남리 854번지에 소재하는 석탑이다. 월남사지는 영암의 영산인 월출산 기슭에 자리하고 있다. 소재지는 강진군 성전면으로 되어 있으나, 문화사적으로나 역사적으로 월출산과 깊은 관계를 가지는 사지이다. 소재지는 월출산 남쪽의 낮은 구릉에 있는데, 산 북서쪽의 영암 도갑사와 동쪽의 천황사, 구정봉 아래의 용암사지, 그리고 산의 서쪽 근방에 위치하는 강진 무위사 등과 함께 월출산을 대표하는 사찰 중 하나이다. 월남리는 영암과의 경계에 위치하고 있어 영암읍과 훨씬 가깝고, 광주와 영암을 거쳐 탐방할 때 13번 국도를 따라 내려가면 찾을 수 있다. 월남리 주변에는 남쪽으로 월남저수지와 강진학생의집이 있고 산자락에 태평양화학에서 조성한 영암다원이 넓게 분포하고 있어 시원한 경관을 보여준다. 또한 서쪽으로는 약 2.5km 거리에 무위사가 위치하고 있다.

월남사지는 월남리 민가 사이의 공터에 삼층석탑과 함께 근거리에 위치한 월남사지 진각국사비(보물 제313호)가 남아 있다. 월남사는 고려 중기의 진각국사에 의해 창건된 사찰로 인식되며, 비는 절을 창건한 진각국사를 추모하기 위해 세운 것이다. 귀부의 거북은 입에 구슬을 문 상태이며, 목을 빼고 네 발이 땅을 단단히 집고 있는 형상이다. 비신은 원래 매우 컸다하

월남사지 진각국사비

나 상부가 떨어져 나가고 하부만 남아있다. 비신은 표면이 심하게 마모되었다.

현재 석탑이 위치하는 소재지에는 옛 가람은 보이지 않고, 근래에 조성된 월남사라는 작은 암자가 배면으로 들어서 있다. 이 암자는 대한불교조계종에서 관리하는 곳으로 천년고찰이 있었던 장소의 중요성을 인지하고 선점하고 있는 느낌을 지울 수 없다. 현재 석탑이 있는 사지는 수 년에 걸쳐 발굴조사가 진행 중에 있다. 단 근래에 조성된 월남사 부분은 건물이 들어서 있어 이 부분을 제외하고 외부 공간에 대한 대대적인 발굴이 이뤄졌다. 현재의 월남사 건물은 위치적으로 월남사지 전반을 이해하기 위해서는 중요한 장소가 되므로, 종단과의 원활한 합의를 거쳐 전체적인 발굴이 이뤄져야 할 것이다.

월남사지 삼층석탑은 전면에 담장이 있고, 주변으로 민가가 다수 있다. 이곳에서는 지표조사를 통해 사찰에 쓰인 석물과 초석, 축대의 석재 등이 민가와 곳곳에서 발견되어 큰 사찰이 번성했음을 짐작할 수 있다.

현재 월남사지 일원은 전라남도 기념물 제125호로 지정되어 있다. 2012년에서 2014년 그리고 2015년에 걸쳐 사지 발굴 조사가 전체적으로 이루어지고 있다. 월남사지는 이전까지 진각국사 혜심이 창건한 것으로 알려졌으나, 시굴조사를 통해 고려시대 풍탁과 함께 많은 양의 백제 와편과 고대의 유구들이 수습되면서 이미 백제시대부터 경영된 사찰이었음이 새롭게 밝혀졌다. 이에 따라 그 동안 백제나 후백제, 고려전기, 후기 등 다양한 편년으로 검토됐던 월남사지와 삼층석탑의 건립 시기 또한 재검토 되어야 할 것이다.

여기서 주목되는 사실로는 백제시대 창건을 뒷받침하는 백제 기와의 경우 전남지역에서 최초의 와당이 출토돼 그 의미가 크다. 이는 이전까지 알려진 바에 의하면, 전남지방에는 백제의 사찰이 건립되지 않았다는 것이 일반적인 인식이었기에 더욱 그렇다. 그러므로 월남사지에서 백제 와당이 출토된 점은 한국 불교사적으로나, 전남지역 사찰의 시원적 역사를 검토하는 데 있어 중요한 역할을 할 것이라 생각된다.

석탑의 연혁

이 탑의 조성연대는 현재까지 알 수 없고, 대략적으로 고려 초기로 추정되고 있다. 월남사는 13세기 초 진각국사 혜심(眞覺國師 慧諶)이 창건하였다고 지지류(地誌類)에서 간단하게 언급되고 있을 뿐이다. 이를 월남사의 중창연대로 보는 견해도 있다. 단 현재 사지에는 3층석탑과 진각국사탑비가 남아 있어 월남사에 대한 다소의 사실을 추정할 수 있을 뿐이다. 석탑은 양식적 계통을 비교하여 조성시기와 월남사를 둘러싸고 있는 사회적 분위기를 추정할 수 있을 것이다. 비문의 내용을 통해서는 무인집권기 월남사와 관련된 승려와 이를 지원한 사회세력 등을 파악할 수 있다. 또한 인근에 위치하는 무위사와의 관련성 등에서 여러 이론을 추론할 수 있다.[224] 이 탑에 대한 편년은 후삼국기인 견훤대로 보는 고려 초, 12세기, 혹은 무신정권기인 1210~1234년 사이, 또는 고려중기 이후 등 여러 학설[225]이 제기되고 있다.[226]

월남사[227]는 『동국여지지(東國與地誌)』에 '진각소창유이규보찬비금폐(眞覺所創有李奎報撰碑今廢)'라고 한 점으로 미루어 『동국여지지』를 쓸 당시(1649~1659) 이미 폐찰된 것으로 보이며, 『무위사사적기(無爲寺事蹟記)』(1739년)를 보면, 임진왜란 때 주변의 사찰은 모두 병화로 소실되었는데,

224 목포대학교 박물관, 강진군, 『월남사지』, 목포대학교박물관 학술총서 제36책, 1995, p.30.

225 고려초는 성춘경, 이계표의 『강진군의 문화유적』, 1989, p.141~142의 내용이다. 12세기는 진홍섭의 『한국의 석조미술』, 문예출판사, p.235.의 내용이다. 1210~1234년 사이의 시기는 민현구, 「월남사지 진각국사비의 음기에 대한 일고찰」, 진단학보, 1973, p.36.과 『고려후기불교전개사연구』, 민족사, 1986의 내용이 된다. 고려 중기 이후는 천득염, 「백제계석탑의 조형특성과 변천에 관한 연구」, 1990, p.67.에서 언급되고 있다.

226 목포대학교 박물관, 강진군, 『월남사지』, p.32.

227 국립문화재연구소, 『전라남도의 석탑 Ⅱ』, 정일사, 2006.의 월남사지 삼층석탑의 내용임.

무위사만 초연하게 남게 되었다는 기록으로 보아 이때 이후 언젠가 월남사는 폐찰된 듯하다. 『신증동국여지승람』에 '月南寺在月出山南高麗僧眞覺所創'이란 기록이 있으며, 월남사는 진각국사 혜심(1178~1234)이 창건한 것으로 전하고 있다. 그러나 이 내용을 사실 그대로 인정할 것인지는 아직 풀어야할 과제가 많이 남아 있다. 얼마 전까지만 해도 탑 뒤편 마을에 주택이 몇 채 있었으나 다 철거되었으니 이제는 사찰 터의 옛 모습을 찾아야 할 것이다.

월남사지 석탑에는 하나의 전설이 전해지는데 그 내용은 다음과 같다.[228]

> 탑을 만드는 석공에게는 아름다운 부인이 있었다. 석공은 탑을 만들기 위해 탑이 완공될 때까지 찾아오지 말 것을 당부했다. 오랫동안 석공이 집에 오지 않자, 부인은 남편이 보고 싶어 몰래 월남사를 찾아 석공이 열심히 일하는 모습을 훔쳐보았다. 석공이 일의 삼매경에 빠져 수척한 모습을 보고 뒤돌아서려던 그녀는 끝내 아쉬움을 참지 못해 작은 목소리로 남편을 불러보았다. 사랑하는 부인의 목소리를 들은 석공이 그녀를 돌아보는 순간 벼락이 치며 석탑이 산산이 부서지고 사랑하는 부인은 돌로 변했다. 석공은 돌로 변해버린 부인을 어루만지며 눈물을 흘렸지만 이미 때는 늦었다. 석탑을 다시 만들어야 했던 석공은 주위에서 석재를 구할 수 없자 부인이 변해버린 돌을 쪼아서 탑을 완성하였다.

이 전설은 월남사지 석탑에 깃든 부부의 사랑에 대한 이야기를 담고 있다. 실제로 탑을 조성하면서 기존의 것이 무너지고 새로이 탑을 세운 것인지는 알 수 없다. 단 석탑 조영에 있어 과정에 대해 미화하여 표현한 것으로 생각된다. 또한 석탑과 관련하여 전하는 말에 의하면 옛날에는 월남사에 탑이 두 개 있어 쌍탑으로 불렸다고 한다. 즉 현재 남아 있는 삼층석탑을 숫탑, 그리고 없어진 석탑을 암탑이라 불렸다. 이는 현재 사지 주변에서 발견되는 옥개석을 보았을 때 일견 타당성이 있으며, 쌍탑과 관련하여 석탑을 만든 석공 부부의 사랑을 전하고 있는 것이라 할 수 있다.

한편 최근 조사에서 밝혀진 것인데, 현 석탑에서 우측(향좌)으로 약 50m 떨어진 월남리 812번지 거주 이범교씨(1987년 조사당시 72세)댁 뒤안 장독대에서 옥개석 1개가 발견되었다. 층급받침이 3단인 옥개석은 그 형태

228 김남용, 『국보와 보물이 있는 옛 절터이야기』, 일진사, 2005, p.220.

로 보아 월남사지석탑과는 달리 신라전형양식계의 탑재로 보여 주목된다. 또 이범교씨 집 주변에는 탑 기단부의 지대석으로 보이는 석재들이 발견된 바 있는데, 이러한 주변의 탑재들을 보면 월남사지에는 기존의 탑 외에 또 1기의 석탑이 있었던 것으로 추정된다.

1994년 목포대학교박물관에서 월남사지에 대한 전면적인 실측조사가 실시된 바 있는데 이 조사에 의하면 절터의 외곽담장 길이가 남~북 185m, 동~서 175m, 총면적 32,375㎡(약 9,800평)의 평지가람인 것으로 확인되었다.

석탑의 양식

이 석탑은 우선 외모에서 보이는 것처럼 여러 개의 석재를 벽돌모양으로 만들어 쌓았기 때문에 전탑계의 양식을 모방하고 있다. 또 한편으로는 옥개석 밑 옥개받침에서 모서리를 둥그렇게 다듬은 사릉형(斜稜形)의 석재를 사용하였고 옥개석의 끝이 미세하게 반전하며 기단이 단층이기 때문에 부여 정림사지 오층석탑을 연상케 하고 있다. 때문에 그간 이 탑을 모전

석탑으로 백제계석탑양식을 지닌 탑이라고 하였다. 즉 벽돌로 된 전탑(塼塔)을 닮았다하여 모전석탑이라 부르고 있었으나, 탑재 자체가 전돌이 아니며 여러 매의 판석을 전탑처럼 만들어 쌓았기 때문에 모전석탑이라 한 것이다. 그러나 전체적인 모습은 높이가 8m가 넘는 거대한 삼층석탑이고, 기본양식이 백제계석탑양식을 따르고 있다. 따라서 근자에는 이 석탑의 이름을 월남사지 모전석탑에서 월남사지 삼층석탑으로 개명하여 부르고 있다.[229]

가로 450cm, 세로 443cm의 거의 정방형인 탑구(塔區)를 구획하고, 그 중심부에 탑을 세웠다. 기단은 단층으로 가장 아래에는 두꺼운 1매 판석(210×210cm)을 지대석으로 삼고, 그 위에 10매의 판석(우주석 포함)을 결구하여 기단부 중석을 조립하였다. 면석과 우주석은 각기 1매로 하지 않고 우주에 면석의 일부가 함께 표현되거나, 2매의 판석으로 1면의 면석을 이루는 경우도 있다. 지대석과 저석의 역할을 함께하고 있는 최하부 석재는 한쪽변의 길이가 210cm이며, 기단부 중석의 한쪽 폭은 196cm이다. 중석에는 각 면에 우주와 탱주가 없는 면석을 두었는데 그 자세한 결구수법을 보면, 남쪽에는 1석이고 서쪽에는 2매의 판석, 북쪽은 2매 판석, 동쪽은 1석으로 하여 모두 6매의 판석과 4매의 우주로 짜놓았다. 이처럼 중석은 각면의 모퉁이에 우주가 모각되었으나 면석 중앙의 버팀기둥인 탱주는 생략되었다. 이 경우 중석은 지대석 위를 파서 끼워 넣는 형식을 취하여 목조가구적인 수법을 보이고 있다. 특히 모서리 기둥은 깊게 파고, 면석을 조금 더 낮게 판 것으로 보인다. 이러한 가구수법은 백제계석탑에서 뚜렷이 나타나는 특징으로 목조건축의 짜임기법에서 비롯된 것으로 보인다.

갑석은 폭이 210cm이며, 두께는 16.5cm이다. 모두 8매의 판석으로 구성되었으며, 상하면은 특별한 조식이 없고 수평이다. 즉 갑석은 총 8매의 판석으로 짜 맞추었는데 크기가 일정치 않으며, 상하면이 수평이고 갑석 하부의 부연(副緣)이나 갑석 상부에 있는 탑신받침 등이 생략되었다.

탑신부는 1층탑신이 2~3층에 비해 상대적으로 높은 편이다. 1층 탑신은 총 6매로 탑신의 면석과 우주를 별도의 부재로 하지 않고 하나의 우주와 하나의 면석을 단일석으로 만들거나, 하나의 우주와 면석의 일부를 단일석으로 만들어 엇물림식 결구수법을 택하였기 때문에, 결국 각 4면에 우주가

229 문화재 명칭 변경(2002. 03. 12) : 월남사지삼층석탑은 전탑의 외모를 하였다 하여 '월남사지모전석탑'으로 명명하여 왔으나 그 결구수법을 보면 전탑이라 볼 수 없다. 다만 여러 개의 판석형 석재를 끼워 넣어 결구하였을 뿐이므로 월남사지삼층석탑으로 명명하였다.

모각되게 하였다. 세부적으로 1층 탑신의 결구수법은 각 면이 일정하지 않는데 남쪽에서는 엇물림식이고 서쪽은 1매의 벽판석이며, 북쪽은 엇물림식, 동쪽에서는 좁은 1석을 삽입하여 면석을 마련케 하였으나 1매의 삽입석이 유실되어 현재 새로운 판석을 끼워 넣었다.

2층 탑신부터는 급격히 높이가 낮아지면서 결구매수도 4매로 줄어들고 각 면에 우주가 모각되었다. 또한 2층 탑신은 엇물림 결구수법이며, 각 4면에는 우주를 조각하여 나타내었다. 3층 탑신은 1석으로 되었으며 각 면 우주의 모각 등은 그 수법이 동일하다.

옥개석의 처마 끝선은 중앙에서 수평을 이루다가 추녀에 이르러서는 끝이 약간 반전되었다. 옥개석의 상하를 수매의 별도의 석재, 즉 별석으로 쌓았는데 양쪽 상부의 지붕면과 하부의 층급받침은 모두 3단을 이룬다. 하부의 층급받침은 3단으로 두 번째인 중앙 받침은 하면에 모를 죽인 각형이고, 첫 번째와 세 번째인 상하의 2단은 4분원의 형식을 취했다. 이 형식은 2층까지 계속되다가 3층에서는 2단으로 줄었다. 이처럼 모서리각을 둥그렇게 다듬은 모습을 고유섭 이래 미술사 연구자들은 사능형(斜稜形)이라고 부르기도 한다. 옥개석 상면 역시 건물의 지붕처럼 경사를 이루는 일반적인 수법이 아닌 방법으로 여러 매의 판석을 계단형으로 조립하여 쌓은 각형 3단을 이루었다. 이러한 기법은 1,2층까지 이어지다가 3층에서는 하면의 각·호형(角·弧形) 2단 받침과 같이 상면에서도 2단 각형으로 줄였다. 특히 위와 같이 옥개석 상하부에 내쌓기와 들여쌓기 한 계단형 돌들이 있어 이탑을 전탑형이라 부르고 있는 것이다.

현재의 상륜부는 옥개형 노반과 찰주, 복발과 앙화만이 있을 뿐이다. 옥개석형의 노반은 그 아래에 탑신과 같은 방형의 석재가 받치고 있다. 이 방형의 석재를 4층의 탑신이라고 할 수도 있겠으나 옥개형 석재를 받치고 있는 노반으로 보는 경우가 많다. 특히 이 탑신형 석재에는 우주가 모각되었고 그 위에 옥개형 석재가 올려져 있다. 그래서 이 두 부재를 합하여 노반이라고 할 수 있는 것이다. 이 노반을 1개 층으로 만들고 다시 그 위 정상에는 복발과 보륜이 설치되었다. 특히 이 옥개형 노반은 하부가 완만한 곡선을 이루며 그 상부 중앙에는 찰주공을 뚫고 철제 찰주를 단단히 꽂았다. 그 높이는 길지 않으나 복발과 앙화를 관통하여 받치고 있다.

상륜부의 찰주

1938년 4월의 월남사 삼층석탑과 마을 사람들

조선총독부박물관 조사자료로 성균관대박물관에 소장중인 유리원판필름을 디지털 복원하여 전시한 것을 찍은 것이다. 열한명의 마을사람들이 구경나와 사진을 함께 찍었다. 까까머리 아이도 있고 교복을 입은 학생도 보인다. 머리에 수건을 두른 아낙도 한분 있고 아들을 보듬고 있는 어른의 모습도 보인다. 마을 사람들 옆에 탑쪽으로 양복차림의 신사는 경직된 자세로 서 있는데 아마도 출장 관원이거나 감독관쯤으로 보인다.

삼층석탑은 기단부부터 잘 보이며 탑구도 일부 보인다. 일층 탑신의 가운데 부분은 면석이 없이 안에 채워진 돌들이 드러나 보인다. 그 앞에 상당한 수령의 나무가 한그루 있다. 이 탑은 남쪽에서 북쪽을 보고 찍은 것으로 돌담으로 경계지워 진 민가가 바로 잇대어 있다. 상당히 큰 규모의 초가집이다. 멀리 월출산의 동쪽 줄기가 보인다. 이 사진은 전시도록(『유리원판에 비친 한국의 문화유산』)에는 실리지 않았다.

이 탑은 광복 뒤에 "월남사지 모전석탑"이란 명칭으로 보물로 지정되었다. 당시는 문화재보호법이 없던 때라 일본시기에 만들어진 조선보물고적천연기념물보존령[시행 1933.12.11. 조선총독부제령 제6호, 1933.8.9. 제정]이 제헌헌법에 의해 승계되었는데 이 보존령에 따라 지정되었다. 그 뒤 1955년에 기존에 지정된 '보물'을 일괄적으로 '국보'로 용어를 바꾸면서 국보 제453호로 변경(당시 월남리 854번지 임야 소재)되었다. 1962년 문화재보호법이 제정되면서 1963년 1월 21일 보물 제298호로 다시 지정되었다. 2002년 3월 12일 "강진 월남사지 삼층석탑"으로 문화재 명칭이 변경되었다. 늦게야 제 이름을 찾은 셈이다.(김희태 위원 제공)

강진 금곡사 삼층석탑(康津 金谷寺 三層石塔)

문화재 지정 : 보물 제829호

금곡사의 연혁

금곡사 삼층석탑의 현 소재지는 전남 강진군 군동면 파산리 1012-2번지이다.

금곡사는 강진읍에서 829번 국도를 따라 작천면과 경계가 되는 까치내재의 계곡 사이에 위치한다. 금곡사는 삼면이 산으로 둘러싸여 있어 계곡의 능선에 자리한다. 대웅전 뒤로는 산태봉(390m)이 있고, 좌측으로 우두봉(439m)이, 우측에 비파산(395m)이 감싸고 있다. 사찰의 입구는 두 봉우리 사이의 오솔길을 따라 형성되었고, 조금 더 올라가면 급한 계단 넘어 대웅전과 삼층석탑이 한 눈에 나타난다. 현재 금곡사는 삼층석탑을 중심으로 근래에 대웅전과 지장전, 천불전, 종각, 요사채가 새로 갖춰졌다.

『문화유적총람』에 의하면 금곡사는 원래 나말여초에 밀봉대사(密奉大師)가 창건하여 성문사(城門寺)라 했다고 전한다. 이후 임진왜란 때 소실된 것을 고찰의 사지에다 일제강점기 중엽에 중건한 사찰이다. 금곡사가 위치하는 산문에 들어서 중봉 아래 금곡서원의 유지가 아직 남아 있다.[230]

230 『강진향토지』의 기술된 내용을 문화재관리국, 『금곡사삼층석탑 홍성동문동당간지주 수리보고서』, 1989, p.9~10에서 재인용.

금곡사가 있는 이 산은 『신증동국여지승람(新增東國輿地勝覽)』에서 보은산(寶恩山)이라 했으며, '금곡사는 보은산에 있다'고 간략하게 설명했다. 그런데 『범우고(梵宇攷)』에는 '금곡사는 보은산에 있는데 지금은 폐찰되었다.'고 기록했다. 위 기록을 보면 금곡사는 정유재란 때 병화를 입은 후 중건되지 않고 계속해서 폐찰된 상태였던 것으로 짐작된다. 즉 금곡사는 18세기 이전까지 사찰이 경영되었다는 것을 말해준다. 반면 18세기 이후에 간행된 『여지도서』, 『동국여지지』, 『호남읍지』(1872), 『호남읍지』(1895) 등의 지리지에서 금곡사라는 사찰명이 전혀 보이지 않고 있어 세인들의 관심 밖에 있었다고 생각된다.

이후 폐사찰이 된 금곡사는 명확한 연대를 알 수 없으나 어느 시기부터 사찰로서의 기능을 하였다. 현재 금곡사 법당 안에 걸려 있는 탱화는 1957년의 조성된 것이며, 후불탱화 역시 1957년에 봉안된 것이다. 이 탱화 불사에는 금어(金魚)인 운계, 주지인 양덕(良德)이 참여했는데, 시주자는 군서면 백금포에 거주하는 차종채씨 였다. 그리고 금곡사는 1960년 들어 민가 형태의 법당과 요사채를 지어 운영되었고 점차 현재의 모습으로 변모되었다.[231]

석탑의 양식

삼층석탑은 5m가 넘는 중형의 석탑으로 탑의 조성에 어울리는 사찰의 규모와 상당한 시간, 경제적 기반이 요구되었을 것으로 보인다. 이 탑은 기단부 구조와 옥개의 우동마루 등의 표현을 보았을 때 신라양식을 이은 고려시대 석탑으로 추정된다. 또한 석탑은 부분적으로는 백제양식의 면모가 반영된 형식이라 할 수 있다.

이 석탑은 기단부 일부 석재가 유실되었고 갑석이 균형을 잃고 뒤틀리는 등 훼손이 심한 상태였다. 그러나 문화재관리국의 석탑 보수 계획에 의해 1988년 6월 석탑을 완전해체하여 수리했다. 해체·수리하는 과정에서 삼층 옥개석 상면에 있는 사리공(가로 18cm, 세로 18cm, 깊이 13cm)에서 사리 31과(顆)를 수습하였으며, 그 외의 다른 유물은 발견되지 않았다.

이 석탑은 현재 금곡사의 대웅전 앞 좁은 사찰 공간에 자리하기에는 규모가 큰 탑으로, 기단부가 단층이며, 탑신부는 삼층이다. 또한 전체적인 모

231 목포대학박물관, 전라남도, 『全南의 寺刹 Ⅰ』, 삼화문화사, 1990, p.27.

습은 신라탑 형식이면서도 세부적인 부분에서는 백제탑 양식이 가미된 고려시대 석탑이다.

석탑은 기단 중석의 전후측면에서 각기 1매씩의 판석이 유실된 상태이고, 갑석에서도 후면이 부분적으로 파손되어 원형을 잃었었다. 이런 이유로 1988년 해체 보수공사를 실시했는데 당시 옥개석 상면에서 사리가 발견되어 이 석탑에 대해 새로운 인식을 갖게 되었다.

석탑의 양식은 단층기단인 삼층석탑으로 기단부 구성이 매우 단조롭게 결구되었다. 두툼한 지대석은 커다란 4매 판석으로 결구하였는데, 일반적으로 지대석 상부에 표출되는 하대중석 없이 이를 대신하여 지대석의 상면에 1단의 각형 몰딩으로 처리하였다. 지대석의 상부에는 약한 홈이 있어 기단 하대중석의 유무를 의심케 하나 현재는 지대석 위에 바로 8매의 면석이 조립되어 기단중석을 이루고 있다. 이 중석의 각 면에는 우주나 탱주가 특이하게 생략되어 평활한 면으로 되었다. 넓은 갑석은 4매로 구성되었으며 하면에 두꺼운 부연이 마련되었고, 갑석의 상면은 경사를 두지 않은 수평이다. 갑석상면 중앙의 1층 탑신받침은 2매 판석을 갑석이나 1층 탑신과 별석으로 조립하였는데, 높은 2단의 각형으로 한 것이 주목된다.

탑신부는 탑신과 옥개석이 각기 여러 개의 석재로 결구되었다. 특히 1층 탑신은 두 개의 석재를 상하로 포개서 올렸다. 전라남도 지역에서 이처럼 1층 탑신이 포개지는 경우는 광주 성거사지 오층석탑이나 장성 내계리 오층석탑 등에서 볼 수 있다. 탑신의 각 4면에는 역시 우주가 표현되지 않았으며, 특이한 것은 탑신 4면에 가로 30, 세로 33cm(깊이 18cm) 크기의 방형감실을 조성한 것이다. 이 감실은 아마 불상을 넣어두지 않았나 생각된다. 2~3층의 탑신은 각각 1석씩이며 1층 탑신에서처럼 우주가 생략된 채 체감을 보인다.

1층 옥개석은 매우 두껍고 큰 편으로 4매의 석재로 구성되었다. 옥개석의 아랫면은 수평이며 층급받침은 일반적인 예와 다른 각형 6단이다. 윗면은 아주 얕은 1단의 각형 받침으로 위의 2층 탑신을 받고 있다. 낙수면의 경사는 완만하고 우동마루는 예리하지 않고 두툼하게 처리하였으며, 처마는 일직선을 이룬 수평인데 모서리의 합각선에서 경미한 반전을 보였다. 2층과 삼층의 옥개석은 1층 옥개석과는 달리 2매의 석재로 조립하였는데, 층급받침이 2층은 5단이고 삼층은 4단으로 줄었다. 각층 모두 모서리에는 풍경구멍이 뚫려 있다. 2,3층의 탑신은 단일석으로 1층탑신에 비하여 급격히 체감을 이루어 낮고 우주가 표현되지 않았다. 특히 상륜부는 모두 유실되었다.

금곡사 삼층석탑은 전체 높이가 5.32m로 전남지역의 삼층석탑으로는 월출산 용암사지삼층석탑과 함께 큰 탑에 속한다. 석탑 양식은 신라석탑형식이지만 단층기단이면서 각 면에 우주가 생략되었고, 더구나 옥개석 층급받침이 6, 5, 4단으로 일반적인 석탑의 받침 숫자보다 많아 전형양식과는 다른 모습을 하고 있어 기존의 전형적인 양식을 따르지 않고 있다. 또한 1층 탑신에서 두개의 부재를 위 아래로 겹쳐서 탑신을 만든 것은 고려시대 전라도 지방의 몇몇 석탑에서 나타나고 있는 현상이다. 더불어 기단부 갑석의 폭(280cm)이 지대석 한 변의 폭(278.5cm)보다 넓게 하였으며, 옥개석 낙수면이 완만하면서도 처마의 곡선이 거의 나타나지 않고 수평을 이룬 점, 게다가 우동마루가 예리하지 않고 두툼하게 조출되었고 또 갑석상면의 탑신받침을 별석으로 하여 2단으로 높게 표출한 점 등은 모두 고려시대에 나타난 백제계석탑의 양식이라 하겠다.

즉 전체적인 형태와 체감율에 있어 알맞은 안정감을 보이고 있어 신라전형양식을 따르면서도 세부적인 기법에서는 백제계 석탑양식에서 나타나는 별석재 사용, 곡선의 감각, 기단갑석이 지대석 보다 넓은 점 등에서 일부 수법들이 나타나고 있음을 엿볼 수 있다. 이러한 현상에 대한 고찰은 월남사지삼층석탑이나 금골산 오층석탑 등 전남지방에 분포한 백제계석탑양식을 부분적으로 나타내는 석탑과 함께 고찰되어야 할 것이다. 이런 점으로 보아 이 석탑의 조성연대는 고려 초반기로 추정된다.

강진 무위사 삼층석탑(康津 無爲寺 三層石塔)

문화재 지정 : 전라남도 문화재자료 제76호
규모 : 높이 396cm

무위사의 연혁

무위사[232]는 월출산의 남쪽 기슭인 성전면 월하리에 자리 잡은 옛 절로 근처에 있는 월남사지와 함께 유서가 깊은 선종사찰이다. 근년에는 남도답사 일번지에 해당하는 강진의 대표적인 사찰이다.

무위사의 창건과 연혁에 관련하여서는 「무위사사적」이 전해지고 있어 참고가 된다. 이 사적기는 건륭 4년, 즉 영조 15년(1739)에 작성된 것으로, 당시의 주지 극령(克岺)이 중심이 되어 사찰을 보수하면서 기록했고, 대흥사 승려 범해 각안(梵海 覺岸)의 후서가 붙어 있다. 이 「무위사사적」은 사료로서의 신방성에 문제가 있어 믿기가 어렵지만, 사료의 검증을 통해 무위사의 창건과 역사적 변천을 가늠할 수 있겠다. 「무위사사적」의 내용에서는 수양제 대업(大業) 13년, 즉 신라 진평왕 39년(617)에 원효가 관음사로 창건했다고 한다. 그러나 신라 승려 원효가 남의 나라인 백제 땅에 사찰을 창건했다는 것은 당시 양국 간의 관계를 미루어 볼 때 믿기 어려운 실정이다.[233]

무위사 선각대사탑비(보물 제507호)

무위사의 2창도 당 희종 건부(僖宗 乾符) 2년, 즉 헌강왕 원년(875)에 도선이 갈옥사(葛屋寺)로 중창했다고 기록되어 있는데, 이 또한 믿기 어려운 점이 있다. 이는 동리산문 계통의 선종 승려 도선이 중창한지 얼마 지나진 않은 시기인 효공왕 9년(905) 이후 가지산문 계통의 선종 승려 형미(逈微 864~917)가 주석하고 있어 사찰의 소속이 쉽게 변경될 수 없기 때문이다. 형미는 왕건의 소청으로 무위갑사에 머물면서 사찰을 중건하고 널리 교화를 펼쳐 대중적인 지지를 받았던 것으로 이해된다. 다만 무위사는 형미가 주석했던 10세기 초 이전에 창건되어 있었고 당시의 사찰명이 무위갑사(無爲岬寺)였다는 사실을 알 수 있다.

그러나 「무위사사적」에 따르면, 석진 출제(石晉 出帝) 개운 3년, 즉 고려 정종 1년(946)에 선각국사(선각대사 형미를 칭함)가 3창하면서 모옥사(茅屋寺)로 사찰 이름을 개칭하였다고 한다. 정종 1년은 선각대사 형미의 '편광영탑비(偏光靈塔碑)'가 건립된 해이다. 이 시기보다 30년 앞선 917년

232 목포대학박물관, 전라남도, 『全南의 寺刹 Ⅰ』, 삼화문화사, 1990, p.35~36.
233 전남대학교 박물관, 전라남도, 『전남의 전통건축』, 1999, p.141~142.

에 입적한 선각 형미가 946년에 무위사를 3창하고 사찰의 이름을 바꿀 수는 없다. 이것은 짐작컨대 형미가 모옥이었던 무위갑사를 크게 중창하면서 교화를 펼쳤던 사실을 후세 사람들이 잘못 이해한 것이 아닌가 싶다. 이를 보았을 때 무위사는 10세기 초 이전에 창건되었고, 선각대사 형미에 의해 중창되었다고 생각된다. 또한 가지산문 소속 사찰로서 불교사적 의의를 가진 사찰이 되었다.

무위사 삼층석탑 양식

무위사 삼층석탑[234]은 현재 극락전 우측(向左)인 선각대사탑비 바로 전면에 위치하고 있으며, 전라남도 문화재자료 제76호로 지정되어 있다. 이 탑의 구조는 전형적인 신라계 석탑 양식인 2층 기단을 하고 있으며, 탑신부도 비교적 균형이 잡혀 안정감을 주고 있다. 탑은 총고 396cm이며, 지대석 한 변의 폭이 215cm이다. 그리고 탑의 정면에는 네모난 연화대, 혹은 배례석이 마련되어 있다.

234 목포대학박물관, 전라남도, 『全南의 寺刹 Ⅰ』, p.44~46.

지대석은 수매의 장대석으로 결구하고, 그 위에 각형 2단 받침과 하층 기단 중석이 연결되어 있는데, 중석은 각 2구로 구분하고 중앙에 탱주 1주와 양 우주를 각출했다. 그리고 각 면의 우주와 탱주 사이에는 안상(眼象)을 새겨졌는 바, 그 조각 장식이 정교하며 나름대로 균형이 잡혔다. 하대 갑석은 3매의 판석으로 결구되었으며 하면에서 1단의 받침을, 상면에서 가벼운 경사를 주고 역시 1단의 각형받침을 조각하여 상대중석을 받고 있다.

상층기단 중석은 4매의 판석으로 구성되었는데, 각 면에 모서리기둥인 우주가 정연하게 만들어졌다. 다만 여느 탑과 비슷하게 동서 면에는 우주와 면석으로 만든 벽 판석이고 남북 면은 벽 판석의 마구리부분을 우주로 하고 그 사이에 판석을 끼워넣어 중석으로 하였다. 상대갑석은 평평한 편인데 상부의 경사가 약하고 중앙에 낮은 탑신 받침을 1단 두었다.

탑신부는 모든 층의 탑신과 옥개석이 각 1석씩이다. 각각의 탑신에는 양면에 우주가 모각되었고, 2, 3층에서 높이를 줄여 안정된 체감을 보인다. 옥개석은 상면의 낙수면이 평박(平薄)한 편이고 처마의 상부 곡선도 중앙에서 직선을 이루다가 모서리에 이르러서 가벼운 반전을 보인다. 처마의 하면은 수평이고, 층급받침은 가볍게 만든 모습으로 각층 4단이다. 처마 최상부의 중앙에서는 1단의 각형받침을 조출(彫出)하여 상층의 탑신을 받게 했다.

상륜부는 노반과 복발, 보륜, 보주가 비교적 잘 남아 있다. 노반은 각 모서리 일부에서 파손과 탈락이 보이며, 복발은 비교적 작은 크기이다. 상륜을 지탱하는 찰주는 없으며, 복발 위로 상당부분 파손된 보륜 3기를 중첩시켰다. 그 위로 보주라 할 수 있는 둥그런 석재가 올라간다. 이 보주는 하면이 부연처럼 조출되어 있는 특징을 보이며, 가장 위에서 둥글게 마무리됐다.

이 탑은 기단을 비롯하여 3층 옥개석과 1층옥개석 일부가 많이 파손되었으나, 그 외의 부재에서는 완전한 상태를 보이고 있다. 형식은 비교적 통일신라의 전형양식을 그대로 고수하고 있는 석탑이다. 이 탑의 조성연대는 무위사사적에 대한 검토를 통해 보았을 때, 선각대사탑비의 조성연대에서 그리 멀지 않은 10세기인 고려 초기로 추정된다.

해남

해남 대흥사 삼층석탑

해남 대흥사 북미륵암삼층석탑

해남 대흥사 북미륵암 동 삼층석탑

해남 대흥사 만일암지오층석탑

해남 탑동 오층석탑(청신리석탑)

해남 은적사 삼층석탑

해남 신안리 미륵사 폐석탑

해남 대흥사 삼층석탑(海南 大興寺 三層石塔)

문화재 지정 : 보물 제320호

소재지 : 전라남도 해남군 삼산면 구림리 산 799

대흥사에는 현재 대흥사 삼층석탑, 북미륵암 삼층석탑, 북미륵암 동삼층석탑, 만일암지 오층석탑 등 4기의 석탑이 자리하고 있다. 물론 목탑지로 추정되는 경우도 있어서 넓은 경역에는 더 많은 불탑이 있었을 가능은 있다.

이 대흥사 삼층석탑은 응진전 정면에서 약간 좌측에 위치하고 있다. 그래서 예전에는 응진전 앞 삼층석탑이라고 하였다. 1967년 1월 해체 · 보수한 적이 있는데, 이때 기단부 내부에서 높이 12cm 되는 동조여래입상이 발견되었다. 또한 2003년 11월~2004년 1월까지 완전 해체 · 보수를 시행한 바 있다.

이 석탑은 이중기단인 삼층석탑으로서 신라전형 양식을 그대로 전수한 매우 균제되고 단아한 석탑이다. 먼저 하층기단부는 맨 밑의 지대석을 4개의 장대석으로 결구하고 그 위로 저석과 하층기단중석이 한 돌로 이어지는데 역시 4개의 부재가 엇물림으로 맞추어졌다. 하층기단 중석의 각 4면은 양 우주가 모각되었으며 중앙에는 탱주2개씩이 조출되었다.

하층기단중석 위로는 넓은 1매의 하층기단갑석이 얹혀 있는데, 하면은 수평이고 상면은 완만한 경사가 보이며 4면 모서리에 내림마루가 미세하게 표출되었다. 중앙에는 호형과 각형이 중첩된 뚜렷한 2단의 받침을 조출하여 상층기단을 받게 하였다.

상층기단의 중석은 4매의 판석을 결구하였는데 전후 면은 벽판석이며 양 측면은 끼워 넣은 삽입식을 택하였다. 각 4면의 모서리에는 양 우주가 모각되었고 중앙에는 탱주 1주씩이 조출되었다. 상층기단갑석은 1매 판석으로 면석을 덮고 있으며 하면은 낮은 각형부연이 각출되고 상면은 미세한 경사와 함께 네 모서리에 내림마루가 보이며 중앙에는 각형 2단의 받침이 뚜렷하게 조출되었다.

탑신부는 각층의 탑신석과 옥개석이 모두 각 1석씩이다. 1층 탑신의 각 면에는 우주가 모각되었고 그 위층부터는 높이와 폭을 급격하게 줄여 알맞은 체감을 나타냈다. 옥개석은 1층에서 삼층까지 매우 균제된 조형미를 나타내고 있는데, 하면의 옥개받침은 각층 4단이다. 상면의 낙수면은 완만한 편이나 추녀 끝의 전각이 급반전하여 경쾌함을 더해 주고 있다. 옥개석 상면 중앙에는 각형 2단의 받침을 조식하여 위층의 탑신석을 받고 있다. 상륜부는 노반과 복발, 앙화, 보륜, 보주가 그대로 남아 있다. 그러나 맨 위의 보주는 원형의 부재인지 의문스럽다.

이 삼층석탑은 전체 높이가 5m에 미치지 못한 그리 크지 않은 규모이지만 하층기단에 나타난 2주의 탱주, 상층기단의 1주의 탱주, 상·하층기단의 갑석상면에 나타난 호각형의 받침과 2단각형의 탑신받침, 옥개석 상면의 2단 각형 탑신받침 등은 통일신라 9세기 석탑 중에서도 비교적 앞선 시대인 9세기 초반기의 기법과 감각을 잘 간직하고 있다. 뿐만 아니라 기단부 상·하층의 안정된 균형과 탑신부의 균제된 기법은 이 석탑의 전체적인 조형미를 잘 살려내고 있다. 따라서 이 탑의 조성 시기는 화엄사사사자삼층석탑의 건립시기와 비교될 만한 9세기 중반에서 후반기 사이에 조성된 것으로 전남지역에 있는 석탑중에서 가장 오래된 것 중의 하나로 생각된다.

해남 대흥사 북미륵암 삼층석탑(海南 大興寺 北彌勒庵 三層石塔)

문화재 지정 : 보물 제301호
소재지 : 전라남도 해남군 삼산면 구림리 산 9
건립시대 : 고려시대

북미륵암의 위치와 연혁

대흥사 북미륵암 삼층석탑은 전라남도 해남군 삼산면 구림리에 있다. 대흥사는 대둔산(또는 頭輪山)으로 둘러싸여 있으며 가련봉과 상봉인 두류봉 아래 자리 잡고 있다.

북미륵암은 두륜봉 북쪽에 솟아 있는 가련봉 정상아래 위치하고 있다. '북미륵암'이라는 명칭은 높이 4.2m에 이르는 거대한 고려시대 마애여래좌상이 자리하고 있어서 비롯된 것이다. 암자는 마애여래좌상 전면에 세워진 용화전과 함께 서쪽 아래 배치된 요사로 이루어져 있다. 본사인 대흥사에서는 이 암자를 '북암(北庵)'이라 부르기도 한다. 북암에 대한 기록은 『大屯寺誌』에 몇 줄 언급이 있을 뿐이다. "일찍이 서산대사가 정쟁을 비롯한 삼재가 미치지 못할 곳으로 만년동안 흐트러지지 않을 땅"이라 하여 그의 의발을 이곳에 보관토록 한 도량이기도 하다.

마애여래좌상이 새겨진 암반 좌측 모퉁이를 돌아가면 그리 넓지 않은 평지 가운데에 삼층석탑이 자리하고 있다. 암자 정면으로 약 50m 떨어진 동쪽 산등성이에도 석탑 한 기가 세워져 있는데 해남 대흥사 북미륵암 동 삼층석탑이다.

연혁

대흥사 북미륵암은 『대둔사지』에 의하면 창건과 중수 내용을 자세히 알 수 없으나 乾隆甲戌(1754년)에 온곡 영탁(溫谷 永鐸)이 중수하였고, 근세에는 연담 유일, 벽담 행인, 아암 혜장 등이 강학을 열었다고 하였다. 그러나 최근 마애불 보호각인 용화전을 해체하는 과정에서 7창 및 8창 상량문이 발견되었는데 이 기록에 의하면 북미륵암의 최초 창건은 1554년(명종 9)이며 1969년까지 무려 8차에

북미륵암 마애여래좌상

걸친 중수를 거듭해 왔음을 알 수 있다. 그러니까 『대둔사지』 내용보다 200년이나 앞서고 있다. 그런데 『大屯寺誌』 卷之一의 기록을 자세히 보면, 중국 남송 순우년간(淳祐年間, 1241~1252년)에 고려 진정국사(眞靜國師) 천책이 북암(북미륵암)에 머무르니 그가 사용하던 그릇들이 지금도 전해 온다는 내용을 발견할 수 있다.(南宋淳祐季間高麗眞靜國師至芚寺駐錫北庵厥有遺器至今流傳) 위 기록은 적어도 북미륵암의 창건연대가 고려 13세기 이전으로 상한하고 있음을 알려주는 것이라 하겠다.

이 석탑은 앞에 있는 바위 표면에 명문된 내용을 보면 雍正六年 戊申(1728년)에 중수한 적이 있음을 알 수 있다. 기록 내용을 보면 다음과 같다.

> "雍正六年戊申二月日重修塔時化主居士性覺兩主石工芳俊重修化主太奎照俉行眞哲"

최근의 중수로는 1969년 마애불의 보호각인 용화전의 중수 시 탑의 보수공사도 동시에 있었으나 최근 지반 침하와 약간의 균열로 인해 다시 2004년 11월~2005년 3월 사이에 완전해체 수리한 바 있다. 이때의 해체공사로 인해 탑의 높이가 약 24cm 정도 상승되었다.

석탑의 양식

이 석탑은 신라 전형양식을 충실하게 계승한 일반형에 속한 탑이다. 하부구조를 보면 지대석 없이 저석과 중석이 한 돌로 연결된 8매의 부재로 하층기단을 결구하였다. 하층기단 중석의 각 4면에는 우주가 모각되고 중앙에는 탱주 1주씩이 조출(彫出)되어 하층기단의 갑석을 받치고 있다.

서산대사 승탑

하층기단갑석은 5매 판석(규모가 일정치 않음)인데 하면은 수평이며 상면은 경사를 나타내지 않고 중앙에 호, 각형 2단 받침을 조출하였다.

상층기단의 중석은 4매로 결구하였는데 모두 엇물림식이며 각 면의 모서리에는 우주가 모각되고 중앙에는 탱주가 1매씩이 조출되었다. 상층기단 갑석은 1매의 넓은 판석을 올려놓았다. 하면은 부연이 만들어졌고 상면은 거의 수평인데 중앙에는 각형 1단의 탑신받침을 조출하였다. 여기 탑신받침에서 특이한 것은 동, 서, 남쪽에서만 1단의 각형받침을 하고 북쪽 면에는 2단 각형받침을 각출하였다는 점이다. 그러므로 4매로 결구된 1층 탑신의 북쪽 면(높이 730mm)의 높이가 다른 면의 탑신 높이(770mm)보다 40mm 낮게 되었다. 이 같은 기법이 과연 처음부터 의도된 것인지 아니면 탑의 부재를 치석하다 야기될 수 있는 우연인지 여부는 보다 정밀한 조사와 연구가 있어야 할 것 같다.

탑신부는 1층 탑신만 제외하고는 탑신석과 옥개석이 각 1매씩이다. 먼저 1층 탑신은 각 면을 4매 판석으로 짜 맞추고 각 면의 모서리에는 우주를 모각하였다. 2층에서 삼층까지는 1매석으로 이어지는데 폭과 높이를 줄이면서 균형 있게 체감되었다.

옥개석은 비교적 얇은 편이며 하면의 옥개받침이 1~2층은 4단이고 삼층에서는 3단으로 줄었다. 상면의 낙수면은 경사가 완만하고 모서리의 내림마루가 뚜렷하다. 중앙에는 1단각형의 받침을 조출하여 위층의 탑신을 받게 했다. 처마의 곡선은 중앙부에서는 수평을 이루다가 전각에 이르러 반전하였다. 상륜부는 노반형의 부재 두개가 겹쳐 있고 그 위로 보개가 있으나 원래의 부재인지는 의문스럽다.

이 석탑은 이중기단이면서 옥개석의 두께가 얇고 처마의 곡선도 거의 일직선을 유지하다 전각에서 약간 반전하는 등 대흥사에 있는 응진전 앞 삼층석탑의 분위기와는 다소의 차이점이 있다. 또한 응진전 앞 삼층석탑은 탑신석과 옥개석이 각 1석씩인데 반해 북미륵암 삼층석탑에서는 1층 탑신이 4매 판석으로 결구되었다는 점이 다르다. 같은 이중기단이라는 동일한 양식을 나타내면서도 각 부재에서 보여준 양식상의 간략화 현상 즉, 옥개석 하면의 옥개받침이 일률적이지 않고, 삼층 옥개석에서는 3단으로 퇴화하였으며, 상층기단갑석의 탑신받침이 보여준 균형미의 미흡 등은 연대가 좀 더 낮아짐을 엿볼 수 있게 한다. 따라서 조성연대는 같은 경내에 있는 동탑보다는 약간 늦은 고려 초반기 이후로 추정된다.

해남 대흥사 북미륵암 동 삼층석탑
(海南 大興寺 北彌勒庵 東 三層石塔)

문화재 지정 : 전라남도 문화재자료 제245호
소재지 : 해남군 삼산면 구림리 산 9번지

대흥사 북미륵암 동 삼층석탑은 북미륵암 건너편 가까운 동쪽 산등성이 주변의 산과 경관이 내려 보이는 곳에 자리하고 있다. 북암(북미륵암)에 대한 기록은 '대둔사지'에 몇 줄 언급이 있을 뿐이다. "일찍이 서산대사가 정쟁을 비롯한 삼재가 미치지 못할 곳으로 만년동안 흐트러지지 않을 땅"이라 하여 그의 의발을 이곳에 보관토록 한 도량이기도 하다.

이 탑은 대체적으로 신라양식을 한 고려시대의 3층석탑이다. 자연 암반을 지대석으로 하고 그 위에 단층의 기단부를 놓았다. 3층옥개석 이상이 결실되었고 기단석 1매와 1층탑신의 1매가 약간 옆으로 빠져나와 있던 것을 근자에 삼층석탑으로 수리하여 완형을 갖추었다.

기단부는 1층인데 자연석을 지대석으로 삼았으며 그 위에 4매의 중석을 암반에 빈틈없이 자리하게 그렝이 하여 올려놓았다. 암반과 기단 사이에 벌어지는 빈틈으로 빗물이 새는 것을 방지하기 위해 기단부 밑에 깊이 15센티가량 되는 두 줄의 홈을 팠다. 또한 기단부 옆에도 빗물이 스며들지 않도록 하기 위해 얇은 홈을 파놓았다.

기단 중석의 네 모서리에는 우주가 양각되었고 각 면에 탱주1주가 있는데 탱주의 양식이 특이하다. 보통의 탱주는 위와 아래의 폭이 같은 기둥모양인데 이 동탑의 탱주는 八字形으로 윗 폭은 24센티미터이고 아래 폭은 58센티미터나 된 특이한 모습을 하고 있다.

1매로 된 기단갑석은 얇고 평평하며 갑석 밑에는 1단 각형의 두툼한 부연이 마련되었다. 갑석의 위로는 별석으로 16센티나 되는 큼직한 2단의 각형 탑신괴임을 각출하여 1층탑신을 받치고 있다.

각층의 탑신은 각층이 1석씩인데 1층탑신만 4매 판석으로 짜여져 있고, 모두 네모서리에 우주가 모각되었다. 옥개석은 각층이 모두 1매석인데 북미륵암 삼층석탑이 약간 평박한 점에 비하여 더 둔중한 느낌을 준다. 옥개석의 전각부분에서는 약간의 반전이 보이며 1-3층의 옥개석은 모두 4단의 층급받침을 각출하였다.

이탑의 조성연대는 가까이에 있는 북미륵암 마애여래좌상과 같은 연대인 10-11세기로 추정되나 비례나 규모, 제작수법 등으로 보아 북미륵암 3층 석탑보다 다소 연대가 뒤떨어진 것으로 추정된다.

해남 대흥사 만일암지 오층석탑 (海南 大興寺 晩日庵址 五層石塔)

문화재 지정 : 전라남도 문화재자료 제246호
소재지 : 해남군 삼산면 구림리 산 9번지

대흥사 대광면전에서 북암을 향하여 오르다가 북암에 조금 못미쳐 오른쪽 오솔길을 걷다보면 아름드리 천년수가 있다. 여기에서 다시 100미터쯤 가면 지금은 폐사지가된 만일암지가 나타난다. 이곳에 5층석탑과 석등 부재 그리고 여기저기에 석재들이 흩어져 있어 옛 가람의 흔적을 짐작케 한다.

이 석탑은 이미 한번 무너졌거나 도괴된 흔적이 1층탑신부 이하 기단부에서 보이고 있다. 또 상륜부는 남아있지 않은데 다른 석재인 석등의 상대석과 옥개석을 상륜부 대신 올려놓았다.

원래의 것인지 분명하지 않지만 거친돌로 만들어진 탑구가 기단 외곽에 돌려져 있다. 기단부는 1층인데 맨 아래에 4매의 판석을 깔아 지대석과 저석을 대신하고 있다. 기단중석은 4매석이며 우주와 탱주가 모각되고 갑석은 2매석인데 밑에 각형의 얇은 부연이 각출되었다. 갑석의 위로는 2단의 탑신 괴임이 있어 1층 탑신을 받고 있다.

탑신부는 탑신과 옥개석이 모두 1석씩인데 1층탑신에서만 2매석이 포개져 있다. 이 석재는 기둥모양의 돌기가 조출되어 있어 과연 원래의 탑신석인가 의문스럽다. 아니면 세워있는 탑신석을 늬운 모습으로 한 것인지 분명하지 않다. 아무튼 이와 같이 1층탑신석이 두 석재로 된 예는 광주서오층석탑이나 장성 내계리오층석탑 등에서 볼 수 있는 수법이다.

1층에서 5층까지 나름대로 체감되었는데 약간 옆으로 기운 듯하다. 탑신 각면에는 우주가 희미하게 표현되었고 옥개석은 1,2,3층은 둔중하며 4,5층은 평박하여 전각에 이르러 가벼운 반전을 나타내었다. 층급받침은 1층에서 2층까지는 5단이다가 3층 이상부터는 4단으로 줄어들었다.

이 탑은 전체적으로 보아 고준하고 체감율이 좀 불안정한 느낌을 주고 있다. 여러 가지 기법에서 전형적인 모습에서 퇴화된 것으로 고층화와 지방화가 나타난 후대의 흔적이 역력하다. 이러한 이유로 보아 조성년대는 고려중기 이후로 여겨진다.

해남 탑동 오층석탑(海南 塔洞 五層石塔) 혹은 청신리 오층석탑(海南 凊新里 五層石塔)

소재지 : 해남군 옥천면 청신리 178번지

해남 탑동마을 석탑은 강진군 도암면과 경계를 이루고 있는 옥천면 탑동 마을 한 가운데에 위치하고 있다. 그간 문화유산지표조사 등의 보고서에서는 행정지명을 따라 海南 凊新里 五層石塔이라고 불려지고 있었다. 마을 뒤 매봉에서 남쪽으로 내려온 기슭에 위치하고 있는 탑동마을에는 고려 때 창건되었다고 하는 덕룡사(德龍寺)라는 절이 있었던 것으로 구전되고 있으며 탑동 석탑은 덕룡사에 딸린 용혈암(龍穴菴)에 있던 탑으로 보고 있다.

탑동마을 석탑은 현재 4층 옥개석까지 남아 있으며 탑의 건립연대는 평박한 옥개석과 기단부의 결구수법으로 보아 통일신라시대의 전통을 이어받아 고려시대 전반기에 조성된 것으로 보고 있다.

이 탑은 일제강점기에 일본인들이 일본으로 탑을 반출하기 위해 마산면 공세포 해변까지 옮겨갔다가 마을 사람들에 의해 지금의 위치에 다시 세워졌다. 마을사람들을 비롯하여 지역민들에게 이 탑은 종교적인 신앙의 대상물로 섬겨지고 있으며 공동체의 상징물로서 보존되고 있다.

해남 탑동리 석탑은 현재의 규모나 양식을 다른 사찰과 비교해 보았을 때 고려시대 이 지역 불교계에 중요한 역할을 수행했던 것으로 보고 있으며 석탑양식의 변천과정에서 양식사적으로 중요한 의의가 있는 탑으로 평가되고 있다.

탑동석탑에 대한 학술조사 용역(불교문화재연구소)을 통해 통일신라시대의 전통을 이어받아 고려시대 전반기에 조성된 탑으로서 보존가치가 크고 고려시대 탑의 양식을 연구할 수 있는 역사적 가치가 높다고 판단된다.

해남 탑동석탑은 해남군 향토유산으로 지정(지정명칭 : 해남 탑동 오층석탑)되어 있고 학술조사를 실시한바 있다.

다만 현재의 모습은 4층으로 되어 있고 해남군 향토유산은 오층석탑, 불교문화재연구소의 학술조사에서는 삼층석탑일 가능성을 제기하고 있어 명칭은 새롭게 검토하여야 할 것이다. 문화재의 명칭은 청신리오층석탑으로 되어 있다.

석탑의 현황

이 탑은 청신리 탑동마을 김기학씨 집 마당에 위치하고 있다. 이곳을 마을에서는 덕룡사란 이름으로 부르고 있으나 확실한 사찰이름인지는 알 수 없다. 다만 탑동이란 이름으로 전해지고 있는 점으로 보아 이곳이 사찰터임은 분명한 것 같다. 그리고 이탑은 일제시대 일인들이 일본으로 가져갈려고 마산면 맹진리 북창마을 해변까지 옮겨졌으나 막 배에 실으려는 순간 태풍이 불고 파도가 쳐서 그대로 놔두고 도망갔다고 하며 이를 탑동사람들이 목도로 하여 다시 3십리 길을 원위치로 옮기면서 애를 먹었다고 하는데 이 때 목도를 옮기는 인부들의 노랫소리가 지금도 구전으로 전해지고 있다. "탑동사람 탑팔아 먹고, 어경지경 죽을 지경"이라는 노랫말이다.

이탑은 2층의 기단에 5층을 이룬 탑으로 보인다. 수매로 짜여진 초층기단에는 각면에 탱주 2주와 모서리에 우주가 양각되었고 중대석 밑에 높이 20센티미터 되는 다른 판석형 석재가 끼어있다. 이는 옮겨졌다가 다시 복원하면서 다른 부재를 끼어놓은 것 같다. 다음으로 상층기단 면석에는 중앙에 탱주1주와 양면에 우주가 뚜렷이 모각되었으며 2매석으로 짜여진 갑석에는 하면에 큼직한 각형 1단의 부연이 있고 위로는 각형 2단의 괴임이 1층탑신을 받치고 있다.

1층탑신은 4매석으로 이루어진 듯하나 양쪽 2매석은 유실되고 없으며 현재는 2매석만이 윗층 탑신부를 받치고 있다. 평박한 느낌을 주는 옥개석은 모두 1매석인데 층급받침이 3층까지는 4단이고 4층은 3단으로 줄었다. 낙수면은 중앙에는 수평을 이루다가 전각부에 이르러 가벼운 반전을 나타냈다.

현재 4층옥개석까지만 남아 있는 이 탑은 부재의 비율로 보아 5층석탑으로 보인다. 건립연대는 평박한 옥개석과 기단부의 결구수법 등으로 보아 통일신라시대의 전통을 이어받은 고려시대 전반기에 해당된다 하겠다. 현재 석탑의 높이는 4.6미터, 기단 높이는 1.8미터, 기단폭은 2.4미터에 이른다.

해남 은적사 삼층석탑(海南 隱跡寺 三層石塔)

소재지: 전남 해남군 마산면 장촌리 산 44-3

은적사의 본전인 약사전은 주된 불전으로 규모도 작고 호화롭지 않아 단아한 건축이다. 외형상으로는 아주 오래된 듯한 약사전은 앞면 3칸, 옆면 2칸의 팔작지붕으로 된 자그마한 전각으로 고려 초에 봉안된 것으로 보이는 철조비로자나불을 비롯해 후불탱화인 영산회상도와 지장보살도, 제석천룡탱화가 있다. 약사전에 봉안되어 있는 철조비로자나불은 몸체 아래와 무릎부분이 파손되어 있는 상태다. 약사전 앞 경내에는 이곳 남계마을에 있던 삼층석탑이 최근 옮겨져 와 세웠다 한다. 높이 약 2.2m가량의 이 석탑은 단층 기단위에 3층의 탑신부를 형성하고 꼭대기에 새롭게 만든 상륜 일부를 올려놓은 형식이다. 전체적인 양식으로 보아 조성연대를 고려중기 이후로 추정하고 있다.

은적사 삼층석탑

약사전 앞 마당인 사찰의 주 공간에 약사전과 분위기가 어울리는 아름다운 삼층석탑이 있다. 결실 부위가 많아서인지 아직 문화재로 지정되지 않았는데 다행이도 결실부를 제외하고는 예전의 모습을 잘 간직하고 있다. 결실된 기단부 일부와 3층 옥개석 이상을 근자에 새로운 석재로 채워 넣고 복원하여 완전한 모습으로 꾸몄다. 아마 원래는 없었을 것으로 짐작되는 탑구 역시 잘 다듬은 장대석으로 새롭게 만들었으며 그 한 가운데 탑이 자리한다.

신라석탑을 따르고 있으나 단층기단이다. 맨 아래에는 ㄷ자형 장대석으로 저석의 앞 뒤면을 감싸고 그 옆면을 다시 장대석으로 돌렸다. 1매석으로 두껍게 만든 저석을 맨 아래에 놓고 그 위에 기단중석과 기단갑석을 얹었다. 기단부를 이루는 저석과 중석, 갑석은 모두 1매석이다. 기단 저석의 윗면은 각호각의 3단 몰딩을 만들었다. 중석은 1매석으로 양우주가 模刻되었다. 기단갑석은 평박한 편인데 하부에는 약한 부연이 표현되었고 상부엔 약한 선형의 우동과 1층 탑신받침 몰딩이 호형에 가깝게 마련되었다. 다만 1층 탑신의 하부와 몰딩의 크기가 서로 일치하지 않는다.

각층 탑신은 모두 1매석으로 우주가 약하게 몰딩되었다. 옥개석은 평박한 편이며 옥개받침은 1,2층 모두 3단이다. 낙수면과 전각의 경사도 완만하다. 옥개석 상부의 탑신받침은 없다. 전반적인 모습은 신라형식을 따르는 고려시대석탑으로 단아한 모습을 지니나 손괴된 부분이 많아 아쉽다.

1. 은적사 약사전
2. 은적사 약사전 벽화
(daum.cafe.jungmanroom 사진)
3. 은적사 3층석탑의 기단부
4. 기단 저석의 안상

해남 신안리 미륵사 폐석탑

소재지 : 해남군 해암읍 신안리 미륵사 경내

이 석탑편은 신안리 석불입상과 같은 사지내에 있다. 다른 부재는 하나도 남아있지 않고 다만 옥개석만 4개가 포개져 있다. 1-2층은 옥개석 층급받침은 5단이고 3층은 4단이며 4층은 3단이다. 각 옥개석 위로는 1단의 각형 탑신괴임대가 각출되었다.

완형이 아니어서 정확하지는 않지만 고려중기기후에 조성된 것이 아닌가 짐작된다. 1층옥개석의 크기는 높이가 40, 폭이 120센티미터이다.

영암

영암 성풍사지 오층석탑

영암 월출산 용암사지 삼층석탑

영암 월출산 삼층석탑

영암 도갑사 오층석탑

영암 도갑사 삼층석탑

영암 성풍사지 오층석탑(靈巖 聖風寺址 五層石塔)

문화재 지정 : 보물 제1118호
소재지 : 전라남도 영암군 영암읍 용흥리 533-1
시대 : 1009년 (목종 12)

석탑의 연혁

성풍사지 오층석탑은 영암읍 소재지에서 약 1.2㎞ 떨어진 옛 성풍사(聖風寺)라는 절터에 위치하고 있다.

이 절터는 월출산 동편자락에 있는 그다지 넓지 않은 평지로 주변에 몇 가구 되지 않는 농가와 노인복지시설이 함께 하고 있다. 원래는 3층 옥개석까지만 남아 있었으며, 기단부도 일부 하층기단의 지대석 일부가 유실되었고 상층 기단부 면석이 흐트러지는 등 도괴된 상태에 있었다.

1986년 8월, 영암군 자체보수계획에 의해 해체·복원하는 과정에서 1009년(고려목종 12, 統和二十七年己酉)이란 절대연대를 알 수 있는 탑지(塔誌)와 뚜껑이 달린 청자사리호(높이 6.3cm, 구부 직경 12cm, 뚜껑 높이 4cm, 구부 직경 13cm)가 발견되었다. 또한 기단부를 해체한 후 기초공사를 위해 하부구조를 정리하다 발견된 "성풍대사(聖風大寺)"라는 와편에 의해 사찰 이름이 성풍사임을 알게 되었다.

다행스럽게도 복원공사 도중 3층과 4층 탑신석 및 4층 옥개석이 인근 마을에서 수습되어 복원하는데 많은 도움이 되었으며, 나머지 미비된 부재와 상륜부는 새로 제작하여 마무리하였다.

이 석탑은 탑의 건립과 관련하여 절대연대를 알 수 있는 탑지와 사리호가 발견된 몇 되지 않은 예이다. 이들 유물은 1층 탑신 상면의 사리공(가로 16, 세로 15, 깊이 12cm)에서 발견되었는데, 탑지의 명문내용을 보면 다음과 같다.

〈菩薩戒弟子高麗國 靈岩縣戶長朴文英特爲邦家鼎盛朝野益安 敬造立五層石塔安置聖風大寺永充供養也 統和二十七年己酉六月日記〉

위 내용에 의하면 이 석탑은 당시 영암현 호장(戶長) 박문영이 발원하여 건립한 것이다. 건립의 동기는 호장 개인의 평안과 이익을 위한 것이 아니라 나라의 융성과 번영, 그리고 조정과 백성들의 편안한 삶을 위하여 세운 것임을 알 수 있다. 다시 말하면 신라하대 역대 국왕들처럼 극락왕생 또는 그들 왕공귀족들만의 안녕을 비는 경향과는 달리 오직 나라와 백성들의 이익과 안녕을 위한 것임을 시사함으로써 고려시대 호국불교의 일면을 단적으로 입증하고 있는 것이다.

탑의 복원공사는 동년 6월에 설계가 시작되었으며, 그로부터 3개월 후인 9월경에 해체작업이 시작되었는데 이때 1층탑신 상면중앙의 사리공에서 탑지와 청자사리기가 발견되어 우리나라 고려시대 초기의 석탑 편년연구에 좋은 본보기가 되었다. 탑지에는 행서종서로 총 7행 56자가 새겨져 있었는데, 특히 '통화27년'(1009년)이라는 명문과 당시 영암현의 호장 박문영이란 자가 국가안녕을 위해 이 석탑을 세운다는 내용이 기록되어 있었다. 물론 성풍사라는 사찰이름도 같이 기록되고 있었다. 종래에는 사지명을 알 수 없어 막연히 마을이름을 따라 춘향리 석탑(실제 위치는 용흥리 533-1번지)이라고만 불러왔었는데, 이제 확실한 사찰명과 또 탑의 절대연대를 알게 되어 우리나라 고려시대 초기 석탑연구에 귀중한 자료가 되고 있다.

석탑의 양식

이 탑의 구성을 보면 기단부는 2층기단이며, 탑신부는 탑신과 옥개석이 각1석씩인 오층석탑이다. 전체의 높이는 4.2m에 이른다. 기단부의 최하부에 위치한 지대석은 4매의 다소 얇은 장대석으로 구성하였고 역시 하대중석도 4매 장대석으로 결구되었는데 각 면의 모서리에는 우주, 중앙에는 탱주 1주씩을 모각하였다. 여기서 특이한 것은 우주와 탱주이다. 대개의 경우 우주와 중앙의 탱주는 건물의 기둥으로서 일직선이 되게 모각하는 것이 통례이나 여기서는 중석의 저부인 하단까지 각출하지 않고 중석의 중앙부분에서 4각 방형을 양편에서 얕게 조식하여 전체적으로 보면 양 우주와 탱주의 모양이 '山'자형으로 된 것이다.

하대갑석은 두꺼운 2매판석이 동·서로 접합되게 하였고, 하면은 아무 조식 없이 수평인데 상면은 약간 경사를 두고 중앙에는 상층기단 중석을 받기위한 각, 호형의 2단 받침을 조출하였다. 상층기단 중석은 4매로 구성하고 각 면에 양 우주와 탱주 1주를 모각하였으며, 그 위의 갑석은 2매판석인데 상면에 부연이 없고, 상면은 가벼운 경사를 이루면서 중앙에는 각호각형인 3단 받침을 각출하였다.

탑신부는 각 층 모두 탑신과 옥개석이 각 1석씩이다. 탑신은 1층에서 오층까지 각 면에 우주를 표출하고 다른 조식은 보이지 않는다. 옥개석은 비교적 얇은 편으로 체감이 완만하다. 처마의 하면에서 수평을 이루고 상면의 낙수면은 완만한 경사를 이루었고 평박하며 우동은 밋밋하게 내려오다 합각의 네 귀퉁이에서 가벼운 반전을 보였다. 옥개받침은 1층에서 삼층까지는 4단이며 4~5층에서는 3단으로 줄었다. 또 각층 옥개석 상면은 1단의 받침을 조출하여 그 위층의 탑신을 받고 있는데, 1층에서는 평면에서 홈을 팔 정도의 음각으로 처리하였고, 2층 이상에서부터 얕은 1단의 각형 받침이 나타나고 있다.

상륜은 모두 새로운 재료로 만든 노반과 복발·보주 등을 올려놓았다. 이 석탑부재 중 3층과 5층 옥개석, 탑신부에서 5층탑신은 모두 신재로 보충하였고, 4층탑신과 4층 옥개석은 모두 춘양리 마을 주택가에 흩어져 있는 것을 수습하여 원형대로 복원하였다. 이 탑의 조성연대는 「통화27년」 즉 고려 목종12년(1009)이다. 이 탑을 통하여 당시 영암지역에 대한 조탑의 배경은 물론 월출산 용암사지 마애불 편년도 함께 해명될 수 있는 소중한 자료라 하겠다.

1. 이층 옥개석 홈
2. 도로 포장에 사용된 옥개석

1

2

영암 월출산 용암사지 삼층석탑(靈巖 月出山 龍巖寺址 三層石塔)

문화재 지정 : 보물 제1283호
소재지 : 전라남도 영암군 영암읍 회문리 산 26-8
규모 : 높이 4.65m
시대 : 1007년(고려 목종 10년)

위치와 연혁

용암사지는 전라남도 영암군에 있는 해발 804m 월출산 구정봉 북서쪽 바로 아래에 있다. 월출산은 기암괴석으로 가득하고 아름다운 경승을 이루어 남도의 설악이라 하는 별칭을 얻어 유명하다. 절터의 우측으로는 높이 솟은 바위(약 10m)에 국보 제144호로 지정된 마애여래좌상이 있으며, 이곳에서 다시 북쪽으로 150m쯤 떨어진 구릉 위에 자연암반을 기단부로 삼은 삼층석탑 1기가 있다. 절터에는 지금도 곳곳에 초석이 노출되어 있으며, 절터 바로 아래 숲속에는 조선시대 부도 2기가 현존하고 있다.

이 절터가 용암사지라는 사실을 알게 된 것은 1985년 영암군의 계획에 의해 실시한 불교유적지표조사 때 이곳에서 '용암사(龍岩寺)'라는 기와편이 발견됨으로써 밝혀진 것이다. 용암사는 『동국여지지』에도 '용암사는 월출산 구정봉 아래에 있다(龍岩寺在月出山九井峯下……)'라고 하였다. 또한 용암사는 호남의 삼암사(三岩寺) 중의 하나인데, 1707년(숙종 33) 채팽윤(蔡彭胤)이 지은 「조계산선암사중수비(曹溪山仙巖寺重修碑)」에 의하면, '호남에 삼암사가 있는데 낭주(영암)의 용암사와 희양(광양)의 운암사요, 다른 하나는 승평(순천)의 선암사이다.(湖南之三岩在焉日朗州之龍岩 日晞陽之雲岩而 其一爲昇平之仙岩)'라 하였다. 이처럼 용암사는 지금은 비록 폐찰된 상태이지만 높이 8m에 달하는 국보 제144호로 지정된 마애여래좌상과 삼층석탑(2기) 등이 현존하고 있는 것을 보면, 용암사는 호남의 삼암사로서 한 시대를 풍미했던 것으로 보인다.

이 같은 용암사지의 역사적 중요성을 인식한 영암군은 도괴된 삼층석탑을 복원하기로 하고 학술기관에 정밀지표조사를 의뢰하였던 것이다. 마침내 위 계획에 의해 1996년 3월, 석탑의 기단부 하부구조를 해체하는 과정에서 사리장치가 발견되었다. 사리장치의 내용물은 깨진 청자사리함과 청동 지장보살좌상 1구, 사리 32과 등이 발견되었다.

이 석탑의 조성연대는 기단부와 옥개석의 변화, 1층 탑신이 2매로 결구된 점 등으로 보아 고려시대 석탑으로 추정된다. 그러나 옥개석 하면의 정연한 층급받침, 갑석하면의 부연과 상면의 2단각형의 몰딩이 보여준 기법 등은 고려 초반기에 나타난 양식이다. 한편 이 석탑의 편년에 참고가 되는 자료인데, 바로 인근에 있는 마애여래좌상의 뒤편 암벽사이의 퇴적층에서 발견된 '統和二十五年丁未龍岩寺'라는 기와편이다. 이 연대는 1007년(고려 목종 10)으로, 아마 이때를 전후하여 마애여래좌상과 함께 삼층석탑을 조성한 것으로 보인다.

석탑 양식

이 석탑은 단층기단의 삼층석탑으로 절터에서 약 30m 떨어진 남쪽의 약간 구릉을 이룬 언덕위에 자리 잡고 있다. 이처럼 불탑이 가람의 중심축 선상에 자리하지 않고 사지에서 약간 떨어진 구릉위에 위치하는 것은 비보적 역할이 아닌가 하는 생각이 든다.

단층기단 위에 3층의 탑신을 올린 모습이다. 여러 매의 판석을 깔아 탑구로 삼고 그 위에는 1단의 호형을 이룬 몰딩을 조출하였으며, 그 위로 다시 2단 각형의 받침을 표출하여 기단부 중석을 받고 있다. 이탑은 단층기단이지만 중석을 받고 있는 하부구조가 하층기단을 간단히 표현한 모습이 아닌가 한다.

기단의 중석은 각 면에 3매의 판석을 조립하였고, 좌우의 귀퉁이에는 양 우주가 모각되었으며 중앙에는 탱주 1주씩을 조출하였다. 중석의 상면에는 전자형(田字形)으로 4매 판석을 조립한 갑석을 올려놓았으며, 하면은 각형 1단의 부연을 만들었다. 갑석의 위로는 각형 2단의 높직한 탑신받침을 별석으로 조출하여 초층 탑신을 받게 했는데, 역시 갑석에서처럼 전자형으로 결구하였다.

1층 탑신은 2매의 부재를 상하로 놓았는데 양 우주가 모각되었다. 특이한 것은 하단의 석재를 상단의 것에 비해 3배가량 높게 조성한 것이다. 이처럼 탑신을 2매의 석재로 처리한 예는 종종 나타나는 수법이다. 2층과 3층의 탑신은 각 1석으로 조성되었으며, 좌우 모서리에는 우주가 정연하게 모각되었다. 옥개석은 1층 및 2층은 각 2매석이며, 삼층은 1석이다. 옥개석 하면의 층급받침은 1층은 5단, 2층은 4단, 삼층은 3단으로 조출되었다. 낙수면은 경사가 완만하고 처마는 거의 수평인데 전각에 이르러 가벼운 반전을 보였다. 상면의 탑신받침은 낮은 각형 1단으로 마무리하고 합각선에는 우동이 두툼하게 조식되었다. 상륜부는 노반만 남아 있는데, 상면은 찰주공이 관통하고 있다.

이 석탑은 당초에는 탑부재 전체가 여기저기 흩어져 있었던 것인데, 보수공사를 하면서 이를 모두 수습하여 원형대로 맞춘 것이다. 이 석탑은 단층기단이면서 그 높이가 4.65m로 전남지방에서는 큰 탑에 속한다 하겠다. 또한 석탑의 양식 면에서도 특이점이 보이는데, 특히 1층 탑신을 두개의 석재로 조립한 예는 경기도 광주 춘궁리 오층석탑(보물 제12호), (전)광주 성거사지 오층석탑(보물 제109호), 강진 금곡사 삼층석탑(보물 제829호), 그리고 대흥사 만일암지 오층석탑 및 장성 내계리 오층석탑(전라남도 지방유형문화재 제131호) 등인데, 주로 오층석탑에서 나타난다는 점이다. 또한 옥개석 상면의 우동이 예리하지 않고 두툼하게 표출된 점, 그리고 갑석 상면의 탑신받침을 별석으로 높직하게 2단 각형으로 처리한 점 등은 모두 고려시대에 나타난 백제계석탑 양식의 영향이 아닌가 한다.

영암 월출산 용암사지 사리 조계종 품으로!

문화재청, 32과 4년만에 반환

2004.08.10 16:00 입력 발행호수 : 557호 / 발행일 : 2000-04-19

96년 영암 월출산 용암사지 삼층석탑을 수리복원 하던 중 발견된 사리 32과가 4년만에 조계종의 품안으로 돌아왔다.

문화재연구소는 4월 14일 오후 2시 사리는 유물이 아니라는 판단에 따라 조계종에 사리를 돌려줬다. 조계종은 사리가 발견된 용암사지와 가장 가까운 곳에 있는 영암 도갑사에 사리를 안치하기로 하고 조만간 친견법회와 사리탑을 조성할 계획이다.

조계종이 문화재청으로부터 사리를 이운 받아 재 봉안한 경우는 88년 건봉사 부처님 치아사리와 96년 감은사지동탑에서 발견된 사리를 이운 받은 것 등을 모두 3건이다.

용암사지 佛舍利 대흥사 봉안

지난 1996년 해남 월출산 용암사지 동탑에서 발견돼 영암 도갑사 대웅전에 안치됐던 불사리 32과 중 5과가 최근 해남 대흥사에 안치됐다.

대흥사(주지 몽산스님)는 지난 11일 '불사리 봉안법회'를 열고, 해체복원 중인 응진전 앞 3층 석탑(보물 제320호)에 용암사지에서 발견된 불사리 5과를 봉안했다.

3층 석탑에 봉안된 불사리는 도갑사(주지 범각스님)에서 이운된 것. 도갑사는 지난 6일 대웅전에서 '부처님 진신사리 친견 및 이운법회'를 열고 불사리 5과를 분과해 대흥사로 이운했다.

1. 용암사지 사리단지
2. 용암사지 사리장엄구의 금동지장보살좌상과 사리단지
3. 용암사지 사리장엄구 출토 당시의 금동지장보살상

영암 월출산 삼층석탑(靈巖 月出山 三層石塔)

월출산 마애여래좌상

이 석탑은 국보인 월출산 마애여래좌상이 위치한 용암사지에서 약 150m 전면에 보이는 산등성이에 있다. 왜 이처럼 높은 산 정상부에 그다지 크지 않은 자연석을 이용하고 이렇게 아름다운 불탑이 자리하게 되었을까? 당연히 불전 앞이 아니라면 산천의 길지나 요처에 비보적 석탑으로 건립한 경우가 일반적인데 이 경우는 어떤 의미를 갖는 것일까?

현재의 모습으로 보면 높이 2.1m 되는 둥그렇고 긴 장방형에 가까운 타원형의 자연석을 기단으로 하고 그 위에 탑신부를 올려놓았다. 자연석 위에는 1매의 갑석(한변 길이 1.43m, 두께 0.17m)과 1층 탑신, 그리고 3개 층의 옥개석이 중첩되어 남아 있다. 다만, 2층 및 3층의 탑신은 유실되고 없는지 아니면 원래 탑신을 없앤 조형인지 모르겠다. 탑신이야 있었겠지만

없는 데로 멋지다.

기단 갑석은 하면에 부연이 생략되었고 상면은 3단의 받침을 조출하였다. 1층의 탑신은 각 면에 양 우주가 조출되어 보이며, 옥개석 층급받침은 각층 3단으로 각출되었는데 그 기법이 나름대로 정교함을 보인다. 현재 상륜부는 유실되고 없다.

이 탑은 가까이에 있는 용암사지석탑 보다는 규모가 작은 편이나 자연석을 이용하여 기단을 삼고 그 위에 탑을 세운 유행의 예로 고려시대의 석탑조성의 한 특징을 보여주고 있다.

탑의 총 높이는 4.45m(탑고 2.35 포함)이며 조성연대는 고려초반으로 보인다.

영암 도갑사 오층석탑(靈巖 道岬寺 五層石塔)

문화재 지정 : 보물 제1433호
소재지 : 전라남도 영암군 군서면 도갑리 8 도갑사 경내
시대 : 고려시대

위치와 연혁

월출산 남쪽 기슭에 자리 잡은 도갑사는 신라시대에 도선국사에 의해 창건되고 고려 말에 크게 중흥되었다고 전해진다. 그러나 「도갑사사적(道岬寺寺蹟)」에 의하면 도갑사는 661년 신라 무열왕대에 창건되었고 신라 말 고려 초 도선국사에 의하여 크게 중흥하고 조선 성종 4년(1473)에 해탈문을 완성하였다고 한다.[235]

사역으로 들어가는 길목에 하천이 있고 이를 건너 해탈문의 옆으로 진입하게 된다. 계단을 오르면 서향한 해탈문을 맞이하게 되고 그 문을 지나 약한 경사로를 따라가면 대웅전 앞뜰에 다다르게 된다. 이 뜰에는 중앙에 석등이 있고 그 양편에 3층과 5층의 석탑이 놓여있었던 것을 최근에 3층석탑을 대웅전 서북측면으로 이전하였다. 이들 바깥쪽으로는 요사채와 승방이 있다. 근래의 발굴조사에 의하면 해탈문과 대웅전 사이에는 중문과 회랑이 있었던 것이 확인되었다. 즉 사찰의 동·서축 양쪽으로 중문과 회랑지와

235 전남대학교 박물관, 전라남도, 『전남의 전통건축』, 1999, p.121.

유사한 유구가 노출되어 원래는 신라식 가람을 연상케 하는 회랑이 있었을 것으로 추정되어 근자에 멋지게 복원하였다.

도갑사오층석탑은 국보 제50호인 도갑사 해탈문을 지나 주불전인 대웅전 바로 앞마당에서 위치하고 있다. 한편 사찰 북쪽 미륵전에는 고려중기 작품으로 여겨지는 석조여래좌상(보물 제89호)이 있고 도선국사비와 석조 등이 있는 고찰이다.

도갑사는 『신증동국여지승람』에 의하면 '도갑사는 월출산에 있는데 일찍이 도선이 머물렀다.'고 하였으나 확실한 근거를 잡을 수가 없다. 또 「도갑사사적(道岬寺寺蹟)」에도 이와 유사한 표현이 기록되고 있으나 정확한 창건 연대나 창건 내력이 전해지지 않고 있다. 만일 도선(827~898년)의 생존 연대에 도갑사가 창건되었다면 이 연대에 버금가는 유적이나 유물이 발견되어야 하는데 아직까지는 통일신라 말 9세기경까지 상한하는 예가 발견되지 않고 있다. 현재까지 조성연대가 확인된 유적으로는 도갑사 입구에 있는 국장생(國長生)의 고려 선종 7년(1090년)의 명문이다. 아마도 도갑사는 이 연대 이전인 어느 때에 창건된 후에 11세기 후반이 되면서 대대적으로 발전했던 것으로 해석된다.

도갑사의 중창 내용은 조선 초기가 되어서야 나타난다. 즉 영암 출신인 수미왕사가 1457~1464년간(세종 3~10)에 대대적인 중창을 하였다. 또 「도갑사사적」을 보면 1555년(명종 10) 서남해안 일대에 왜구가 침입하였을 때 도갑사에 불을 질렀으나 저절로 불이 꺼져 화재를 면하였고, 정유재란 때도 역시 왜적들의 전화를 면하였던 같다. 그 뒤로 광해군(1608~1623년)때 낡고 허물어진 건물을 새롭게 고쳤다는 흔적이 엿보인다. 수미왕사가 도갑사를 중창했을 때의 사세를 보면 건물 규모가 966칸에 달했으며 여기에 소속암자가 12암자였다고 한다. 특히 이때 도갑사에 재적한 승려 수는 730명에 이르렀으며 대선암에서 공부하는 수좌만도 50명이 되었다고 한다. 이러한 번영은 17세기 후반까지 계속된 것으로 보이는데, 그 예로서 1682년(숙종 8)에 만들어진 대형석조(길이 4.7m)를 보아도 알 수 있다.

석탑 양식

이 석탑은 여느 탑과 같이 도갑사의 주불전인 대웅전 바로 앞마당에서 위치하고 있다. 원래의 위치는 다른 곳에 있었던 것인데 이곳으로 옮겨왔다는 구전도 있다. 얼마 전까지만 해도 대웅전 앞마당의 중앙에 석등이 있고 그 좌우에 5층석탑과 3층석탑이 있었으나 3층석탑은 대웅전 서북쪽으로 옮겼다. 또한 근자에 대웅전을 중층으로 복원하고 또 중문과 행랑을 복원하여 불탑의 주변 환경이 변모되었으나 도갑사 주요 공간의 중심축선상에 자리한다.

이 석탑은 2중기단에 5층의 탑신과 옥개석을 갖추었고 상륜에 노반과 보주를 구비하고 있는 전형적인 고려시대의 석탑이다. 석탑의 세부형식을 보면 기단부 하부구조인 지대석은 지하에 매몰되어 정확히 확인할 수 없으나 아마 지대석이 없는 2중기단으로, 하층기단의 중석을 보다 두껍고 높게 만들어 지대석을 대신하지 않았나 추측된다. 즉 하층기단 부분은 지대석이 없어 완벽하게 구성되지 않은 2중기단이라 하겠다. 물론 지대석과 중석이 한 돌로 구성된 예가 많기 때문에 이런 모습일 가능성도 있다. 또한 하층기단의 중석은 4매 판석으로 구성되었는데 동서남북 방향으로 돌아가면서 하나의 돌로 1면씩을 이룬 모습이다. 이 중석의 양단부에는 우주가 각출되고 그 중앙으로는 탱주가 1주씩 표현되었다. 하층기단의 갑석인 하대갑석은 2매 판석으로 구성되었는데 두꺼운 편이며 하대중석과 폭이 거의 같아 밖으로 튀어나온 길이가 짧다. 하대갑석의 아랫면은 수평으로 처리하였고, 윗면은 중앙 쪽에서 단부로 가벼운 경사를 이루었으며 1단의 두툼한 호형 중석받침을 마련하였다. 이 받침의 안쪽에는 다시 얇은 선을 돌려 상층기단면석이 올라 갈 위치를 한정하고 있는 것 같다.

상층기단 앞, 뒷면의 면석은 양옆의 면석에 H자형처럼 감입식으로 끼워 넣었고 좌우면석은 벽판석으로 결구하였다. 면석은 양단부에 우주가 각출되었고 그 중앙으로는 탱주가 일주씩 각출되었다. 그러나 일부 면석이 앞으로 약간 튀어나온 것 같다. 상층기단의 갑석은 2매 판석으로 조립하였는데 두꺼운 편이며 하면은 부연이 없이 수평으로 처리하였다. 갑석 상면은 중앙 쪽에서 아래로 가벼운 경사를 이루며 정상에는 1층 탑신을 받치는 1단의 받침을 마련하였다.

1층 탑신은 통례와는 다르게 4매 판석으로 결구하였는데, 하나의 석재에 우주와 면석을 나타내어 각 면을 하나씩의 석재로 이루는 엇물림 형식으로 짰다. 1층 옥개석은 전체적으로 두껍고 낙수면의 경사도 급한 편이다. 또한 옥개석은 우동마루가 뚜렷하고 처마의 곡선은 거의 직선으로 뻗다가 전각부분에서 약간 반전하여 모습이 시대적으로 옛 형식을 띠고 있다고 생각된다. 옥개석 하면은 수평으로 아무런 조식이 없으며 층급받침은 5단인

데 각각의 층단이 매우 낮은 것이 특징이다. 또 옥개석의 정상부 중앙에는 1단의 받침을 각출하여 상층의 탑신을 받고 있다.

2층부터 5층까지는 옥개석이나 탑신이 모두 단일석으로 되어 있다. 옥개석의 폭이나 높이는 체감이 뚜렷하지 않아 완만하나 탑신의 높이는 급격히 줄어들어 안정감을 주고자 한 의도를 느낄 수 있다. 탑신에 표현된 우주는 뚜렷하지 않아 멀리서 보면 우주가 마치 없는 것 같다. 옥개석의 층급받침은 1층부터 삼층까지는 5단이며 4층은 4단으로 줄었고, 5층에서는 3단으로 줄었다. 상륜부는 노반과 보주가 있는데 석질과 색감이 달라 이들은 나중에 후보했던 것이 아닌가 한다. 이 탑의 총고는 4.6m이며 조성연대는 고려초기로 추정된다.

이 탑은 고려시대 석탑의 형식을 잘 나타내고 있는 예로서, 균제되고 정교한 기법은 사라졌으나 오층 석탑이라는 점으로 보아 전체적인 형태에서 매우 안정감이 있으며 체감률도 좋은 석탑이라 하겠다.

또한 이 석탑은 전남지방에 건립된 고려시대 5층석탑으로 보성 옥마리 5층석탑, 진도 금골산 5층석탑, 나주 송제리 5층석탑 등에서 나타나는 고준하고 세련미가 줄어든 모습과는 달리 더 잘 만들어진 수작이라 하겠다. 건립연대는 고려 초반기로 추정되고 있다.

영암 도갑사 삼층석탑(靈巖 道岬寺 三層石塔)

원래는 대웅전 전면 오른쪽에 있었던 것인데 근년에 대웅전을 중층으로 새로 복원하면서 뒤뜰 미륵전으로 올라가는 숲속 입구에 옮겼다.

단층기단에 삼층으로 된 이탑은 맨 위에 상륜부를 갖추고 있는데 원래의 것인지 확실치 않다. 기단부는 1매의 두터운 지대석 위에 저석을 놓고 4매로 결구된 중석과 1매의 갑석을 올려놓았다. 지대석과 저석은 별 다른

조식이 없고 기단 중석의 각 면에는 희미한 양 우주가 모각되었고, 중앙에 1주의 탱주가 각출되었다. 갑석은 1매로 하면에 경미한 1단의 부연을 표시하고 상면에는 형식적인 3단의 받침을 하여 탑신부를 받고 있다.

탑신부는 탑신과 옥개석이 각 1석씩이고 탑신에는 양 우주가 있고, 옥개석 받침은 1~2층에서는 3단이고, 삼층에서는 2단으로 줄었다. 옥개석 상면은 우동이 급경사이며, 전각의 반전도 경쾌하다. 상륜부는 노반과 복발형 석재가 놓여있다.

이 석탑은 조금한 소규모의 석탑으로서 옥개석 일부가 심하게 파손되었고, 탑 전체의 기법에서 퇴화현상이 역력하다. 총 높이는 2.55m이다. 여러가지 양식으로 보아 건립시대는 고려하대로 보인다.

함평

함평 용천사 삼층석탑

함평 용천사 삼층석탑(咸平 龍泉寺 三層石塔)

대웅전 우측 축대 위에 자리하고 있다. 그 옆에는 전라남도 유형문화재 제84호로 지정되어 있는 석등이 나란히 서 있다. 전체적으로 규모가 작고 돌덩어리를 깎아서 만든 모습이기 때문에 괴체성이 강한 석탑이다. 대개의 경우 석탑이란 여러 개의 부재를 조립하여 만들기 때문에 조각처럼 느껴지지 않고 건축과 같은 느낌을 주기 마련인데 이 탑은 몇 개의 덩어리만을 조각하듯 만들어 중첩시킨 모습이다.

단층의 기단 위에 3층의 탑신부를 세우고 정상에는 간단한 상륜부를 얹었다. 1단의 기단은 조그마한 돌덩어리들을 시멘트로 보강하여 만들고 그 위에 방형의 갑석을 얹었다. 다시 갑석 위에는 방형의 탑신받침을 1단 조성한 다음 3층의 탑신부를 세웠다.

탑신부는 다소 왜소해 보이는 탑신을 세우고 둔중한 옥개석을 얹었다. 기둥이 표현되지 않고 낮은 탑신에 비해 옥개석이 넓지 않고 두툼해서 무거워 보인다. 옥개석 아래에는 여느 석탑과는 달리 넓게 확연한 모습의 옥개받침을 조성하지 않고 탑신 바로 위에 받침을 3단 만들었는데 겨우 형식만 흉내 낸 모습이다. 1, 2층의 옥개석 역시 같은 모습이고 3층 옥개석의 옥개받침은 2단이다. 또한 1, 2층의 옥개석 정상부에는 탑신 받침이 없는 대신 3층옥개석 정상부에는 노반받침이 마련되었다. 상륜부에는 노반이 없고 복발과 보륜 1기만이 조각되었다. 맨 위에는 둥근 기둥모양의 석재를 얹었다.

석등을 통해 바라본
용천사 삼층석탑

전반적으로 석탑의 조형성이 전형에서 많이 벗어난 조선시대석탑으로 다소 민예적인 모습을 하고 있다.

영광

영광 신천리 삼층석탑

영광 연흥사 삼층석탑

영광 월평사지 석탑

영광 신천리 삼층석탑(靈光 新川里 三層石塔)

문화재 지정 : 보물 제504호

보물 제504호로 지정되어 있는 영광 신천리 삼층석탑은 전라도 지방에서 많지 않은 통일신라양식을 대표하는 석탑 중 하나이다. 석탑의 전체 높이는 4.18m 정도의 그리 크지 않은 규모이나 전형적인 신라양식을 나타내 보이고 있어 전라도 지역에서 조성된 석탑 양식의 계통을 이해하는데 있어 중요한 위치를 차지하고 있다. 현재 석탑이 위치하는 곳은 사찰이 운영되지 않고 관리용 건물도 없이 야산에 자리하고 있으며, 원불교에서 관리하고 있다.

이 탑은 묘량면사무소 소재지에서 남서쪽의 야트막한 야산에 위치하고 있다. 석탑의 뒤편인 북서쪽으로는 근거리에 서해안 고속도로가 개통되어 있다. 석탑에서 멀지 않은 곳에 모악산 불갑사가 있다. 또한 석탑의 전면과 옆에는 고려시대의 것으로 추정되는 석등 1기와 조선시대에 조성된 것으로 보이는 승탑 2기가 있다. 이 능탑은 아마 후대에 이곳으로 옮겨온 것 같다.

석탑이 위치하는 야산은 일명 불덕산, 또는 검은산이라 불린다. 마을은 이흥마을 또는 태절골이라 했다. 석탑의 지형은 검은산의 정상에 못미쳐 전면에 형성된 포곡형 지형이 에워싸고 있다. 이 석탑은 일명 '이흥사지(利興寺址)' 석탑으로 불리었는데, 주변에서 기와편이 발견되어 옛 이흥사가 경영되었음을 짐작할 수 있다.

석탑의 연혁

석탑의 역사적 사실에 대한 가장 빠른 기록으로는 『신증동국여지승람』 권지36을 들 수 있다. 이 기록에서는 "利興寺 在全羅南道靈光郡佛德山"이라 하여 현재 검은산이라 불리는 불덕산에 위치하고 있었음을 알 수 있다. 또한 『범우고』의 기록에서는 "俱在佛德山"으로, 『가람고(伽藍考)』에서는 "在縣東五里"이라 기록하고 있다.[236] 『호남읍지』 영광 불우조에도 '이흥사는 불덕산 동 5리에 있다'라는 유사한 내용이 전하고 있다. 이처럼 16세기와 18세기의 기록들을 통해 보았을 때 이흥사는 불덕산에 있었으며, 현의 5리 떨어진 거리에 위치한다. 그러나 이러한 내용을 제외하고는 다른 기록은 전혀 남아 있지 않다. 이렇듯 이흥사에 대한 기록은 어느 한 시기의 것이 남아 있을 뿐 조성 시기나 규모, 그리고 석탑과 관련된 어떠한 내용도 알려주지 않고 있다. 결국 이 사지는 18세기와 19세기의 기록에서처럼 지속적으로 불사 경영이 이뤄졌음을 말하고 있다.

다만 오래전부터 이곳 절터를 이흥사터라 부르고 있는 구전의 내용이나 사료를 보았을 때 이곳은 이흥사가 있던 곳이 확실해 보인다. 그러나 단순히 사찰명과 위치하는 거리만을 기록하고 있어 사찰의 규모와 성격, 석탑의 구체적인 내용을 파악하기 힘들다. 이 석탑은 보물지정을 위한 조사 당시 기단 일부가 묻혀 있어 정확한 양식을 파악할 수 없었고, 한때 조성연대를 고려시대로 추정했었다. 그러나 1995년 완전 해체수리하면서 석탑의 양식이 이층기단임을 확인하여 통일신라 9세기 후반으로 그 편년을 상정하였다. 또한 당시 석탑의 1층 탑신 상면에서 직경 12.7cm, 깊이 8.3cm의 사리공이 발견되었는데, 그 안에서 청동사리호 1점과 철제뒤꽂이 1점, 기타 보석류 수점을 발견했다.[237]

석탑의 양식

이 석탑은 통일신라 전형양식이 그대로 반영된 석탑으로, 이중기단에 삼층의 탑신과 옥개, 그리고 상륜으로 구성되었다. 기단은 1995년 이전까지 기단 하부가 땅에 묻혀 있어 단층기단으로 보기도 했으나, 해체보수 이후 이중기단임을 알 수 있었다. 기단 최하부의 지대석은 장대석 4매로 구성되었다. 지대석은 비교적 두껍게 조각되었는데, 남북으로 길게 놓은 다음

236 전남대학교 박물관, 영광군, 『영광군 문화유적 학술조사』, 한국전산(주), 1993, p.230~231. 문화재청, 영광군, 『영광 신천리 3층석탑 수리공사 보고서』, 2002, 한미인쇄, p.29.

237 국립문화재연구소, 『전라남도의 석탑 Ⅲ』, 정일사, 2006, p.57.

1. 하층기단 중석의 탱주는 2주씩 모각
2. 탑신부와 옥개석
3. 옥개석 파손 부분
4. 석탑 상층 옥개석과 상륜

동서로 2개의 장대석을 끼웠다. 지대석 위로는 이중기단이 올려졌다. 하층기단은 4매의 석재로 결구했는데, 저석과 면석을 하나의 석재로 조각했다. 면석의 각 모서리에는 양 우주를, 중앙에는 탱주 2주를 두툼하게 모각했다. 하층기단 면석은 2매의 장판석을 올렸으며, 상면 모서리 부분에서 약간의 경사를 주었다. 상층기단과 만나는 갑석 중앙에는 2단의 두툼한 호각형(弧角形) 받침을 시설했다. 상층기단은 면석과 갑석으로 구성됐다. 면석은 4매의 장판석으로 구성됐으며, 각 면에 모서리에 양 우주를, 그리고 중앙에 탱주 1주를 조출했다. 상층기단 갑석은 평평한 1매의 판석으로, 하부에 각형의 부연이 있고, 갑석 중앙으로 탑신을 받치는 호각형 2단의 괴임대를 두었다.

탑신부는 모두 삼층이고 탑신과 옥개 모두 1매의 석재로 이루어졌다. 탑신석은 전형적인 탑신 형태로 1~3층 면석 모서리에 양 우주를 정연하게 각출했을 뿐 여타 조각은 보이지 않는다. 탑신은 1층이 비교적 높고 넓은 반면 2, 3층에서 체감율이 급격하게 작아진다. 옥개석은 1층에서부터 3층까지 적당한 크기로 체감하고 있으며, 옥개와 옥개받침이 비교적 잘 남아있다. 옥개석 상면은 네 면이 날렵하게 곡을 이루고 있으며, 처마선에서도 완만하게 경사를 이루다 우동마루와 처마 끝 낙수면에서 급격한 반전을 이룬다. 옥개석은 규모가 작긴 하나 처마의 날렵한 반전으로 인해 둔중한 느낌을 주지 않는다. 옥개 상면에는 탑신을 받치는 탑신받침이 2단의 각형으로 삼층 모두에서 동일하게 조각되어 있다. 옥개 하부에는 옥개받침이 각층 모두 4개의 단을 이루고 있다.

상륜부는 현재 부재가 노반석과 복발 부재가 남아 있을 뿐이다. 상륜부는 원래 시문(施紋)된 원형의 복발 위로 조선시대 승탑에 올려지는 상륜과 같은 보주가 있었으며, 일반적인 상륜과 달랐다고 한다. 현재는 방형의 노반과 타원형 복발만이 남아 있다. 이러한 상륜은 처음부터 유지된 것인지, 아니면 나중에 새로 부가된 것인지, 그리고 이 부재를 언제 소실했는지에 대한 내용은 알 수 없다.

전남지역에 남아 있는 통일신라 편년과 양식적인 계통성을 가지는 석탑으로는 영광 신천리 삼층석탑을 비롯하여 장흥 보림사 남북 삼층석탑과 해남 대흥사 응진전 앞 삼층석탑, 순천 선암사 삼층석탑 등을 대표할 수 있다. 이외에도 연대가 조금 내려가고 양식적으로 변화를 보이는 석탑들이 다수 조영되어 석탑의 계보를 잇는다. 이 석탑의 대표적인 특징으로는 이중기단을 가지는 삼층석탑으로 하층기단에서 2개의 우주와 탱주, 그리고 상층기단에서 1개의 탱주를 보이고 있으며, 각각의 갑석 상부에 각호형의 받침이, 옥개 상부에서 각형 2단의 받침을 조출한 것을 볼 수 있다. 또한 옥개는 날렵한 반전을 두어 시원한 곡을 표현하였고, 옥개 하부에서 모두 옥개받침을 4단을 두고 있다. 이러한 형식들은 모두 전형적인 통일신라 후기의 전형양식을 따르고 있어 전남지역에서 발전한 통일신라 양식의 석탑의 계통성을 이해하는 중요한 대상이 된다.

한편 최인선 교수는 이 석탑의 명칭에 대해 언급하였는데, 현재 석탑의 명칭이 단순하게 행정구역상의 지명을 그대로 따르고 있으나, 다수의 사료에서 이흥사라 분명하게 표기하고 있으므로 석탑의 명칭을 '이흥사지 삼층석탑'으로 바로잡아야 한다고 했다.

석탑 옆에 남아 있는 석조물

석등과 승탑

신천리 삼층석탑과 함께 있는 석등은 석탑의 정면에 위치하고 있다. 마을 주민들에 의하면 석등과 승탑은 일제강점기 때 이곳 사지에서 멀리 옮

1. 화사석이 사라진 석등
2. 석탑 옆에 남아 있는 승탑
3. 석탑 옆의 승탑

겨졌으나, 다시 현위치로 돌아와 석탑 주변으로 놓이게 됐다고 한다. 석등과 승탑의 원 위치는 알 수 없으며, 배치로 보아도 원래 놓인 장소가 아닌 것으로 생각된다.

석등은 현재 하대석과 간주석, 상대석, 그리고 옥개석 3부재와 상륜에 해당하는 거친 석재가 올려져 있다. 그러나 석등에서 가장 중요한 부분인 화사석은 남아 있지 않다. 석등은 지대석이나 화사석, 상륜부재가 유실되어 정확한 양식을 파악할 수 없으나, 간주석과 앙련이 시문된 상대석, 그리고 옥개석의 형태로 보아 조성시기를 고려시대로 추정하고 있다.[238]

그리고 석탑 우측에는 명문이 남아 있지 않고 조선후기에 제작된 것으로 추정되는 2기의 승탑이 위치하고 있다. 두 승탑은 서로 양식적인 차이를 보이고 있으나 대부분의 부재가 잘 남아 있다. 승탑의 배면에는 승탑재로 생각되는 석재를 비롯해 일부 석재들이 있다.

영광 연흥사 삼층석탑(靈光 煙興寺 三層石塔)

영광군 군남면 용암리에 위치한 연흥사는 대한불교조계종 제18교구 본사인 백양사의 말사로, 일명산(日明山) 자락에 자리하고 있다. 연흥사는 고려시대 송광사 16국사중 13세인 각진국사 복구(覺眞國師 復丘, 1270~1355)가 창건하였다 하며, 정유재란 때 소실된 것을 17세기 부운선사가

238 전남대학교 박물관, 영광군, 『영광군 문화유적 학술조사』, p.232.

연흥사 삼층석탑(좌)
연흥사 삼층석탑 전경(우)

중창하였다.

현재 연흥사에는 부재가 유실된 석탑을 비롯하여 전라남도 유형문화재 제258호인 연흥사 목조삼세여래좌상,[239] 불상의 복장물에서 발견된 연흥사 소장 『묘법연화경』(전남 유형문화재 제175호), 고려시대의 마애불, 조선시대의 승탑 등이 남아 있다. 불상은 복장유물인 『묘법연화경』이 15~17세기에 출판된 것으로 보아 약 17세기에 조성된 것으로 보인다.

연흥사 대웅전 앞에 남아 있는 석탑은 현재 많은 부재가 유실되어 기단과 1, 2, 3층의 탑신, 1, 2층의 옥개, 상륜부재 일부만 남아 있을 뿐이다. 석탑은 요사채 옆에 있었으며, 요사채 뒤편의 부지가 원래의 연흥사 법당터라 한다. 지금의 석탑은 법당 전면에 위치하고 있으므로, 어느 시기엔가 지금의 자리로 옮겨진 것이라 볼 수 있다.

아담하게 잘 만들어진 삼층석탑으로 상하층으로 구분된 2중 기단을 이룬다. 석탑의 기단은 현재 완전한 부재가 남아 있지 않아 정확하게 파악하기 힘들다. 하층기단에는 저석과 지대석이 없고 두툼한 중석이 맨 아래에 자리하고 있는데 이 중석이 바로 저석과 중석의 역할을 함께 한다. 그러니까 이 하층기단은 장대석 3매와 상부에 갑석을 놓았는데, 중석인 3매의 장대석은 지대석으로 볼 수 있을 뿐 아니라, 하층기단의 면석으로 볼 수도 있다. 특히 이 중석의 표면에는 眼象이 각 면에 3구씩 조식되어 있다.

1매석으로 된 하대갑석은 파손상태가 심하나 낙수면의 경사가 표현되어 있고 모서리부분에는 선으로 내림마루를 표현하였다. 하대갑석의 맨 위

239 이는 중앙에 석가여래상을 모셨고 좌측에는 약사여래, 우측에는 아미타여래 불상으로서 조각수법이 뛰어나다. 특히 후불탱화는 자수를 이용하여 조성한 작품이다.

석탑의 기단부 상세(상)
1층 옥개석(하)

에는 각, 호형의 상대중석받침을 조각하였다. 하대갑석은 제작수법이 옥개석처럼 세련되게 잘 만들었다. 모서리부분의 전각, 내림마루 표현인 우동, 중석 받침 등을 아주 깔끔하게 만들었는데 파손이 심하여 아쉽다. 기존의 조사에서는 이 석탑을 이중기단으로 보았으며, 또한 하층기단 면석 2매가 유실되었고, 장대석 4매로 지대석을 형성하였다고 한다. 그리고 기단 면석에는 안상이 3구 음각되었다고 한다.[240]

기단부의 상대중석은 4매석을 조립하여 튼실하게 잘 만들었다. 양 우주와 중앙 탱주1기가 조출되었다. 1매석인 상대갑석도 하대갑석처럼 정교하게 잘 만들어졌는데 하부에서 경사를 이룬 부연을 모각했다. 모서리 전각부분의 완만한 반전, 가벼운 우동, 角弧 2단의 탑신받침이 표현되었다. 그러나 이 갑석은 상층기단 면석과 그 크기가 달라 원래의 위치나 부재가 아닐 가능성이 크다. 이 부재는 원래 1층 탑신석으로 이용됐을 것으로 보이므로, 본 사역에 2기 이상의 석탑이 존재했거나 원래부터 그 규격이 달랐을 수도 있다.

2층 이상은 낮은 탑신과 둔중한 옥개석이 올려져 있으나 비례가 맞지 않고, 석재의 재질도 달라 타 석탑의 부재를 올려놓은 것 같다. 상륜부는 결실되었으나 노반석과 卵形의 부재가 올려져 있다.

탑신부는 3층이다. 비록 최하층의 탑신과 옥개는 유사한 형식이나, 맞붙어 있는 면이 서로 달라 원 부재가 아닐 것으로 생각된다. 또한 1층 탑신과 2층의 탑신이 그 크기와 형식, 석재의 재질 등에서 차이가 보여 다른 석탑 부재를 가져다 복원한 것으로 보인다. 상층의 탑신과 옥개는 그 규모나 비례, 체감 등을 보았을 때 원래의 층수가 아닌 것으로 보인다.

1층탑신은 위는 좁고 아래는 넓은 모습으로 되었는데 양 모서리기둥이 모각되지 않았다. 1층 옥개는 둔중한 모습인데 재질이 기단부와 상이하여 타부재가 아닌가 생각된다. 옥개받침은 4단이고 낙수면의 경사는 급하며, 전각 부분의 솟음도 급하다. 1층 옥개석은 상면 옥개에서 우동마루가 표현되었고, 처마에서 낙수면과 함께 가벼운 반전을 보이고 있다. 이 옥개는 전형적인 옥개 형식을 그대로 따르고 있으며, 하부에서 4단의 탑신받침을 조각했다. 2층의 탑신은 1층에 비해 매우 작아진 체감을 보인다. 이렇듯 낮은

240 전남대학교 박물관, 영광군, 『영광군 문화유적 학술조사』, p.219. 하층기단 면석에 양 우주와 탱주 없이 안상만 조각한 고려시대 석탑의 예로는 관촉사 오층석탑, 천흥사지 오층석탑, 정수사지 오층석탑, 경기도 광주 춘궁리 삼층석탑, 정산 서정리 구층석탑, 신복사지 삼층석탑, (전)문경 오층석탑, 나주 북망문 밖 삼층석탑, 광주 창리 삼층석탑 등이 있다.

탑신은 최상층이나 그 아랫단에 올려지는 것이 일반적이므로, 2층 탑신석은 아니다. 특히 주목되는 점으로는 1층탑신이 아무런 조각이 없었던데 반해, 2층 탑신에서는 각 모서리에 우주가 모각되어 있어 다른 탑의 석재를 이용한 것이다. 이를 보았을 때 연흥사에서는 2기 이상의 석탑이 존재했을 것으로 생각된다. 2층 옥개석은 대부분 파손되어 그 형태를 가늠하기 힘들다. 그러나 옥개의 곡면이나, 하부에 부가된 3~4단의 옥개받침이 표현되고 있어 부재의 용도와 명칭을 알 수 있다. 상륜부에는 원형의 노반과 정체를 알 수 없는 석재가 올려졌다.

현재 연흥사 석탑은 기단 일부가 유실되고, 탑신부 일부 등이 남아 있지 않아 전체적인 형태를 가늠하기 쉽지 않다. 그러나 이 석탑은 이중기단의 뛰어난 조각수법이나 전체적인 비례를 보았을 때 삼층석탑이었을 것으로 보인다. 이 석탑의 조성 시기는 기단부에서 우주와 탱주 없이 결구된 형식이나, 지금은 잘 보이지 않는 안상, 상층기단의 갑석 표현방법, 1층 탑신에서 우주가 없는 점 등을 보았을 때 고려 중후기에 조성된 것으로 추정된다.[241]

241 전남대학교 박물관, 영광군, 『영광군 문화유적 학술조사』, p.219. 최인선 교수는 이 석탑의 조성연대를 고려 전반기로 보았다. 그러나 필자는 이 석탑이 이중기단을 갖추고 있으나, 생략이나 양식적인 퇴화가 심해 고려 중후반기에 조성된 것으로 생각된다.

영광 월평사지 석탑(靈光 月坪寺址 石塔)

영광 월평사지 석탑

월평사지는 영광읍 월평리 마을 앞 밭에 남아 있는 사지이다. 사지에는 밭 중간에 삼층석탑이 있고, 길 건너 약간 떨어진 위치에 석당간 1기가 남아 있다. 이 석탑과 당간은 원래 한 사역에 속한 것으로 생각된다. 이 사지는 문헌기록에 나타나지 않고 있으며, 단지 구전으로 월평사지 또는 천작사지(天作寺址)라 전해질 뿐이다.[242] 현재의 석탑은 삼층까지 남아 있으나 구전에 의하면 원래 칠층이었다고 한다. 지대석은 원래 흙에 묻혀 전체가 보이지 않았다고 한다.

영광 종합병원 앞 4거리에서 영광 인터체인지 방향으로 가는 도로의 좌측 농경지에 있다. 도로보다 낮은 곳에 위치하여 주위가 습하고 주변이 정비가 않된 상태로 어수선하다. 월평사지석탑이라고 전할 뿐 원래의 위치가 어딘지 모르나 경지정리를 하면서 현재의 위치로 이전시켜 놓았다고 전한다.

규모는 작지만 전형적인 2중기단을 갖춘 신라탑형식이지만 여러 가지 모습으로 보아 고려시대석탑이라 추정된다. 수개의 별석으로 조립된 저석

영광 단주리 석당간

242 한국민족문화대백과, http://encykorea.aks.ac.kr/

을 맨 아래에 놓고 하층기단 중석을 얹은 다음 두껍고 평평한 하대갑석을 덮었다. 이 하대갑석은 현재 2매석을 양측에 두었는데 중앙부는 결실되었다. 잘 만들어진 하대갑석의 중앙부에는 중석받침 단을 마련하고 상대중석을 세웠다. 이 상대중석 역시 양측면의 부재만 남아 있고 중앙부는 결실되어 뚫려 있다. 상대갑석은 상부에 경사가 있는 1매석으로 덮었는데 단부의 마모가 심하여 원래 모습을 잃고 있다.

1층부터 3층까지의 탑신과 옥개석은 모두 1매석으로 만들었다. 다만 3층 탑신은 2단의 석재를 올렸는데 원래의 것이 아닌 것 같다. 1,2층의 탑신은 모서리기둥을 모각하였다. 옥개석은 낙수면의 경사가 완만하고 평박한 편이다. 옥개석 하부의 옥개받침은 4단을 가늘게 조각하였고 상단에는 탑신괴임은 만들지 않았다.

전체적인 모습은 아담하며 신라탑형식을 갖추려한 작법을 느낄 수 있으나 결실된 부재가 많고 농경지에 자리하고 있어 보존 상태가 좋지 않다.

이 탑의 도로 건너편에는 단주리 석당간이 있다. 당간지주의 중앙에 당간이 잘 남아 있는데 아마 석재 당간 위에는 다른 재료로 더 높게 이어져 있었을 것 같다.

이 석탑은 석질이 약해 마모가 심한 편이고, 대부분의 부재가 유실이 심하다. 또한 남아 있는 부재들도 모두 제 위치에 있지 않아 원래의 형태를 찾기 힘들다. 이러한 현황으로 인해 석탑의 조성연대를 추정하기 힘드나, 남아 있는 부재의 양식적 경향과 조각수법을 보아 고려시대에 조성된 것으로 보인다.[243]

석당간의 명칭은 영광 단주리 당간지주이며, 현재 전라남도 유형문화재 제153호로 지정되었다. 현재 당간은 중앙 하단부까지 남아 있고, 그 위로 모두 유실되었다. 당간은 원래의 크기가 12.12m에 달하는 큰 규모였으나, 1945년 7월에 태풍으로 당간 중간부분이 파손되었다고 한다. 이 당간은 나주 석당간과 유사한 형식의 것으로, 고려시대에 조성한 것으로 추정된다.

243 전남대학교 박물관, 영광군, 『영광군 문화유적 학술조사』, p.234.

장성

장성 내계리 오층석탑

장성 진원리 오층석탑

장성 수산리 오층석탑

장성 백양사 팔층석탑

장성 내계리 오층석탑(長城 內溪里 五層石塔)

문화재 지정 : 전라남도 유형문화재 제131호
소재지 : 장성군 삼계면 내계리 51번지

이 석탑은 삼계면 소재지에서 북쪽으로 500여m 떨어진 내계리 천방마을 박동희씨 집 뒤뜰에 있다. 이곳에는 옛날부터 천방사라는 사찰이 있었다고 하는데 구전으로는 고려시대 이곳의 사찰 규모가 커서 방이 천개나 되므로 이름을 천방사라 하였다 한다. 언제인지는 알 수 없으나 어떤 승려가 빈대가 많아 불을 질러 모두 타버렸다고 한다. 이는 사찰의 훼철과 관련하여 흔히 있는 이야기이기도 하다. 이 석탑은 화강암으로 되어 있고 높이는 475cm에 이르며 여러 가지 양식으로 보아 고려시대에 건립된 것으로 추정된다.

이 석탑의 양식은 단층기단 위에 5층의 탑신을 얹은 고려시대석탑양식이다. 석탑의 구조를 하부에서부터 보면 맨 아래에 3매의 석재로 구성된 두툼한 판석을 놓아 지대석과 저석을 하나의 석재로 만들었다. 이 판석은 단부를 2단으로 하여 보기 드문 모습으로 하였다. 이 판석형 지대석 위에는 없어졌을 것으로 판단되는 중석을 새롭게 구성하였고 다시 그 위에 갑석을 얹어 기단부를 형성하였다. 중석은 H자형으로 남북에 우주가 조출된 판석을 놓고 그 양쪽에 면석을 끼워 넣었다. 기단 중석 위로는 2단으로 된 갑석을 올렸는데 갑석 아래에 부연을 둔 모습과는 달리 오히려 갑석 위에 단을 둔 형식이다. 혹시 어떤 과정에서 갑석을 거꾸로 놓지 않았나 하는 생각도 든다. 3매석으로 된 이 갑석 위에는 다시 단형의 탑신받침(혹은 탑신괴임)을 두었다.

1층 몸돌인 탑신은 2개의 석재를 위 아래로 올려놓았다. 탑신의 위는 좁고 아래는 넓으며 각 4면에는 모서리 기둥을 새겼으나 형식화되었다. 각 층의 옥개석과 탑신은 각 1석씩인데 1층에서 3층까지는 옥개석의 층급받침이 3단이며 4층에서 5층까지는 2단으로 줄었다. 또한 탑신 각 면의 모서리 기둥도 위로 올라갈수록 식별이 불가능할 정도로 희미하게 각출하였다. 지붕돌인 옥개석의 우동은 뚜렷하고 처마에 이른 전각의 반전이 심한 편이며 하면은 수평이다. 상륜부는 남아 있지 않았는데 근래에 새롭게 조성한 것

갈다.

이 석탑은 일부 지대석이 교란되어 원형이 손상되었으나 그 외의 부재는 완전하게 보존되고 있으며 특히 초층 몸체가 두 개의 석재로 결구된 점은 광주서5층석탑(보물 제109호)의 양식과 비슷한 형식이어서 이 지방 석탑 연구에 좋은 자료가 되고 있다. 현재의 기단부는 단층 기단인데 예전에는 중석이 훼손되어 있어서 2단으로 만든 석재를 3개의 별석으로 하여 3단의 층계를 이룬 형식으로 보이기도 하였다.

장성 진원리 오층석탑(長城 珍原里 五層石塔)

문화재 지정 : 전라남도 문화재자료 제101호
소재지 : 장성군 진원면 진원리 121-4번지

이 탑은 원래 진원리 뒷산 탑동이라는 곳에 있었으나 일제강점기 때 일본인들이 불법 반출해 가려 한 것을 주민들의 반대로 옮기지 못하고 현 위치에 옮겨진 것이라 한다. 이 석탑은 화강암으로 만들어졌고 높이는 5.2m에 이르며 고려시대의 작품으로 여겨진다.

지대석은 2매의 판석으로 결구하였으며 중앙부에 굽받침이 마련된 지대석이 자리하고 있으며 따로 저석을 두지 않고 그 위로 기단부 중석이 올려져 있다. 기단 중석은 중앙의 탱주와 모서리 기둥이 조각되었는데 그 앞뒤 면은 벽판석이고 다른 측면의 2면은 H자형으로 따로 만들어 끼워놓았다. 갑석은 두툼한 1매 판석인데 상·하 수평이며 하면의 부연(副緣)이나 상면의 각형 괴임대가 만들어지지 않고 생략하였다.

탑신부는 탑신과 옥개석이 각 1석씩인데 현재는 4층 이상의 몸체와 지붕돌이 유실되고 없다. 1층 몸체는 각 면에 모서리 기둥이 표출되었으며 2층부터는 체감을 보여 위로 올라가면서 점점 너비와 높이가 줄어들고 있다. 지붕돌은 평박한 편으로 물 흐르는 면은 급경사이며 처마는 중앙에서 수평을 이루고 전각(轉角)에 가까워지면서 경쾌한 반전을 이루었다.

층급 받침은 두툼한데 각 층마다 3단이다. 상륜부는 모두 없어졌다.

이 석탑은 옮기면서 각 부재가 뒤틀리는 등 제대로 결구되지 않아 몸체부가 곧고 반듯하지 못하다. 특히 3, 4층의 탑신석은 장방형을 이루지 못하였다. 또 갑석의 상·하면에서 일부 조각이 생략되었으며 탑 전체가 가늘고 긴 편으로 중심에서 약간 기울어져 안정감이 없다. 조성연대는 고려시대로 추정된다.

장성 수산리 오층석탑(長城 壽山里 五層石塔)

문화재 지정 : 전라남도 문화재자료 제103호
소재지 : 장성군 장성읍 수산리 1427번지

이 석탑은 장성읍에서 북쪽으로 약 1km 떨어진 국도변 개인집 안마당에 있다. 이 석탑은 화강암으로 되어 있는데 고려시대에 건립된 것으로 짐작되며 높이가 4.27m에 이른다.

기단부가 완전히 매몰된 상태로 현재는 기단부 갑석 상면과 몸체인 탑신부만이 노출되어 있다. 기단부 전체가 지하에 매몰되어 기단부가 어떻게 구성되었는지 알 수 없지만 갑석의 상면을 보면 갑석은 거의 수평인데 중앙으로 1단의 낮은 각형 탑신괴임을 두어 5층의 탑신부를 받치고 있다.

1층 탑신 이상은 탑신과 옥개석 모두 1매석으로 되었는데 각 면에 모서리 기둥을 모각하였으며 다른 면에는 별다른 조각 장식을 하지 않았다. 2층부터는 탑신의 높이가 급격히 줄었으며 너비에 있어서도 역시 체감을 보였는데 이러한 수법은 5층까지 같은 모습이다. 지붕돌은 평박하며 낙수면의 물 흐르는 부분은 급경사로 우동(隅棟)이 뚜렷하고 처마는 중앙에서 거의 수평이다가 양 모서리인 전각에 이르러 반전하였다. 특히 옥개석의 끝 부분은 거의 수평을 이루었다. 이는 신라석탑의 특징 중의 하나이다. 층급 받침은 1층에서 3층까지 4단이며 4~5층은 3단으로 줄었고 지붕돌인 옥개석 상면에는 1단괴임을 표출하여 윗 층의 몸체를 받치고 있다.

예전의 보고서에 의하며 상륜부는 노반(露盤)과 보주(寶珠)가 그대로 남아 있다고 하였는데 현재는 맨위에 굽이 있는 노반만 놓여있다. 이 석탑은 전해진 문헌이나 기타 별다른 기록이 없어 석탑이 위치한 가람의 성격이나 규모 등을 밝힐 수 없다. 다만 석탑의 규모로 보면 상당한 규모의 가람이 존재했던 것으로 보인다. 기단부의 결구수법을 볼 수 없어 전체 조형미를 살필 수 없음이 아쉽기는 하나 현재 높이가 4.27m인 점을 감안하면 거의 6m가 넘는 석탑으로 추정된다. 탑의 안정된 균제미나 잘 다듬어진 정교함은 광주시 광산구 신용동 5층석탑과 유사하며 그 조성연대 또한 고려 중기를 내려오지 않을 것 같다.

장성 백양사 팔층석탑(長城 白羊寺 八層石塔)[244]

조계종 제18교구 본사인 백암산 대웅전 뒤뜰에 서 있는 석탑으로, 1924년 건립되었다. 보통의 불탑이 주불전 앞 뜰에 위치하고 있음에 비하면 그 위치가 특이하다.

팔정도(八正道, 깨달음과 열반으로 이끄는 여덟 가지 바른 길)를 상징하기 위하여 8층으로 조성하였으며, 내부에 부처의 진신사리가 봉안하였다 한다. 이 진신사리는 근대 불교계 지도자이자 민족대표 33인 중 한 명이었던 백용성(白龍城 1864~1940) 스님이 간직하고 있던 것이었다. 사각형의 대석 위에 연꽃문양으로 장식한 돌기둥 4개를 올려 기단부를 구성하였다. 탑신석과 옥개석은 아무런 장식이 없으며, 옥개받침은 3단으로 되어 있다. 상륜부에는 보주만 올려 장식하였다.

흔히 홀수 층인 전형적인 석탑과는 달리 8층이며 기단부 구성이 돌기둥으로 특이하다. 근자에 새롭게 조성한 석탑이나 기단부 구성이 이형석탑의 모습을 보이며 현대적으로 전통의 석탑을 해석하려고 한 흔적이 보인다.

244 네이버 지식백과, http://terms.naver.com/

진도

진도 금골산 오층석탑

진도 상만리 오층석탑

진도 금골산 오층석탑(珍島 金骨山 五層石塔)

문화재 지정 : 보물 제529호

진도군에는 현존하는 석탑이 많지 않은 편이다. 물론 예부터 다양한 석탑들이 조성되었을 것으로 생각되지만, 그동안 지상에 남아 있는 현재의 석탑은 몇 기 밖에 보이지 않는다. 이는 이 지역이 도서지방이라는 특수한 사정 때문이라는 이유가 가장 크기도 하지만, 이 지역에서 석불에 비해 석탑의 조성이 크게 이루어지지 않았던 것으로 보인다. 이렇듯 많지 않은 진도의 석탑 중 금골산 오층석탑(보물 제529호)과 같은 경우는 비록 조성시기가 고려 하대로 추정되긴 하나, 백제의 고토에서 나타나는 백제계 석탑양식을 보이는 것으로서 강진의 월남사지 석탑과 함께 귀중한 자료가 된다.[245]

한사리사지 석탑 부재
(전국문화유적총람)

오층석탑이 위치하고 있는 금골산은 다리가 연결되지 않았던 시절의 진도에서 종교적 행위를 하는 장소로 이용되었을 것으로 보인다. 지금은 다리가 연결된 진도는 섬으로서의 특수성이 크게 나타나지 않고 있으나 금골산 오층석탑과 더불어 상만리 오층석탑(전라남도 시도유형문화재 제10호), 한사리사지석탑재(寒寺里寺址石塔材)[246]와 등이 있었던 사역들은 모두 해상무역과 이 지역민들의 신앙을 굳건하게 할 수 있는 역할을 했을 것으로 생각된다. 특히 이 석탑들은 대부분 고려 이후에 조성된 것으로 파악되고 있어 해상무역이 활발하게 이뤄졌던 시기에 많은 인적, 물적 자원이 교류하면서 사람들의 쉼터 역할과 종교적인 만족을 위해 적극 조성되었을 것으로 생각된다.

석탑의 연혁[247]

금골산 오층석탑이 위치하는 곳은 해남과 진도가 가장 맞닿아 있는 우수영, 즉 현재의 진도대교를 지나 약 3km 거리에 있다. 금골산은 주변의 평탄한 평지에 흰 석회암으로 형성된 해발 196m의 암산이다. 금골산 아래에는 둔내면 둔전리가 형성되어 있고, 금골산 오층석탑과 주변으로 군내중학교와 금성초등학교, 그리고 근래 복원된 해언사 등이 있다.

245 본 내용은 목포대학교 박물관, 진도군, 『진도군의 문화유적』, 광주일보출판국, 1987, p.124과 진도군, 『금골산 오층석탑 해체·보수공사보고서』, 2012의 내용을 주로 참고하였다.

246 이 석탑재는 한사리사지 석불좌상과 같은 밭에 있다. 석탑의 각 부재가 흩어져 있어서 원형을 파악할 수가 없다. 옥개석은 3개이며, 기단과 탑신을 이루고 있는 석재도 있다. 옥개석층급받침은 3단이며 상면의 낙수면은 경사가 있는 편이며 전각의 반전은 완만한 편이다. 상륜부는 보주만 남아있다. 조성시기는 고려시대로 추정된다. 마을주민의 말에 의하면 20여 년 전에 어디론가 반출되었다고 하는데 현재는 없다.

247 연혁에 대한 내용은 국립문화재연구소, 「전남지역 석탑 정밀실측조사보고서」, 2004.와 『전라남도의 석탑 Ⅲ』, 2006의 내용을 참조하였다.

금골산에는 석탑과 어느 정도 연관성을 가지고 있는 석불 문화재가 남아 있다. 금골산 정상의 동쪽에는 침식작용으로 형성된 석굴이 있고, 이 석굴의 암벽에 금골산 오층석탑과 동시대에 조성된 것으로 추정하고 있는 금골산 마애여래좌상(전라남도 문화재자료 제110호)이 조각되어 있다. 이 석탑은 금성초등학교 교내에 위치하고 있는 것으로, 본관 정면에서 우측 공터에 자리하고 있다. 위치를 보았을 때 이는 금성초등학교를 대표하는 듯이 중간부분에 우뚝 솟아 있어 이채롭다. 현재 이 석탑은 최근의 조사에서 그 높이가 약 6.6m이다.[248]

금골산 오층석탑과 관련하여 사찰의 경영과 석탑의 조성 시기에 대해서는 다수의 사료에서 단편적으로 언급하고 있을 뿐 명확하게 밝혀진 것이 없다. 단 이 석탑의 양식을 통해 추정할 수 있다. 세부적으로는 백제계 석탑이라 할 수 있으나, 백제시기의 미륵사지 석탑이나 정림사지 석탑보다는 축조수법이나 조형미가 떨어진다. 또한 고려시대의 백제양식인 왕궁리 오층석탑이나 장하리 삼층석탑, 무량사 오층석탑 등과 비교했을 시, 이 또한 양식적 차이를 보이고 있어 단지 고려중기 이후로 추정할 뿐이다.

이 탑에서 금골산으로 향해 약 150m 정도 가다보면 1954년 손상기(孫相基) 스님이 세웠다는 현재의 금골사(金骨寺)가 있다. 금골사는 현재 해언사로 사찰명을 개칭하여 현재에 이르고 있다.[249] 금골사는 고려시대 때 이곳에 해원사(또는 해언사)라고 칭하는 절이 경영되었다고 전한다. 이를 통해 추정해 보면 금골산 오층석탑 역시 그 무렵에 조성되었던 것으로 볼 수 있다. 또한 현재의 오층석탑은 근대기 기록이후에서도 지속적으로 금성초등학교 교정에 위치하였으므로 교정을 중심으로 주변에 사찰의 건물들이 들어섰을 것이다. 이러한 추정의 근거로는 1973년 실시한 교지 정리 작업 중에 사찰건물에 쓰였던 다수의 큰 석재와 함께 초석, 온돌, 와편 등이 발견된 것을 보았을 때 이러한 사실을 뒷받침 한다.[250] 현재 팔각 부도의 일부분으로 보인 석재가 금골산 입구에 유존하고 있다.

금골산 마애여래좌상

해원사지(海院寺址)[251]는 현재의 금성초등학교 교정에 있는 오층석탑 부근으로 전한다. 이 사지에는 해언사(海堰寺), 해안사(海岸寺), 해월사(海月寺) 등으로 불리어지고 있으나, 가장 오랜 기록인 이 『금골산록』에는 해원사(海院寺)로 기록되고 있다.

248 진도군, 『금골산 오층석탑 해체 보수공사보고서』, 2012, p.41~43.

249 한글학회, 『한국지명총람 16』 전남편 4, 1982, 금골산 오층석탑이 있는 곳이 예전 해인사(海印寺)가 있어서 이 자리를 해인사터(일명 해원사터)라고하며, 탑을 해인사탑이라고도 불렀다.

250 대한불교조계종총무원, 『불교사원지 하』, 성보문화재 학술총서 2, 1988, p.520.; 한국문화유산답사회, 『전남-답사여행의 길잡이 5』, 돌베개, 2007, p.274.

251 목포대학교 박물관, 『신도군의 문화유적』, 1987, p.129~130.

해원사 마당 석탑재

앞서 언급하였듯이 본 석탑에 대한 기록은 많지 않다. 그나마 가장 오래된 기록으로는 조선시대 무오사화 때 이곳 진도로 유배 온 이주(李胄)의 『금골산록(金骨山錄, 1498년)』을 들 수 있다. 그 내용으로는 "산 아래에 옛날 큰 절터가 있는데 이름은 해원사(海院寺)이다. 구층석탑이 있고 탑의 서쪽에 황폐한 우물이 있다.(有大伽藍古基 曰海院寺有石塔九層 塔西有廢井)"라는 기록이 있다. 기록을 통해 보았을 때 해원사는 이때까지 명맥을 유지해 오다가 이후 즉 『금골산록』이 기록된 후인 16세가 이후에는 폐찰상태가 아니었나 싶다. 그러나 『금골산록』 기록에서는 구층석탑에 대해 말하고 있어 해원사에 또 한 기의 구층석탑이 있었을 수도 있고, 아니면 오층석탑을 오기한 것일 수 있다.[252] 그러나 현재로서는 이에 대한 내용을 더 이상 알 수 없다.

『속동문선(續東文選)』에서도 이러한 사실이 전해졌는데, 해원사에 대한 내용을 전한다. "금골산은 진도읍에서 서쪽으로 20리 지점에 있는데, 이 산 아래에 해원사가 있고 구층석탑이 있다. 산 위에 3굴이 있는데 맨 밑에 있는 서굴은 창건 연대를 알 수 없으나 일행(一行)이란 스님이 향나무로 16나한을 조성하여 굴에 안치하고, 굴의 곁에 별도로 고찰 6~7간이 있어 스님들이 거처하고 있다. 동굴의 주사(廚舍)는 모두 비바람에 퇴락되었으나 굴 북쪽 비탈을 깎아서 미륵불을 만들었는데 옛날 군수 유호지(柳好池)가(1469~1472 재임)가 만들었다."라 기록하고 있다. 또한 『신증동국여지승람』 진도편에는 죽림사(竹林寺), 봉성암(鳳城庵), 사나사(舍那寺) 등 3군데

252 국립문화재연구소, 「전남지역 석탑 정밀실측조사보고서」, 2004. 이 『금골산록』은 서거정의 『동문선(東文選)』에도 실렸는데, 그 내용으로는 "영험이 많은 금골산이 매년 빛을 발해서 유행병 등 재앙을 막았으나 미륵불이 조성된 후 빛을 발한 적이 없다"라 하여 민간신앙이 변천하고 있음을 말하고 있다.

의 사찰명이 확인되나 해원사라는 절의 명칭은 더 이상 보이지 않고 있다. 그리고 일제강점기 때의 기록인 『조선보물고적조사자료(朝鮮寶物古蹟調査資料)』 진도편에는 "해언사지와 높이 12척의 사각 오층탑이 있다.(海偃寺址ト稱ス四角五層塔ニシテ高サ十二尺)"라는 기록이 있다. 이 기록에서 12척은 현대의 척 치수로 계산했을 때 약 3.6m에 해당하므로 현재의 석탑 높이인 약 6.8m와 큰 차이를 보인다. 이는 일제 당시의 척 치수와 현대의 치수가 별반 다르지 않을 것이므로 조사자의 오기로 볼 수 있다.

이 석탑에 대한 근대기 사료는 해체·보수공사 시 주변의 관련 인물들을 통해 석탑의 역사에 대해 구전조사를 할 수 있었다. 이 중 가장 신뢰가 가는 이야기는 해언사의 주지 지수스님(속명 손인평)의 증언이라 할 수 있다. 내용을 보면 '해언사는 지수스님의 아버지 되시는 경산스님(속명 손상기)이 1945년에 세운 것이고, 1948~1950년 사이에 경산스님이 직접 석탑을 보수했다고 한다.[253] 즉 경산스님이 해언사를 건립하고 석탑을 보니 금방이라고 쓰러질 것처럼 보여 탑의 일부부재를 갈아 끼우고 석탑을 바로 세웠다고 한다. 이때 교체한 부재가 동측 기단갑석과 동측 1층 탑신면석이었고, 원래 없었던 상륜부재는 직접 깎아 올렸다고 한다. 석탑을 보수할 때 탑을 해체하지 않고 잭으로 부재를 받치면서 갈아 끼웠다고 하는데, 당시 기술력으로 그것이 가능했는지 의문이 간다. 당시 교체한 동측갑석은 학교 앞 동네 어느 집의 장독대로 여전히 사용하고 있다고 하였으나 찾을 수 없다. 이번에 탑을 해체하였을 때 좌우 기단갑석 중 서측이 갑석만이 탑신자리에 홈이 파여 있는 것으로 보아, 홈이 없는 동측 기단갑석이 본래의 것이 아닌 것으로 파악된다.[254]

동리 주민이 설명해 준 또 다른 이야기로는 동측 1층 탑신면석이 아닌 서측 1층 탑신면석이 새로 끼워졌다는 의견이 있었다. 이상의 내용을 보았을 때 이 석탑은 1층 탑신 내부가 도굴되면서 이후 서측 1층 탑신면석이 원래 존재하지 않았으며, 나중에 이를 새로 끼워 넣었다고 하나, 언제 끼웠는지는 알 수 없다. 1층 탑신의 동측 면석은 탱주가 모각되어 있는 것과 달리, 서측의 면석에서는 탱주가 없으며 부재 자체가 마름모꼴로 비틀어지고 다른 부재에 비해 두께도 얇아 나중에 추가되었을 가능성이 높아 보인다.

253 목포대학교 박물관, 진도군, 『진도군의 문화유적』, 1987, p.127. 에서는 해언사의 창건이 1954년이며, 석탑의 보수는 1956년이라고 기록되어 있다.

254 진도군, 『금골산 오층석탑 해체보수공사보고서』, 2012, p.44.

진도군 문화관광해설사인 한영애씨는 1973년 금성초등학교 주변을 정리하면서 불상 등 많은 유물들이 출토되었으나, 당시 주변사람들이 모두 가져가버렸다고 한다. 지금도 학교 뒤편의 공터를 발굴해 보면 당시의 석재나 와편 등이 많이 있을 것으로 보고 있다. 즉 이러한 내용을 보았을 때 해언사와 오층석탑의 정확한 유래를 찾기 위해서는 금성초등학교 주변의 광범위한 발굴조사가 필요할지도 모르겠다.

석탑의 양식

금골산 오층석탑은 단층기단 위에 오층의 탑신부를 세운 석탑으로, 기단이 낮고 1층 탑신이 높은 것이 특징적이라 할 수 있다. 석탑의 가장 하부에는 4매의 판석을 깔아 지대석을 마련했다. 이 탑의 지대석은 전형적인 석탑에서 보이는 저석을 따로 두지 않고 신라양식 계열의 석탑에서 보이는 장대석을 이용하는 방식, 즉 내부가 비어 있고 그 안으로 잡석과 흙을 채워 외부에서만 석재의 형태를 볼 수 있는 것과 차이를 보이고 있다. 유사한 크기의 장판석으로 기단과 같은 지대석을 깐 것이다. 지대석 위로는 기단의 중석이 올려지는데, 4매의 판석으로 결구하고 상부에 2매의 장판석으로 갑석을 구성했다. 기단 중석의 결구수법은 남북으로 면석을 세우고 동서로 면석을 끼워 넣은 형식이다. 각 면석의 양 모서리에는 우주가 모각되었고, 중앙에 탱주 1주씩 조각되었다. 기단의 갑석은 평평하고 조각이나 조식이 없는 단순한 장판석 2매를 올려놓았는데 상부의 전체 무게를 받기 우해 매우 두터운 편이다. 갑석 상하면은 수평이고, 부연이나 탑신받침 등을 두지 않았다. 이 기단부는 전체 크기와 규모에 비해 작은 크기라 할 수 있다. 그러나 백제계 석탑에서 보이는 가구적 결구수법이나 장판석을 주로 이용한 양식적 특징으로 보아 전형양식에서 퇴화된 형식을 보이고 있다.

이 탑의 탑신부는 5층의 탑신과 옥개로 구성되었으며, 1층 탑신에서만 4매의 판석으로 결구되었다. 그리고 1층 옥개석과 2층 이상의 부재에서는 모두 1매석으로 조각했다. 1층의 탑신은 높이 1,500㎜ 내외에 너비 900㎜이며, 각 모서리에 우주가 모각되었다. 2층부터 5층까지의 탑신도 각 모서리에 우주를 모각하고 있다. 그러나 2층 이상의 탑신 부재는 1층에 비해 높이가 급격히 낮아진다. 이 또한 신라계 석탑양식에 비해 두드러지게 나타나는 특징이라 할 수 있다. 다수의 백제계 석탑은 대부분 낮은 기단에 높은 1층 탑신을 가지고 있어 양식적 계통성을 이해하기 쉽다.

석탑의 옥개석은 전반적으로 모두 얇은 편으로, 얇은 장판석을 깎아 옥개 상부와 받침을 새겨놓은 것처럼 보인다. 옥개석 하면의 층급받침은 1층에서 4층까지는 5단이고, 5층에서만 3단으로 줄어든다. 여기서 주목되는 것은 5층의 옥개석이 1~4층의 체감에 비해 급격히 작아진 것을 볼 수 있다. 전체적으로 석탑의 층수와 구조가 서로 맞으므로 이는 석탑을 마무리하면서 급격히 작아진 것으로 생각된다. 옥개석 상면에는 낮은 지붕마루에 네 모서리를 향해 각각 우동이 조각되었으며, 낙수면은 완만한 편이다. 처마는 넓은 면에서 수평을 이루다가 처마의 전각에서 약간의 반전이 있다. 그러나 이 반전은 옥개 상면의 처마에서 날카롭게 위로 치고 올라가고 있다. 옥개 상면에는 탑신받침 등은 표현되지 않고 있다. 오층 옥개 위로는 상륜부가 남아 있으나, 노반이나 복발 없이 원추형의 보주만 올려져 있다. 이 상륜 부재는 원래의 것인지, 또는 나중에 얹어놓은 것인지 알 수 없다.

금골산 오층석탑은 전반적인 형태에서 기단부가 비교적 낮은 편이고, 2~5층에 비해 1층 탑신이 매우 높기 때문에 매우 고준한 느낌을 주고 있다. 또한 하부인 기단부가 낮고 좁아 전체적인 비대칭적으로 느껴지나 나름대로 균형이 잡혀 있다.

이렇듯 이 석탑은 기단부와 1층 탑신의 결구수법이 부여 장하리 삼층석탑 및 정읍 은선리 삼층석탑, 나주 송제리 오층석탑의 모습과 비슷하여 백제계석탑 양식을 적극 반영하고 있다. 백제계 석탑양식은 옛 백제의 영토인

1. 부여 무량사 오층석탑
2. 부여 장하리 삼층석탑
3. 정읍 은선리 삼층석탑

익산, 부여, 공주를 중심으로 발전하였던 것이 고려시대 들어 점차 지방적인 조형미가 가미되면서 남단의 끝이라 할 수 있는 진도에까지 전래 된 것이 아닌가 추정된다. 이러한 사실은 고려시대의 백제계 양식 석탑의 전파경로를 규명하는데 중요한 예가 된다. 그러나 이 석탑은 다른 석탑에 비해 세부적인 표현방법에서 생략이 이뤄졌고, 단순하게 처리되고 있어 이전 시대의 양식과 일부 차이를 보인다. 이를 보았을 때 이 석탑의 조성 시기는 적어도 고려중기 이후나 고려후기로 추정할 수 있다. 이는 양식적 경향을 통해 추론된 것이므로, 이보다 빠른 고려초기에도 조영됐을 가능성도 있다.

진도 상만리 오층석탑(珍島 上萬里 五層石塔)

문화재 지정 : 전라남도 지방유형문화재 제10호

진도 상만리 오층석탑[255]은 마을 위 산자락에 상만사(上萬寺)라 전해진 사지에 위치하고 있다. 현재 이 사지에는 구암사(鳩岩寺)라는 조그마한 암자가 들어서 있다. 상만리 오층석탑은 구암사 건물의 오른편에 위치하고 있는데 원래의 제 위치인지는 알 수 없다. 단 마을사람들의 말에 따르면 이웃마을인 탑리에 있던 죽림사(竹林寺) 탑이었으나, 사찰이 폐찰되면서 현재의 이곳으로 옮겨온 것이라고 한다. 이 절터는 예부터 상만사터라 하나 언제 폐찰되었는지 알 수 없고, 그 뒤 만흥사로 불러오다가 현재 구암사로 불린다.[256] 이곳에서는 많은 기와 편과 자기편이 출토된 것으로 보아, 원래의 위치인 것으로 보이며 사찰의 역사가 오래됐음을 알 수 있다.

현재의 구암사 자리는 일명 상만사, 혹은 만흥사지(萬興寺址)라 불리었다. 이 사지는 고려시대에 조성된 사찰로 추정되는데 오층석탑 1기와 석불 1기가 남아 있었다고 한다. 이중 석불은 밭 중앙에 반 이상이 매몰되었으나 1951년 동리사람들에 의해 석불을 복원하고 1953년에 석불전각을 재건하였다고 한다. 이 석불은 동리 아이들이 방뇨하면 불알이 부어오르고, 다시 와서 잘못했다고 빌면 치유되곤 했다고 전해진다.[257]

상만리 오층석탑은 2단으로 된 기단과 오층의 탑신과 옥개석, 그리고 상륜에는 노반과 보주까지 잘 갖추어진 석탑이다. 이 석탑은 탑신의 옥개받

255 진도군 관광문화 홈페이지, http://tour.jindo.go.kr
256 국립목포대학박물관, 진도군, 『진도군의 문화유적』, 광주일보출판국, 1987, p.125.
257 진도군지편찬위원회, 『진도군지』, 1999, p.555.

침은 1층부터 4층까지는 3단씩이고, 5층은 2단으로 줄었든 형식이고, 상층기단과 탑신에 기둥모양을 새긴 것으로 보이는 조각상이 보이기는 하나 알아볼 수 없을 정도이다. 이 석탑은 고려시대에 세워진 것이라고 전하나 고려시대 후기 석탑으로 보는 견해와 조선시대의 석탑으로 보는 견해도 있다.

탑의 형식은 이중기단의 오층석탑으로, 가장 하부의 지대석 일부에서 파손이 심하다. 하대갑석은 4매의 판석으로 결구하였으나, 중석의 결구 상태가 좋지 않아 균형을 잃고 있으며 상하에 다른 조식을 조각하지 않고 있다. 상대중석은 4매 판석으로 짰는데 전후 면은 판석으로 세우고 좌우 면은 삽입하였으며, 각 면에 우주가 희미하게 모각되었다.

이 석탑은 기단부, 탑신부, 상륜부 등의 3부분으로 구성되었다. 석탑은 지대석이 2.31×2.31m의 크기로 정방형으로 마련되었고, 그 상부에 이중기단이 조성되었다. 위 탑신부와는 잘 어울리지 않지만 그래도 2중기단의 형식을 갖추었다. 상층기단의 갑석은 단일 석재로 되어 있고, 나머지의 기단 부재는 여러 판석재로 조립하였다. 그 상부의 탑신과 옥개는 폭과 높이의 체감비율 등이 전형적인 석탑과 달리 일정치 않다. 오층의 탑신은 전부 통돌 부재로 가공된 탑신과 옥개로 구성되었고, 그 상부에 노반과 보주까지 갖추어져 있다.

석탑의 규모는 전체높이가 약 3.56m이며, 지대석 한 변이 약 2.31m이다. 기단부의 높이는 101.5cm이고, 그 상부의 탑신은 옥개와 탑신으로 된 5개 층으로 구성되어 있다. 높이와 폭의 체감비율은 작으며 높이가 219.5cm이다. 상단의 상륜부는 노반과 보주까지 갖추고 있는데 상륜부의 높이는 36.5cm에 이른다.

이 석탑은 1988년 11월에 전면 해체 보수되어 현재에 이르고 있다. 석탑을 구성하고 있는 석재는 기단부를 제외하고 전체가 중립질 화강암이고, 상륜부와 상하층의 기단은 모두 미색의 응회암이다. 그리고 상층기단부 배면의 면석 1개와 하층기단의 일부 면석이 흑운모화강암으로 수리된 부재 등을 보아 이 탑에 사용된 석재는 3가지의 암석으로 구분된다. 즉 이 석탑은 각섬석 화강암 부재로 조성하였으나, 오랜 세월 경과되면서 탑신은 원부재가 남아 있었고 훼손이 일찍 발생하는 상륜부와 기단부의 훼손이 심했다. 그리고 해체수리과정에서 다른 석질의 응회암으로 교체된 것으로 보인다. 이외 기단부의 일부에 사용된 흑운모 화강암도 최근의 수리 때 교체된 부재이다.

이 탑은 이중기단을 하고 있으나, 상하층에서의 우주와 탱주가 선명치 않고 또한 갑석 하면의 부연이 생략되는 등 일부 기법에서 후대에 나타난 퇴화현상을 보이고 있다. 그러나 이러한 소규모의 탑일지라도 우리나라 최남단인 도서지방에까지 탑이 조성되고 있음을 볼 수 있는 사례 중 하나라 할 수 있다. 이 탑의 조성연대는 정확히 알 수 없으나 1974년 4월경에 새로 절을 지으면서 정지작업 중 고려자기 2점이 출토된 것으로 보아 고려 후기에 축조된 것으로 추정된다. 상만리 오층석탑은 1988년 11월에 해체 보수가 이루어졌다.

신안

신안 읍리 삼층석탑

신안 흑산 진리 무심사지 석탑과 석등

신안 읍리 삼층석탑(新安 邑里 三層石塔)

문화재 지정 : 전라남도 지방유형문화재 제71호

전남 지방유형문화재 제71호인 신안 읍리 삼층석탑은 석탑의 유래, 사지, 규모, 시대 등의 역사적 사실을 볼 수 있는 사료가 미흡한 편이다. 그나마 이 석탑에 대해 기록한 자료로는 『조선보물고적조사자료(朝鮮寶物古蹟調査資料)』에서만 일부 언급할 뿐이다.[258] 이 기록에 의하면 이 석탑은 원래 오층석탑이라고 단순 조사 보고되었고, 각 부재의 구성요소나 현황에 대한 세부적인 사항에 대해서는 언급하지 않고 있어 단편적인 사실만을 인지할 수 있을 뿐이다. 그러므로 현재의 삼층석탑은 본래의 모습이 아니며, 다른 형태의 탑을 수습하여 다시 조성한 것으로 파악된다. 석탑은 단순화된 기단의 지대석과 갑석, 그리고 하나의 부재로 된 기단 중석, 퇴화된 탑신과 옥개 등의 요소를 보았을 때 고려 중후기의 어느 시기에 만들어진 것 같다.

읍리마을 근처의 밭에 위치하고 있는 이 석탑은 일반석탑과 마찬가지로 방형 평면의 2중기단 위에 3층의 탑신과 옥개석, 상륜부로 구성되어 있다. 이 삼층석탑은 총고가 약 2.3m로 4매의 판석으로 조립한 지대석 상면에 4매의 판석으로 결구한 하대중석을 놓았는데, 각 면에는 조식이 없다. 기단의 지대석과 하층기단은 서로 유사한 크기를 보이고 있으나, 하층기단의 부재가 대부분 유실된 것으로 생각된다. 즉 일반적인 석탑의 기단은 저석과 중석, 우주, 탱주로 구성되는데 반해, 여기서는 단지 갑석만이 남아 있어

읍리 삼층석탑 전경

258 국립목포대학박물관, 전라남도, 신안군, 『신안군의 문화유적』, 삼화문화사, 1987, p.180~181.

석탑 기단부의 지대석과 상층기단(좌)
석탑의 삼층 옥개석과 노반, 보개(우)

기단의 일부 부재가 사라진 것으로 생각된다. 지대석 위에 놓인 하층기단 갑석과 상층기단 갑석의 폭은 약 132cm와 약 82cm이다. 그러나 1987년 조사된 『신안군의 문화유적』에서는 하대중석이라는 표현을 하고 있는데, 현재의 탑재에서는 하대중석의 부재가 보이지 않고 있다.[259] 이는 기술상의 문제인지, 부재가 유실된 것인지 확인할 수 없지만 일반적으로 기단을 형성하는 부재가 현재는 사라지고 없음을 말한다. 탑은 상하층의 이중기단으로 보이나 탑신이나 옥개 등의 사례를 보았을 때 1단이었을 수도 있다. 그리고 갑석의 양식으로 보았을 때에도 상하단의 갑석 양식 또한 다르게 표현하고 있어 여러 탑재가 혼재되었을 수 있다.

하층기단 갑석 위로는 상층기단이 위치하게 되는데, 상층기단은 갑석과 하나의 부재에 4면 우주가 표현된 중석, 저석으로 구성되어 있다. 저석은 두꺼운 판석으로 중석을 받치고 있다. 저석의 형태를 보면 중간부분까지 직각의 방형을 보이다가 상면에서 약 45°의 사선형으로 직절되어 있다. 중석의 규모와 사선형 위의 면이 적절하게 배치되고 있어 이는 원 부재가 위치한 것으로 생각된다. 상대 중석은 4면의 우주가 면석에서 얕게 돋아 있다. 상대갑석은 한쪽 하대갑석과는 조금 다른 형식을 보이고 있다. 상대갑석은 1매의 석재로 조각하였는데, 부연 없이 얕은 우동마루를 표현하였고, 전각은 반전 없이 직각을 보이고 있다. 그리고 네 귀퉁이 중 한쪽 면이 심하게 파손되어 떨어져 나갔다. 갑석 상면에서는 1층 탑신을 받치는 2단의 각형 받침을 도드라지게 조각하였다.

탑은 각 1매의 석재로 조각된 1~3층의 탑신과 옥개석으로 구성된다. 각각의 옥개석은 탑신에 비해 그 폭이 넓지 않아 답답한 느낌을 준다. 옥개석 상면의 처마와 지붕마루에서는 얕은 우동을 표현하였으나 도드라지지

259 국립목포대학박물관, 신안군, 『신안군의 문화유적』, p.181.

않으며, 처마 끝에서 탑신받침에서 직절된 반전을 보이고 있다. 1, 3층의 옥개석은 처마가 사선을 이루고 있고 낙수면이 급경사를 이루어 둔중한 두께와 함께 날렵한 반전을 보이고 있다. 반면 2층 옥개석은 1, 3층 옥개석과 달리 처마의 반전과 딱딱한 표현을 보이고 있어 다른 탑의 탑재를 수습하고 재축하면서 추가한 것일 수 있다. 옥개받침은 1층이 2단, 2, 3층이 3단을 보이고 있다. 일반적인 탑에서는 옥개의 받침 수가 상층으로 갈수록 적어지는 것이 대부분이다. 그러나 읍리 삼층석탑의 옥개석에서는 서로 다른 표현을 보이고 있어 여러 개의 탑재를 모아 새로 세운 것으로 판단된다. 특히 옥개석은 옥개받침이나, 우동의 표현, 처마선의 반전과, 낙수면 표현 등에서 표현방법이 매우 달라 이를 뒷받침한다.

탑신은 각 1매의 석재로 구성되었는데, 1층이 매우 높은데 반해 2, 3층의 탑신은 낮게 표현되었다. 탑신은 초층에 비해 2, 3층의 체감율이 급하다. 그러나 각각의 탑신은 표현방법에서 약간의 차이를 보이고 있다. 특히 1층과 3층의 탑신에서는 면석에 아무런 문양이나 조식 없이 가공된 단순한 방형인데 반해, 2층에서는 네 면석에 각기 얕게 돋을새김 한 우주가 표현되고 있어 차이를 보인다. 이를 보았을 때 옥개석과 마찬가지로 탑신 또한 여러 탑재를 모아 하나의 탑으로 구성한 것이라 판단된다.

상륜부는 현재 노반과 앙화 일부만 남아 있다. 노반석은 위치 상 노반으로 표현하였는데, 명확한 용도를 알 수 없다. 특히 낮은 원통형으로 앙화를 받치고 있어 이는 보륜의 하나일 수도 있다. 앙화는 하부에서 일부 문양을 보이고 있을 뿐 상면의 대부분이 파손, 멸실되었다.

신안 흑산 진리 무심사지 석탑과 석등 (新安 黑山 鎭里 无心寺址 石塔과 石燈)

문화재 지정 : 전라남도 문화재자료 제193호

이 탑은 우리나라 석탑 중에서 섬에 조성된 많지 않은 석탑 중의 하나이다. 현재 석탑은 전남 문화재자료 제193호로 지정되어 관리되고 있다. 석탑과 석등은 흑산면 진리 읍동마을 동쪽의 구릉에 위치하고 있다. 이 문화재가 있는 곳에서 마을로 향하는 동쪽으로 조금 떨어진 곳에는 흑산산성

(黑山山城, 일명 半月城)으로 추정되는 성지가 남아 있다. 흑산산성은 읍동마을 후산(226)에 위치한 산성으로, 산성은 나말여초에 축조[260]된 것으로 보고 있다. 사료를 통해 보았을 때 흑산도는 삼국시대에 이미 치소가 설치되었다. 그러나 이 섬이 어떻게 통제되었는지 알 수 없다.[261] 석탑과 석등은 비록 반월성과 직접적인 연관성은 보이지 않고 있으나, 이 지역에 성지가 번성하였으므로 기반시설의 하나로서 사찰이 들어섰을 것으로 추정할 수 있다. 사지의 주변으로는 밭이 펼쳐져 있고, 뒤로 상라산이 병풍처럼 둘러져 있다.

이 문화재의 연혁이나 사적인 기록으로는 일제강점기에 조사된 『조선보물고적조사자료』를 제외하고는 남아 있는 것이 없다. 다만 이 지역은 무심사가 있던 곳이라고 전해질 뿐이다. 사찰의 흔적으로는 석탑과 석등의 대상문화재와 주변에 산재하고 있는 토기편, 와편을 제외하고는 보이지 않는다. 앞서 언급하였듯이 흑산도에서 반월성이 축조된 이후의 어느 시기, 즉 고려시대 이후에 사찰이 경영되었을 것으로 추측할 뿐이다.

석탑의 연혁

석탑이 있는 곳은 읍동마을의 당산으로 이용되었다. 특히 이 문화재들은 마을에서 인접하고 있으며, 속칭 '수탑', '암탑', 또는 '탑영감', '안탑님' 등으로 불리며 신앙의 대상물이 된 듯하다.[262] 그리고 석탑이 위치하는 곳은 바로 당산나무가 남아 있고, 석탑과 당산나무인 팽나무가 하나의 공간과 신앙의 대상으로 이용된 것으로 보인다. 즉 이러한 명칭에서 알 수 있듯이 당산과 석탑을 암수, 또는 할아버지당산, 할머니당산으로 의미를 부여하여 불교와 원시신앙이 습합되어 동시적으로 숭앙하고 있었음을 알 수 있다. 현재 당산나무는 석탑에서 약 1m 정도의 거리밖에 떨어져 있지 않으며, 팽나무 하부에는 석탑의 부재인 기단 면석으로 보이는 것들이 나무 사이에 끼어 있다. 이 부재들은 팽나무 주변으로 무너졌던 기단석들이 나무가 점차 자라면서 뿌리와 몸통 사이에 끼어든 것으로 보인다.

이 석탑의 기단은 현재의 석탑에서 보이지 않고 있다. 그러나 주변과 나무에 끼어 있는 석재나, 『조선보물고적조사자료』에서 조사 보고된 내용을 보았을 때 이 석탑은 이중기단으로 추정되고, 또한 석탑은 탑신부 각

260 성지에 대한 기록은 『고려도경』, 권35 해도2나 『고려사』 권 11 지리2, 『신증동국여지승람』 나주목 산천조를 비롯하여, 『동지』, 『여지도서』, 『대동지도』, 『증보문헌보고』 등의 사료에서 언급되고 있다.

261 국립목포대학박물관, 신안군, 『신안군의 문화유적』, p.169~170.

262 국립목포대학박물관, 신안군, 『신안군의 문화유적』, p.181~182.

층의 비율을 보았을 때 3층 이상이었을 것으로 보인다. 이 사료에서는 4층 석탑으로 보고하고 있어 이를 방증한다. 현재 석탑의 높이는 약 1.7~1.8m 내외의 소규모이다. 그러나 이 석탑이 이중기단에 오층 이상의 석탑이었을 경우 상당한 규모가 될 것으로 보인다.

석탑의 구성

세부적으로 석탑의 구성은 현재 석재를 시멘트로 보강해 기단을 겸한 지대석과 삼층의 탑신과 옥개, 상륜으로 되어 있다. 지대석 부분은 시멘트로 마감되었는데, 그 사이에 석탑의 부재로 보이는 석재가 끼어 있다. 탑신부는 각 1매의 석재로 된 3층의 탑신과 옥개로 구성됐다. 1층 탑신은 그 규모가 비교적 작다. 이는 이중기단을 하고 있는 석탑에서 초층의 석재가 작으며, 전체적인 비율이나 체감에서 불균형을 보이게 된다. 또한 옥개석과 탑신의 면 넓이가 달라 보다 상층에 쓰인 탑신석으로 보인다. 그리고 탑신은 1층과 삼층은 유사한 형식을 보이는 반면, 2층 탑신석이 상당히 다른 방식으로 조각된 것을 볼 수 있다. 2층 탑신 또한 그 크기가 옥개석의 면과 다르며, 면석의 각 중앙에는 안상이 조각되어 있고, 석탑에 쓰인 석재의 재질 또한 다르다. 이러한 안상은 일반적으로 탑신 초층 이상의 부분에서 보기 힘든 조각이다. 부재의 특징으로 보았을 때 석등의 하대에 쓰인 부재로

1. 시멘트로 마감된 지대석과 탑신
2. 당산나무에 묻힌 부재 (기단 면석으로 추정)
3. 안상이 새겨진 이층의 탑신
4. 삼층 옥개와 상륜부

1

2

3

4

추정되는데, 석등의 재료와 동일한 석재를 이용했다. 3층의 탑신도 옥개석의 면과 다르다. 이상의 내용을 보면 각 층에 쓰인 탑신은 모두 옥개석의 면과 서로 달라 원래의 위치로 추정하기 힘들고, 전체적으로 체감이 맞지 않고 균제미가 상당히 떨어진다.

옥개석은 현재 3개의 층이 남아 있으나 각각 어느 층에 쓰인 부재인지는 알 수 없다. 각 층의 옥개는 대부분 마모, 탈락, 파손이 심해 세부적인 사항을 보기 힘들다. 옥개 상부는 마모가 심한 둥그런 우동과 처마가 조각되고, 끝부분에서 약간의 경사를 두고 반전하고 있다. 각층의 옥개받침은 모두 3단을 보이고 있다. 이중 삼층의 옥개석은 1, 2층의 옥개석에 비해 그 파손도가 심한 편이다. 상륜은 노반과 보주에 해당하는 둥그런 돌이 올려져 있다.

이 석탑의 세부적인 구성과 탑재의 상태를 보았을 때 전반적으로 원 위치를 알 수 없을 정도로 많은 부재들을 손실했고, 남아 있는 부재만으로 결구하고 있어 조형미가 상당히 떨어진다. 그리고 석탑의 재질은 굵은 사암질의 거친 돌을 이용해서인지 풍화에 따른 마모와 탈락이 심하다. 즉 이러한 재질적인 특성에 의해 전반적으로 탈락이 있고, 풍화가 심해 보인다. 현재도 이러한 퇴화는 진행 중으로 보이는데, 이는 품질이 좋지 않은 무른 성질의 석재로 되어 있어 어쩔 수 없어 보인다.

참고문헌

강우방, 신용철, 『탑, 한국미의 재발견』, 솔, 2003.

강인구, 『백제문화와 호남』, 광주대학교박물관, 1982.

광산구, 용성종합건설, 『광주 신룡동 5층석탑 보수공사』, 2011.

광주광역시, 『무등산 주상절리대 일대 학술조사 및 세계유산 등재 추진방안』 연구보고서, 2013.

광주시립민속박물관, 『사진으로 만나는 도시 광주의 어제와 오늘』, 삼성문화인쇄, 2007.

광주직할시, 『광주의 불적』, 삼화문화사, 1990.

광주직할시사편찬위원회, 『光州市史』 제1권, 전일실업출판국, 1992.

광주직할시, 향토문화개발협의회, 『無等山, 문화유적조사』, 삼화문화사, 1988.

關野 貞, 『朝鮮の建築と藝術』, 岩波書店, 東京, 1941.

고유섭, 『조선탑파의 연구 上』, 열화당, 2010.

고유섭, 『한국미술문화사논총』, 동방문화사, 1983.

고유섭, 『한국탑파의 연구』, 동화출판공사, 1975.

고유섭, 『조선건축미술사 초고』 고려의 건축-불사건축, 1964.

고유섭, 『朝鮮建築美術史 草稿』 열화당, 2006.

고유섭, 『한국미술사』, 미학논고. 통문관, 1963.

국립광주박물관, 『光州, 유구한 문화의 도시』, 라인원색, 2008.

국립광주박물관, 광주박물관회, 『장운동 오층석탑 복원보고서』, 광주박물관 미술총서 제8집, 1984.

국립목포대학교박물관, 구례군, 『구례군의 문화유적』, 금성인쇄출판사, 1994.

국립목포대학박물관, 영암군, 『영암군의 문화유적』, 1986.

국립목포대학박물관, 신안군, 『신안군의 문화유적』, 삼화문화사, 1987.

국립문화재연구소, 『석등조사보고서 Ⅱ-이형식편』, 2001.

국립문화재연구소, 『전라남도의 석탑 Ⅰ』, 정일사, 2005.

국립문화재연구소, 『전라남도의 석탑 Ⅱ』, 정일사, 2006.

국립문화재연구소, 『전라남도의 석탑 Ⅲ』, 정일사, 2006.

김남용, 『국보와 보물이 있는 옛 절터이야기』, 일진사, 2005.

김버들, 「佛敎經典과 曼茶羅에 나타난 多寶塔의 造營特性에 關한 硏究」, 동국대학교 박사학위논문, 2006.

김버들, 조정식, 「경전속에 나타난 탑의 건축적 요소에 관한 연구」, 대한건축학회 논문집 통권 232호, 2008.

김성우, 「극동지역의 불탑형의 시원」, 대한 건축학회 학술 발표논문집, 1983.

김왕직, 『탑과 사방불』, 화인재, 1995.
김정기, 『나주의 고건축, 나주목의 재조명』, 목포대학교박물관, 1990.
김정수, 「신라시대 목탑의 전래에 관한 연구」, 대한건축학회논문집 20권 7호, 2004.
김희경, 『한국의 미술2, 탑』, 열화당, 1982.
남도불교문화연구회, 『선암사』, 1992.
Dietrich Seckel, 이주형 옮김, 『The Art of Buddhism, 불교미술』, 예경, 2002.
M. Winternitz, 「Geschichte der indscken Literatur」, Bd.1, 1907.
목포대학교박물관, 강진군, 『월남사지』, 목포대학교박물관 학술총서 제36책, 1995.
목포대학교박물관, 『남악사지지표조사보고서』, 1992.
목포대학박물관, 전라남도, 『全南의 寺刹 Ⅰ』, 삼화문화사, 1990.
문명대, 「백제불탑의 일고찰」, 남도영박사 회갑기념논총.
문화재관리국, 『구례 화엄사 실측조사 보고서』, 1986.
문화재관리국, 『금곡사삼층석탑 홍성동문동당간지주 수리보고서』, 1989.
미야지 아키라, 『인도미술사』, 김향숙, 고정은 번역, 다ㅎ、ㄹ미디어, 2006.
박경식, 『통일신라 석조미술 연구』, 학연문화사, 1994.
박경식, 「8·9세기 신라석탑의 비교 연구」, 동양학 제27권, 1996.
박경식, 『한국의 석탑』, 학연문화사, 2008.
박선홍, 『無等山, 무등산의 유래·전설과 경관』, 다지리, 2008.
衫本卓洲, 『インド佛塔の硏究』, 平樂寺書店, 1993.
石田茂作, 『佛敎考古學講座』, 雄山閣.
성춘경, 『전남에는 왜 백제의 불교문화가 없는가, 백제의 신비를 푼다』 7, 금호문화, 1992.
성춘경, 『전남의 불상』, 학연문화사, 2006.
Sir M. Monier-Williams, 「A Sanskrit-English Dictionary」, Oxford, 1956.
신광호, 「한국목탑의 평면유형에 따른 구조방식에 관한 연구」, 경상대학교 석사학위논문, 2000.
순천대학교박물관, 광양군, 『광양군의 문화유적』, 정문사, 1993.
신영훈, 「각황전전석등공사개요」, 『고고미술』 1~100호 합집 2권, 1979.
신용철, 『통일신라시대 석탑연구』, 동국대학교 박사학위논문, 2006.
신윤식, 『햇빛고을 광양』, 한국사진선교센터, 2008.
S. Paranavitana, 『The Stupa in Ceylon』, Memories of the Archeological Survey of Ceylon, volume 5, colombo, 1946.
Adrian Snodgrass, 『The Symbolism of the Stupa』, Delhi, Motilal Banrsidass Publishers Private Limited, 2007.
안건상, 「무등산 도립공원의 지질과 경관」, 암석학회지, 19권 제2호, 2010.
野村孝文, 『朝鮮と建築』 「全羅南道多塔峰の遺蹟」, 1927.

양승문, 「전남지역 통일신라시대 석탑의 세부양식 분석-옥개부를 중심으로」, 2013.
양홍훈, 한동수 역, 「북위시기 낙양 영녕사탑에 관한 복원도 초안에 관하여」, 건축역사연구 제6권 제2호, 1997.
엄기표, 『불교의 대표하는 석탑』, 문화재기능의 맥, 2012.
영암군, 『선각국사도선의 신연구』, 1988.
유돈정, 한동수 외 공역, 『중국고대건축사』, 세진사, 1995.
윤무병, 『정림사 발굴조사보고서』, 충남대학교 박물관, 1981.
윤장섭, 『한국건축사』, 동명사, 1985.
윤창숙, 「한국탑파 상윤부에 관한 연구」, 단국대학교 대학원 박사학위논문, 1993.
윤창숙, 『탑파-문화재해설』, 자유출판사, 1991.
이경회, 「한국석탑양식과 그 변천에 관한 연구」, 연세대학교대학원 석사학위논문, 1964.
이미림 외, 『동양미술사』, 미진사, 2007.
이은창, 「백제양식계 석탑에 대하여」, 불교학보 3·4집, 불교문화연구소, 1966.
이은창, 『백제의 석탑, 백제의 조각과 미술』, 공주대학교 박물관, 1992.
이정국, 이강업, 「고려시대 목탑의 내부공간에 관한 연구」, 대한건축학회논문집 13권 10호, 1997.
이창호, 「신라탑파와 그에 대한 교육」, 서강대학교대학원 석사학위논문, 1993.
이태진, 「예천 개심사석탑기의 분석」, 역사학보, 제53호 54합집, 1972.
이희봉, 「탑의 원조 인도 스투파의 형태 해석」, 건축역사연구 Vol.18 No.6, 2009.
임영배, 「화엄사 3층사사석탑의 조형비에 대한 고찰」, 건축 제9권 제1호, 1965.
임영배, 「한국탑파건축의 조형특성에 관한 연구」, 홍익대학교대학원 박사학위논문, 1981.
장경호, 『한국의 전통건축』, 문예출판사, 1996.
장기인, 한석성, 『한국건축대계Ⅲ- 丹青』, 보성각, 2009.
장성군, 조선대학교박물관, 『장성군의 문화유적』, 현대옵셋인쇄사, 1999.
장충식, 『신라석탑연구』, 일지사, 1991.
장충식, 『한국의 탑』, 일지사, 1989.
전남대학교박물관, 구례군, 『구례 연곡사 지표 조사 보고서』, 도서출판 세계, 1993.
전남대학교박물관, 담양군, 『담양군의 문화유적』, 희망문화사, 1995.
전남대학교박물관, 영광군, 『영광군 문화유적 학술조사』, 한국전산(주), 1993.
전남대학교박물관, 전라남도, 『전남의 전통건축』, 1999.
전남대학교박물관, 『운주사 1·2·3』, 1984.
전남대학교박물관, 화순군, 『운주사 자료집성』, 도서출판 협신, 2009.
전남지역개발협의회 연구자문위원회, 『광양군 문화유적 지표조사 보고서』, 1983.
전라남도지편찬위원회, 『전라남도지』 제3집, 전일실업출판국, 1993.

전라남도, 『월출산』, 삼화문화사, 1988.
전라남도, 『전남의 전통문화』, 1983.
정병삼, 『그림으로 본 불교이야기』, 풀빛, 2000.
정선종, 「고흥 상림리 삼층석탑기 교감」, 불교문화연구 제8집, 2001.
정선종, 「백제계석탑에 관한 일고찰」, 단국대학교사학회, 1986.
정선종, 「화엄사의 석조문화재」, 남도불교연구회 불교문화연구 9집, 2002.
정영호, 『백제의 석탑과 그 전파, 백제의 조각과 미술』, 공주대학교 박물관, 1992.
정영호, 『한국의 미, 석탑』, 중앙일보사, 1989.
정영호, 「고려시대 석탑의 특성에 관한 연구」, 동국대 논문집 11, 1977.
정영호, 『석탑』, 대원사, 1989.
정영호, 「영암의 석탑 2기」, 고고미술 제5권 제11호, 1964.
정영호, 『한국의 탑, 한국석탑의 시원』, 중앙일보사, 1969.
中村元, 金知見 역, 『불타의 세계』, 김영사, 2005.
J. Bloch, 「Les inscriptions d'Asoka」, Paris, 1950.
James Fergusson, 『History of Indian and Eastern Architecture』, Vol.1, 2, Delhi India, 1876.
조은경 외, 「전라도 석탑의 세부기법고찰- 옥개석 물끊기홈과 풍탁공을 중심으로-」, 문화재 제40호, 2007.
지리산 대화엄사, 『화엄사 사사자 삼층석탑 실측조사 보고서』, 2004.
천득염, 「인도시원불탑의 의미론적 해석」, 건축역사연구 제2권 2호 통권 4호, 1993.
천득염, 김은양, 「한국의 전탑에 관한 비교론적 연구」, 건축역사연구 제4권 제2호, 1996.
천득염, 『인도불탑의 의미와 형식』, 심미안, 2013.
천득염, 「불탑의 의미와 어원」, 건축역사연구 제29권 5호 통권78호, 2011.
천득염, 『백제계석탑연구』, 전남대출판부, 2000.
천득염, 「백제계석탑의 조형특성과 변천에 관한 연구」, 고려대학교대학원 박사학위논문, 1990.
천득염 외, 「운주사 다탑봉 석탑의 조형특성에 관한 연구 Ⅱ」, 대한건축학회논문집 8권 1호, 1992.
천득염, 한승훈, 김진숙, 「백제석탑과 신라석탑의 비교론적 고찰」, 건축역사연구 제4권 제1호, 1995.
천득염, 전봉희, 『한국의 건축문화재 9』 전남편, 기문당, 2002.
천득염, 박지민, 「석조유구를 통한 한국 고대건축에 관한 연구」, 건축역사연구 제8권 제3호, 1999.
村田治郎, 『東洋建築史』, 建築學大系4, 彰國社, 1980.
최남선, 『심춘순례』 육당최남선전집(6), 현암사, 1973.

최몽룡, 「영암 청풍사지석탑내 발견유물」, 미술사학연구, 1972.
최몽룡, 『전남의 고적』 승주편, 광주상의, 1977.
최정미, 천득염, 김준오, 「태국불교사원의 건축적 변화양상」, 한국건축역사학회 2012년 춘계학술발표대회, 한국건축역사학회, 2012.
한국불교연구원, 『화엄사-한국의 사찰 8』, 일지사, 1987.
화순군, 조선대학교박물관, 『화순군의 문화유적』, 보문인쇄, 1999.
황수영, 「신라백지묵서 화엄경」, 미술자료 24호, 1979.
황수영, 『한국의 불교미술』, 동화출판공사, 1974.
허균, 『사찰장식, 그 빛나는 장식의 세계』, 돌베개, 2000.
현장, 권덕주 역, 『대당서역기』, 우리출판사, 1983.
홍재선, 「백제계석탑의 연구」, 황수영박사 고희기념 미술사학논총, 통문관, 1988.

네이버 지식백과, http://terms.naver.com/
문화재청, http://www.cha.go.kr/
한국민족문화대백과, http://encykorea.aks.ac.kr/
화순군청, http://www.hwasun.go.kr/
불교신문, 2012년 12월 05일자 기사

전남의 석탑

인쇄 2015년 2월 16일
발행 2015년 2월 25일

저자 천득염 · 김준오
발행인 지병문
발행처 전남대학교출판부

등록 1981. 5. 21. 제53호
주소 500-757 광주광역시 북구 용봉로 77
전화 (062) 530-0571~2
마케팅 530-0573
팩스 (062) 530-0579
홈페이지 http://www.cnup.co.kr
이메일 cnup0571@hanmail.net

값 25,000원

ISBN 978-89-6849-200-6 (93540)

이 도서의 국립중앙도서관 출판예정도서목록(CIP)은
서지정보유통지원시스템 홈페이지(http://seoji.nl.go.kr)와
국가자료공동목록시스템(http://www.nl.go.kr/kolisnet)에서 이용하실 수 있습니다.
(CIP제어번호 : CIP2015014575)